The Dentist
of Auschwitz:
A Memoir

아우슈비츠의 치과의사

KB091751

The Dentist of Auschwitz: A Memoir, by Benjamin Jacobs

Translation copyright © 2020 Booksea Publishing

이 책의 한국어판 저작권은 Icarias Agency를 통해 The University of Kentucky Press와 독점 계약한 도서출판 서해문집에 있습니다. 저작권법에 의하여 한국 내에서 보호를 받는 저작물이므로 무단 전재 및 복제를 금합니다.

아우슈비츠의 치과의사
홀로코스트, 신 없는 세계에서의 나날

초판 1쇄 인쇄 2020년 10월 20일
초판 1쇄 발행 2020년 10월 25일

지은이   벤저민 제이콥스
옮긴이   김영진
펴낸이   이영선
책임편집   차소영

편집   이일규 김선정 김문정 김종훈 이민재 김영아 김연수 이현정 차소영
디자인   김회량 이보아
독자본부   김일신 김진규 정혜영 박정래 손미경 김동욱

펴낸곳 서해문집 | 출판등록 1989년 3월 16일(제406-2005-000047호)
주소 경기도 파주시 광인사길 217(파주출판도시)
전화 (031)955-7470 | 팩스 (031)955-7469
홈페이지 www.booksea.co.kr | 이메일 shmj21@hanmail.net

ISBN   979-11-90893-29-9   03900

이 도서의 국립중앙도서관 출판예정도서목록(CIP)은 서지정보유통지원시스템 홈페이지(http://seoji.nl.go.kr)와 국가자료공동목록시스템(http://www.nl.go.kr/kolisnet)에서 이용하실 수 있습니다.(CIP제어번호: CIP2020039944)

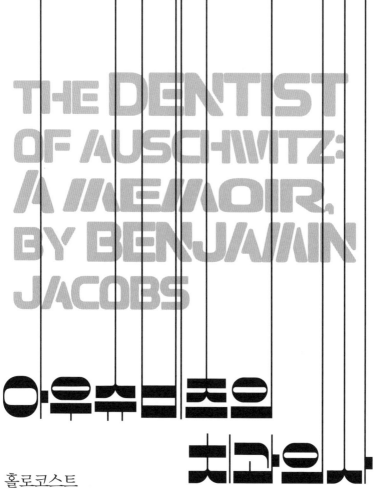

THE DENTIST
OF AUSCHWITZ:
A MEMOIR,
BY BENJAMIN
JACOBS

아우슈비츠의
치과의사

홀로코스트
신 없는 세계에서의
나날

벤저민 제이콥스 지음
김영진 옮김

서해문집

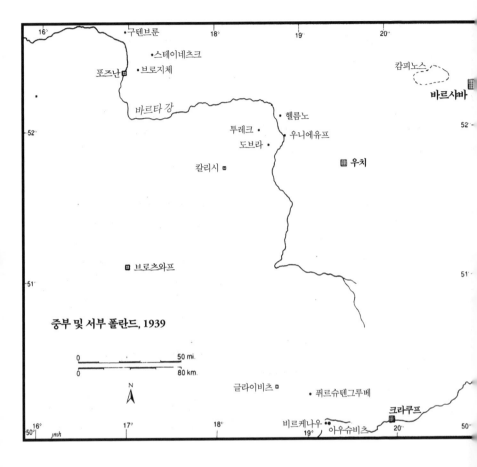

중부 및 서부 폴란드, 1939

일러두기

- 본문에서 옮긴이가 부연 설명한 내용은 대괄호로 표시했으며,
  본문 각주는 전부 옮긴이주다. 원주인 경우, 원주임을 명시했다.
- 원서에서 독일어로 표기된 부분은 굵은 글씨로 표시했다.

신의 은총으로 수용소에서 죽음을 모면한 내 형 요세크에게.

폴라 누나, 어머니, 아버지에게.

죽음을 피하지 못해 자기 이야기를 전할 수 없었던 사람들에게.

1934년의 야쿠보비치 가족. 서 있는 사람은 왼쪽부터 베레크(지은이)의
아버지 비그도르, 어머니 에스터, 형 요세크, 사촌누이 토바. 앉아 있는
사람은 누나 폴라와 열다섯 살의 베레크.

서
문

1985년 7월, 나는 '철의 장막Iron Curtain*'에 관한 진상조사단의
일원이 되었다. 조사단은 미국에서 온 유대인 남녀 열두 명으로
구성됐다. 폴란드, 루마니아, 헝가리, 체코슬로바키아의 수도에서
우리는 다른 어딘가로 떠나기에는 너무 늙어버린 소수의
유대인을 만났다. 그들 대부분은 유대인 자선단체에서 후원하는
알테르스하임Altersheim, 즉 양로원에 살고 있었다. 그들이 알던
유대인의 삶은 더 이상 존재하지 않았고, 반유대주의 정서는 여전히
만연했다. 유대인들에게 있어 히틀러는 제2차 세계대전의 승자였다.
　보스턴으로 돌아왔을 때 나는 가만히 앉아 뭘 해야 할지 곰곰이
생각했다. 내가 해야 할 일을 직시해야 했다. 나는 왜, 어떻게 한 민족
거의 대부분이 지구상에서 말살될 뻔했는지에 대해서 공개적으로

---

* 　극장의 방화용 커튼을 가리키는 말이었으나, 1946년 3월 (당시 영국 총리였던)
　윈스턴 처칠이 웨스트민스터 대학에서 연설을 하던 중 "지금 발트해의
　슈체친에서부터 아드리아해의 트리에스테에 이르기까지 대륙을 가로지르는
　'철의 장막'이 내려지고 있다"고 말한 이후 냉전을 상징하는 단어로 자리 잡았다.

이야기하기 시작했다. 마음속에 홀로그램 이미지처럼 박혀 있던
기억의 편린들이 지난 경험을 아주 작은 부분까지도 선명하게
되살리고 확장시켰다.

그렇지만 삶에는 항상 곧게 뻗은 길만 놓여 있는 것이 아니다.
어린 시절에 배웠던 대로. 정기 검진을 받기 위해 병원을 찾아갔던
어느 날, 예상했던 깔끔한 건강증명서와는 정반대되는 소식을
들었다. "후두에 암이 생겼군." 나의 좋은 친구 고롤 의사는
나만큼이나 망연자실해서 내가 내일 당장 수술을 받아야 한다고
단언했다.

나는 최악을 상상했다. 내 말하기는 점점 더 중요해지고 있었다.
그것이 젊은 세대에게 영향을 미치고 있음을, 그들이 왜곡에
분노하는 것이 중요함을 이해하는 데 도움을 주고 있음을 목격하고
있었다. 내가 계속 목소리를 낼 수 있을까? 알 수 없었다. 말을
못 하게 된다는 생각은 견디기 힘든 것이었다. 나는 의사들에게
예후豫後를 물었지만, 그들은 신중했다. 예단하려 들지 않았다.

천만다행으로 종양은 작았다. 빠른 수술과 몇 주간에 걸친 방사선
치료 덕분에 내 목소리는 거의 변하지 않았다. 하지만 나는 의사들이
미래를 예측해줄 수는 없음을 알았고, 마음속에 계속 울리는
목소리를 들었다. "글을 써라. 머지않아 너는 말할 수 없게 될지도
모른다."

나는 내가 겪은 것을 종이에 써내려가야 했다. 고된 작업이었다.
다른 이들로부터 논평이 쏟아져 나왔고, 이는 나로 하여금 글쓰기에
열을 올리게 만들었다. 결국 이것은 내 이야기다.

비록 이 책이 내 기억들로 이루어져 있기는 하지만 일부는 여전히 의식 아래에, 떠올리기 힘들 만큼 깊숙이 잠겨 있다. 여러 자료에서 소중한 도움을 받지 않았다면 이 책은 결코 완성되지 못했을 것이다. 내가 도움을 받은 자료는 일일이 언급할 수 없을 정도로 많지만, 일부에라도 고마움을 표하지 않는다면 태만한 사람일 것이다.

아우슈비츠 제3수용소 퓌르스텐그루베Fürstengrube에 관한 문서화 작업을 하면서 작가이자 아우슈비츠 박물관 문서 담당자인 타데우시 이바슈코에게 많은 빚을 졌다. 발트해에서 일어난 카프 아르코나호 참사에 관한 자료를 제공해준 슐레스비히-홀슈타인 란데자르히프Landesarchiv*의 디르크 야호모브스키 의사와, 연방군사기록보관소의 마린회퍼 의사에게도 감사를 전한다. 특히 함부르크-남아메리카 기선회사 및 함부르크-아메리카 라인의 에디트 파이퍼에게 감사를 표하고 싶다. 파이퍼는 카프 아르코나호에 관한 회사 기록이나 이런저런 문서들, 연혁을 제공해주었을 뿐 아니라 그 배의 폭격과 침몰에 관한 극비 문서를 구하는 데 도움을 주었다. 내가 이 책을 쓰기 시작했을 때부터 격려해주었던 보스턴대 교수이자 저명한 시인인 바버라 하이엇에게도, 홀로코스트에 관한 많은 저술을 남긴 이나 프라이드먼에게도 감사를 표하고 싶다. 프라이드먼은 원고 100매를 읽곤 내게 이렇게 말했다. "계속 쓰세요. 이제 글쓰기에 맛을 단단히 들이셨는데."

---

* 역사적·행정적 기록을 보관하는 국가기관이다.

훌륭한 솜씨로 원고를 교정해준 아서 에델스타인과 마지 가필드,
귀중한 시간과 문서 작성기를 내준 마크 데인에게도 크나큰
고마움을 전한다. 데인이 아니었다면 나는 아직까지도 이 글을
타자기로 쓰고 있었을 것이다.

이 책이 나오기까지 소중한 조언을 해준 캐런 E. 스미스 의사에게
특별한 고마움을 전한다.

마지막으로, 아내 엘제에게 고맙다는 말을 하고 싶다. 그녀는
44년이 넘는 결혼생활 동안 내게 힘이 되어주었다. 가족들, 친구들,
이웃들에게는 이 책을 쓰는 동안 은둔자로 지낸 데 대해 심심한
사과를 전한다.

실수, 오류, 착각은 전적으로 내 탓이지 여기 언급된 사람들, 이
책에 아낌없이 기여해준 사람들의 잘못이 아니다.

추
방

1941년 5월 5일 아침, 구형 트럭 세 대가 폴란드 시골길을 힘겹게 달리고 있었다. 바르트헤가우Warthegau 지역의 도브라Dobra 마을에 살던 유대인 167명을 태운 채였다. 종착지는 호송자들만이 알 뿐이었다. 봄이었다. 들판은 막 피어난 형형색색의 꽃들로 가득했지만, 생기 없는 음울한 아침이었다. 이상하게도, 5월이면 시골 공기에 가득하던 새 지저귀는 소리조차 들려오지 않았다.

우리 마을에 어둠이 드리운 날이었다. 바르트헤가우 지역 나치 총독 슈바이케르트의 명령에 따라 유대인 평의회Jewish Council*는 16세에서 60세까지 유대인 남성이라면 모조리 강제노동수용소로 끌고 갔다. 한 집에 한 명씩만 남겨둔 채로. 아버지는 떠나는 쪽을 택했다. 형은 잔병치레가 잦은 허약 체질이었기에 내가 아버지와 함께 가겠다고 나섰다. 결국 형은 어머니, 누나와 함께 게토[유대인

---

* 나치 독일이 점령한 유럽 전역의 유대인 공동체에 세워진 행정기관이다. 이는 나치가 유대인 공동체를 통솔하는 데 중개자 역할을 했으며, 반유대적 규정 및 법률을 집행하기도 했다.

강제 거주 지역]에 남았다. 아버지와 나는 보따리를 두 개씩 가져갈 수
있도록 허락받았다. 어머니는 내게 필수품만이 아니라 학교에 다닐
때 사용했던 치과 도구 몇 가지를 챙겨가라고 했는데, 당시 나는 그
도구들이 내 목숨을 구해줄 것이라고는 미처 생각지 못했다.

어머니 얼굴에는 수심이 어려 있었다. 폴라 누나는 씩씩하게
눈물을 참고 있었고, 요세크 형은 가장이라는 새로운 역할에
충실하겠노라 약속했다. 우리 모두 이별의 고통을 느꼈다. 나는
그들에게서 시선을 돌렸다. 용기를 내기 위해서.

부모님은 서로에 대한 애정을 사람들 앞에서, 특히나 자식들
앞에서는 잘 드러내지 않는 분들이었다. 하지만 그날, 마지막이 될
수도 있는 그날은 달랐다. 어머니와 아버지는 우리 앞에서 서로를
꼭 끌어안았다. 떠날 때가 되자 어머니는 우리 모두가 약속한 것을
상기시켰다. 잊어서는 안 된다고. "이 악몽이 끝나는 날, 우리 모두
여기서 다시 만날 거다." 어머니 눈에는 눈물이 그렁그렁했다.

집결지인 마을 학교로 향하는 길에서 우리는 비슷비슷한
장면들을 목격했다. 집집마다 현관에서 작은 드라마가 펼쳐지고
있었다. 어떤 여자아이는 울부짖으며 아빠를 보내지 않으려 했다.
다시는 그를 보지 못하리라는 것을 아는 듯했다.

학교 운동장에는 친위대(SS)* 대원들이 가득했다. 검은

＊　'슈츠스타펠Schutzstaffel'의 약어. 흔히 친위대로 번역되는데, 아돌프 히틀러의
　　개인 경호대로 출발했기 때문이다. 이후 나치 치하에서 강력한 군사조직으로
　　성장한 SS는 일반적인 치안 유지만이 아니라 나치의 인종 정책을 수행하는
　　데 지대한 역할을 했다. 이들은 강제수용소를 운영했으며, 유대인을 색출해
　　강제수용소로 보낸 것도, 노예 노동으로 착취한 것도, 이른바 '가스실'로 보낸
　　것도 이들이었다.

제복에서부터 반짝반짝 윤이 나는 군화, 교차하는 뼈와 해골
문양이 그려진 군모에 이르기까지, 그들은 마치 적개심을
형상화해놓은 듯했다. 그들이 맨 허리띠 버클에는 모순적이게도
'신께서 함께하신다'는 문구가 적혀 있었다. 운동장 한복판에는
무시무시한 슈바이케르트가 유대인 평의회장 모리스 프란추스와
함께 서 있었다. 게토 유대인 경찰* 두 명이 우리와 동행했다. 전에
도축업자로 일했던 하임 트샨은 이런 일에 딱 들어맞는 사람이었다.
하지만 다른 한 사람, 마르코비치는 역부족인 것 같았다. 그는
물어뜯기보다는 짖기만 잘하는 단순한 사람이었다. 장신의
친위대원들 때문에 왜소해 보이는 이는 바르트헤가우 지역 유대인
관련 사안을 관할하는 노이만 박사였다. 눈처럼 흰 머리카락에
선명한 푸른색 눈을 가진 건장한 중년 남성이었다. 그의 태도가 모든
것을 말해주었다. 그는 분명 책임자였다.

  나치는 유대인으로 유대인 잡는 법을 알았다. 그들이 유대인
평의회, '유덴라트Judenrat'를 만든 것도 바로 그런 목적에서였다.
도브라에서 평의회 위원들은 거의 아무런 양심 없이 공동체
지도자임을 자처했다. 그들은 자신들이 임명한 경찰의 비호 아래
우리에게 무소불위의 권력을 휘둘렀다. 인간이 해서는 안 될 선택을
내린다는 것은 그들에게도 어려운 일이었겠지만, 그들이 가장
먼저 한 일은 자기들 자신, 가족들, 친구들을 우리가 맞닥뜨려야
했던 박탈과 배제로부터 보호하는 것이었다. 같은 민족을 사지로

* 게토 내에서 유대인 평의회에 의해 조직된 보조 경찰이다. 이들은 주로 나치 경비원들과 함께 게토를 단속하는 일을 맡았는데, 식량 배급이나 밀수품 등에서 특혜를 받곤 했다.

몰아넣을 때는 미처 몰랐겠지만, 종국에는 그들 역시 마찬가지 운명의 희생자로 전락할 터였다.

프란추스가 우리 이름을 크게 부를 때마다 우리는 **"예, 알겠습니다"** 하고 대답했다. 9시 정각이 되자 운동장에 난 문들이 열렸고, 우리는 트럭 세 대에 나눠 올라탔다. 한 대당 56명꼴이었다. 친위대원들이 다시 한 번 확인하기 위해 트럭 뒷문으로 올라탔다. 이로써 그들은 우리에게 그물을 던진 셈이었다.

우리를 태운 트럭이 자갈 깔린 길에서 속도를 내기 시작했을 때, 출입구에 서서 다가오는 트럭들을 바라보고 있는 두 여인이 눈에 들어왔다. 거리가 점점 가까워지면서 아버지와 나는 그들이 어머니와 폴라 누나임을 알아차렸다. 우리가 지나갈 때, 그들은 노란 다윗의 별 표식*을 조심스럽게 가린 채 우리에게 손을 흔들었다. 마음이 머리 위의 먹구름만큼이나 무거웠다. 우리는 그들이 더 이상 보이지 않을 때까지 뒤를 돌아보았다. 이 순간 이후, 우리 가족은 영원히 헤어지게 되었다.

그렇게 우리는 그곳에 있었다. 16세부터 60세까지의 유대인 남성 167명. 직업도, 생활방식도, 살아온 배경도 제각기 다른 이들이 한 가구당 한두 명, 어떤 경우에는 세 명까지도 끌려왔다. 우리는 동일한 운명 아래 모여, 우리를 둘러싼 시대만큼이나 낯선 여행길에 함께 매여 있었다. 나는 아버지를 흘깃 쳐다봤다. 그토록 당당했던 아버지가 애처롭도록 무기력하게 서 있었다.

---

* 1939년 독일은 폴란드를 침공한 후 유대인들에게 다윗의 별(정삼각형 두 개를 겹친 육각형의 별 모양)이 그려져 있는 흰 완장을 차게 했다.

트럭 구석에 기대선 채 짙은 매연 기둥이 뻗어나가는 것을 바라보고 있으니 마치 내 어두운 미래를 보는 것만 같았다. 나는 내 유년시절을 되돌아보았다. 한 가닥 위안거리라도 찾기 위해.

폴란드의 작은 유대인 마을

1919년 11월 어느 추운 날, 폴란드 서쪽에 있는 작은 마을
도브라에서 나는 생의 바다로 미끄러져 나왔다. 내 이름
베레크Berek는 전통에 따라 돌아가신 외할머니 이름인
바일라Baila에서 따온 것이었다. 돌이켜 생각해보면, 나는 내 젊은
날의 꿈을 펼치기에는 잘못된 시간, 잘못된 장소, 잘못된 종교를
타고난 셈이었다.

　형 요세크와 누나 폴라와 함께 나는 성년이 될 때까지 도브라에
살았다. 유대인이 폴란드에 정착한 이래 우리 선조들이 대대로
살아온 이 작은 마을에. 우리 가족은 7500여 평의 토지가 딸린 집에
살았는데, 부모님이 결혼 후에 사들인 것이었다. 우리 집은 당시
기준으로 보아도 그저 수수한 집이었다. 침실이 두 개 있었고, 거실
겸 식당으로 쓰는 공간이 있었고, 부엌이 있었다. 석탄을 때는 화덕도
있었다. 2미터 높이에 갈색 도자기 타일을 바른 화덕은 겨울날이면
거실 겸 식당에 온기를 전해주었다. 부엌에는 검은색 철제 조리용
난로가, 뒤뜰에는 짚으로 지붕을 엮은 헛간과 작은 닭장, 두 개의

마구간이 있었다. 뒤뜰 너머에는 과수나무 몇 그루가 있었다.
작은 나무 하나에는 다디단 노란 체리가 열렸지만, 매번 참새들이
우리보다 먼저 먹어치우곤 했다. 그 밖에도 자두나무며 배나무,
사과나무 등이 우거져 있었는데, 배나무는 언제나 마지막으로
열매를 맺곤 했다. 나머지 땅에서 우리는 겨우내 먹을 호밀, 밀,
감자를 양껏 키웠다. 우리는 우리 경작지를 직접 일궜다. 매일
새벽에 일어나 쟁기질을 하고, 씨를 뿌리고, 작물을 수확했다. 우리는
부유하지 않았다. 우리의 물질만능주의적이지 않은 세상 속에서
우리는 많은 것을 소유하지도, 원하지도 않았다. 하지만 우리는
편안하고 행복했다.

내가 기억하는 한 우리 집에서 사치스러운 것이라고는 식탁 아래
깔려 있던 양탄자뿐이었다. 성城과 왕들이 수놓인 화려한 동양풍
양탄자였다. 어릴 적 나는 그 위에 누워 몇 시간이고 모험담을
읽거나 광석 라디오crystal radio*에서 흘러나오는 음악을 듣곤 했다.
식당 겸 거실은 우리 가족사진을 비롯해 긴 잿빛 수염을 늘어뜨린
남자들이며 레이스 달린 전통 복장을 한 여자들, 즉 우리 선조들의
그림으로 가득했다.

아버지는 작은 곡물 사업을 했는데, 가족들 모두 일을 거들었다.
이미 열 살 때 나는 창고에서 저울까지 100킬로그램짜리 곡물
자루를 등에 져서 나르곤 했다. 아버지는 선한 마음씨를 가진

---

* 기술적으로 가장 단순한 형태의 라디오 수신기로, 전지 등 별도 전원을 필요로
   하지 않는다.

소박하고 성실한 사람이자 가족을 위해서라면 모든 것을 헌신하는
가장이었다. 키가 작았고(어머니보다도 작았다), 머리는 거의 다
벗겨져서 대머리에 가까웠으며, 둥근 얼굴에 뺨은 불그스름했다.
웃음을 지을 때면 다정한 성품이 만면에 묻어나곤 했다. 예전에는
체중이 많이 나갔지만, 의사에게서 심장비대증이라는 진단을 받은
후 살을 많이 뺐다. 아버지는 열한 살에 부모를 잃고 고아가 됐다.
아버지의 여덟 형제자매도. 그 후 아버지는 당신에게는 처가이자
내게는 외갓집인 곳에 살게 됐고, 그곳에서 어머니를 만났다. 두
사람은 야쿠보비치Jakubowicz라는 같은 성을 썼지만 혈연관계는
아니었다. 어린 나이부터 일해야 했던 아버지는 학교를 다닐 수
없었다. 읽고 쓰는 법만을 겨우 알았을 뿐. 서명은 십자 세 개가
끝이었다. 하지만 그것은 마을 어디에서나 통했다. 부모님은
1912년에 결혼했다. 당시 아버지는 열여덟, 어머니는 열여섯이었다.
두 분은 좀처럼 다투지도 않았다. 아버지의 검소함과 어머니의
넉넉한 마음씨가 충돌하며 빚어지는 불화가 있기는 했지만,
말다툼은 거의 시작되자마자 끝나곤 했다.
　　어머니는 마을에서 가장 진보적인 유대인 여성이었고, 전통
가발* 착용을 중단한 첫 번째 사람이었다. 경미한 당뇨병이 있어
마른 몸에 구불구불한 짙은색 머리, 야외에서 일을 하느라 햇볕에
타 피부가 가무잡잡했던 어머니는 무엇보다도 축복받은 고결한
마음을 지닌 사람이었다. 가난한 이들은 어느 집 문을 두드려야
할지 알았다. 일주일에 한 번은 우리 집에 왔던 장님 이츠하크가

---

* 　　일부 유대 공동체에서 결혼한 여성은 머리카락을 가리기 위해 가발을 쓴다.

허기진 채 우리 집을 나서지 않으리라는 사실을 잘 알고 있었던
것처럼. 이트스하크는 철사 한 타래와 엉성한 활대만 가지고도 어떤
숙련된 음악가도 시샘할 만큼 훌륭한 연주를 들려주곤 했다. 그는 그
악기 비슷한 도구로 오케스트라의 모든 파트를 비슷하게 흉내 낼 수
있었다. 떠돌이 집시들이 구걸을 하러 왔을 때조차 어머니는 항상
뭔가를 내주셨다.

　부모님은 우리에게 한 번도 손찌검을 하지 않았다. 밥을 굶기거나,
우리가 견디기 힘들 만큼 외출을 금지하는 것이 고작이었다.
어머니는 어떤 아이라도 바랄 법한 부모였다. 그녀는 모든 집안일에
관여했는데, 부엌일만을 내 사촌누이인 토바에게 맡겼다. 우리는
부모님을 사랑했다. 두려움이 아닌, 어머니와 아버지가 우리에게
쏟은 애정과 다정함에서 비롯된 것이었다. 우리는 유대 전통에 대한
헌신과 신에 대한 확고한 믿음 아래에서 자라났다.

　폴라 누나는 나보다 두 살 많았다. 쾌활하고 똑똑한 누나는
어머니처럼 키가 컸고 갈색 단발머리에 얼굴은 갸름했다. 립스틱을
바르는 것 말곤 화장은 좀처럼 하지 않았지만 엷은 갈색 눈동자가,
짙은 속눈썹이, 아름다운 이마가 누나의 외모를 돋보이게 했다.
요세크 형은 나보다 여섯 살이 많았다. 형은 바르미츠바Bar Mitzvah*를
치른 후 탈무드 공부를 시작했지만, 예시바yeshiva**의 엄격함은
감당하기 버거운 것이었다. 형은 예시바를 떠나 치과기공사가
되었다.

---

*　　유대 관례 중 하나로, 열세 살이 된 소년이 치르는 성인식이다.
**　　정통파 유대교도를 위한 학교로, 탈무드, 토라tora(유대교 율법),
　　할라카Halakhah(유대교 관례 법규) 등을 공부하는 데 중점을 둔다.

　어릴 적 우리에게 가장 좋은 시간은 여름이었다. 여름이면
우리는 아버지가 린네Linne에 빌려둔 작은 오두막집에 가곤 했다.
오두막집은 산딸기며 버섯이 가득한 숲 한가운데에 있었다.
아침마다 우리는 작은 강을 탐험했고, 키엘비키라는 작은 물고기를
그물로 잡았다.

　내가 꼭 일곱 살이던 어느 이른 봄날, 어머니는 내게 헛간 하나만
한 땅뙈기를 주었다. "이제 네 땅이 될 거란다." 그 땅은 나만의
특별한 영토였고, 그 순간은 내 어린 시절에 매우 뿌듯한 장면으로
남아 있다. 꽃은 근처에 잔뜩 피어 있었으므로 나는 내 정원에 채소를
심기로 했다.

　외할머니는 내가 태어나기도 전에 돌아가셨다. 외할머니가
돌아가신 이후 외할아버지는 우리 가족과 함께 살았다. 큰 키에
호리호리한 몸, 말쑥한 염소수염을 길렀던 외할아버지는 꼿꼿한
자세로 빠르게, 약간 돌진하듯이 걷곤 했다. 은제 손잡이가
달린 가느다란 지팡이를 썼는데, 그것은 단지 짚기 위해서만이
아니라 당신 기분이 좋다는 것을 표현하기 위한 도구로도 쓰였다.
외할아버지는 우리 삼남매 모두를 사랑했지만, 나는 할아버지가
막내 외손주인 내게 특별한 애정을 품고 있다는 걸 언제나 느낄 수
있었다. 그는 내 유년 시절에 결정적인 영향을 미친 사람이었다.
노련한 낚시꾼이기도 했던 외할아버지는 날씨 좋은 날이면 나를
강에 데려가곤 했고, 나도 머지않아 월척을 낚을 수 있게 되었다.

　여름날에 헤데르heder[유대인 초등학교]에서 집으로 돌아오면

폴란드의 작은 유대인 마을

거의 언제나 외할아버지를 볼 수 있었다. 둥근 모자skullcap*를 쓴
채 벤치에 수그리고 앉아 경전을 읽고 있는 모습을. 가끔은 당신도
모르게 눈이 감겨 햇볕을 쬐며 졸고 있는 모습을. 그러다 내 기척을
느끼고 잠에서 깰 때면 행복한 미소를 짓느라 콧수염이 움직이는
걸 볼 수 있었다. 당시에 환갑을 넘긴 사람은 노인으로 여겨졌는데,
그들은 대개 얼굴에 주름이 가득하고 입안에는 남은 치아가 없었다.
하지만 우리 외할아버지는 치아가 온전했을 뿐만 아니라 안경
없이도 책을 읽을 수 있었다.

　나를 기다리는 외할아버지 손에 막대 두 개와 그물, 보따리가 들려
있을 때도 있었는데, 집에서 15분쯤 걸어가면 나오는 바르타Warta
강의 작은 줄기에 함께 가기 위해서였다. 하도 작아서 따로 이름조차
없는 강줄기였다. 외할아버지가 바짓가랑이를 종아리 위까지
추켜올리고서 물살을 헤치고 걸어갈 때면 안 그래도 마른 몸이
더욱 말라 보였다. 나는 할아버지를 따라 물속으로 들어갔고, 그는
내가 낚싯바늘에 미끼를 꿰는 모습을 지켜보았다. 외할아버지는
당신이 원하는 곳에 미끼를 놓을 때까지 팔을 들고서 넓은 원 속으로
낚싯줄을 던졌다. 그는 낚싯줄과 씨름하는 나를 보며 말하곤 했다.
"천천히, 베렐라Berele야, 천천히." 외할아버지는 내가 잘 해낼 수
있음을, 낚싯줄을 잘못 던진 채로 만족하지 않을 것임을 알았다.
나는 신발 밑창으로 조약돌을 헤치며 할아버지 뒤를 바짝 쫓아갔다.
나비를 잡을 때 쓰는 것과 비슷하게 생긴 손그물로 물고기를 잡을

---

*　흔히 유대인 남성 혹은 성직자들이 착용하는 모자로, 작고 둥글어서 머리 위에
　얹듯이 쓴다.

때, 우리는 나란히 서서 수련 잎 아래로 그물을 조용히 밀어넣었다.
그는 말했다. "그물은 깊이 내리고, 천천히 움직여라. 박자에 맞춰
걸어야 해." 그렇게 잡은 물고기는 하나도 헛되이 쓰이지 않았다.
퍼치[농어과의 민물고기]는 우리가 먹을 식사가 됐고, 어머니는
강꼬치고기로 게필테피시gefilte fish *를 만들곤 했다.

외할아버지는 내게 체스 두는 법도 가르쳐주었다. "체스는 정신을
가다듬게 해주지." 나는 외할아버지가 제1차 세계대전 당시 폴란드
육군 원수 유제프 피우수트스키로부터 무공 표창장을 받았다는
사실을 알았지만, 그는 결코 그런 이야기를 하려 들지 않았다.

히틀러 시대가 오기 전에 이미 폴란드에서는 반유대주의가
사회적 병폐로 자리 잡고 있었다. 다른 소수민족들은 정당한 대우를
받았지만, 유대인만은 예외였다. 1930년대 말에 이르면 원래는
중립적이었던 사람들마저 나치의 인종 정책에 동조했다. 우리는
폴란드 땅에서 태어났는데도 이방인으로 여겨졌다. 폴란드에서
유대인이 동등한 대우를 받으려면 일단 기독교로 개종해야 했다.
폴란드 성직자들은 우리에 대한 폭력을 지지하지 않았지만,
그렇다고 해서 우정을 이야기하지도 않았다. 부모님 세대가
폴란드 사회에서 억압받는 역할을 묵묵히 받아들였던 것과 달리,
우리 세대는 그렇게 살아갈 수는 없음을 알았다. 우리는 유대인이
아니었고, 폴란드인도 아니었다. 우리가 새로운 생활방식을
받아들이면, 또 우리가 폴란드 관습이나 의복·문화·언어 등을 따르면

---

*   전통적인 유대 요리로, 가시를 발라내고 다진 생선살에 달걀, 양파 등을 넣어
     둥글게 뭉친 것을 생선 육수에 끓여 만든다.

비유대인들이 우리를 좀 더 관대하게 대하리라 생각했다. 아니었다.
아무것도 소용이 없는 것 같았다. 폴란드 유대인들이 사치스럽게
산다는 것보다 황당한 거짓말도 없을 터였다.

유대인들은 악담에 시달렸다. 백주 대로에서 얻어맞을 때도
있었다. 경찰들은 눈에 띄게 다친 게 아니고서야 자신들이
해줄 수 있는 건 아무것도 없다고 우겼다. 유대계 상인에게는
'한들라시handlarz'라는 꼬리표가 붙었는데, 그건 '바가지 상인'이라는
뜻이었다. 형이나 나나 아버지 사업을 물려받을 뜻은 없었기에
전문직을 택할 생각이었다. 우리가 어떻게 될지 거의 알 수 없는
상황에서, 뿌리 깊은 편견은 지속될 터였다.

학교에 가면 교과서에서는 우리 역사, 우리 문화는 물론 우리
존재마저 다뤄지지 않았다. 도브라 공립학교에는 유대인 교사가
단 한 명도 없었다. 내 이름 베레크 때문에 비유대인 아이들은
악의적이게도 나를 벨리스Belis라 불렀다. 제정 러시아 시기에 있었던
'벨리스 사건'―벨리스라는 이름을 가진 한 유대인이 아동 살해
의식을 행한 혐의로 고발된 사건에서 따온 것이었다. 나는 너무나도
당혹스러웠던 나머지 중학교에 들어가기 전에 이름을 폴란드식인
브로네크Bronek로 바꿨다.

1930년대 중엽, 농민연합은 농장협동조합을 발족했다. 목적은
뚜렷했다. 농산물 거래에서 유대인을 배제하는 것이었다. 그들이
내세운 표어는 이랬다. '우리, 우리에게, 우리를 위해.' 이런 경제적
압박은 유대인들이 벌이는 모든 사업에, 사실상 폴란드에 거주하는
모든 유대인에게 타격을 주었다.

교육기관에 할당제*를 적용하려는 시도가 확산되었다. 유대식

도축법 셰히타shechita **를 금지시킨 것 또한 반유대주의를
노골적으로 드러낸 일이었다. 독일과의 전쟁을 앞두고 있었음에도
불구하고 폴란드에게 주적은 우리 유대인이었다. 독일이 아니라.
심지어 중도파까지 우리를 몰아낼 방법을 물색했다. 나치를 본받은
것인지, 폴란드 극우파들은 모든 유대인을 국외로 추방해야 한다고
주장했다.

지나치게 무거운 세금은 우리가 직면한 또 다른 딜레마였다.
우리는 교구세를 냈지만, 유대인 학교나 시너고그synagogue [유대교
회당]는 아무런 금전적 지원을 받지 못했다. 어느 날 어머니가
징세관에게 애걸하는 소리를 들었던 기억이 난다. 우리 집 가구를
실어 가기 위해 트럭 한 대를 끌고 온 징세관에게 어머니는
아버지가 올 때까지만 기다려달라고 빌었다. 하지만 그는 어머니를
가볍게 무시하곤 조수 둘에게 우리 가구를 가져오라고 시켰다.
그들은 갓 다림질한 말끔한 우리 옷들을 마룻바닥에 집어 던지고
짓밟았다. 어머니는 조금만 기다려달라고 애원했지만, 헛일이었다.
그때 갑자기 번갯불이 번쩍이더니 멀지 않은 곳에서 천둥소리가
들려왔다. 그것은 어머니를 완전히 뒤흔들어놓았다. 온몸을 가늘게
떨던 어머니는 집 밖으로 뛰쳐나가면서, 고통스러워하면서 말했다.
"어떤 죄 없는 사람에게 떨어졌을 저 벼락이 네놈에게 내리쳤어야

---

* 　　　유대인 수를 일정 비율로 제한하는 제도를 말한다. 폴란드에서는 1930년대 말
　　　유대인 학생 수를 차별적으로 제한하는 '누메루스 클라우수스Numerus clausus'라는
　　　제도가 시행됐다.
** 　　　할랄Halal이 그러하듯이 셰히타 역시 도축을 할 때 지켜야 하는 여러 가지 규칙을
　　　말한다. 이를테면 도축을 할 때는 날카롭고 매끄러운 칼로 식도, 경동맥, 경정맥을
　　　단숨에 절단해야 한다.

했는데.”

몇 주 후, 어머니에 대한 재판이 열렸다. 국가를 모독했다는
혐의였다. 징세관은 어머니가 한 말을 왜곡해, “폴란드는 벼락을
맞아야 한다”고 말했음을 주장했다. 조수들 역시 그 잔인한
거짓말에 동조했고, 판사는 어머니에게 유죄 판결을 내렸다. 1년
징역형과 함께. 이 사기극은 유대인 사회에서 큰 관심을 모았다.
징세관의 치졸하기 짝이 없는 사적 복수 때문만이 아니었다. 명백한
반유대주의에 국가가 가담했기 때문이었다.

어머니가 감옥살이를 한다는 건 상상조차 할 수 없는 일이었다.
감옥에 가면 거기 있는 광신적인 애국자에게 살해당할 것이 뻔했다.
그해에는 선거가 있었으므로, 우리는 새 정부가 사소한 정치범들을
사면해주리라고 기대하는 수밖에 없었다. 어머니는 몸을 숨기곤
규칙적으로 거처를 옮겼다.

가끔 어머니는 위험을 무릅쓴 채 집에 오기도 했다. 그러던
어느 날 밤, 현관문을 마구 두드리는 소리가 들려왔다. “문 열어!
경찰이다!”라는 고함과 함께.

“잠깐만요.” 외할아버지가 대답했다. 시간을 끌기 위해서였다.

마침내 외할아버지가 문을 열자, 경찰관 둘이 들이닥쳤다. 그들은
물었다. “에스터는 어디 있지?”

외할아버지는 차분하게 답했다. “모릅니다.” 무심히 침대로
돌아가 등 돌린 채 누운 외할아버지는 잠을 청하는 것처럼 보였다.
우리는 그들이 어머니를 금방 찾아낼 수 있다는 사실을 알고 있었다.
그들이 방을 하나하나 뒤질 때마다 어머니를 찾아내서 수갑을
채우지 않을까 하는 두려움에 나는 눈을 질끈 감았다. 하지만

놀랍게도, 그런 일은 벌어지지 않았다. 그들은 내게 어머니가 어디 있는지 물었다. 나는 입술을 깨물며 답했다. "여기엔 안 계세요." 나는 내가 천연덕스럽게 거짓말을 했다는 사실에 놀랐다. 그렇지만 그들은 어머니가 집 안에 있다는 걸 안다고 우겼다.

한 경찰관이 아버지에게 말했다. "이보쇼, 비그도르. 우린 에스터가 여기 있다는 걸 알아. 어디 있지?"

아버지는 무미건조한 목소리로 그들이 틀렸다고 말했다. "여기 없다니까."

결국 그들은 떠났다. 불신에 가득 차서, 연신 뒤를 돌아보면서. 우리도 어머니가 어디에 있었는지 궁금했다. 공기 속으로 증발해버린 것도 아닐 텐데. 외할아버지는 우리에게 경찰들이 진짜 갔는지 확인해보라고 했다. 그들이 떠난 게 확실해지자 외할아버지가 침대 밖으로 나왔다. 그제야 우리는 어머니가 어디에 숨어 있었는지 알 수 있었다. 침대 속에, 외할아버지 뒤에 있었던 것이다! 잠시 후 아버지는 어머니를 건초로 가득 채운 짐마차 속에 숨기고는 새로운 은신처로 데려갔다. 이윽고 선거가 끝나 그토록 바라 마지않던 사면이 이루어졌다. 비록 감옥에 가는 것은 면했을지라도, 어머니는 8개월 넘게 숨어 지내면서 개인적인 징역살이를 한 것이나 마찬가지였다.

세계대공황은 폴란드에 긴 그림자를 드리웠다. 근근이 살아가는 것조차 힘들 정도였다. 사태를 악화시킨 것은 아버지가 독일인 융커Junker* 헬러의 은행 대출에 선 보증이었다. 그가 파산하면서

---

*　'젊은 귀족'을 뜻하는 말이지만, 19세기 이후에는 독일 동부의 지주 귀족계급을

대출금을 대신 갚아야 할 처지에 놓인 것이다. 헬러는 다음
추수기에는 갚을 수 있다는 확신에 찬 말로 더 큰 대출에 보증을
서게끔 아버지를 구슬렸다. 앞선 손실을 만회하고 싶었던 아버지는
거기에 넘어갔다. 하지만 교활한 속임수였다. 그는 절대 그 빚을 갚지
않았고, 우리를 거의 파산하게 만들었다. 우리는 빚더미에 앉았다.
내 정원에서 난 채소들이 허구한 날 저녁 식탁에 올랐다. 그 몇
년간은 우리 가족에게 매우 힘든 시간이었지만, 마을에는 우리보다
사정이 나쁜 이들이 많았다. 어떤 가족이 곤궁한 것을 알면 형편이
나은 사람들이 도우려 들었다. 어린 시절, 안식일 전날이면 어머니는
가난한 이들에게 줄 꾸러미를 내게 들려 보내곤 했다.

상황이 점점 엄혹해지면서 우리는 갈 곳이 없어졌다. 영국의
팔레스타인 통치는 우리가 그곳으로 이주하는 데 심각한 걸림돌이
됐다. 국제연맹은 유대인들을 소련 비로비잔Birobidzhan[시베리아
동부에 있는 유대인 자치주]이나 마다가스카르 섬으로 이주시키는
것을 논의했다. 비록 폴란드에서 유대인에 대한 지지가
사그라들었을지라도 나치즘에 대한 신념이 보편적이지는 않았다.
모든 기독교도가 증오와 기만 위에 세워진 세상을 믿지는 않았고,
많은 이들이 우리를 도왔다. 곧 이야기하겠지만 나 자신의 생존도
수많은 친절한 기독교도들에게서 받은 도움 덕분이었다.

1938년, 히틀러는 폴란드에게 동프로이센과 독일 본토
사이에 끼어 있는 회랑 지대를 내놓으라고 요구했다. 1935년
피우수트스키의 뒤를 이어 육군 원수 자리에 오른 에드바르트

가리키는 말로 쓰였다.

리츠시미그위는 이에 "우리는 단추 하나도 내어줄 수 없다!"고
답했다.

전
격
전[*]

✖

1939년 여름 내내 독일이 폴란드를 침공하리라는 위협이 커져갔다. 도브라는 독일 동부에서 160킬로미터밖에 떨어져 있지 않았던 터라 우리는 걱정이 될 수밖에 없었다. 제1차 세계대전을 기억하는 부모님은 독일의 위협보다도 전쟁 자체를 훨씬 두려워했다. 전쟁에 대한 경험은 그들에게 악몽처럼 매달려 있었다. 하지만 채 스무 살도 되지 않았던 나는 전쟁이 두렵기보다는 궁금했다.

요세크 형은 폴란드 육군 황색기병대Yellow Cavalry에서 2년간 복무했는데, 전쟁이 날 조짐이 보이자 재소집됐다. 형은 부대와 함께 폴란드 국경으로 갔다. 팽팽하던 긴장은 1939년 9월 1일에 끝났다. 히틀러 군대가 폴란드를 침공함으로써, 제2차 세계대전이 시작됨으로써. 많은 이들이 군대에 들어갔고, 어머니의 반대에도 불구하고 나 역시 입대하려 했다. 하지만 당시 폴란드에서 입대

---

*   원문은 '블리츠크리크Blitzkrieg'라는 독일어 표현을 쓰고 있다. 번개를 뜻하는 blitz와 전쟁을 뜻하는 krieg를 결합한 이 단어는 기동력이 뛰어난 전력을 이용해 적에게 집중적이고 신속한 공격을 가하는 방식을 가리킨다.

전격전

가능한 나이는 스물하나였다. 징병관은 나를 집으로 돌려보냈다.
"필요할 때 널 부를 거다"라는 말과 함께. 아마도 그는 잘 무장된 나치
군대와의 전투가 무의미한 일이라는 걸 알았던 것 같다.

다음 날, 인근에 있는 정신병원이 모든 환자를 내보냈다. 수백
명에 달하는 정신이상자들이 마을 한복판을 활보하면서 믿기 힘든
장면들을 연출했다. 나폴레옹 흉내를 내며 자기 군대가 독일군과
싸우러 올 거라고 주장하는 사람이 있는가 하면, 열병식을 하듯
행진하면서 눈에 띄는 모든 것에 거수경례를 붙이는 사람이 있었다.
처음에는 완벽하게 멀쩡해 보였던 어느 귀여운 소녀는 느닷없이
알아들을 수 없는 말들을 속사포처럼 떠들어댔다. 눈에 초점을
잃은 사람들이 거리를 가득 메운 모습은 가련하면서도 기괴했다.
독일군은 도착하자마자 이들을 붙잡아 벽 앞에 세우고 총살했다.

9월 3일이 되자 나치 군대는 불과 30킬로미터 밖까지 다다랐다.
그들은 곧 우리 마을에까지 들어올 터였다. 후퇴 중이던 우리
병사들은 독일군 진격을 막기에 최적의 장소인 바르타 강에
배수진을 치고 맞서겠다고 맹세했다. 부모님은 우리 마을 주인이
수차례 바뀌었던 1차대전 당시에도 비슷한 상황이 있었음을
떠올렸다. 우리 가족은 떠날 준비를 했다. 우리가 떠나기 직전,
요세크가 나타났다. 그는 말했다. "우리 부대에 있는 건 소총과
장창뿐이에요. 우리는 정신없이 후퇴할 수밖에 없어요."

9월 4일 월요일, 우리는 도브라를 떠나기로 결정했다. 우리의
낡아빠진 푸조 트럭은 필요할 때면 꼭 시동이 꺼져버렸기 때문에
아버지는 짐마차에 말 두 마리를 매어 끌게 하고, 혹시 모를 경우를
대비해 마차 뒤에 한 마리를 더 매어 가기로 했다. 가장 중요한

식량에서부터 옷가지, 귀중품, 담요, 침구류를 챙긴 후 우리는 떠날
준비를 마쳤다.

외할아버지는 남기를 선택했다. 할아버지는 독일 병사들을
두려워하지 않았다. 차분하게 "우리는 지난 전쟁 때 그들과 싸워봤다.
병사들은 병사들일 뿐이야. 이 늙은이까지 해치진 않을 거다"라고
말할 따름이었다. 결국 우리는 외할아버지를 뒤로한 채 피난민들로
북적이는 시골길을 나섰다.

길은 마차며 수레로 가득했다. 아이들에게 우유를 먹이기 위해
소까지 끌고 나온 가족들도 있었다. 자동차는 거의 보이지 않았다.
군에서 징발해 갔기 때문이었다. 우리 말들은 전성기를 한참 넘긴
늙은 말들이었기 때문에 언덕을 오를 때면 우리 가족은 마차에서
내려 걸어갔다. 느릿한 여행을 시작한 지 한 시간쯤 지났을 무렵,
비행기들이 다가오는 소리가 들렸다. 처음에 우리는 폴란드
비행기들이리라 생각했다. 그러나 비행기들이 가까워질수록 그렇지
않다는 것이 분명해졌다. 심상치 않은 둔중한 굉음과 검은 십자가
휘장*은 그들이 적군임을 알아차리기에 충분했다. 두렵기는 했지만,
우리는 그들이 길 위에서 발견할 수 있는 것은 민간인들뿐임을
알았다.

비행기들이 낮게 날기 시작하는 모습을 보면서도 우리는 그들이
무고한 민간인들만 있음을 확인하려는 것이리라 짐작했다. 그들이
우리를 해치지 않으리라 확신했던 것이다. 하지만 놀랍게도, 그들은

---

* 철십자가iron cross 라고도 부른다. 흰 경계가 둘러져 있는 이 검은 십자가는 나치
군대가 상징물로 삼은 것 중 하나였다.

우리에게 공격을 퍼부었고, 곧 집단적인 패닉이 일어났다. 길 오른쪽에는 바르타 강이, 왼쪽에는 벌판이 펼쳐져 있었다. 길가에는 나무 몇 그루가 서 있을 뿐이었다. 덫에 걸린 셈이었다. 달아날 곳도 없이. 바짝 붙어서 줄지어 가던 마차와 수레들은 떨어지는 포탄에 속수무책이었다. 우리 말 세 마리는 놀라서 앞발을 쳐들곤 울부짖었고, 매여 있는 마차에서 벗어나려고 발버둥쳤다. 공격을 마친 독일 폭격기들은 높이 솟아오르더니 사라졌다. 죽음과 파괴의 현장을 뒤로한 채. 이것이 내가 처음으로 겪은 전쟁이었다. 부모님이 우려했던 것들이 옳았다는 확신이 밀려왔다.

몇 킬로미터 더 가서 우리는 또 다른 독일 폭격기 두 대를 맞닥뜨렸다. 그들과 맞서 싸울 폴란드 전투기가 없었으므로, 우리는 어떤 일이 일어날지 알았다. 겁에 질리는 게 당연했다. 길 오른쪽에는 강을 따라 긴 둑이 있었다. 그런데 갑자기 왼쪽에서 군부대가 나타나더니 우리 곁을 지나갔다. 그 바람에 우리는 미끄럽고 풀이 무성하게 자란 강둑 쪽으로 밀려났다. 아버지는 짐마차에서 뛰어내려 말고삐를 쥐곤 말들을 진정시켰다. 사람들은 서로 밀치며 "비켜"라고 소리쳤다. 그때 어머니와 누나, 형, 나는 마차 뒤에서 걸어가던 중이었다. 갑자기 아버지가 고함을 질렀다. "뒤에 있는 말을 풀어줘!" 형이 그렇게 하자마자 폭탄 하나가 강에 떨어졌다. 물기둥이 치솟아 길을 흠뻑 적셨다. 우리 마차는 더 가장자리로 밀려났고, 중력이 말과 마차를 강 속으로 밀어넣었다. 바르타 강이 쩍 갈라졌다. 어마어마한 물보라가 지나간 후 소용돌이가 일어났고, 거품이 일었다. 그리고 우리의 모든 세간과 귀중품은 강바닥에 가라앉았다. 거대한 물결들이 원을 그리다 사라져갔다.

오직 잔물결들만이 우리 재산을, 말 두 마리의 죽음 위를 뒤덮었다.
우리에게 남은 것이라고는 걸친 옷과 요세크 형이 붙들고 있던 말
한 마리뿐이었다. 폭격기들이 떠나간 후에도 우리는 넋이 나간 채
겁에 질려 있었다. 무슨 일이 일어났는지 목도한 사람들이 우리
곁을 지나쳐 갔다. 두려워하면서, 우리가 길 밖으로 빠져주기만을
바라면서.

아버지는 큰아버지가 있는 우니에유프Uniejów로 가는 것이
어떻겠냐는 얘기를 꺼냈다. "전쟁이 끝날 때까지 거기 머무를 수
있을 거다."

큰아버지 하임은 매우 독실한 정통 유대인으로, 종종 가족마저
소홀히 할 정도였다. 큰아버지 부부는 아홉 자식들과 작은
아파트에서 찢어지도록 가난하게 살았다. 그중 맏딸인 토바는 우리
가족과 몇 년간 같이 살았는데, 전쟁이 터지기 몇 달 전에 집으로
돌아갔다.

우리가 큰아버지 댁에 도착했을 때, 집은 비어 있었다.
우니에유프에 살던 다른 많은 이들과 마찬가지로 우리 군대가
독일군을 막을 수 없으리라는 사실을 알아차렸던 것이다. 아마 그들
역시 동쪽을 향하고 있을 터였다. 돌아갈 수도 없는 노릇이었으므로
우리는 다시 길을 나섰다. 남은 말 한 마리를 계속 끌고 간다는 것은
턱없는 일이었다. 우리는 말이 들판에서 풀을 뜯을 때 우니에유프를
떠났다. 더러워진 옷차림으로, 허기진 채로, 실의에 잠긴 채로.

마을을 빠져나오자 누군가 아버지 이름을 부르는 소리가 들렸다.
흐미엘린스키 씨였다. 몇 년 전 그가 헬러의 파산한 토지를 매입한
이후, 아버지는 그와 많은 거래를 해왔다. 예상치 못한 기적이었다.

"비그도르! 여기서 뭐해?" 그가 소리쳤다. "자네 처자식들인가? 이리
오게, 우리와 함께 가세!" 도로가 빽빽하게 차 있어 우리를 위해
마차를 멈출 수 없었던 그가 다시 외쳤다.

크고 널찍한데다 튼실한 벨기에 말들이 끄는 흐미엘린스키
씨의 마차는 초라했던 우리 마차와 극명한 대조를 이루었다.
흐미엘린스키 씨와 그 아들 카롤이 한 사람 한 사람씩 올려 태우는
동안 우리는 마차 옆에서 꽤 오래 달렸다. 아버지는 그들에게 우리의
난감한 처지를 설명했다. 흐미엘린스키 씨와 부인은 앞쪽에 앉았고,
우리 부모님은 같은 의자에 뒤쪽을 향해 앉았다. 나와 형, 누나,
카롤은 마차 뒤쪽에 있는 기다란 의자에 앉았다. 이제야 숨을 돌릴 수
있겠다는 생각이 들었다.

도로 사정이 좀 나아지자 흐미엘린스키 씨는 길 밖으로 마차를
몰아 말들에게 먹이를 먹였다. 귀리가 가득한 주머니를 말들 목에
걸어주었고, 바닥에는 건초를 흩어줬다. 그런 다음 흐미엘린스키
가족은 그들이 가진 것, 즉 집에서 구운 빵이며 버터, 우유 등을
우리와 함께 나눴다. 너무나도 친절한 태도여서 우리는 그것들을
편히 받아들일 수 있었다.

길에서 마주치는 폴란드 병사들은 이제 더 이상 군인 같아
보이지도 않았다. "독일군은 어디에 있죠?" 우리가 물었다.

"그냥 계속 가세요, 계속이요." 그들이 답했다. 날이 점점
저물어가고 있었지만, 우리는 그들의 충고를 받아들였다.
흐미엘린스키 씨는 말들을 재촉했다. 도로를 메웠던 군용 차량들이
줄어든 덕에 우리는 더욱 속도를 낼 수 있었다.

카롤은 스물일곱 살의 유쾌한 청년으로, 크라쿠프Kraków에 있는

야기엘로 대학을 다니고 있었다. 그는 마르크스주의나 파시즘,
히틀러에 관해 이야기하기를 좋아했다. 어스름이 내려앉는 하늘과
마차의 규칙적인 흔들림은 나른한 졸음기를 불러왔다. 나는 이내
깊은 잠에 빠져들었다.

익숙한 소리에 깨어났을 때, 내가 별로 오래 잔 것 같지는 않았다.
서쪽을 바라보니 지평선 위에 점 두 개가 눈에 띄었다. 웅웅거리는
소리와 함께 두 점이 차츰 커졌다. 이윽고 나는 그것들이 무시무시한
메세르슈미트 전투기임을 알아차렸다. 흐미엘린스키 씨는 수확이
끝난 들판으로 마차를 몰았고, 우리는 마차에서 내렸다. 사람들은
정신없이 달렸다. 미끄러지면서, 비틀거리면서, 필사적으로. 하지만
달아날 곳은 어디에도 없었다. 전투기 두 대가 나란히 우리 위에서
원을 그리며 날자 굉음 때문에 귀가 멀 것 같았다. 갑자기 쐐액 하고
폭탄 떨어지는 소리가 들렸다. 나는 땅바닥에 납작 엎드렸다. 폭탄이
터지면서 땅을 날려버렸고, 거대한 구멍이 남았다. 폭발음에 놀란
말들은 피와 죽음의 냄새를 맡으며 앞발을 들고 버둥거렸다. 우리는
민간인이었고, 그곳에 군인이라고는 없었음에도 불구하고 그들은
계속해서 기관총을 난사했다.

마침내 전투기들이 떠나갔다. 단지 탄약이 바닥나서였다. 나는
비틀거리며 일어섰다. 심장이 쿵쾅거렸다. 부서진 마차와 죽은 말
위로 전봇대에 걸려 있는 피투성이 재킷이 보였다. 소매에 여전히
팔 일부분이 꿰여 있었다. 우리는 모두 겁에 질린 채 살아남게
해주신 하나님께 감사드렸다. 이전에도 전쟁은 있었지만 이런 건
없었다. 이건 전쟁이 아니라고 사람들은 말했다. 냉혹한 살인이었다.
"이건 끔찍한 신무기가 낳은 결과물이야." 카롤이 고개를 저으며

중얼거렸다.

우리는 계속 동쪽을 향해 갔다. 해가 높이 떠올랐다. 9월인데도 이상하리만치 뜨거운 열기 아래에서 우리는 익어갔다. 수십 마리의 죽은 동물들을, 망가진 차량들을 지나쳤다. 고기 썩는 냄새가 사방에서 진동했다. 전신주에서 덜렁거리던 팔의 잔상을 도무지 떨칠 수가 없었다. 몇 킬로미터를 더 가서 우리는 멈췄다. 그곳에서 아버지는 몇 즐로티[폴란드 화폐 단위]어치 식량을 사려 했는데, 며칠 전까지만 해도 풍족하던 것이 몽땅 사라졌음을 알게 됐다. 우리 친구들의 식량도 서서히 바닥을 드러내고 있었지만, 그들은 여전히 우리와 나누기를 망설이지 않았다.

폭격에서 몇 시간이 지나 우리는 안정을 찾았지만, 곧 익숙한 웅웅거리는 소리가 다시 들려와 독일군이 하늘을 지배하고 있음을 상기시켜주었다. 이제 우리는 어떤 일이 일어날지 알고 있었으므로, 도로에서 마차를 빼고 얼른 숨을 곳을 찾았다. 나는 형을 따라 바싹 마른 가시덤불 속으로 뛰어들었다. 우리는 최대한 눈에 띄지 않도록 바닥에 납작 엎드렸다. 이윽고 전투기들이 나타났다. 그들은 급강하하면서 일대에 기관총 세례를 퍼붓고 폭탄을 투하했다. 하지만 가장 치명적이었던 건 총이었다. 일제 사격이 가해질 때마다 나는 내가 총에 맞아 피를 흘리고 있는 건 아닌지 살펴보았다.

우리와 멀리 떨어져 있지 않은 곳에서 누군가가 고꾸라졌다. 가까이 다가가자 관자놀이에서 피가 뚝뚝 떨어지는 게 보였다. 한 발의 총알이 그의 삶을 끝장내버린 것이었다. 사십대 중반의 여인 한 명이 울부짖으며 다가왔다. "스타시에크잖아! 오 하느님, 스타시에크야!" 그녀 뒤로 남자 둘이 서 있었다. 슬픔이, 비애가,

엄청난 연민이 자리 잡았다. 하지만 사람들은 두려워하고 있었다. 다들 다음은 자기 차례일 수 있음을 알았고, 그 자리를 벗어나려 했다. 내 귓가에는 한동안 "스타시에크!"를 외치며 울부짖는 소리가 맴돌았다.

그제야 나는 부모님이 왜 그토록 전쟁을 두려워했는지 이해했다. 그날, 기관총 세례로 가득했던 하늘 아래 폴란드 벌판 한가운데에서 전쟁을 모험처럼 여기던 내 환상은 산산이 부서졌다. 우리는 계속 길을 따라 갔다. 우치Łódź를 지나쳐 동쪽의 바르샤바Warsaw를 향했다. 동이 트기 전까지는 멈추지 않았다. 우리는 이제 낮에 이동하는 것이 위험하다는 사실을 알게 됐고, 밤에만 움직이기로 했다. 우리 은인들에게 신세를 지는 일은 점점 더 난처해졌다. 그들이 가진 식량도 거의 바닥난 터였다. 우리는 다음 마을에 들러 다시 한 번 식량을 구입해보기로 했다.

먹구름 낀 하늘에서는 당장이라도 비가 쏟아질 것만 같았다. 그러나 동이 트면서 하늘은 말끔히 개었고, 화창한 아침이 밝았다. 우리는 오래지 않아 전투기들이 다시 나타나리라는 걸 알았다. 폭격이 더 이어진다면 결국은 우리 가운데서도 사상자가 나올 것 같아 두려웠지만, 계속 나아가야 했다. 우리는 캄피노스카Kampinoska 황무지 근처에 있었다. 캄피노스Kampinos 마을이 바로 코앞이었다. 우리는 처음 보이는 농가에 들렀다. 대지주에게 영향력이 있다는 사실은 분명해 보였다. 흐미엘린스키 씨의 지위 덕분에 우리는 엄청난 환대를 받았다. 어마어마하게 친절했던 농부는 우리가 마당은 물론이고 헛간에도 들어갈 수 있게 해주었다. 그는 알아듣기 힘든 사투리로 끊임없이 수다를 떨었다. 우리가 자기 말을 잘

알아듣지 못한다는 사실을 깨달은 그는 손짓까지 동원해 말하기
시작했다.

농부의 아내는 막 짠 우유를 가져다주었다. 그녀는 외양간에서
아이 둘과 함께 왔다. 여덟 살쯤 되어 보이는 여자아이와 열네 살이
조금 안 되어 보이는 남자아이였다. 아이들은 수줍어하며 우리를
훔쳐봤다. 들통에 든 따뜻한 우유가 찰랑이는 소리가 우리의 허기를
자극했다. 우리는 그들에게서 빵과 버터, 달걀, 우유를 샀고, 그
덕분에 집을 떠난 이래 처음으로 따뜻한 식사를 할 수 있었다.

마차 위에서 긴 밤을 보내다 마차에서 내려 다리를 쭉 펴니
편안하기 이를 데 없었다. 그런데 얼마 지나지 않아 폭격기들이 또
나타났다. 맙소사, 영원히 끝나지 않을 셈인가? 그런 생각이 들었다.
하지만 이번에는 스쳐 지나갈 뿐이었다. 아마 바르샤바로 향하는
길이었을 것이다.

다음 날 아침, 독일군이 신속하게 진격하고 있다는 소식이
들려왔다. 폴란드는 더 이상 아무런 저항도 할 수 없었다. 남아 있는
우리 군대로는 그들의 진격을 막을 수 없었다. "우리는 단추 하나도
내어줄 수 없다"던 리츠시미그위의 호언장담은 결국 공허한 말로
남았을 뿐이었다. 아무리 동쪽으로 달아나봤자 이제 아무 소용이
없을 것 같았다. 우리는 농부의 호의를 믿고 그곳에 남기로 결정했다.
독일 전투기들은 더 이상 우리를 공격하지 않고 바르샤바를
향해 갔다. 그들은 마치 정규 항공 노선인 듯이 날아가기도 하고
날아오기도 했다.

이후 48시간이 지나는 동안 우리에게는 소련이 독일에
선전포고를 했다는 소문이 날아들었다. 영국과 프랑스는 이미

독일과의 전쟁을 시작했지만, 우리는 그들의 군대가 어디에 있는지
알 수 없었다. 선전포고는 단지 정치적 책략이었던 걸까? 우리가
독일 수중에 떨어지리라는 것은 이제 자명한 이치였다. 그게
언제냐가 문제였을 뿐.

독일의 점령

우리는 향수병에 걸렸고, 달아나는 데 지쳤다. 우리는 피난이 끝날 날만을 기다렸다. 농부의 어린 아들이자 내 가장 친한 친구가 된 카지에크는 내게 마을 구경을 시켜주느라 열심이었다. 9월 10일 정오가 되기 얼마 전, 우리는 산책에 나섰다. 오토바이 소리가 들려온 것은 겨우 1킬로미터쯤 갔을 때였다. 비탈길 꼭대기에 나타난 오토바이는 빠른 속도로 우리에게 다가왔다. 낯선 복장을 한 병사가 올라타 있었고, 사이드카는 비어 있었다. 엄청난 매연과 먼지가 오토바이 뒤로 길게 이어졌다. 길 위에 있는 사람은 우리뿐이었다. 두려움이 몰려왔지만 도망치기에는 너무 늦었다.

　오토바이가 멈춰 섰다. 병사는 시동을 끄곤 한숨 돌렸다. 그는 쓰고 있던 고글을 이마 위로 밀어 올리더니 우리에게 독일어를 할 줄 아는지 물었다.

　"네." 나는 겁에 질려 시선을 내리면서 답했다.

　"무섭냐?"

　"아뇨."

"근처에 폴란드 병사들이 많이 있니?"

"아뇨."

"오늘 지나가지는 않았고?"

"아뇨."

그는 길 위에서 아무도 보지 못했다고, 다들 어디 있느냐고 우리에게 물었다. "사람들이 우리를 무서워하나? 그럴 필요 없다고 전해라." 그가 말했다. 이어 그는 가방에서 초콜릿바와 독일 담배를 꺼내더니 그것들을 우리에게 건네주며 말했다. "너희들 가져." 그러고는 우리를 빤히 쳐다봤다. 독일 침략자로부터 이런 호의나 관용을 받을 거라고는 미처 생각지 못했던 나는 망설였다. 그는 고개를 주억거리며 가져가라고 거듭 말했고, 우리는 그것들을 받아들었다. 그때쯤에는 다른 오토바이 몇 대가 더 나타나 우리 옆에 서 있었다. 그들은 처음 나타난 병사처럼 낯선 군복 차림이 아니었고, 현지인들처럼 보였다. 수많은 장갑차와 트럭들이 다가왔다. 오토바이에 올라탄 이들이 굉음을 내며 달려가는 장면은 그야말로 장관이었다. 독일군이 우리에게 왜 그토록 쉬운 승리를 거뒀는지 알 수 있었다. 걷거나 말을 타고 이동하는 우리 군대와 달리, 그들은 완전히 기계화되어 있었던 것이다.

우리는 이 소식을 가지고 농장으로 돌아가 독일 병사들이 얼마나 괜찮았는지 이야기했다. 다들 독일군이 도착했다는 사실을 알고 있었다. 모든 독일군이 오늘 본 것과 같다면 너무 걱정할 필요는 없겠다고 우리는 말했다. 도로 위로 독일군이 끊임없이 지나갔다. 그들의 영예로운 총통을 위한 노래들을 부르면서.

우리는 더 이상 도망칠 수 없었다. 가능한 한 빨리 집에 돌아가는

것만이 유일한 선택지였다. 하지만 독일 탱크와 차량 행렬이 동쪽을
향해 가고 있었으므로, 그것은 불가능한 일이었다. 더군다나 우리는
독일군이 남은 하루 동안 모든 시민의 이동을 금하는 명령을
내렸다는 얘기를 들었다.

다음 날 아침, 우리는 일찍 떠났다. 이날 하루는 이동하는 내내
아무 일도 없었다. 하지만 둘째 날에는 몇 명의 독일 장교들이
언덕 위에 서서 피난 행렬을 내려다보고 있었다. 여자와 아이들은
조용히 지나가면 됐지만, 남자들은 모자를 살짝 기울여 조심스러운
존경을 표해야 했다. 우리가 그들 앞을 지나게 되었을 때, 한 장교가
적대적인 목소리로 고함을 쳤다. "이 유대인들 좀 보게! 도망치려고
하는군. 빌어먹을 유대인들, 이제 우리에게 붙잡힐 거다!"
흐미엘린스키 씨는 우리 얼굴이 하얗게 질린 것을 봤다. 그는 우리가
받을 충격을 알았다.

"저런 개자식들!" 그가 분통을 터뜨리며 소리쳤다. "언젠가
되갚아주고 말 테다." 흐미엘린스키 씨는 2주 뒤에 자신이 체포될
거라고는 생각지 못했다. 후에 그는 한 줌의 재가 되어 가족들 품으로
돌아왔다.

마음이 무거웠다. 예전에 우리가 독일인들에 대해 이야기를
나눴을 때 스흘로모 삼촌이 예언하듯 했던 말이 떠올랐다. 그는
고개를 저으며 이렇게 말했다. "신이시여, 우리 모두를 도우소서."

칙칙하고 무더운 해 질 무렵, 우리는 차를 도로 밖으로 몰아
외딴 숲 앞에 멈춰 세웠다. 거기서 하룻밤 묵어가기 위해서였다.
이는 다른 사람들을 끌어들였고, 우리에게는 어느새 많은 동행이
생겼다. 그날 밤 들은 소문들 중에는 소련이 폴란드 동부를 점령

중이라는 이야기가 있었는데, 그것은 결국 사실이었음이 드러났다.
러시아로 달아나려던 사람들은 되돌려보내졌다. 그들은 이런
말을 들었다. "집에 가 있어. 머지않아 우리가 찾아갈 테니까."
1939년 리벤트로프와 몰로토프가 체결한 '비밀 협정'*이 백일하에
드러났지만, 두 오랜 숙적이 좋은 관계를 길게 유지할 거라고 믿는
사람은 없었다. 그날 밤 내내 나는 나치의 조롱과 위협에 관한 생각에
사로잡혀 잠을 이루지 못했다. 나는 나 자신을 향해 같은 질문을
끊임없이 던졌다. '우리는 시시한 신의 백성인가?'

오로지 흐미엘린스키 가족의 친절함과 관대함에 힘입어 우리는
무사히 집에 도착했다. 비록 우리 집에서는 달라진 게 아무것도
없었지만, 마을에서는 나치의 권위를 느낄 수밖에 없었다. 점령
이틀째 되던 날, 독일군은 무작위로 열 명의 남자를 뽑아 교수대에
매달아버렸다. 다른 사람들이 지켜보고 서 있는 가운데서. 그들의
목적은 저항의 싹을 아예 잘라버리는 것이었다. 그렇게 처형당한
사람들 중에는 내 가장 친한 친구 시몬도 있었다.

9월 27일, 바르샤바가 점령당했다. 어쨌든 전쟁이 끝났다는
점에서 우리는 행복했다. 적어도 그렇게 생각했다. 회랑 지대와
바르테가우의 합병은 나치가 폴란드에서 행한 첫 번째 영토 침탈
행위 중 하나였다. 그것 말고는 (식량 부족을 제외하면) 달라진 것이
별로 없었다. 처음에는. 폴란드 국민들로부터 유대인 탄압에 대한

*   1939년 8월 23일 체결된 리벤트로프-몰로토프 협정을 말한다. 기본적으로는
    독일과 소련 사이의 불가침 조약이었지만 여기에는 핀란드, 에스토니아,
    라트비아, 리투아니아, 폴란드를 독소 양국이 각각의 세력권으로 분할한다는
    비밀 의정서가 포함되어 있었다. 폴란드는 양국이 나누어 갖기로 했다.

협력을 얻어내기 위해 라디오 바르샤바는 터무니없는 거짓말들을 퍼뜨렸다. 언젠가 어떤 이는 이렇게 말했다. "뻔한 거짓말일지라도 그것이 계속 되풀이되면 결국에는 진실처럼 여겨지게 된다." 실로 그러했다.

얼마 후 폴란드 출판물들은 (유대인 출판물들이 그러했듯이) 폐간되었다. 독일인 관점에서 발간되는 8쪽짜리 타블로이드지는 전쟁 전 독일인들이 받았던 탄압에 관한 기사 말고는 아무것도 싣지 않았다. 독일인들이 자신들의 점령을 정당화하려는 시도였다. 우리 라디오들이 전부 몰수당했을 때, 우리는 오직 독일인들이 들려주는 것들만 알 수 있었다. 세계의 나머지 부분들은 동떨어진 곳이 되었다.

한스 프랑크가 바르테가우 주지사가 되었고, 슈바이케르트는 우리 군 행정장관이 되었다. 이들은 재빨리 유대인의 자유를 제한하는 여러 명령을 내렸다. 그런 규칙들은 때로 너무 애매해서, 분명하게 허락되지 않은 것은 무엇이든 하면 안 된다고 생각해야 했다.

우리 가족이 마지막으로 축제를 함께한 것은 1939년 12월이었다. 빛의 축제인 하누카Hanukkah였다. 그런데 갑자기 하늘이 붉게 물들었다. 마치 온 마을이 불길에 휩싸인 듯이. 끔찍하게도, 우리는 독일군이 시너고그와 두 채의 부속 기도원을 불태웠으며 토라를 훼손하고 있다는 소식을 들었다. 마을의 유대인들은 비탄에 빠졌다. 정통파 유대교도들은 옷을 찢으며 곡을 했다shivah.* 매년 12월이면

---

* 시바shivah는 숫자 7을 뜻하는데, 유대교에서 일주일간의 애도 기간을 가리키는 말이다. 장례식에서 조문객들은 찢어진 겉옷을 입거나 잘린 검은 리본을 달아야 한다.

어김없이 이때가 떠오른다. 우리 가족이 마지막으로 함께했던, 가장
슬펐던 축제가.

주지사는 하루하루 우리에게 더 많은 제약을 가했다. 장례식에는
오직 여섯 명만 참석할 수 있었다. 기도를 하는 데에만 열 명이
필요했음에도 불구하고. 새로운 통행금지령이 떨어져 오후 7시부터
오전 8시까지는 거리에 나설 수 없었다. 이는 매우 엄격하게
적용되어 사살당한 유대인이 나올 정도였다. 우리가 살 수 있는
물건도, 그걸 살 수 있는 장소도 제한됐다. 농부들과 접촉할 길이
끊겨 우리 중 돈이 있는 사람조차 많은 양을 살 수는 없었다. 몇 안
되는 비유대인 친구들은 여전히 우리에게 도움을 주고 싶어했지만,
감히 그럴 수 없었다. 이내 모든 유대인 가정은 문에 다윗의 별을
내걸어야 했고, 여섯 살이 넘은 유대인이라면 모두 옷에 다윗의 별을
달아야 했다. 우리도 예외가 아니었던 또 하나의 모욕적인 조치는
유대인을 뜻하는 독일어 단어 'Jude'를 히브리 문자로 다윗의 별
안에 새겨넣어야 했던 것이다. 우리들의 상징은 수치의 표식이 될
것이었다. 이어 우리는 인도를 걷는 것마저 금지당했다. 우리는
배수로로 걸어다녀야 했다. 독일인들은 우리를 향해 차를 몰며
즐거워했다. 수염 기른 유대인은 가장 좋은 표적이 되었다. 그들은
수염을 잘라버리거나 뽑아버렸다. 수염에 불을 붙이기도 했다.
우리의 금은은 전부 몰수당했고, 만약 숨긴 것이 조금이라도 있다면
처형당할 수도 있었다. 육체적인 가혹 행위는 이제 일상이 되었다.

어느 12월 밤, 우리는 난폭하게 문을 두들기며 어서 열라고
고함치는 소리에 놀라 일어났다. 처음에 우리는 응답하지 않았다.
그 불청객들이 떠나기를 바라면서. 그들은 문을 부숴버리겠다고

위협했다. 남자들은 우선적인 목표물이 되었기 때문에 어머니가 문가로 다가갔다. "누구세요? 원하는 게 뭐죠?"

"문 열어!" 그들이 다시 외쳤다. 문을 두들기면서. "무기 수색이다." 우리는 수색이 얄팍한 핑계임을 알았지만, 문 열기를 거부하면 더 큰 화를 살 터였다. 어머니가 문을 열자 우체국 직원인 듯한 독일인 네 명이 들어왔다. 어머니는 마음을 놓은 것 같았다. "유대인들인가?" 한 사람이 물었다. 어머니는 대답하지 않았다.

그들 중 셋이 집 주변을 돌아보는 동안 나머지 한 사람이 어머니에게 총을 어디에 뒀는지 물었다. 어머니는 고개를 저었다. "우리 집에는 총이 없어요."

현관 근처에서 한 사람이 외할아버지에게 같은 질문을 했다. "총을 어디다 뒀지?" 그는 침대 밑을 들여다보다가 작은 상자에 담긴 내 치과 기구들을 찾아냈다. 승리감에 도취된 미소를 만면에 띄운 남자가 상자를 들어 올리며 소리쳤다. **"이게 뭐지?"**

"손자의 치과 기구들이오." 외할아버지가 답했다.

"치과 기구?" 남자는 짜증스럽게 내뱉으며 상자로 할아버지 얼굴을 후려쳤다. 내 치과 기구들이 쏟아졌고, 외할아버지가 비명을 질렀다.

이 모든 일이 벌어지는 동안 다른 한 명은 아버지에게 악담을 퍼붓고 있었다. "너희 유대인들은 만악의 근원이야. 네놈들이 이 전쟁을 원했지. 이제 그 대가를 치르게 될 거다."

얼굴이 하얗게 질린 아버지가 나직하게 항의했다. "직접 확인해보세요. 우리에게 무기는 없습니다." 하지만 소귀에 경 읽기였다. 설령 인정했다 하더라도 그들 생각이 바뀌지는 않았을

것이다. 그들이 여기 온 목적은 하나뿐이었다. 유대인들을 벌하고
구타하기 위해서였다.

남자는 총검으로 아버지 머리를 내리쳤다. 나는 아버지 얼굴에서
뚝뚝 떨어지는 핏방울을 보며 아버지가 죽었다고 생각했다. 또
다른 독일인은 우리 가구며 거울에 총을 난사했다. 그는 형 얼굴을
후려쳤고, 다음 차례는 나였다. **"너도 유대인이지?"** 마치 나 또한
구타당해 마땅하다는 듯한 기세로 그가 고함을 질렀다. 겁에 질린
나는 구석으로 달아났다. 바닥에 주저앉아 무릎이 가슴에 닿을 만큼
몸을 수그리곤 얼굴을 가렸다. 최악의 상황을 모면하기를 바라면서.

"녀석을 내버려둬. 얼빠진 게 안 보여?" 다른 누군가가 그에게
말했다. 하지만 완전히 모면한 것은 아니었다. 그는 내 뒤에 버티고
서서 나를 몇 차례 걷어찼다. 그런 다음에야 나를 내버려두었다.

마침내 그들은 떠났다. 악몽은 끝났다. 요세크 형은 코가
부러졌고, 아버지 이마에는 여러 바늘 꿰매야 할 상처가 남았으며,
외할아버지는 피투성이가 된 채 현관 앞에 쓰러져 있었다. 폴라
누나가 외할아버지에게 다가갔다. 어머니는 아버지 머리에 젖은
수건을 갖다 대면서 중얼거렸다. "저들은 그저 평범한 우체국
직원들이었을 뿐이야." 어머니는 한숨을 쉬었다. 상상할 수도 없었던,
끔찍하기 짝이 없는 일이었다. 스무 살 먹은 그때까지도 나는 너무
순진해서 사람들이 다른 누군가에게 그토록 큰 증오를 드러낼 수
있다는 사실을 이해할 수 없었다. 나는 골렘 이야기를 떠올렸다.
성경과 탈무드로까지 거슬러 올라가며, 수 세기에 걸쳐 전승된
이야기를. 어떤 신비스러운 의식에서 한 현자가 하나님 이름을
부르며 점토나 나무로 만든 인형에 인위적인 생명을 불어넣었다. 이

영혼 없는 인형은 지시받는 일들을 맹목적으로 수행했다. 골렘은
완벽한 은유였고, 내 의문들에 답을 주었다. '우리는 누구인가?
우리가 무얼 했는가? 우리는 왜 이토록 혐오를 받는가?' 나는
스스로에게 물었다. 그날 밤, 무언가가 인간에 대한 내 생각을
영원히 바꿔놓았다. 나는 우리 삶이 돌이킬 수 없을 만큼 달라졌음을
깨달았다.

　유대인이 어디 사는지 독일인들이 묻고 다녔다고, 마을의 한
부인이 일러주었다. "틀림없이 누군가가 당신들을 지목했던 게지."

　폴란드에서 **폴크스도이처**Volksdeutscher 즉 독일 바깥에 사는
독일계 사람들은 히틀러에게 자기 영혼을 팔기라도 한 것 같았다.
우리의 오랜 이웃이자 친구인 마르크스 가족이 단적인 예였다.
마르크스 부인은 이제 나치가 무슨 짓을 하든 그들을 옹호했다.
심지어 그날 밤, 우리가 독일인들에게 구타를 당한 날 밤 이후로
우리를 보러 오지도 않았다. 그 후 우리는 공포 속에 살아갔다.
한밤에 밖에서 인기척이 들릴 때마다 우리는 독일인들이 또다시
테러를 가하러 오는 게 아닌지 두려워했다. 유대인 가족이 밤중에
침입을 받아 구타를 당한 것은 이번이 처음도, 마지막도 아니었다.
그날 밤 겪었던 테러의 공포는 결코 사라지지 않는 동반자가 되었다.
이제는 유대인 살해가 허용되는 것을 넘어 심지어 장려되기까지
했다.

　유대인들은 가축처럼 몰이를 당했다. 한데 모인 유대인들에게는
모욕적인 노동을 하라는 명령이 떨어졌다. 어느 날, 폴라 누나가
붙들려서 독일군 막사로 끌려갔다. 그곳에서 누나는 변소 청소를
해야 했다. "너처럼 예쁜 여자애가 유대인이라는 건 안타까운

일이지." 한 병사가 비꼬듯이 말하자 다른 병사들은 웃음을 터뜨렸다.

누나는 벌벌 떨면서 집으로 돌아왔다. "이런 꼴을 또 보느니 차라리 죽는 게 낫겠어." 누나가 말했다.

폴라 누나와 나는 폴란드의 소련 점령지로 달아나기로 마음먹었다. 부모님은 이 생각을 좋아하지 않았지만, 이런 상황 속에서는 모두가 각자의 결정을 내려야 한다는 사실을 받아들였다. 우리가 떠난 것은 12월 말, 해가 바뀌기 직전이었다. 폭설이 쏟아질 듯 추운 아침이었지만 눈은 오지 않았다. 우리는 옷에 붙어 있던 노란 딱지들을 전부 떼어버렸다. 유대인처럼 보이지 않기를 바라면서. 되도록 눈에 띄지 않기 위해 필수품만 챙겼다. 가족들과 작별 인사를 나눈 후, 우리는 떠났다. 공기는 몹시 차가웠다. 하얀 성에가 융단처럼 들판을 덮었고, 시냇물은 얼어 있었다. 우리는 숲길을 따라 운명적인 여정을 떠났다.

네 시간 후 우리는 기차역에 도착했다. 우리 여행의 첫 번째 구간이 끝난 것이었다. 우리는 앞으로 수백 킬로미터를 가야 했다. 유대인 같지 않은 생김새에 밝은 머리색, 갈색 피부를 가진 폴라 누나는 별 어려움 없이 러시아 국경 근처의 마을로 가는 표를 샀다. 우리는 대합실에 앉아 기차가 도착하기만을 기다렸다. 거기서 우리와 같은 목적을 가진 유대인들을 몇 발견했지만, 아무하고도 말을 섞지 않았다. 우리가 유대인임을 누가 알아차릴까 봐 두려웠다. 마침내 기차가 도착하고 우리가 성공했다는 생각이 들 무렵, 안내방송에서 망연자실할 내용이 흘러나왔다. 유대인들은 기차 탑승이 제한됐다는 것이었다. 다른 모든 사람은 기차를 탈 수 있었다. 어찌 된 일인지는 몰라도 친위대원들은 여행객들 사이에 유대인이

플랫폼에 남은 여남은 명의 사람들은 그저 기차가 칙칙 소리를
내며 천천히 사라져가는 것을 멍하니 바라볼 뿐이었다. 친위대원
두 명이 우리 신분증들을 걷어가더니 거기에 'J'라는 도장을 찍었다.
우리에게 신분증을 돌려주기 전에 그들은 성난 목소리로 경고했다.
"또 기차를 타려는 자가 있으면 총살당할 줄 알아." 우리 계획은
헝클어졌고, 우리는 좌절했다. 집으로 돌아가는 수밖에 없었다.

가족들은 우리의 실망감을 달래주는 한편으로 우리가
돌아온 것에 행복해했다. 언제나처럼 아버지는 먹구름에서 환한
가장자리와도 같은 희망을 찾아냈다. "우리에게 무슨 일이 닥치든
간에 적어도 우리는 함께 있잖니." 이어 아버지는 당신이 즐겨
사용하던 문구를 덧붙였다. "음식이 만들어질 때처럼 뜨거우면
절대로 먹을 수 없다!"

몇 주 후, 누나 친구들 중 한 명이 폴란드의 소련 점령지로부터
낙담한 채 돌아왔다. 그는 우리에게 그곳에 가지 말라고
경고했다. "러시아인들은 넘어온 유대인들을 모아서 시베리아의
강제노동수용소로 보내버리고 있어." 우리는 왜 소련도 우리들의
적인지 이해할 수 없었다. 공산주의는 유대인들을 다른 이들과
동등하게 볼 거라고 믿었던 우리 생각은 산산이 부서졌다.

외할아버지는 거리에 나설 때마다 수염 때문에 봉변을
당하다 결국 바깥출입을 그만두었다. 친구들을 만나지 못하게 된
할아버지는 점점 나약해졌다. 어느 날 아침, 우리는 그가 영원히
깨어날 수 없는 깊은 잠에 든 모습에 충격을 받았다. 나의 우상이
죽은 것이다. 우리는 할아버지가 살 의지를 잃은 탓에 돌아가셨음을

알았다. 외할아버지를 떠나보내면서 비로소 나는 내 삶이 결코 예전과 같을 수 없으리라는 사실을 깨달았다. 장례식에는 오직 우리 가족들만 참석했다. 다른 이들에게는 참석이 금지됐다. 집 안에 있는 모든 거울이 가려졌고,[*] 우리는 일주일간의 시바에 들어갔다. 위험을 무릅쓰고 찾아온 할아버지 친구들이 10인 기도를 올려주었다.[**] 나는 그들이 외할아버지의 평화로운 죽음이 부럽다고 말하는 것을 우연히 들었다.

며칠 후, 나는 어머니와 함께 뒷길을 따라 마을 반대편으로 가던 중 예전에 같은 학교를 다녔던 이가 우리 쪽으로 오는 것을 보았다. 다른 독일계 혈통 사람들과 마찬가지로 그 또한 나치에 가입했다. 갈색 셔츠 위로 붉은 갈고리 십자卍가 놓인 완장을 찬 그는, 자신이 독일인임을 드러내면서 총통에 대한 충성심을 입증하려 했다. 그는 우리에게 다가와 어머니를 밀쳤고, 어머니는 땅바닥에 쓰러지고 말았다.

충격적인 광경이었다. 나는 그를 쳐다보았다. "오토, 왜 이러는 거야?" 나는 그에게 따져 묻고, 화를 냈다. 그의 눈에서 나는 사악한 잔인함과 무자비함을 봤다. 어제의 친구는 오늘의 적이 되어 있었다.

그는 나치가 흔히 뱉곤 하는 혐오 섞인 말들을 쏟아내기 시작했다. "이 유대인 돼지들, 벌레들, 전범戰犯들아."

그는 아무런 죄책감도 내비치지 않았다. 증오로 뒤범벅된 말을

---

[*]   유대 관습 중 하나로, 상복을 입는 기간 동안에는 거울을 덮어야 한다.
[**]   유대교에서는 예배를 올리거나 기도를 하는 데 필요한 최소 인원이 열 명이다. 화자의 가족만으로는 부족한 정족수를 할아버지 친구들이 찾아와 채워준 것으로 보인다.

계속 중얼거리면서 떠났을 뿐. 관자놀이에서 심장이 쿵쿵 뛰는 것이 느껴졌다. 그가 팔에 찬 완장을 뜯어버려야겠다고 생각했지만, 마치 팔다리가 내 것이 아닌 듯 몸이 굳어버렸다. 어머니는 창백해진 얼굴로 모욕감에 온몸을 떨었지만, 다행히 다친 곳은 없었다. 나는 어머니를 달랠 수 없었다. 어머니를 지키지 못했다는 깊은 죄책감이 찾아들었다. 이 일은 내게 사람 마음이 얼마나 빨리 오염될 수 있는지를 일깨워주었다. 정말이지 나쁜 해였다. 그리고 다음 해는 더 나빠질 터였다.

게
토

✖

유대인 전리품에 대한 탐욕은 히틀러에게 많은 추종자를
몰아주었다. 나치는 어떠한 구실이나 제한 없이 우리들 집을,
재산을, 희망을, 자긍심까지도 서서히 빼앗아갔다. 아래를 향하는
소용돌이는 매번 우리를 가장 낮은 곳으로 데려가는 것처럼
보였지만, 우리는 곧 이 심연에 바닥이 없음을 알게 될 터였다.

　1940년 봄, 우리는 집을 비우라는 명령을 받았다. 그 일대에서
우리는 유일한 유대인 가족이었다. 가게, 집, 땅 등 우리가 가진
모든 것은 안데르스 차지가 되었다. 그는 원래 우리 집 일꾼이던
독일계 사람이었다. 그가 가진 유일한 자격은 혈통뿐이었다. 이어
우리는 유대인 평의회로부터 길 건너편에 있는 한때 학교였던 건물
다락방을 배정받았고, 소지품은 한아름만 허용되었다. 폴라 누나는
몰래 옛 집에 가서 좋아하는 책을 몇 권 더 가져왔지만. 사업을
운영할 만한 인물은 못 되었던 안데르스는 얼마 지나지 않아 가게
문을 닫았다. 이제는 낯설게 느껴지기까지 하는 옛 집을 내려다보는
것보다 어머니를 고통스럽게 만드는 일은 없었다.

게토

이전에 창고로 쓰였던 3층 다락방은 우리가 생활하는 공간이 됐다. 나와 누나, 형은 짚자리를 깐 바닥 위에서 잤고, 부모님은 두 개의 간이침대를 썼다. 개인 공간을 만들기 위해 담요도 걸어두었다.

우리는 여전히 안식일을 지켰다. 매주 금요일 저녁이면 어머니는 초를 켜고 기도문을 외웠다. 아버지는 변한 게 거의 없는 듯이 행동했고, 거듭해서 말했다. "우리가 잃은 건 없다. 이 모든 건 일시적인 일일 뿐이야. 전쟁이 끝나면 우리는 집으로 돌아갈 거고, 모든 것이 예전처럼 굴러갈 거다."

1940년 3월 말이 되자 새들이 돌아왔다. 그해 계절은 빠르게 바뀌었다. 어느 화창한 날, 내가 학교 운동장에 서 있을 때였다. 군복 차림을 한 독일인 다섯 명이 걸어 들어왔다. 이상한 일이라고 나는 생각했다. 그들이 원하는 게 뭘까? 예전에 수위였던 사람과 우리 가족 말고는 학교에 사는 사람이 달리 없었던 것이다. 독일군들이 내게 다가왔을 때, 그들 중 상병 한 명이 엄격한 말투로 내게 브로네크 야쿠보비치가 맞는지 물었다.

"네." 내가 답했다.

"넌 체포됐다."

나는 그들이 뭔가 잘못 알고 있는 게 분명하다고 생각했다. "진짜 절 잡으러 온 거 맞아요?" 내가 물었다. "왜요? 제가 뭘 어쨌는데요?"

"곧 알게 될 거다. 우리랑 가자."

실수일 리가 없음을 알았지만, 여전히 나는 왜 그들이 나를 체포하려 하는지도, 한 사람을 체포하는 데 왜 다섯 명이나 필요한지도 이해할 수 없었다. 이 실랑이를 들은 어머니와 폴라 누나가 운동장으로 나왔다. 그들은 너무 놀란 나머지 숨도 제대로

쉬지 못했다. "왜 내 아들을 데려가는 거죠? 걔한테 바라는 게
뭐예요?" 어머니가 물었다.

"얘는 우리랑 가야 한다." 나를 재촉하던 군인이 고함치듯 말했다.

"잠깐만요. 재킷이라도 가져다줄 수 있게 해줘요." 어머니가
애원했다.

"그런 건 필요 없어. 곧 총살당할 테니까." 상병이 어머니에게
툴툴거렸다. 어머니는 거의 까무러칠 지경이었다. 누나가 어머니를
붙들자, 어머니는 얼굴을 감싸쥐었다.

나는 독일군을 따라 운동장을 나섰다. 그들은 내 양옆에 한 명씩,
뒤로는 두 명이 섰다. 상병이 선두에 섰다. 이 소동은 이웃들에게까지
닿았다. 그들은 밖으로 나와 쳐다보았다. 태어난 후 줄곧 이
마을에서 자란 나로서는 대부분이 아는 사람이었다. 그들은 왜
내가 체포되어 군인들에게 끌려가고 있는지 이해할 수 없다는
표정이었다. 나는 두려움을 느끼는 가운데서도 셰익스피어 극에
등장하는 인물처럼 고개를 빳빳이 들었다. 갈 길이 멀었다. 나는 육군
본부와 슈바이케르트 총독 사택이 있는 마을 반대편까지 끌려갔다.
연병장에서는 소총을 든 채 막사 벽을 등지고 선 병사들이 다른 네
사람을 지키고 있었다. 상병은 나를 그들 사이로 밀어넣었다.

거기서 나는 내 오른쪽에 있는 사람이 누나 친구인 비그도르
첼니크임을 알아차렸다. 옆에는 도브라 출신의 수상쩍은 인물인 얀
코즐로프스키가 있었다. 그는 감옥에 몇 번 다녀왔는데, 사람들은
"코즐로프스키와는 아무 일도 같이 하지 않는 것이 좋다"고들
말했다. 세 번째는 이름만 알고 있던 파벨이었고, 네 번째는 낯선
사람이었다. 첼니크는 예전에 유대인 사회주의 노동단체 대표를

지낸 적이 있는데, 아마도 그 때문에 여기 끌려온 것 같았다. 내가 끌려온 건 혹시 시온주의 청년단체 'Hashomer Haklal Hazoni' 회원이기 때문일까?* 하지만 그런 죄목으로 체포된 사람이 있다는 얘기는 들어본 적이 없었다.

내가 비그도르에게 왜 체포당했는지 묻자, 그가 나직한 목소리로 되물었다. "너한테는 뭐라고 했는데?"

"제가 총살당할 거라고 했어요."

"나도 마찬가지야." 그가 답했다.

그때 갑자기 경비병 한 명이 총 공이치기를 당기며 우리에게 소리쳤다. "닥쳐!"

나는 아직 죽을 준비가 되지 않았다. 내가 왜 여기에 있어야 하나? 사람들이 이따금 말하듯이, 신의 뜻이란 말인가? 이것이 정말 내 운명이라면, 죽음의 고통을 덜기 위해 내가 할 수 있는 게 무엇일까? 나는 내가 살아야 할 바대로 살아왔다는 확신을 가지려고 노력했다. 어쨌든 영원히 살 수 있는 사람은 없다고, 스스로를 납득시키기 위해 무진 애를 썼다. 물론 전혀 이해할 수 없었고, 위로도 되지 않았지만, 그것이 내가 할 수 있는 최선이었다. 우리 모두는 당혹스러웠다. 우리가 왜 여기에 있는지도 모른 채 근심으로 가득한 서로의 얼굴만을 바라보고 있었다. 심지어 지나가던 병사들까지 동료에게 우리가 누구인지, 왜 끌려왔는지 물었지만, 우리를 지키고 선

---

* [원주] 전간기 동안 폴란드에 살던 유대인들, 특히 우리 세대는 시온주의 사상인 헤르첼Herzel의 '유덴스타트'에 이끌렸다. 창조주가 메시아를 보내 백성들을 고향 땅으로 돌려보내줄 것을 기다리는 대신, 팔레스타인의 고향 땅을 되찾고자 노력하겠다는 신념을 갖고 나아가야 한다는 사상이다.

경비병들도 몰랐다.

두 시간 후, 상사 한 명이 오더니 우리더러 따라오라고 했다. 도로를 따라 수백 미터를 내려가자 희한하게 생긴 탈것들이 있었다. 커다란 바퀴가 달린 낮은 수레 세 대에 벨기에 말 여섯 마리가 매여 있었다. 우리는 명령에 따라 거기 올라탔고, 이어 상사와 경비병들이 올라탔다. 우리가 군사기지를 나와 마을을 떠날 무렵, 나는 용기를 쥐어짜 상사에게 우리를 어디로 데려가는지 물었다. 대답은 돌아오지 않았다. 그는 내가 질문을 했다는 사실에 놀란 것처럼 보였다. 같은 수레에 타고 있던 첼니크가 '대답해줄 거라고 생각했어?'라고 말하는 듯한 표정으로 나를 바라보았다. 낙담한 나는 더 이상 아무것도 묻지 않았다.

잠시 후, 우리는 도로를 벗어나 자갈 채취장으로 들어섰다. 그들은 왜 우리를 여기로 데려온 걸까? 의아한 일이었다. 꾸준히 채취가 이루어지는 자갈 채취장은 매장지로 적합한 곳이라고는 볼 수 없었다. 상사는 수레에서 내리면서 우리에게 수레에 자갈을 가득 채우라고 명령했다. 그 또한 이해할 수 없기는 마찬가지였다. 몇 분 뒤, 상사는 주변을 신중하게 둘러보더니 내게 가만히 속삭였다. "넌 총살당하지 않을 거야." 이어 그는 도브라의 치과의사 이름을 댔다. 크루스헤.

나는 크루스헤라는 사람을 이름만 아는 정도였다. 내가 아는 것이라고는 그가 2년 전쯤에 도브라에 왔다는 사실뿐이었다. 그는 마을에서 유일한 치과의사였다. 사람들은 그에 관해서라면 나쁜 말을 하지 않았지만, 그가 "고상한 폴란드인과 저속한 독일인의 혼혈"이라는 말을 들은 적이 있다. 독일인들이 도브라에 왔을 때,

크루스헤는 나치 고위층에서 중요한 인물로 급부상했다.

완전히 다시 태어난 듯한 느낌에 휩싸인 나는 첼니크에게 이 소식을 전해주었고, 그는 그것을 나머지 사람들에게 전달했다. 우리는 맹렬하게 수레를 채우기 시작했다. 마치 우리가 얼마나 쓸모 있는 존재인지를 심사위원들에게 입증해 보이듯이, 우리 목숨을 살려주는 데 대해 그들에게 감사해하면서.

나는 기회를 엿보다 내가 체포된 일과 크루스헤가 무슨 관련이 있는지 상사에게 물었다. "여기서는 말해줄 수 없다." 그가 불편한 기색으로 답했다. "널 만날 수 있는 장소를 알려주면 내가 찾아가지." 나는 그에게 학교로 가는 길을 알려주었고, 그는 찾아가겠노라고 약속했다.

우리는 기록적으로 빠른 시간 안에 수레를 자갈로 가득 채웠다. 5시경, 자갈을 열 번쯤 실어 날라 연병장에 자갈이 잔뜩 쌓였을 때, 독일군은 체포했던 이유를 누구에게도 알려주지 않은 채 우리를 그냥 풀어줬다.

나는 신에게 수없이 감사 기도를 올리며 빠르게 그들 시야에서 벗어났다. 도로에 접어들어서는 온 힘을 다해 달리기 시작했다. 가쁜 숨을 몰아쉬며 집에 도착하자 어머니 얼굴이 환하게 밝아졌다. 나를 보는 순간 어머니의 고통은 환희로 바뀌었다. 나는 어머니가 유대인 평의회에 찾아가 내가 체포된 이유를 알려달라며 빌고 또 중재를 해달라며 애걸했다는 이야기를 들었다. 그에 반해 아버지는 무슨 착오가 있었을 거라고 굳게 믿고 있었다. 며칠이 지나 코즐로프스키가 다시 체포되었다는 소식이 들려왔다. 그 후 그를 마주치거나 소식을 들은 사람은 없었다. 다만 그가 어느 수용소에서 죽었다는 소문이 떠돌았다.

　나는 상사가 찾아오겠노라는 약속을 정말로 지킬지 궁금해졌다.
그런데 얼마 지나지 않아 언뜻 상사처럼 보이는 사람이 번지수를
확인하면서 우리 구역으로 오는 게 보였다. 나를 발견한 그가 가까이
다가와 조용히 말했다. "조심해야 해." 그는 재빨리 나를 데리고
학교로 들어갔다. 가족들에게 그를 소개하자, 그는 스프렌글레
상사라며 자기 이름을 밝혔다. 스프렌글레는 자신이 찾아왔다는
사실을 누구에게도 이야기하면 안 된다고 당부했다. 그런 다음에야
그는 내가 왜 체포되었는지를 말해주었다. 크루스헤의 불평, 즉
내가 이곳에서 치과 시술을 하는 바람에 자기 수입이 줄어든다는
불평 때문에 슈바이케르트가 나를 체포하라는 명령을 내렸다는
것이다. 그건 물론 새빨간 거짓말이었다. 치과 진료에 신경을 쓰는
폴란드인은 거의 없었고, 거기에 돈을 쓸 여유는 더더욱 없었다.
심지어 생니가 빠지더라도 의치를 박아야겠다는 생각을 하지 않는
사람들이었다. 오래지 않아 스프렌글레 상사는 우리 가족과 많이
친해져서 거의 매일 찾아오기에 이르렀다. 처음에 우리는 의심을
버리지 않았지만, 차츰 그를 신뢰하게 되었다. 그에게는 대다수
나치가 갖는 특징인 반유대주의적인 악감정이 없는 듯했다. 이
사람이 소위 우월한 인종에 속하는 사람이 맞나 싶을 정도였다.
하여간 스프렌글레는 묘한 청년이었다. 키는 중간쯤이었지만 기형이
아닌가 싶을 만큼 다리가 짧았다. 군대식으로 깎은, 게르만족다운
밝은색 머리카락은 오소리 털처럼 짧고 뻣뻣했다. 햇볕에 익어
불그스름한 피부에 사각턱은 얼굴을 꼭 적삼나무 목재에서 잘라낸
것 같다는 생각이 들게 했다. 스프렌글레를 보고 있노라면, 그가

자신과는 어울리지 않는 역할을 억지로 맡고 있다는 생각을 떨칠 수가 없었다.

이따금 그는 독일 신문들을 가져다줬다. 물론 거기에는 흔한 반유대주의 선전들이 가득했다. 유대인은 악마의 얼굴을 가진 루시퍼였고, 질병을 퍼뜨리는 반사회적인 악한이었다. 우리는 두 가지, 나치즘과 정치에 대해서만큼은 절대 입에 담지 않았다. 상사는 우리에게 떠나라고 자주 충고했다. "우리가 당신들을 많이 해치진 않을 겁니다. 하지만 우리를 추종하는 사람들은 당신네 삶을 아주 힘들게 만들 거예요." 그가 나지막하게 말했다.

독일이 프랑스를 침공했던 1940년 5월, 그들은 마지노선Maginot Line*을 목책이라 부르며 우습게 여겼다. 며칠 후 우리는 프랑스가 항복했으며, 히틀러가 파리에서 승전을 축하했다는 기사를 읽었다. 얼마 지나지 않아 스프렌글레가 속한 중대는 서부로 이동하게 됐다. 당시 우리는 그에게 정이 많이 들었던 터라 진심으로 그를 그리워했다. 스프렌글레는 편지를 쓰겠다고 약속했지만, 우리는 그의 소식을 다시는 듣지 못했다. 첫 번째 독일군 부대가 다른 부대로 바뀌면서 더욱 차별적인 법령들이 우리 등에 차곡차곡 포개어졌다. 유대인들은 다른 인종의 사람들과 어울리는 것이 금지되었다. 유대인들의 불결한 피가 아리아인들의 피와 섞이지 않게 하기 위함이었다.

1940년 여름, 우리를 둘러싼 악질적인 행위들은 도를 더해갔다.

---

*   '마지노'는 당시 프랑스 국방장관이었던 앙드레 마지노에게서 따온 이름으로, 마지노선은 1930년대 프랑스가 독일의 침략을 저지하기 위해 국경 지대에 세운 요새, 차폐물 등을 말한다.

나치는 도브라의 빈민가를 비우고 그곳에 게토를 설치하기로 했다. 수년간 그곳에서 살아왔던 몇몇 가난한 유대인들은 겨우 방 한 칸만 건사할 수 있었고, 나머지 공간은 다른 가족들에게 내줘야 했다. 우리는 학교에서 쫓겨나 지저분한 단칸방으로 옮겨 가야 했다. 협소한 공간이나마 가진 것이 남들보다는 나은 형편임을 우리는 점차 깨닫게 되었다. 그때쯤이면 우리 옛 집은 머나먼 추억일 뿐이었다.

게토의 배식이 우리에게 유일한 음식 공급원이었고, 허기는 우리의 첫 번째 적이 되었다. 버터, 우유, 설탕, 밀가루는 도무지 구할 수가 없었다. 비록 우리가 삶을 이어가기 위해 무엇이든 내줄 준비가 되어 있기는 했어도, 우리와 거래하기 위해 다가온 이들은 마치 선량한 박애주의자인 것처럼 굴면서도 자신들의 이익만을 좇았다. 우리가 내놓을 수 있는 물건이 점점 줄어들자, 상인들은 발길을 끊었다.

매일 아침이면 모든 유대인 남자들은(때로는 여자들도) 매우 굴욕적이고 고된 노역에 나가야 했다. 나는 도로 건설을 위해 길 가장자리에 무릎 꿇고 앉아 무거운 망치로 커다란 돌들을 내리쳐야 했던 그 가혹한 노동을 잊을 수가 없다.

그동안 나치는 전례 없을 만큼 쉽게 유럽을 뒤흔들어놓고 있었다. 서쪽에서 그들은 프랑스, 벨기에, 네덜란드를 점령했다. 북쪽으로는 노르웨이가, 남쪽으로는 이탈리아, 유고슬라비아, 그리스, 루마니아, 헝가리, 불가리아가 그들 수중에 떨어졌다. 북아프리카에서는 에르빈 로멜 장군이 엘알라메인El Alamein [이집트 북부 해안 도시] 인근까지 나아갔다. 나치는 전 세계로 세력을 확장하는 듯 보였고,

영국이나 소련도 히틀러 군대를 당해낼 수 있을 것 같지 않았다.
히틀러, 히믈러, 괴벨스는 연설할 때 지독하고 악의로 가득한
반유대주의적 어휘들을 사용했다. 독일인들에게 패배는 생각조차 할
수 없는 것이었다.

희망을 빼앗기고 정신이 무너져내린 우리는 기적이 일어나기를
기다렸다. 정말로 일어날 거라고 기대하지는 않으면서도. 우리
유대인들의 가장 큰 딜레마는 막 일어나려는 일을 좀처럼 믿으려
들지 않았다는 것이다. 우리는 전통적인 지혜를 무시했다. 나치가
새로운 반유대주의적 조치를 취할 때마다 사람들은 대체로 이렇게
생각했다. 여기서 더 나가지는 않겠지! 달리 뭘 더 할 수 있겠어?
하지만 우리는 말도 안 되는 세상에 살고 있었고, 우리가 일어날 리
없다고 생각했던 일들이 일어났다. 바르테가우 게토를 탈출하는
것은 엄청난 위험을 수반하는 일이었다. 설령 성공한다 한들 우리가
대체 어디로 갈 수 있단 말인가? 우리는 닥칠 운명을 받아들이는
수밖에 없었다.

순간 끼익 하고 타이어 소리가 났다. 트럭이 도로를 가로지르던
소 한 마리를 피하기 위해 급히 방향을 틀었다. 눈을 크게 뜨자
나는 트럭에 올라타 있었다. 아버지가 내 표정을 살피며 나를 빤히
바라보고 있었다.

잠시 후 트럭은 도로를 벗어나 풀이 우거진 제방의 비탈에서
멈췄다. 경비병이 큰소리로 외쳤다. "모두 내려. 숲에서 볼일을 봐라.
단, 5분 내로 돌아와야 한다." 경비병들은 우리 주변에서 경계를 섰다.
"한 명이라도 도망치면 나머지 모두가 그 대가를 치를 거다." 결코
빈말로 하는 협박이 아님을 우리는 알고 있었다.

트럭이 서 있는 쪽에는 울창한 숲이 있었고, 길 건너편에는 붉은
양귀비꽃이 핀 푸른 초원이 펼쳐져 있었다. 숲에 들어서니 나무들이
하도 빽빽해서 빛이 거의 통하지 않을 정도였다. 어두운 가운데서
가문비나무 향이 났다. 발 아래에서는 잔가지들이 툭툭 부러지는
소리가 났다. 볼일을 마친 후 나는 트럭으로 돌아갔다. 그런데 노이만
박사가 나를 뚫어져라 쳐다보고 있었다.

"거기 너, 이리 와." 그가 쏘아붙이듯이 말했다. 나는 그가 왜 우리
가운데서 나를 부르는지 알 수 없었고, 당황한 나머지 대답을 하지
못했다. 하지만 그가 다시 한 번 명령하는 것을 듣고 돌아섰다. "널
부르고 있는 거야."

나치에게 지목되는 것이 별로 좋을 게 없음을 알고 있었지만,
내게는 부름에 응하는 것 말곤 다른 선택지가 없었다. 나는 얼른
달려가 나치식 규정대로 2미터쯤 앞에 섰다. 절대로 두려워하는 티를
내지 말자고 다짐하면서, "네" 하고 나는 크고 분명하게 말했다. 그는
내 이름과 나이를 물었다. 내가 대답하자, 이번에는 전쟁 전에 무얼
했냐는 질문이 날아왔다. "치과 기술을 배우고 있었습니다." 나는
마지못해 대답했다.

"기지에 도착하면 날 찾아와라." 그가 명령했다.

첫 번째와는 달리, 두 번째로 "네"라고 대답하기 위해서는 애를
써야 했다. 나는 트럭으로 돌아왔다. 이 대화를 전부 들은 아버지는
내가 겁에 질린 것을 보았다. 언제나처럼 낙관론자인 아버지는 다
잊어버리라고 충고했다. "도착할 때쯤이면 아마 너를 잊어버릴
게다."

우리를 태운 트럭은 검은 성모 마리아상 앞에 무릎 꿇고 있던

여인의 스카프가 그녀의 얼굴을 덮어버릴 만큼 맹렬한 속도로 달려갔다. 얼마 후 우리는 군청 소재지인 투레크Turek에 도착했다. 우리가 탄 것과 같은 트럭 몇 대가 광장에서 대기 중이었다. 그 트럭들은 클로다바Klodawa, 쿠트노Kutno, 골리나Golina, 투레크 출신 유대인들을 태우고 있었다. 30분 후, 호송대 전체가 북쪽을 향해 출발했다. 아버지가 말했다. "이건 우리가 포즈난Poznan으로 가고 있다는 뜻이야." 아버지는 이곳에 자주 왔고, 길도 잘 알고 있었다.

투레크를 빠져나오자 도로가 넓어졌다. 호송대 트럭들은 더욱 빠른 속도로 덜컹거리며 달리기 시작했다. 하늘 높이 뜬 해가 들판에서 일하는 이들을 따스하게 데워주었다. 농부들은 일어서서 낯선 이들을 태운 호송대가 빠르게 지나가는 모습을 구경했다. 우리 트럭에 타고 있던 무장친위대원Waffen SS 둘은 무뚝뚝한 표정을 한 채 입을 거의 열지 않았다. 세 시간 후 우리는 자갈길로 접어들었다. 차체가 심하게 흔들려서 트럭 옆면에 기대어 있는 게 불편해졌다. 트럭 바퀴에서 인 커다란 먼지 구름이 우리 옷과 얼굴을 뒤덮었다. 자갈이 튀어서 트럭 펜더를 끊임없이 때렸다.

서서히 해가 저물어갈 무렵, 트럭들은 교사校舍로 보이는 전형적인 2층 건물 앞에 멈춰 섰다. 그 옆에는 목제 막사 세 동이 있었다. 이들 건물은 전부 3미터 높이의 철책으로 에워싸여 있었다. 철책 꼭대기에는 지팡이처럼 생긴 말뚝들이 박혀 있었고, 말뚝들 사이에는 가시 철조망이 엮여 있었다. 이 건물들이 없었다면 그곳은 허허벌판일 뿐이었다. 이곳이 우리의 새로운 보금자리구나 하고 나는 생각했다.

첫 번째 수용소 : 스테이네츠크

선두 차량이 입구에 멈춰 섰다. 친위대원 몇 명이 독일 셰퍼드들을
데리고 우리를 기다리고 있었다. 노이만 박사가 그중 한 명에게
우리 이름이 적힌 명단을 건네줬다. 그들은 잠시 이야기를 나눴다.
한 친위대원이 확성기에 대고 말했다. "너희들은 스테이네츠크
노동수용소로 이송되었다. 이곳에서 너희는 노동하는 법을 배울
것이다." 이어 그는 확성기를 내리더니 '질문하고 싶은 게 있나?'라고
묻듯이 트럭에 올라탄 우리 얼굴을 훑어보았다. 설령 질문거리가
있다 한들, 감히 누가 하겠는가? 그는 혹시라도 듣지 못하는 사람이
없도록 트럭마다 돌아다니며 같은 말을 반복했다.

그런 다음 경비병들이 트럭 뒷문을 열고 사람들을 개머리판으로
짐짝 다루듯 밀어냈다. "빨리 내려라, 전부 내려." 그들이 소리쳤다.

우리는 공황 상태에 빠진 채 가방을 움켜쥐고 트럭에서
뛰어내렸다. 정문에 서 있던 친위대원 두 명이 우리를 마치 낙인찍을
준비를 마친 소 떼처럼 안으로 밀어넣었다. 첫 번째 무리가 문 앞에
다다랐을 때 극심한 혼란이 일어났다. 문 양쪽에 서 있던 친위대원

첫 번째 수용소: 스테이네츠크

둘이 그들 앞을 통과하는 우리를 향해 채찍을 마구 휘두른 것이다.
채찍질에 이어 신호를 받은 개들이 우리 팔다리를 노렸다. 개들은
특히 휘청거리는 이들을 노렸다. 나는 눈앞에서 벌어지는 상황에
얼어붙었다. 만약 아버지와 내가 맞는 것을 피하고자 했다면
친위대원들이 채찍을 들어 올릴 때 걸려 넘어지고 말았을 것이다. 한
손에는 여행 가방을, 어깨에는 치과 기구가 담긴 상자를 걸친 채 나는
아버지를 꼭 붙들었다. 나는 뒤로 물러서서 충분히 오래 기다렸다.
채찍이 치켜올라갈 때, 우리는 단거리 육상선수처럼 재빨리
뛰어들어갔다. 나는 요행히 다치지 않았지만, 아버지에게는 운이
그리 따르지 않았다. 아버지는 결국 머리가 찢어지는 부상을 입었다.

　수용소에 들어선 우리는 몇 개의 계단을 뛰어올라 한 쌍의
회전문을 통과한 후 교사 복도로 내려갔다. 오른쪽에는 들판이
내려다보이는 창문들이, 왼쪽에는 방들이 있었다. "모두 4번 방으로!"
우리와 함께 온 유대인 경찰 하임이 소리쳤다.

　방의 세 벽면에는 침상들이 줄지어 있었는데, 선반들을 차곡차곡
쌓아올린 것에 지나지 않았다. 침상 위에는 짚자리와 회색 담요,
베개가 놓여 있었다. 하지만 대다수 침상은 이미 주인이 있었다.
우리가 받은 인사는 두려움을 배가시켰다. 우리들 대부분은 침상을
찾지 못해 혼란이 심해졌다. 마침내 아버지와 나는 가장 아래쪽에
비어 있던 침상 두 개를 발견했다. 우리로서는 그곳이 가장 인기
없는 자리라는 사실을 알 길이 없었는데, 너무 좁은 나머지 침상에
들어가려면 무릎을 꿇고 굴러야 했다. 우리는 짐을 창문이 난 벽에
기대어 쌓아두었다. 치과 기구함까지 베개 밑에 두자, 강제수용소가
아니라 다른 세상에 와 있는 것만 같은 기분이 들었다. 나는 이곳에서

삶을 전적으로 다시 배워야 한다는 것을 깨달았다.

더 많은 사람들이 왔다. 그들은 자리를 찾지 못해 우왕좌왕했다. 그 소란스런 와중에 누군가 고함을 쳤다. "차렷!" 정문에서 우리에게 간단한 안내를 했던 친위대원이 방으로 들어왔고, 하임이 뒤따라 들어왔다.

"여기서 너희는 모두 노동을 할 것이다. 제복 입은 사람을 보면 경례를 해야 한다. 이야기를 들을 때는 차렷 자세로, 가슴을 펴고, 고개를 들고, 어깨를 뒤로 젖히고, 양손을 바지 재봉선에 붙여야 한다. 우리가 방에 들어올 때는 너희들 중 가장 먼저 발견한 사람이 모두에게 차렷 하고 외쳐야 한다. 8시가 되면 모든 수용자는 침상에 들어가야 하고, 30분 뒤에 소등한다. 기상은 오전 4시에 한다. 한 시간 내에 일할 준비를 마쳐야 한다. 토요일, 일요일은 쉰다. 내일은 너희들 옷의 이를 잡고, 이발을 할 것이다. 월요일에는 너희들에게 작업을 배당할 것이다!" 그는 돌아서서 나가려다가 문득 가장 중요한 것을 빼먹었다는 듯이 한마디 덧붙였다. "탈출을 생각하는 사람이 있다면, 관두는 편이 좋다!" 말을 마친 그가 뒤돌아 나갔다. 들어올 때와 마찬가지로 하임이 뒤따라 나갔다. 우리는 명령에 불복할 경우 무슨 일이 생길지 생각하면서, 겁에 질린 채로 4번 방에 남겨졌다.

15분 뒤에 호루라기 소리가 요란하게 울렸다. "빨리! 빨리! 모두 연병장에 나가 점호를 받는다!" 우리는 또 다른 교훈을 얻었다. 스테이네츠크에서는 아무도 걷지 않았다. 나는 아버지 곁에 붙어서 들어왔을 때와 같은 복도를 지나 출구를 향해 달려갔다. 친위대원 한 명이 개를 데리고 우리를 기다리고 있었다. 먼젓번과 같은 방법으로 채찍질을 피했지만, 이번에는 독일 셰퍼드가 내 허벅지에 송곳니를

박아넣고서 주둥이를 좌우로 흔들어댔다. 개에게서 간신히 벗어났을
때에는 이미 바지가 찢어지고 허벅지에서는 피가 흘러내리고
있었다. 열두 개의 못이 박히기라도 한 것처럼 다리가 아팠다. 다리를
자세히 살펴보고 싶었지만 점호가 더 급하다는 생각이 들었다. 나는
다른 사람들을 따라 연병장으로 갔다.

반제 회의Wannsee Conference*에서 유대인 학살이 나치의 공식
정책으로 채택되기 한참 전인 1941년 초, 점령지 바르테가우의 나치
행정장관 알프레트 로젠베르크는 그곳에 거주 중이던 유대인들을
강제수용소에 넣을 것을 제안했다. 널리 알려진 포즈난 대학
연설에서 그는 이렇게 말했다. "유대인들은 지난 25년간 이곳의
독일인과 폴란드인에게 끼친 고통의 대가를 그들 피로 치러야 할
것이다." 로젠베르크의 다른 제안들과 마찬가지로 이는 만장일치로
가결되었고, 1941년 5월 첫 번째 **유데나르바이츨라거**Judenarbeitslager,
즉 유대인 강제노동수용소가 포즈난의 종합운동장에 설립됐다. 우치
게토에서 유대인 남성 1000여 명이 그곳으로 보내졌다. 두 번째
강제수용소가 바로 스테이네츠크였다.

포즈난 수용소에서 온 지휘관이 우리 점호를 직접 총괄했다. 그가
스테이네츠크 수용소에 온 것은 여기에 질서를 세우기 위해서였다.
우리는 다섯 줄로 맞춰 서라는 지시를 받았고, 그런 다음에는
선 순서대로 번호를 붙여 외쳐야 했다. 우리가 모두 참석했는지
경비병들이 확인할 수 있도록. 점호를 마친 뒤에야 비로소 세면장에

---

*   1942년 1월 20일 독일 반제에서 열린 회의로, 유대인 문제에 대한 '최종적
해결'(이는 유대인 학살을 가리켰다)이 논의됐다.

갈 수 있었다. 13미터짜리 파이프에서 아래쪽 물통으로 물이
떨어지게 되어 있었다.

세면장에서는 우리 존엄성을 훼손하는 착잡한 광경이 펼쳐졌다.
파이프들이 달린, 시멘트로 만든 긴 반원형 물체가 두 벽면을 따라
달려 있었다. 몇 개의 잠금 밸브가 눈에 띄었다. 변소는 20미터쯤
되는 구덩이를 널빤지로 대충 덮어놓은 것에 불과했다. 설사병을
앓는 사람이 볼일을 보다가는 옷에 똥물이 묻을 터였다. 나는 다친
곳을 씻어내고, 허벅지에 두 줄로 박힌 이빨 자국 주변의 피를 닦아낸
다음 속옷과 바지를 빨았다.

아버지는 방에서 나를 기다리고 있었다. 여전히 머리에 상처를
입은 채로. 종이 울렸다. 우리의 첫 번째 배식 시간이 됐음을 알리는
것이었다. 복도를 두 바퀴 돌 만큼 긴 줄이 섰다. 우리는 20분을
기다려서 각자 200그램이 채 안 될 것 같은 쐐기 모양의 빵 한 조각과
커피 비슷한 것을 받았다. 그 거무스름한 액체와 진짜 커피의 유일한
공통점은 색깔뿐, 어찌나 쓴지 설탕을 넣지 않으면 도저히 마실 수가
없을 정도였다. 빵이라고 해서 나을 건 없었다. 오래되어서 퀴퀴한
냄새를 풍겼으며, 귀리 맛이 났다. "여기서 주는 음식이 다 이런
식이라면 우리는 굶어 죽게 생겼구나." 누군가가 탄식했다. 처음에는
그런 것을 먹는 일이 역겹게 느껴졌다. 동물에게도 못 줄 것을 하물며
인간에게 주다니. 하지만 굶주림을 못 이긴 우리는 전부 먹어치웠다.

요리사는 둥근 얼굴에 라흐미엘이라는 이름을 가진 수용자였다.
그는 약속했다. "내일, 우리는 마가린과 마멀레이드도 먹을 겁니다."

아침에 종이 울리자 아버지는 나를 쿡쿡 찔러서 깨워야 했다. 그날
아침 우리에게는 약속대로 마가린이 배식됐다. 요리사는 서둘러

마멀레이드를 한 스푼씩 떠 빵 위에 턱 하고 올렸다. 마멀레이드는
우리가 돌아서기도 전에 흘러내렸다. 그리고 부름이 들려왔다.
"시작!" 우리는 다시 번호를 붙였다. **"하나, 둘, 셋, 넷."** 이어 우리는
이를 잡을 수 있게 옷을 벗어 한데 쌓아두라는 명령을 받았다.
이발사들, 대부분은 이발을 해본 적도 없을 것 같은 이들이 들어와
우리 머리를 깎았다. 우리는 수용소를 지나는 사람들이 본다면
볼썽사나워할 몰골이 되었다.

정오에는 옷 무더기를 뒤져 우리 옷을 찾았다. 나프탈렌 냄새가
심하게 났다. 점심으로는 순무와 감자가 든 빈약하기 짝이 없는
혼합물이 배식됐다. 처음 입에 댈 때는 역겨웠지만, 결국 승리를 거둔
것은 허기였다. 우리는 그것을 먹어치웠다. 오후에는 또 다른 점호가
있었다. 이번에는 정밀 점검이 행해졌다. 친위대원들은 셔츠며
재킷에 단추가 완전히 채워져 있는지 여부에 지대한 관심이 있는 것
같았다. 그들은 채찍 다섯 개를 가져왔는데, 옷에 단추가 다 채워져
있지 않은 사람이 있으면 채찍으로 후려쳤다. 신발 끈이 제대로 묶여
있지 않아도 마찬가지였다.

그런 다음 우리는 그들 앞에서 행진을 해 보였다. 그들은 몹시
불만족스러워했다. '나치식' 행진의 첫 번째 교육이 이루어졌다. 우리
중 젊은 세대는 따라 할 수 있었지만, 아버지 세대에게는 무릎을
굽히지 않고 걷는다는 것이 더할 나위 없이 버거웠다. 도대체 그들은
어떻게 신의 율법에 맞춰 살아온 학자인 얀케브가 다리를 높이 들어
땅을 박차며 걷기를 기대할 수 있었을까? 그에게는 선에 맞춰 걷는
일이 어색하기 그지없었고, 곧 가장 많이 학대받는 사람이 되었다.
친위대원들은 그에게 엎드려서 팔꿈치로 기게 했다. 일어나라고

했다가도 다시 포복 자세를 취하라고 명령했고, 그가 지쳐 쓰러질 때까지 뛰게 했다. 결국 그가 심각한 탈진 상태에 빠져 그들 명령을 따르는 게 불가능해졌음을 확인한 뒤에는, 그를 향해 무자비하게 채찍을 휘둘렀다.

"쓸모없는 유대인 새끼"는 그들이 우리에게 일상적인 저주를 퍼붓기 시작할 때 쓰는 말이었다. 우리가 이 세상 모든 병폐에 책임이 있다는 비난이 뒤따랐다. 그들은 정말 그렇게 믿는 걸까? 아니면 스스로를 정당화하기 위한 말인 걸까? 어느 쪽이든 간에 그들은 자신들이 맡은 역할을 즐기고 있었다. 그들이 내리는 징벌에는 익숙해져도 그런 비난은 받아들이기가 힘들었다. 우리가 무얼 어쨌기에 그런 소리를 들어야 하는지 나는 이해할 수 없었다. 해산한 후, 우리는 울타리 근처 풀밭에 옹기종기 모여 앉았다. 햇볕을 맞으며 쉬고 있으니 몸도 마음도 조금 기운을 되찾았다. 하지만 존경도, 목적의식도 잃은 지식인들은 자신들이 처한 운명에 맞서는 것을 힘들어했다.

우리는 그날이 안식일임을 떠올렸다. 예배당이 없는 게토에서 지낼 때에도 우리는 모여서 기도를 했다. 하지만 이곳에서 안식일은 별다를 것 없는 하루일 뿐이었다. "모든 신이 하나로 바뀐 것 같아, 아돌프 히틀러 말이야. 우리들의 신은 사라졌어. 우린 모든 걸 잃었어." 누군가가 탄식했다.

이 말을 들은 얀케브 선생은 가만있을 수가 없었다. 그는 예언했다. "주님은 우리를 고통받게 두시지 않을 겁니다." 그리고 기도했다. "당신은 홀로 찬양받으시고, 온 세상을 다스리실 겁니다."

어색한 침묵이 뒤따랐다. 다들 이 현자의 말에 의문을 품은 것

첫 번째 수용소: 스테이네츠크

같았다. 몇 분이 지나가고, 아버지가 뒤늦게 생각났다는 듯이 가장 낙천적인 말을 덧붙였다. "겨우 몇 달이면 끝날 일이에요." 나는 어머니가 아버지를 얼마나 그리워하고 있을지를 떠올렸다. 두 분은 서로에게 크게 의지해왔다. 위기의 순간이 왔을 때는 더더욱.

나는 나의 좋은 친구, 다비트 코트를 바라보았다. 고향에서 우리 두 가족은 아주 가깝게 지냈고, 우리는 서로의 집에서 수없이 많은 나날을 보냈다. 그의 길었던 머리카락도, 씩씩하고 총명해 보였던 검은 눈동자도 이제는 사라져버렸다. 더불어 천방지축으로 행복했던 우리의 청소년기도 별안간 끝나버렸다. 한때 우리가 만끽했던 친밀감은 더 이상 존재하지 않았다. 종이 울려 저녁 배식 시간임을 알렸다.

일요일 아침, 나는 놀랄 만큼 일찍 일어났다. 호루라기, 채찍, 개 짖는 소리. 이 모든 것이 이제 일상이 된 것 같았다. 점호를 마친 후 지휘관이 의사, 요리사, 재단사들은 앞으로 나오라고 명령했다. 요리사와 재단사는 필요 이상으로 많았지만, 우리 중에 의사는 없었다. 그러자 지휘관은 그 대안으로 도브라 출신 이발사인 골드스타인에게 응급치료실을 맡겼다. 응급치료실이라고 해봐야 약간의 붕대와 요오드, 아스피린이 있을 뿐이었지만.

라흐미엘은 주방보조 네 명을 구했다. 많은 사람들이 주방보조 일을 원했기에 치열한 경쟁이 벌어졌다. 남는 음식을 얻을 수 있을뿐더러 주방은 늘 따뜻했고, 일도 그렇게 힘들지 않았다. 수용소 재단사 한 명과 보조 경찰로 일할 네 명의 수용자도 선발됐다. 이날은 일요일이었기에 나머지 시간은 자유였다. 소등하라는 종이 울릴 때까지도 해가 지지 않았다. 하지만 침상 위에서 우리가 볼 수 있는 것이라고는 마감이 거친 목재뿐이었다. 밤은 아직 선선했지만, 80명이 넘는 사람들의 체온이 합쳐지니 방은 땀이 날 만큼 더웠다. 나는 아버지가 나무 가시에 찔리지 않게 조심하면서 침상으로 들어가는 모습을 지켜보았다.

처음에 우리 수용소는 그 지역에서 큰 화젯거리였다. 일요일, 농부들은 우리가 누구이고 왜 그곳에 있는지 알고 싶어 주변을 얼쩡거렸다. 원래 심한 유대인 혐오로 유명한 지역이었음에도, 우리 신분이 우리의 유일한 죄라는 사실을 알게 된 주민들은 몹시 분개했다. 철책 근처의 농부들을 발견한 친위대원은 당장 이곳을 떠나서 다시는 오지 말라고 경고했다.

5월 중순치고 이상할 정도로 따뜻한 날씨가 이어졌다. 일을 시작하는 날인 월요일, 오전 4시에 종이 울렸다. 우리가 연병장에 집합했을 때에는 아직 컴컴했다. 포즈난 수용소에서 온 지휘관과 노이만 박사가 친위대원과 보조 경찰 몇 명에게 에워싸인 채 중앙에 서 있었다. 나는 아버지가 말한 대로 노이만이 나를 잊었기를 바랐다. 하지만 그는 잊지 않았다. 무리에서 400명을(아버지와 나도 여기에 포함되었다) 가려낸 후, 갑자기 "치과의사, 노이만 박사에게 보고하라"라는 말이 들려왔다.

나는 감전이라도 된 듯한 충격을 받았다. 어떻게 해야 할지 알 수 없었다. 대답을 하는 것도 겁이 났고, 하지 않는 것도 겁이 났다. 1초가 한 시간처럼 느껴졌다. 재차 나를 부르는 소리가 들려왔지만, 나는 여전히 망설이고 있었다. "어쩔 수 없어." 아버지가 말했다. "넌 가야 해."

나는 줄을 따라 앞으로 달려나갔고, 노이만 박사 2미터쯤 앞에서

첫 번째 수용소: 스테이네츠크

신발 굽으로 탁 하는 소리를 내며 멈춰 섰다. "노이만 박사님, 브로네크 야쿠보비치, 지시받은 대로 보고합니다." 나는 또박또박 말했다.

그는 나를 위아래로 훑어보더니 자기 옆으로 오라고 손짓했다. "여기서 기다려." 그가 말했다.

나는 돌아서서 내가 친위대원을 비롯해 모든 나치 고위관리와 나란히 서 있음을 깨달았다. 눈을 들어보니 1000명의 동료 수용자들이 나를 쳐다보고 있었다. 내가 왜 불려갔는지 궁금한 모양이었다. 나는 그들 곁에 있고 싶었다. 이곳은 내 자리가 아니었다. 나는 여기 있도록 선택받은 사람이 아니었다. 나머지 사람들이 몇 개 집단으로 나뉘고 나자 노이만은 첫 번째 400명을 가리키며 내게 말했다. "치과의사, 네가 저들의 선도자다." 그렇게 각 집단에 선도자가 배정됐다.

점호가 끝날 무렵, 검은 옷을 입은 사람들이 많이 보였다. 검은색은 게슈타포의 색이었다. 그들은 정문에서 우리를 기다리고 있었다. 노이만 박사가 그들 중 한 명에게 우리 명단을 건넸다. 이제 우리를 맡게 된 그들이 우리에게 행진해서 나갈 것을 명령했다. 길 위에서 그들은 우리에게 군대식으로 걸을 것을 재촉하기 시작했다. **"하나, 둘, 셋, 넷."** 그들은 구호를 반복해서 외쳤다.

나는 마지막으로 출발했다. 대체 그들이 내게 뭘 원하는지 알 수 없는 채로 마지막 열에서 걸었다. 동트기 직전이었다. 제복 색깔에도 불구하고, 나는 그들이 게슈타포도 친위대도 아니라는 사실을 알 수 있었다. 그들이 걸친 코트에는 게슈타포 배지도 없었고, 옷깃도 없었다. 그들은 평범해 보였다. 거만해 보이지도 않았다. 나는 그들이 누구인지 궁금해졌다.

　내 뒤에서 걷던 검은 제복을 입은 남자는 서류가방을 들고 있었다. 나는 열에서 약간 뒤떨어져 그 옆에서 걸었다. 나는 무언가 이야기하고 싶었고, 그에게 말을 걸고 싶었지만, 입에 말이 걸려 나오지 않았다. 남자는 나를 거의 쳐다보지도 않았다. 그때 문득 비바람에 퇴색된 낡은 표지판이 시야에 들어왔다. 이 길이 포즈난으로 향하고 있음을 가리키는 표지판이었다. 마침내 나는 그에게 우리가 포즈난으로 가고 있는지 물을 용기를 냈다. 얼마간 고통스러운 시간이 흘렀다. 그는 대답하지 않았다. 내가 다시 질문을 하려는 찰나, 그가 큰소리로 말했다. "우리는 수용자들에게 친근하게 대하지 말라는 지시를 받았다." 이내 그가 덧붙였다. "우리는 브로지체Brodzice의 호흐 운트 티프바우게젤샤프트Hoch und Tiefbaugesellschaft로 가고 있다." 그는 독일어로 말했지만, 나는 그가 독일인이 아님을 확신했다. 그는 독일계 외국인이거나 폴란드인인 것 같았다.

　"호흐 운트 티프바우게젤샤프트가 뭡니까?" 나는 대화를 이어가기 위해 물었다.

　"그들은 이곳에 철도를 놓고 있다." 그가 답했다. 우리 대화는 좀 더 평범한 것들로 옮겨 갔다. 그는 아직 한 시간쯤 더 가야 한다고 말했다. 일터를 오가려면 적어도 네 시간은 걸어야 한다는 뜻이었다. 우리가 대로에서 벗어날 때쯤에 햇빛이 아침 안개를 말끔히 걷어내기 시작했다. 우리는 초승달 모양의 호수를 끼고 나아갔다. 우리 신발이 쿵쿵 소리를 내며 먼지구름을 일으켰다. 곧 막사들이 보이기 시작했다. "바로 여기다." 막사가 있는 쪽을 가리키며 그가

첫 번째 수용소: 스테이네츠크

말했다.

첫 번째 건물은 사무실임이 분명했다. 두 번째 건물은 주방과 식당 같았고, 세 번째 건물 앞에는 곡괭이, 삽, 외바퀴 손수레 따위가 있었다. 공구 창고 같았다. 한 경비병이 우리가 작업장에 점잖게 들어가야 함을 강조했다. "하나, 둘, 셋, 넷, 좌향좌." 그가 구령을 붙였다. 하지만 구령 소리는 이내 트라-트라, 타-타로 바뀌었다.

내가 대화를 나눈 사람이 지휘관인 것 같았다. 그는 정문에 있던 경비병에게 서류 몇 장을 건네줬다. 경비병은 서류들을 쓱 훑어보더니 폴란드어로 우리가 몇 명인지부터 물었다. "407명." 그가 쥐어짜듯이 답했다.

그러자 두 번째 경비병이 돌아서서 옆에 있던 사람들에게 각자 수용자가 몇 명씩 필요한지 물었다. 이번에는 독일어를 썼다. "40명", "50명", "35명" 하고 사람들이 저마다 대답했다.

지휘관은 사람들이 요구한 만큼 인원을 내줬고, 그들은 각자 할당받은 무리를 데리고 연병장을 나섰다. 나는 스무 명 남짓한 무리에 속하게 되었는데, 우리는 연병장에 남아 있었다. 우리 왼쪽에 가마솥 몇 개가 화로 위에 얹어져 있는 것이 보였다. 서른 살쯤으로 보이는 여자가 주방 입구에 서 있었다. "비트차크 씨, 까먹으면 안 돼요. 저는 세 명이 필요해요." 그녀가 외쳤다.

지휘관은 가까이 있던 세 사람을 가리키며 여자에게 데려가라고 말했다. 그러자 그녀는 물을 길어다 줄 사람이 두 명 더 필요하다는 사실을 상기시켰다. 그는 나와 내 옆에 있던 사람을 골라내고는 투덜거리듯이 말했다. "너희 둘은 스타시아랑 일해라." 그 말을 남기곤 나머지 수용자들을 데리고 가버렸다.

스타시아라는 여인은 세 명의 주방 보조에게는 감자가 든 양동이 세 개와 칼을, 우리 둘에게는 들통 네 개를 가져다주었다. "이거 받아요." 그녀가 상냥한 목소리로 말했다. 그러고는 숲 쪽을 가리키며 말을 이어나갔다. "숲으로 들어가면 샘이 있어요. 이 길을 따라가다 보면 작은 오솔길이 하나 나올 거예요." 그 오솔길을 자세히 설명하기가 힘들었는지 그녀가 경비병에게 신호를 보냈다. "당신은 이름이 뭐죠?"

"타데우시, 하지만 다들 타데크라 부릅니다." 그가 답했다.

"타데크, 이 사람들에게 그 샘 좀 보여줄 수 있어요?" 하지만 그 또한 난감해했다. 그녀가 몇 가지 표식을 더 이야기했지만, 그는 결국 고개를 가로저었다. 그녀는 선의 어린 태도로 우리에게 멜대 두 개를 건넸다. "여기요. 이걸 쓰면 좀 편할 거예요."

그동안 세 주방 보조는 열심히 감자를 깎고 있었다. 나는 유대교 장로이자 무신스키 시장의 가까운 벗인 다비트 모슈코비치가 감자를 얼마나 서툴게 다루는지 봤다. 의심할 나위 없이, 그는 그런 일을 처음 해봤을 것이다. 그는 종종 손에서 칼을 놓치기도 했다. 스타시아는 그걸 놓치지 않았다. 그녀는 감자를 집어들어 시범을 보였다. 칼을 어떻게 놀려서 감자를 깎아야 하는지.

우리는 쇠사슬에 들통을 매단 채 경비병 타데크를 따라갔다. 나와 함께 지목된 사람은 나보다 키가 커서 그가 두 걸음을 걸을 때 나는 세 걸음씩 걸어야 보조를 맞출 수 있었다. 그는 무심히, 거의 눈도 들지 않은 채 내 앞에서 걸었다. 나는 그에게 이름이 뭐냐고 물었다. "마레크." 그가 답했다. 마레크는 서른다섯쯤 되어 보였고, 도시의 법률가 같은 지적인 외모였다. 그가 만약 딱 맞는 회색 정장

바지에 헤링본 재킷을 걸치고 붉은색 타이를 맨 채 들통을 들고
있지 않았다면, 누구든 그가 법정으로 가는 중이라고 생각할 터였다.
나는 그의 친절한 얼굴에 이끌렸다. 처음부터 그에게 호감을 가졌던
것이다.

들통들이 우리 무릎께에서 흔들거렸다. 우리는 잠자코 타데크의
지시를 따랐다. 갓 자른 풀내가 코를 간지럽혔다. 폴란드 시골집들은
대부분 이런 식으로 물을 길어오는 물장수들을 통해 물을 구했다.
그들이 물을 운반할 때 쓰는 멜대는 통나무로 만들어졌으며, 어깨에
딱 걸쳐지는 모양에, 사슬은 가운데에 있는 매듭을 통해 길이를
조절할 수 있었다. 하지만 우리에게 주어진 멜대는 너무나 불편했기
때문에, 한번 써보고는 그냥 손으로 들통을 들고 가기로 했다. 지난
사흘간 겪은 충격적인 일들은 우리에게 지독히 비인간적인 영향을
남겼다. 나는 더욱더 덫에 걸린 듯한 느낌이 들었다.

숲 안쪽으로 들어가자 무성한 덤불 때문에 걸음이 느려졌다.
울퉁불퉁한 숲길은 미끄러운 이끼로 덮여 있었다. 우리가 발을 딛는
곳마다 썩어가는 나무와 뿌리들이 있었다. 마침내 우리가 작은
개울을 뛰어넘기까지 했을 때, 샘이 눈에 띄었다. 땅속에서 솟아나는
것 같은 샘물은 아주 맑고 차가웠다. 모기며 다른 벌레들이 샘 위로
드리워진 물안개 속에서 빙빙 돌고 있었다. 샘은 우리더러 한 모금
마셔보라고 권하는 것처럼 보였고, 그 맛은 순수하면서도 기분
좋아질 정도로 신선했다. 샘이 얕아 물을 긷는 데 시간이 좀 걸렸다.
나는 경비병에게 폴란드어로 전에 여기 와본 적이 있는지 물었다.
"아니." 그가 답했다.

나는 궁금한 것을 계속 물었다. "이 일을 하신 지는 얼마나

"지난 수요일에 처음 시작했어."

"이곳에서는 뭘 하는 거죠?" 마레크가 용기를 내 물었다.

"이곳은 최근에 독일인들이 세웠어. 온갖 종류의 시설들을 감시하기 위한 곳이지."

"수용소도 포함되나요?" 마레크가 또 물었다.

"그래. 대부분 유대인 수용소지." 그가 숨김없이 말했다. 그제야 비로소 우리는 경비병들이 폴란드인임을 알았다. 들통에 물을 채울 수 있는 만큼 가득 채운 뒤 우리는 수용소로 돌아왔다.

스타시아는 평가마 앞에서 우리를 기다리고 있었다. 깎인 감자들은 깨끗하게 세척됐고, 우리는 물을 더 길러 갔다. 타데크는 동료들과 함께 있고 싶었던지 우리에게 자기 없이도 다녀올 수 있겠냐고 물어왔다. "네!" 우리끼리 가고 싶은 마음에 우리는 입을 모아 대답했다. 숲에 들어섰을 때, 우리는 처음으로 감시당하지 않고 있다는 사실을 떠올렸다.

마레크 레빈스키는 콜로Kolo 출신 전기 기술자라고 했다. 콜로는 도브라에서 50킬로미터도 떨어져 있지 않은 마을이었다. 그는 잘생긴 얼굴에 키는 거의 2미터에 가까웠고, 몸매도 늘씬했다. 얼굴은 올리브색을 띠었는데, 이마가 곧고 코는 살짝 길쭉했다. 그는 라치아Racia에서 붙잡혔다. 그는 가족 중 유일한 남자였지만 나치는 전혀 아랑곳하지 않았다. 그를 비롯한 콜로 출신 사람들은 트럭에 태워져서 우리가 수송될 때 합류했다. 그는 아내와 두 아이에게 작별 인사조차 하지 못했다고 했다. 그의 얼굴에서 시련의 쓰라림이 묻어났다. 이 모든 이야기를 하는 동안 그는 줄곧 땅바닥만 쳐다보고

있었지만, 나는 그에게서 콜로의 유대인 평의회에 대한 분노와
비난을 느낄 수 있었다.

이내 공터가 나왔다. 우리는 들통들을 물웅덩이 주변의 축축한
흙 위에 둔 채 커다란 바위 위에 앉았다. 우리끼리 있으면서 느낀
평화로움과 호젓함은 감정을 숨김없이 드러내게끔 만들었다. 지난
며칠간 쌓여왔던 격렬한 분노를 쏟아낼 기회를 맞아 우리는 몹시
기뻤다. 가슴속에 새겨진 무력감과 절망감에 눈물이 났고, 어느새
우리는 나란히 앉아 울고 있었다.

15분쯤 지나 7시 45분이 됐을 무렵, 멀리서 몇 사람의 목소리가
들려왔다. 소리가 점점 가까워지면서 우리는 소녀들이 부드럽고
인기 있는 폴란드 졸업식 노래를 부르고 있음을 알아차렸다. 그
노랫소리에 눈물이 멎었다. 그런데 문득 노래가 끝났고, 생기도
아름다움도 사라져버렸다. 침묵이 길어지자 그 부드럽던 순간이
꿈결처럼 느껴졌다. 나는 두 눈을 감았다. 이제 수용소로 돌아가야
한다는 사실이 괴로웠다. 그런데 갑자기 덤불 속에서 부스럭거리는
소리가 들렸다. 시선을 들자 또 다른 한 쌍의 눈이 나를 바라보고
있는 것이 보였다. 이윽고 덤불이 헤쳐졌고, 눈부신 햇살 속에
다섯 명의 소녀가 우리 앞에 나타났다. 우리는 우리 눈을 믿을 수
없었지만, 그녀들은 진짜였다.

"안녕하세요." 나는 얼른 인사를 건넸다. 그들이 겁을 먹지 않도록.

"안녕하세요." 소녀들은 합창하듯이 답했다. 깔끔하게 차려입고서
꾸러미를 든 그들에게서는 행복감이 솟아나고 있었다. 소녀들이
물었다. "누구세요?"

"우리는 유대인이에요. 제 이름은 브로네크 야쿠보비치예요.

도브라에서 왔고요. 이 친구는 콜로에서 온 마레크라고 해요."

"그런데 여기서 뭐하고 있어요?"

"우리는 스테이네츠크라는 수용소에 있어요. 오늘부터 호흐 운트 티프바우게젤샤프트에서 일하게 됐어요."

"브로지체에 있는 거요?" 한 소녀가 물었다.

"네."

소녀들의 이름은 아지아, 할리나, 카지아, 안카, 조시아였다. 그들 모두 포즈난 출신이었다. 전쟁 전에는 같은 학교에 다니는 친구들이었는데, 지금은 근처 농장에서 함께 일한다고 했다. 나치의 주장에 따르면 포즈난은 유대인이 거의 살지 않던 도시였다. 그 도시는 나치에게 점령되자마자 **유덴프라이**Judenfrei, 즉 유대인 제한구역이 됐다. 우리가 게토에 대해 이야기하자 그들은 몹시 분노했고, 수용소 생활에 대해 말했을 때에는 충격을 받았다. "그 모든 게 단지 당신들이 유대인이기 때문이라는 말인가요?" 소녀들이 물었다. "왜요? 그게 왜요?" 그건 우리 스스로도 끊임없이 던져온 질문이었다. 그들의 호기심은 끝이 없었다. 그들은 우리가 왜 민머리인지도 궁금해했다. 한 소녀가 나를 똑바로 바라보더니 손을 뻗으며 말했다. "나는 조시아 자시나예요. 독일 사람들이 그렇게 끔찍하게 굴 수 있다니 믿을 수가 없군요." 정말 예쁜 이름이라는 생각이 들었다. "배가 많이 고프겠어요. 자, 이걸 드세요." 조시아는 우리에게 그녀의 점심 도시락을 내밀었다.

나는 몹시 당황했고, 받기를 거절했다. 나는 평범한 신사다운 태도를 포기할 준비가 되어 있지 않았다. "받을 수 없어요, 조시아." 혀끝에 그녀의 이름이 부드럽게 맴돌았다.

"그냥 받으세요. 아버지랑 나눠 드세요." 그녀가 말했다.
아버지라는 말을 듣는 순간, 나는 받을 수밖에 없음을 깨달았다.

마치 조시아를 따라 하기라도 하듯 다른 소녀들도 도시락을
내밀었다. "제발, 제발요." 그들은 애원하다시피 말했다. "가져가서
다른 사람들에게 나눠주세요." 우리는 그들에게 진심으로 고마움을
표했다. "내일도 같은 시간에 올게요." 소녀들은 이 말을 남기고
떠났다. 우리는 그들이 눈물을 글썽이며 깊은 숲속으로 사라져가는
모습을 지켜보았다.

도시락 꾸러미를 그대로 들고 갔다가는 비밀이 탄로 날 게
뻔했으므로, 우리는 그것들을 꽁꽁 숨겼다. 경비병들이 우리를
찾으러 올까 봐 걱정된 우리는 얼른 들통을 채우고 수용소로
돌아가기 시작했다. 나는 좁은 오솔길을 앞장서서 걸었다. 흥분이
가라앉지 않았고, 벌써 다음 날이 기다려졌다. 이윽고 우리 쪽을
향해 오고 있는 타데크가 보였다. 방금 우리에게 있었던 일을 알게
되면 그가 어떻게 나올지 알 수 없었다. "잠시 길을 잃었어요." 내가
말했다. 그는 별 말 없었지만, 수용소로 돌아가니 스타시아는 훨씬
짜증이 난 상태였다.

"이렇게 오랫동안 어디 있었던 거예요?" 그녀가 물었다.

"아, 잠깐 길을 잃었어요. 하지만 이제는 확실히 길을 익혔어요."
부디 그들의 신임을 잃지 않고 물 떠오는 일을 계속할 수 있기를
바라며 나는 대답했다.

시원한 그늘에 앉아 수다 떨고, 담배 피우고, 카드놀이 하는 것을
좋아하는 경비병들은 굳이 우리와 동행하기를 바라지 않았다.
스타시아는 감자 깎는 이들의 일솜씨가 얼마나 형편없는지를 잠시

이야기했다. 그녀는 소위 눈이라고 하는 싹을 제거하기 위해 감자를 일일이 살펴봐야 했다. 나는 그들이 이제까지 감자를 깎아본 적도, 깎는 법을 배운 적도 거의 없음을 설명하고 싶었지만, 대신 이렇게만 말했다. "조금만 지켜보시면 나아질 거예요." 이는 순간 나치의 오랜 주장, 즉 유대인들이 게으르다는 말처럼 들렸다.

샘으로 돌아가는 동안 내 머릿속은 여전히 조금 전 있었던 일에 대한 생각으로 가득 차 있었다. 조시아의 아름다운 얼굴이 다른 모든 것을 밀어내버렸다. 나는 그녀의 너그러움과 친절함에, 진실한 마음씨에 이끌렸다. 소녀들이 주고 간 음식들은 거부할 수 없이 훌륭한 것들이었다. 우리는 구미를 당기는 신선한 빵이며 햄, 키엘바사kielbasa[폴란드식 훈제 소시지], 쿠키, 과일 등을 양껏 먹었다. 나머지는 다른 사람들에게 갖다 주기 위해 주머니 속에 숨겼다. 스타시아가 물을 더 필요로 하지 않았으므로, 우리는 정오 휴식시간을 기다렸다.

정오가 되자 일이 잠시 중단됐다. 작업반장이 수용자들을 주방 앞으로 데려왔다. 주방에서는 찜기며 냄비, 소스팬 등이 줄줄이 나왔다. 반장, 감독자, 기술자들은 식당에서 먹었다. 스타시아는 그들이 먹을 음식을 특히 공들여 준비했다. 그들이 모두 떠나고 나서야 그녀는 비트차크와 함께 점심을 먹었다. 고작 반나절 동안 일했을 뿐인데 아버지는 매우 고단해 보였다. 일이 많이 힘들었는지 묻자 아버지가 말했다. "아니, 난 강한 사람이다. 할 수 있어."

아버지가 속한 작업반 반장은 슈메렐레라는 오스트리아 사람이었다. 그는 무지막지한 괴롭힘으로 금세 악명을 얻었다. 삽질을 할 때면 항상 한 삽 가득 떠야 한다고 강요하는 식이었다.

첫 번째 수용소: 스테이네츠크

마흔일곱에 심장병까지 있던 아버지는 하루 종일, 그것도
14킬로그램씩을 삽질할 수 있는 사람이 아니었다. 나는 아버지에게
숲에서 가져온 음식을 드렸다. 어디서 난 음식인지는 말하지 않은
채로. 아버지도 묻지 않았다.

　브로지체에서 배식받은 수프는 수용소에서 먹었던 멀건
음식처럼 역한 냄새가 나지는 않았다. 비록 주재료는 감자와 순무로
같았지만, 말고기도 조금 들어 있었다. 우리는 그릇을 박박 긁다시피
먹어치웠다. 식사시간이 끝난 뒤, 마레크와 나는 물을 더 뜨러 갈
준비를 했다. 동료들은 일하러 습지로 돌아갔다. 뒤늦게 비트차크가
내게 각 지역 작업반장들에게 수용자들이 몇 명씩 딸려 있는지
파악해오라고 시켜 마레크 혼자 스타시아에게 가져다 줄 설거지
물을 뜨러 갔다.

　그 시절에 땅 고르는 작업은, 특히 폴란드에서는, 주로 곡괭이와
삽으로 이루어졌다. 현장에 도착한 나는 철로를 새로 깔기 위해
동료 수용자들이 얼마나 힘겹게 끈적이는 진흙을 퍼내고, 손수레에
싣고, 수백 미터를 끌고 가는지 목도했다. 작업반장들은 대개
슈메렐레보다는 인간적이었다. 수용자들이 나가떨어지면 그들
또한 태도를 바꾸었다. 수용자들 수를 확인한 뒤 나는 비트차크에게
보고하러 갔다. 그의 사무실에 커튼이 내려져 있었기 때문에 나는
가만히 문을 두드렸다. 그는 문을 열곤 아무 말 없이 내 수첩을
건네받았다. 나는 그가 쓸데없는 말을 하지 않는 사람이라는 사실을
얼른 알아차렸다.

　호호 운트 티프바우게젤샤프트는 분명 독일과 관련된 곳이었지만
폴란드 사람 셋, 즉 비트차크, 크미에츠, 바시아크가 운영을 맡고

있었다. 폴란드 인텔리겐치아intelligentsia [지식인 계급]에 속했던
크미에츠와 바시아크는 독일이 우리를 다루는 방식에 대해 종종
거부감을 나타내곤 했다. 반면 비트차크는 그런 상류층이 아니었고,
자신이 어떤 생각을 갖고 있는지 결코 드러내지 않았다.

　작업은 오후 4시에 끝났다. 스테이네츠크로 돌아가는 길에
경비병들은 우리에게 박자에 맞춰 걷는 법을 가르치려 했다.
"하나, 둘, 셋, 넷!" 그들이 소리쳤다. "오리처럼 뒤뚱거리는 너희를
보면 사람들이 뭐라고 할 것 같나?" 우리들, 진이 다 빠져버린
노예들에게는 사람들이 뭐라 하든 상관없는 일이었다. 찬토르
핀쿠스를 비롯한 학자들, 즉 무릎을 굽히지 않고 걷는 군대식
걸음이라곤 필요조차 없는 세계에서 평생을 살아온 사람들에게
행진을 시킨다는 것이 가당키나 한 일인가? 그들은 삶의 대부분을
탈무드 연구에, 영혼을 풍요롭게 하는 방법을 가르치는 데 써왔다.
이윽고 우리가 너무 지쳤음을 인정하게 된 경비병들은 우리가 아는
유일한 방식으로 걷는 것을 허락했다.

　우리가 마침내 수용소로 돌아왔을 때, 연병장은 북새통을
이뤘다. 수용자들이 한꺼번에 자기 관심사를 확인하려 들어서였다.
수많은 형제들, 부자父子들이 서로 다른 무리에 배정되었고, 그것을
바꿔주지는 않을 것 같았다. 우리가 돌아오자 먼저 수용소에 와 있던
이들이 우리를 에워싼 채 자기들이 한 일에 대해 이야기했다. 우리는
모두 같은 일을 하고 있었다. 철로를 놓는 것 말이다.

　그날 밤, 나는 누워서 조시아를 생각했다. 어둠 속에 떠오른
그녀의 얼굴을 보았다. 새벽 4시, 나는 너무 깊이 잠든 나머지
날카로운 학교 종소리에도 깨어나지 못했다. 결국 아버지가 나를

첫 번째 수용소: 스테이네츠크

잡아당겨서 억지로 일으켰다.

수용자들은 점점 기력을 잃고 있었다. 우리는 커피 비슷한 액체, 회반죽 같은 빵, 가짜 마멀레이드로 이루어진 열악한 수용소 식단을 대체할 방법을 찾아야 했다. 우리는 익히 들어 아는 경구 '필요는 발명의 어머니다'라는 말대로, 숟가락 끝부분을 돌멩이로 납작하게 펴 숟가락 겸 나이프를 만들어냈다.

아침을 먹은 후 우리 조는 정문으로 갔다. 그곳에서 경비대장 타데크가 우리를 인솔했다. 작업을 시작한 지 고작 이틀째인데도 생활은 어느덧 판에 박힌 듯 돌아가고 있었다. 언제라도 비가 쏟아질 것 같은 날씨였지만, 비는 내리지 않았다. 여전히 슈메렐레 밑에서 일하고 있을 아버지에 대한 걱정이 나를 괴롭혔다. 어서 거기서 아버지를 빼내야 했다.

우리는 7시가 되기 조금 전에 공사 막사에 도착했다. 스타시아와 비트차크, 작업반장들이 기다리고 있었다. 삽, 곡괭이, 손수레들이 창고 밖에 나와 있었다. 타데크가 보고를 마치자 수용자들은 각자 조장을 따라가라는 명령이 떨어졌다. "만약 반장이 부재중이면 현장에 가서 어제 마쳤던 부분부터 시작해라." 비트차크가 말했다.

스타시아는 마레크과 나를 막사에 남겨놓고서 세 조수를 감자와 칼이 있는 곳으로 데려갔다. 마레크와 나는 경비병 없이 샘으로 출발했다. 아직 7시 몇 분밖에 안 된 터라 소녀들을 만나리라 기대하기에는 너무 이른 시각이었다. 우리가 두 번째로 물통들을 막 채웠을 때는 8시에 가까웠다. 그때 소녀들이 오는 소리가 들렸다. "안녕하세요." 그들이 명랑하게 던지는 인사말이 샘까지 들려왔다.

"안녕하세요." 우리도 소녀들에게 인사했다.

　　그날은 전날과 같은 호기심과 자연스러움이 없었다. 우리는 심지어 날씨 이야기까지 했다. 오직 조시아만이 우리를 향한 조심스러운 호감을 간직하고 있는 듯했고, 뭔가 이야기하고 싶은 게 있는 듯했다. 아지아가 어색한 분위기를 깨고 말했다. "우리 학교에는 유대인 학생이 거의 없어요." 카지아와 할리나가 맞장구쳤다.

　　"카플란이라는 음악 선생님이 계세요. 제게 개인 레슨도 해주셨죠. 유대인 혼혈이셨던 것 같아요. 저는 카플란 선생님을 정말 좋아했어요." 조시아가 말했다. "전쟁이 시작됐을 때 선생님과 선생님 부인은 이미 너무 늙으셨어요. 그들이 지금 어떻게 됐는지는 모르겠어요."

　　"결혼해서 아이도 둘 있다고 하셨죠?" 카지아가 마레크에게 물었다.

　　"네. 아들은 아홉 살이고 딸은 세 살이죠. 다음 주가 딸애 생일이군요." 마레크가 답했다. 그는 가슴 주머니에서 자기 이니셜이 금색으로 박힌 갈색 가죽지갑을 꺼내더니 거기 끼워져 있는 아내와 아이들 사진을 소녀들에게 보여주었다. 자식을 뿌듯해하는 여느 아버지와 다를 바 없이, 그는 그 엽서만 한 사진이 닳아 없어지기라도 할 듯이 사진 속 얼굴들을 들여다보았다.

　　"아내 분이 정말 예뻐요. 아이들도요." 소녀들이 말했다. "가족들이 편지를 보내나요?" 한 소녀가 물었다.

　　"게토에서는 여전히 편지를 보낼 수 있어요. 하지만 우리가 그걸 받을 수는 없을 거예요." 마레크가 답했다.

　　소녀들은 놀란 표정으로 서로를 쳐다봤다. "가족들과 연락하는 게 무슨 해가 있다고요?" 카지아가 물었다. "만약 가족들에게 편지나

엽서를 쓰고 싶으시면," 그녀가 말을 이었다. "그걸 저희가 대신
부쳐드릴 수 있다면 정말 기쁠 것 같아요."

"당신들은 얼마나 자비로운 사람들인지." 흠잡을 데 없이 완벽한
폴란드어로 마레크가 말했다. 그의 태도는 물이나 떠 나르는
사람이라기에는 과분할 정도로 훌륭했다. 그는 소녀들에게 감사를
표하며 기꺼이 그 제안을 받아들였다.

나는 그들에게 내 편지도 부쳐줄 수 있는지 물었다. "당연하죠."
할리나가 얼른 답했고, 조시아도 마찬가지였다.

우리는 너무 늦게 돌아가면 누군가 우리를 찾으러 올 것이며,
스타시아가 분명 물을 기다리고 있을 거라는 사실을 떠올렸다. 9시를
넘긴 터라 소녀들도 일하러 가야 했다. 조시아 곁에는 커다란 상자가
하나 놓여 있었는데, 십시일반으로 모아 온 것이리라는 생각이
들었다. 그녀가 상자를 가리켰다. 우리가 부끄러워하지 않도록
조심스러운 태도였다. "당신들에게 주려고 가져왔어요." 그것을
준다고 해서 그녀들이 궁핍해지지는 않을 터였으므로, 우리는
상자를 건네받았다. 소녀들이 떠나려 할 때 조시아가 내게 다가왔다.
"브로네크, 점심시간에도 여기 올 수 있어요? 우리는 12시부터
1시까지 자유예요. 올 수 있겠어요?"

"올 수 있을 것 같아요." 마음속에 어떤 따뜻한 느낌이 전해졌다.
이윽고 소녀들이 떠나갔다. 더불어 그들의 생기, 자유로부터 나온
생기도 사라졌다.

우리는 음식을 숨겨두고 물통들을 챙겨 샘을 나섰다. 돌아가는
길에 우리는 비트차크가 초조하게 서성이는 모습을 보았다. 하지만
나는 곧 그것이 그의 버릇임을 알아차렸다. 그는 가만히 서 있는

법이 없었다. 항상 급한 일이라도 있는 것처럼 등 뒤에 사람을 두고 이야기하며 빠른 속도로 걸었다. 우리가 다가가자 비트차크는 따라오라고 손짓했다.

"네, 지휘관님." 나는 바싹 붙어 뒤따라갔다. 그는 아무 말이 없었다.

우리는 공구 창고와 간부 식당을 지나 어느 사무실에 들어갔다. 아무도 없었다. 비트차크는 연병장 쪽 창가에 놓인 책상을 가리켰다. 그 위에는 감독관 매뉴얼이며 이런저런 책들이 벽에 기대어 쌓여 있었다. 그는 장부책 한 권을 집어 들었다. "이제부터 너는 네가 인솔하는 사람들의 일상을 기록해야 한다." 그가 말했다. "또 그들이 도착한 시간과 각자 몇 시간씩 일했는지도 써넣어야 한다. 아마 너도 알고 있겠지만, 우리는 너희가 하는 일에 대해 수용소에 대가를 지불하고 있다." 나로서는 처음 듣는 얘기였다. 그는 열려 있던 서랍에서 명단을 하나 꺼냈다. 보아하니 타데크에게서 건네받았던 명단 같았다. "이 책상을 사용해라." 당장이라도 떠날 듯한 태도로 그가 말했다.

"네, 비트차크 씨." 내가 대답했지만, 그가 듣기에는 너무 늦었다. 그는 이미 현장을 향해 떠나는 중이었다.

탁한 수정란풀 냄새가 스며들었다. 사무실에 있는 것이라고는 세 개씩 놓여 있는 책상과 의자, 제도대 하나뿐이었는데, 전부 닳아빠진 것들이었다. 나는 문을 열고 밖에서 기다리고 있던 마레크를 찾았다. 함께 일한 이틀 동안 나는 그를 좋아하게 되었고 경험 많은 그로부터 많은 것을 배웠다. 샘 옆에 앉아 물 흐르는 소리를 들을 때면 우리는 소녀들이 갑자기 나타났던 그 마법 같은 순간을 떠올렸다. 조시아를

첫 번째 수용소: 스테이네츠크

또 만날 수 있을지 걱정이 됐다. "비트차크 씨는 내가 사무실에서
일하기를 바라고 있어요." 나는 마레크에게 이야기했다. 그는 실망한
눈치였다.

새 업무를 시작할 때, "우리는 너희 노동에 대가를 지불한다"는
비트차크의 말이 귓가에 맴돌았다. 나는 나치가 사람들의 고통을
팔고 있을 거라고는 전혀 생각지 못했다. 그들이 우리 노동력을
팔고 있다는 말은 충격적이기 짝이 없었다. 나는 장부를 펼쳐
작업반장들의 이름을 알파벳순으로 써넣기 시작했다. 그들에게
배정된 수용자들과, 수용자들이 하루에 일한 시간도 써넣었다.
명단에 적힌 이름들 중에는 도브라에서 온 사람들도 있었다. 나는
그들과 함께 겪었던 일들을 떠올렸다.

잠시 뒤 스타시아가 들어왔다. 희색이 만연한 얼굴이었다. 그녀는
수용소에서 갖는 자신의 영향력을 과시했다. "있잖아요, 비트차크
씨가 누군가 사무실에서 자기를 좀 도우면 좋겠다고 하길래 내가
당신을 추천했어요." 내가 제 말의 뜻을 확실히 알게 만들고자
그녀가 말을 이어나갔다. "비트차크 씨는 좋은 분이죠. 내 생각에
당신은 괜찮은 사람 같아요, 브로네크. 아마 겉으로 드러내지는
않겠지만, 그 사람도 당신을 좋아해요. 그런 지위에 있으면 조심해야
하죠."

나는 이해한다고, 감사하다고 공손히 말했다. 타데크가 지나가다
말고 고개를 쑥 내밀며 내게 여기서 무얼 하는지 물었다. 비트차크를
위해 일하고 있다고 대답하자 나를 보는 타데크의 시선에 새로운
존중이 어렸다. "그렇군." 그는 만족스럽다는 듯이 말했다.
크미에츠와 바시아크가 잇달아 사무실로 들어왔다. 그들은 나를

보고 놀란 눈치였다. 두 사람과 함께 일하면서 나는 그들에 대해 알게 될 기회를 얻었다. 우리는 여러 면에서 달랐지만, 독일에 대한 증오라는 공통점을 갖고 있었다. 폴란드인들이 독일을 싫어한다는 것은 오랜 역사적 사실이었고, 최근 독일에 점령되면서 반감이 한층 고조되었다. 두 사람은 서로 친한 것 같았다.

정오에 마레크가 기다리고 있었다. "나는 이제부터 비트차크와 일해야 해요." 내가 나를 대신할 사람을 구하라고 말하자 그는 혼자서도 할 수 있다고 했다. 소녀들이 가져온 상자는 우리가 두고 온 자리에 그대로 있다고도. 조시아를 만나려면 슬슬 가봐야 할 시간이었다. 나는 남들 눈에 띄지 않게 막사들 뒤쪽으로 갔다. 그곳에서 작은 언덕을 넘었다. 이제 연병장에서는 내가 보이지 않을 터였다. 나머지 길은 보폭을 크게 해서 빠르게 걸었다. 조시아는 나무 그루터기에 앉아 있었다. 나를 본 그녀가 자리에서 일어났고, 우리는 손을 맞잡으며 인사를 건넸다.

"오셨네요." 그녀가 따뜻하게 말했다.

"어떻게 오지 않을 수 있겠어요?" 내가 대답했다.

우리 모두 어디서부터 시작해야 할지 몰랐다. 조시아는 내 또래의 다른 소녀들이 그랬던 것처럼 나를 바라보았다. 나는 그곳에 앉아 무슨 말을 꺼내야 할지 고민했다. 내가 할 수 있었던 말이라고는 만나서 반갑다는 게 고작이었다. "여기 오다니 당신은 참 용감하네요." 나는 결국 이런 말로 마무리지었다.

조시아는 자신이 살아온 삶을 이야기하기 시작했다. 그녀는 포즈난에 살았다. 아버지는 회계원이었고, 어머니는 가정주부였다. 그녀는 외동딸이었다. 학교가 다시 문을 열었을 때, 그녀는 고등학교

과정을 밟고 싶었다고 한다. 그녀는 피아노 연주를, 정원 가꾸기를, 독서를 좋아했다. 그즈음이면 이미 폴란드 극장에서 사라져버린 미국 영화를 보는 것도 좋아했다. 내가 칼리시Kalisz에 있는 학교를 다닐 때, 친구들 중에 아폴로 극장 주인의 아들이 있었다. 우리는 자주 기차역에 나가 영화 필름들을 받아왔고, 그것들을 질릴 때까지 실컷 볼 수 있었다. 조시아와 나는 각자 떠올린 영화들을 비교해보면서 좋아하는 배우들에 대해 이야기를 나눴다. 이윽고 우리 만남이 끝날 시간이 돌아왔다. 그녀는 이제 내가 아침에 샘에 나올 수 없게 되었다는 사실을 알았다. 우리는 다음 날 점심에 만나기로 약속했다.

수용소로 돌아가니 아직 수용자 대부분이 남아 있었다. 마레크 말고는 누구도 내가 어디에 있었는지 몰랐다. 마레크는 내가 그 시간에 나가 있는 것이 위험하다고 생각했다.

"어디 있었어요?" 스타시아가 물었다. 그녀는 내가 먹을 음식을 들고 있었다. 나는 이런 걸 바라지 않았다. 동료 수용자들은 주전자로 부어준 걸 먹고 있는 와중에, 심지어 그들이 보고 있는 앞에서, 어떻게 나 혼자 다른 음식을 먹을 수 있단 말인가? 나는 그녀에게 고마움을 표하면서도 분명히 말했다. "저는 동료들과 함께 먹겠습니다." 하지만 머지않아 굶주림에 못 이긴 나는 이따금 그녀가 남겨둔 음식을 받아먹게 되었다.

아버지도 정오에 내가 연병장에서 보이지 않아 걱정했다. 나는 아버지가 급격히 쇠약해지고 있다는 걸 알아차렸다. 아버지의 작업반장 슈메렐레는 재앙 자체임에 틀림없었다. 아버지가 처한 상황이 마음에 걸렸다. 나는 우리 업무가 조만간 바뀐다는 사실을

알고 있었지만, 그게 정확히 언제일지는 몰랐다. "슈메렐레는
어때요?" 나는 아버지에게 물었다.

"괜찮아." 아버지가 답했다. "자주 소리를 지르지만, 나를 다른
사람보다 더 나쁘게 대하지는 않거든."

"그게 무슨 뜻이에요, 아버지?"

"그는 때때로 화를 내곤 하지. 우리가 열심히 일한다고 생각하지
않기 때문이야. 그래도 보이는 것만큼 나쁜 사람은 아니야."

아버지는 불만을 털어놓는 사람이 아니었다. 특히 나에게는.
이곳에 온 지 이틀 만에 선홍색이었던 아버지 낯빛은 자주색으로
변했다. 눈은 움푹 꺼졌고, 눈 가장자리가 거무스름하게 변했으며,
전에 비해 걸음걸이에 힘이 잔뜩 빠져 있었다. 나는 걱정 끝에
무언가를 하기로 결심했다. 나는 새로 맡은 일로 인해 내게 약간의
영향력이 생겼음을 알았다. 크미에츠와 바시아크는 나를 자신들과
한 팀이라 여겼지만, 그래도 나는 스타시아가 가장 대하기 편했다.
나는 그녀에게 주방에서 아버지를 쓸 수 있을지 물어보기로
마음먹었다.

"다시 일을 시작한다!" 작업반장들이 일제히 소리쳤다. 마레크는
샘으로, 나는 사무실로 갔다. 사무실에 가니 바시아크가 제도대 앞에
서 있었다. 그는 마흔이 넘었지만 밝은 안색과 숱 많은 금발머리
덕분에 훨씬 젊어 보였다. 작고 균형 잡힌 코에 슬라브인다운
섬세한 이목구비를 가진 그는 찬사받을 만큼 잘생긴 사람이었다.
성정도 온화해서 대화하기 편한 상대였다. 그는 일할 때 늘 바라볼
수 있도록 책상 위에 아내 체시아와 찍은 결혼사진을 올려두었다.
아직 신혼이었고, 자식은 없다고 했다. 그는 언젠가 나를 집으로

첫 번째 수용소: 스테이네츠크

초대하겠다고 약속했지만 끝내 그런 일은 없었다. 나는 그가 부러웠다. 우리는 별다를 바가 없는데, 왜 나는 그토록 많은 차별을 받았을까? 내 짙은색 머리가 나를 **운멘슈**Unmensch, 인간 같지 않은 존재로 보이게 했나? 4시가 되자 충실한 호루라기 소리가 우리 일과가 끝났음을 알렸다. 마레크가 음식 상자 속에 남아 있던 약간의 빵과 치즈 한 조각을 가져왔다. 그것들은 줄을 서기도 전에 모두 사라졌다.

우리가 받는 배식만으로는 도무지 살아남을 수 없다는 것은 분명한 사실이었다. 소녀들이 가져다준 것은 우리 모두에게 도움이 되기에는 너무 부족했다. 얼마 지나지 않아 나는 내가 유리한 자리에 있다는 것이 다른 수용자들에게 거부감을 불러일으킨다는 사실을 깨달았다. 전에도 나는 '피에카르니아'라는 간판이 내걸린 작은 외딴집을 본 적이 있었지만, 그날 일을 마치고 돌아가는 길에는 유독 관심이 갔다. 혹시 빵집 주인이 우리에게 빵을 팔 수 있지 않을까? 나는 궁금했다. 우리는 곧 답을 찾을 수 있었다. 나는 타데크가 넌지시 말했던 것을 떠올렸다. "너희들 중에 엄청난 부자가 있어야 해."

나는 계획을 세웠고, 그것을 마레크와 공유하고 싶었다. 나중에 내 방에 잠깐 들르라고 말하자, 그는 뭔가 중요한 일이라는 것을 눈치챘다. 오래 기다릴 필요는 없었다. "우리가 다니는 길에 빵집이 있다는 거 알아요?" 내가 말을 꺼내자 그는 호기심 어린 눈으로 쳐다봤다.

"타데크가 허락해준다면, 일하러 가는 길에 우리 중 한 사람이 빵집에 들러서 우리에게 빵을 팔지 알아볼 수 있지 않을까요."

"빵값은 누가 내고?" 마레크가 물었다.

"다 같이 내는 거죠. 낼 수 있는 만큼씩."

"그렇게만 된다면야, 정말 좋을 테지."

"좋아요. 그럼 내일 수용소에서 나가는 대로 타데크한테 물어볼게요."

"다른 경비병들은 어떡하고?"

"타데크만 허락한다면 다른 사람들도 안 된다고 하지는 않을 거예요." 내 생각은 그랬다. "당신이 빵집 주인이랑 얘기해볼래요?" 우리는 결단을 내렸지만, 아무에게도 우리 계획을 말하지 않기로 했다. 아버지에게조차도. 게토에 있을 때도 충분한 음식을 받지는 못했지만, 적어도 그곳에서는 고된 노동을 강요받지 않았다. 혹독한 노동을 감당하려면 무엇보다 열량 섭취가 필수적이었다.

여전히 목구멍으로 넘기기가 쉽지 않은 저녁 수프를 먹은 후, 나는 내 침상으로 미끄러지듯 들어가 담요를 덮고 곯아떨어졌다. 성실한 종소리가 너무 일찍 기상시간을 알렸고, 곧바로 빡빡한 일과가 시작되었다. 한 시간 동안 우리는 씻고, 옷을 입고, 배식 시간에 맞춰 주방 앞에 가 있어야 했으며, 다 먹은 후에는 일하러 가기 전까지 점호를 마쳐야 했다. 도로 위에서 나는 말할 기회를 쟀다. 평소 타데크가 여러 차례 마레크 혼자 샘에 다녀올 수 있게 해줬음을 떠올리면서, 나는 그가 우리를 믿는다고 볼 여지가 충분하다고 생각했다.

"마레크가 몇 분만 빵집에 들를 수 있을까요?" 나는 그에게 보상을 약속하며 물었다.

달갑지 않아 보였지만 타데크는 허락했다. "반드시 빨리 돌아와야 한다."

긴장된 기다림 끝에 마레크가 돌아왔다. 양팔에 둥근 빵을 한 덩이씩 낀 채였다. 빵은 자전거 바퀴만큼이나 컸다. 갓 구운 빵의 향기로운 냄새가 났다. "우리가 원하는 만큼 빵을 팔겠다는데." 마레크가 의기양양하게 말했다. "다음 주부터는 매일 우리에게 팔 빵을 스무 개씩 더 굽겠다는군."

돈 문제만 빼면, 우리 계획은 모든 것이 맞아떨어졌다. 마레크가 가져온 빵은 재빨리 여러 조각으로 나뉘었다. 당연히 빵은 충분하지 않았고, 수용자들은 투덜거리기 시작했다. "내일은 나도 가야겠어." 어떤 사람은 이렇게 말하기도 했다.

나는 이로 인해 혼란이 일어나고 우리 노력이 엉망이 될까 겁이 났다. 나는 그 사람에게 가면 안 된다고 당부하고, 우리 노력은 모두를 위한 거라고 설득했다. 아무튼 우리가 그 문제를 해결할 수 있는 시간은 며칠뿐이었다. 우리는 살아남기 위해서는 도박을 할 필요가 있다고 생각했다. 무엇이 안전한지, 우리가 어디까지 갈 수 있는지는 여전히 의문으로 남아 있었다. 그날 정오에 나는 조시아를 만나러 갔다. 우리는 가벼운 대화를 나눴다. 수용소, 나치, 정치에 관한 이야기는 하지 않았다. 우리는 이제 좀 더 평범한 소년 소녀의 관계가 됐다. 조시아는 내게 영웅이었고, 나를 들뜨게 만들었다. 남자친구가 있는지 묻자 그녀는 없다고 대답했다.

조시아는 가족들에게 쓴 내 편지를 받아들고, 기회가 닿는 대로 최대한 빨리 부치겠다고 약속했다. 나는 편지에 스테이네츠크의 열악한 상황에 대해서는 쓰지 않았지만, 어머니에게 조시아가 믿을 만한 편지 전달자라고 장담했다.

헤어질 때 나는 조시아의 이마와 볼에 입을 맞췄다. 그녀는 마음을 따뜻하게 해주었다. 나는 그녀를 가능한 한 자주 보고 싶었다. 막사로 돌아가자 수용자 전원이 다시 일을 하고 있었다. 나는 사람들 눈에 띄지 않게 식당들을 지나갔다. 사무실에는 아무도 없었다. 하지만 스타시아는 내가 자리를 비운 사실을 알고 있었다. 내가 돌아오자마자 그녀는 음식 한 그릇을 들고 왔다. 남은 음식을 먹는다는 것은 이 기이한 사회적 무질서 속에서 우리가 처한 새로운 입장을 떠올리게 만드는 것이었지만, 배가 고픈 와중에 자존심을 유지하기는 어려운 일이었다.

"공사장에서 멀리 떨어진 데서 독일 사람들 눈에 띄면 안 돼요. 당신도 알다시피, 유대인을 싫어하는 사람들도 있으니까요." 그녀가 염려스러운 투로 말했다. 스타시아는 그런 역할을 맡는 것을 좋아했다. 나는 그녀에게 무엇이든 오래 숨길 수는 없음을 깨달았다. 그녀를 내 편으로 만드는 게 나았다. 나는 스타시아에게 속을 털어놓기로 마음먹었다.

"스타시아. 종묘장에서 어떤 소녀를 만났는데, 그녀가 좋아졌어요." 스타시아가 활짝 웃자 눈이 가늘게 접혔다. 그녀가 내 얼굴을 바라보는 가운데, 알록달록한 머릿수건이 이마를 따라 밀려 올라갔다. 그녀는 내게 의기양양한 미소를 지어 보였는데, 마치 자기 추측이 맞았음을 확언하는 듯했다.

"나는 거기서 비슷한 일이 있을 줄 알았어요. 조심해요. 당신도 알겠지만, 우리는 당신들과 친하게 지내면 안 돼요. 당신만 그렇다는 게 아니라 당신들 전부 그렇다는 거예요." 그녀는 문득 말을 멈추고 잠시 생각에 잠겼다. "독일 사람들 중 일부는 유대인들을 좋아하지

않죠. 기독교에 위배되니까요. 그래요, 브로네크. 초기 기독교도들은
모두 유대인이었죠. 우리 종교는 유대인 출신이 만들었고요.
브로네크, 유대인들이 기독교도가 아니라 하더라도 내게는 여전히
사람들일 뿐이에요." 그녀는 마치 철학자 같은 이야기를 했다.

스타시아는 내게 독일 점령에 대한 적대감을 나타낸 후로 나를
다르게 대했다. 내게는 간직해야 할 비밀이 있을 뿐만 아니라
수용자이기에 쉽게 말하고 다닐 수 없다는 사실을 그녀는 알고
있었다. 그래서 나 또한 그녀와 비밀을 말할 수 있는 친구가 되었고,
그녀에게서 다른 동료들에 관한 뒷이야기를 제법 들었다. 그녀
자신에게도 비밀이 하나 있었는데, 그녀는 비트차크와 은밀한
관계를 맺고 있었다.

아버지는 나날이 얼굴이 핼쑥해지고 누르스름하니 병색을
띠었다. 나는 가능한 한 빨리 아버지가 다른 일을 할 수 있게
해야겠다고 생각했다. 다음 날 정오, 아버지가 사무실 앞에서 나를
기다리고 있었다. 언제나 다들 내가 어머니를 닮았다고 했지만,
스타시아는 아버지와 나의 닮은 구석을 찾아냈다. 나중에 나는
그녀에게 주방에서 한 명 더 쓸 수 있을지 물었다. "아버지 얘기를
하고 싶은 거예요?"

"네."

"그분 작업반장이 누구죠?"

"슈메렐레 밑에서 일하고 있어요."

"슈메렐레?" 그녀는 놀라워하며 거듭 물었다. "그는 종잡을 수
없는 개자식이에요. 그자들이 다 그렇죠." 그녀가 덧붙였다. 그
즈음에 그녀는 여전히 감자 깎는 사람들이 불만스럽다는 생각을

드러내곤 했다. 나는 우리 사람들에게 한 번 더 이야기해보겠다고 약속했다. 그날 하루가 끝날 무렵, 스타시아는 아버지가 월요일부터 다른 일을 시작할 방법을 찾아냈다.

"비트차크 씨에 대해서는 걱정하지 말아요. 내가 잘 이야기할게요." 그녀가 말했다. 당시 아버지는 좋은 일에도 나쁜 일에도 별 반응을 보이지 않았는데, 이 소식에는 커다란 기쁨을 드러냈다. 아버지는 특이한 정신적 위엄을 지닌 사람이었다. 집안에서 가장 어린 막내였던 나는 아버지 삶의 중심에 있었다. 당신은 거의 문맹에 가까웠지만, 아들이 진학하는 것을 자랑스러워했다. 그날 나는 처음으로 아버지를 돕고자 무언가를 했다는 느낌이 들었다.

목요일이었다. 타데크에게 빵집에 매일 들르고 싶다고 말해야 했다. 그즈음에 타데크와 동료 경비원들이 내 졸업 반지를 탐낸다는 이야기가 돌고 있었다. "빵집 주인이 우리에게 줄 빵을 더 굽겠다고 약속했어요. 그걸 가져올 수 있을까요?" 나는 타데크에게 물었다.

"흠." 그가 나직하게 내뱉었다. 된다는 것도, 안 된다는 것도 아니었다.

나는 손가락에서 반지를 빼냈다. "타데크, 이곳에서 이 반지는 별 쓸모가 없어요. 이걸 당신에게 주고 싶어요."

그는 나와 반지를 번갈아 쳐다보았다. "이럴 필요 없는데." 망설이던 끝에 그는 결국 반지를 받아들었다. "하지만 누군가 걸리기라도 하면 나는 전혀 모르는 일인 거야."

"그 시각에는 아직 어두워요. 아무에게도 들키지 않을 거예요. 설령 들킨다고 해도 당신을 끌어들이진 않을 거라고 약속할게요."

사실 내가 장담할 수 있는 것은 거의 없었지만, 어쨌든 우리는
계획대로 밀고 나갈 수 있었다. 여전히, 우리는 운에 맡기고 있었다.
나는 언젠가 무언가가 잘못될 거라는 생각이 들었고, 결국에는 그런
일이 일어났다. 그러나 그것은 한참 후의 일이었다. 그때까지 우리는
지독하도록 절실했던 여분의 식량을 구할 수 있었다.

한 주 동안 마레크는 충분한 돈을 모아왔다. 나머지는, 내가
생각하기에는 비교적 구하기 쉬울 터였다.

스테이네츠크에 온 지 고작 일주일 만에 너무 많은 일이 일어났다.

사랑에
빠지다

조시아와 나는 매일 만났다. 그녀는 점점 내게 그저 아는 사람 이상의 존재가 되어갔다. 우리는 서로에게 끌리고 있었고, 둘 모두 그것을 알았다. 어느 날, 그녀와 그녀가 입은 작업복에서 이국적인 꽃향기가 났다. 그녀는 우아한 태도로 내게 다가왔다. 숱 많은 갈색머리가 따스한 산들바람에 나부끼고 있었다. 고운 살결은 반짝일 정도로 윤이 났고, 섬세한 미소는 관능적인 느낌을 주었다. 나는 조시아를 가까이 끌어당겼다. 그녀는 양손을 내 가슴 위에 얹었다. 나는 그녀를 안고서 그녀의 얼굴을 부드럽게 쓰다듬었다. 우리의 입술이 포개졌다. 그녀의 체취와 부드러운 입술에 가슴이 뛰었다. 문득 나는 잃어버렸던 성욕이 나를 뒤흔드는 것을 느꼈다. 우리는 입을 맞추다가 떨어졌고, 다시 입을 맞췄다. 나는 그녀를 갈망했다. 그녀 역시 나를 원했다. 우리는 이끼 낀 나무 그루터기에 앉아 서로를 마주보았다. 우리는 우리 관계가 절정으로 나아가야 한다는 것을 알았지만, 지금 여기서는 아니었다. 그날은 그녀와 헤어지는 것이 유달리 힘들었다. 헤어질 때, 조시아는 수줍은 태도로 월요일에는 종묘장 가까이에서 만날 수 있을 거라고 귀띔했다. 우리는 거리낌 없이 격정적으로 껴안은 채 입맞춤을 했다. 수용소에 수감된 젊은 유대인이 봄날에 사랑을 받고 사랑에 빠지다니, 이 얼마나 고귀한 일인가.

나는 칼리시에서 유대인 김나지움에 다니던 시절을 떠올렸다. 당시 나보다 열 살 많았던 사촌형 요세크는 내가 성경험을 갖기를 바랐다. 매춘부는 아주 매력적인 소녀였다. 그녀의 기교에 매료되었던 것이나 그녀가 돈 때문에 몸을 판다는 사실에 안타까웠던 것이 기억난다. 나는 주어진 시간 내내 그녀에게 이 일이 아닌 다른 일을 하면 어떻겠냐고 설득하려 애썼고, 결국에는 그녀를 만지지도 않은 채 떠났다.

사무실로 돌아가자 스타시아가 눈을 가늘게 뜨고 쳐다봤다. 궁금한 눈치였다. 오래 버티지 못하고 나는 조시아와 함께 있다 왔다고 털어놓았다. "조심해요, 브로네크." 그녀는 마치 어머니처럼 주의를 줬다.

첫째 주 작업이 끝나고 수용소로 돌아가는 길에 우리는 수용소장이 도착했다는 이야기를 들었다. 복도에 들어섰을 때, 수용소장이 응급치료실에서 나오는 모습이 보였다. 그 뒤를 경찰 한 명이 총총걸음으로 따르고 있었다. 수용소장은 2미터에 달하는 큰 키에 마흔다섯쯤으로 보였고, 비만이었다. 사각턱 때문에 야수처럼 보였다. 멋들어진 검정색 친위대 제복으로 덮인 불룩한 배 위에는 가죽벨트가 매여 있었고, 벨트에 달린 총집에는 총신이 짧은 권총이 들어 있었다. 승마바지와 반짝이는 구두가 제복 차림을 완성시켜주었다. 그가 쓴 친위대 모자는 그의 나치 계급이

소대장급임을 알려주었다. 공교롭게도 그의 성은 크루스혜로,
도브라의 악명 높은 치과의사와 같았다. 그는 냉정하고 쌀쌀맞은
인상의 소유자였다. 첫날에 그는 업무를 재배정하고 각 방에 방장을
지정했다. 그는 친위대 특유의 격렬하게 오만한 태도로 엄격한
복종을 강요했다.

이제 누가 수용소를 운영하는 것인지가 분명해졌다. 이후 우리는
일주일에 한 번씩 소독약 냄새가 물씬 풍기는 회색 바탕에 푸른
줄무늬가 들어간 속옷을 배급받았다. 토요일 오후, 크루스혜가
경찰을 대동한 채 자신이 거느린 무리를 확인하러 왔다. 그해 우리는
예년보다 따뜻한 봄을 맞았다. 철책 근처에 푸른 풀밭이 생겨나고
있었다. 한번은 새 한 마리가 날아와 철조망 위에 앉았는데, 날개를
퍼덕이더니 땅바닥으로 떨어졌다. 새는 다시 일어서려 애썼지만
결국 일어서지 못했다. 나는 깜짝 놀랐다. 이건 무슨 징조일까?

논쟁이 벌어졌다. 어떤 사람이 말했다. "왜 우리는 항상 희생양이
되는 거지?"

"이전에 여러 차례 그래왔듯이 우리는 이번에도 또한 살아남을
것이다, 악마여." 그 곁에 앉아 있던 랍비 모이스혜가 말했다.
"마침내는 모든 사람들이 하나님 법에 따라 살아야 한다."

"정말 하나님은 사람들이 당신 법에 따라 살 거라고
생각하실까요?" 또 다른 누군가가 말했다.

"그럼." 랍비가 말했다. 그는 이런 구절을 읊었다. "나는 너희에게
큰 나라를 세워줄 것이다. 너희를 축복할 것이며 너희를 저주하는
자를 저주할 것이다."

그러자 또 다른 수용자가 끼어들었다. "우리는 왜 고향땅에서

쫓겨나 세상 곳곳으로 흩어지게 된 거죠? 왜 우리는 멸시받는 노예가 된 건가요? 왜 우리는 언제나 증오를 한몸에 받는 거죠?"

랍비 모이스헤는 침착한 위엄을 갖춘 채 대답했다. "신앙을 잃고 하나님에 대한 믿음을 잃는 것은 우리 원칙을, 할라카를 거스르는 것일세." 그는 자신이 한 말에 너무나도 강한 신념을 갖고 있어서 다른 이들의 말을 듣기가 쉽지 않았다. "하나님에 대한 믿음과 희망만이 유일한 구원일세." 그는 이것으로 논쟁을 끝냈지만, 내 신앙심은 그처럼 뚜렷하지 않았다.

"전쟁이 영원히 지속되지는 않을 테죠." 아버지가 입을 열었다. "이 전쟁이 끝나는 날, 우리는 모두 악마에게 거둔 승리를 자축할 겁니다." 아무도 이에 반대하는 말을 하지 않았다. 우리 모두 우리에게 닥칠 운명이 무엇이든 간에 체념하고 있는 듯했다.

'조직organizing'*이라는 말은 우리 목숨을 지탱해주는 단순 절도라는 뜻으로 사용되었다. 살아남기 위해, 우리는 열악한 배식을 보충할 방법을 찾아야만 했다. 위험이 따랐다. 이는 우리가 어디까지 모험을 할 수 있는가를 뜻했다. 평일 동안 우리 조는 빵집에서 가져오는 신선한 빵을 학수고대했다. 일요일이면 늘 궁금증에 사로잡힌 사람들이 철책 가까이 다가왔다. 처음에 외부인들은 대부분 동정적인 태도를 보였지만, 수용소가 점점 많아지면서 더 이상 관심을 두지 않았다.

---

*   집단강제수용소의 특이한 용어 가운데 하나는 '조직하다'라는 말이다. 어떤 생존자에 따르면 이는 훔치는 일, 암거래, 매수하는 일 등을 포괄하는 말로, 아우슈비츠에서 가장 의미 있는 말이었다. 테렌스 데 프레 지음,《생존자》, 차미례 옮김, 서해문집, 2010, 191쪽 참조.

수용소 안으로 흘러들어온 소식에 따르면, 빠른 종전은 요원해 보였다. 누군가는 바라는 것과 가능한 것을 분리시켜야 했다. 어떤 거짓말들은 쉽게 들통났지만, 그럴싸해 보이는 것들도 있었다. 독일이 거둔 어마어마한 성과가 들려왔다. 유럽은 히틀러의 손아귀에 떨어졌다. 그의 이름만으로도 여러 나라가 벌벌 떨었다. 최근 그는 북아프리카에서도 성공을 거뒀다. 나치가 러시아를 침공할 것이라는 소문이 공공연히 돌았다. 다른 유럽 국가들이 나치를 저지할 수 있으리라는 희망은 거의 없었다. 나치에게 결정타를 가할 수 있는 것은 오직 미국뿐이라고 우리는 생각했다. 하지만 그런 일이 실제로 일어날 것이라는 믿음은 없었다. 자유는 너무도 멀리 있는 것 같았다.

그날 밤, 나는 조시아와 어떤 낯선 공원에 있는 꿈을 꿨다. 우리는 서로에게 가까이 다가갔는데, 모든 것이 선명하게 느껴졌다. 그녀는 내 허리에 팔을 두르고 내 어깨에 머리를 기댔다.

월요일이었다. 처음에는 우중충하던 하늘이 점차 밝아지면서 우리는 또 하루의 화창한 날을 맞았다. 첫 주와 달리 이번 주는 무난하게 흘러갔다. 마레크는 일주일치 빵을 사기에 충분한 돈을 모았다고 했다. 빵집이 가까워지자 그와 다른 수용자 셋이 앞으로 달려나갔다. "조심해요. 혹시 제복 입은 사람이 보이면 빵 자루들은 그냥 버려요." 나는 그들에게 주의를 줬다. 우리는 잔뜩 긴장한 채 그들이 빵집 안으로 들어가는 것을 지켜보았다.

아무런 문제도 없었다. 갓 구운 빵 냄새의 유혹은 정말이지 참기 힘든 것이었다. 오븐에서 막 꺼낸 빵이 사람들 손에서 손으로 전달되던 그날 아침의 광경은 극적일 정도였다. 어떤 사람들은

즉석에서 만들어낸 칼로 빵을 잘랐고, 나머지 사람들은 그냥 손으로
떼어냈다. 나는 언제나 갓 구운 빵을 좋아했다. 집에서 보내던 일요일
아침이 떠올랐다. 일요일 아침이면 어머니는 케이크나 할라challah*를
내놓았는데, 나는 그걸 몰래 옆집 꼬마들의 식빵과 바꿔 먹곤 했다.

   정오에 나는 조시아와 내가 만날 새 장소를 쉽게 찾아냈다.
샘과 비교하자면 거리는 비슷하고(내 입장에서는) 들킬 염려는
훨씬 적었다. 지대가 낮고 외딴 곳이었는데, 한쪽에서는 키 큰
가문비나무들이 우리를 둘러싸고 있었고, 다른 한쪽에서는 밀밭의
이삭들이 바람에 나부끼고 있었다. 우리는 내가 도브라에서 살았던
시절에 대해 잠시 이야기했다.

   다음 날 나는 일찌감치 도착해 조시아가 우아하게 나타나는
모습을 바라보았다. 그녀는 크라쿠프의 유명한 전통 의상인
크라코비안카Krakowianka를 입고 있었다. 무지개색 레이스를
직접 달았다고 했다. 꽃잎처럼 너울거리는 치마가 날씬한 허리를
돋보이게 했다. 흰 블라우스에는 화려한 비단실로 수가 놓여 있었다.
그녀의 작은 복숭앗빛 가슴이 각진 목둘레선 밖으로 살짝 드러나
있었다. 반짝이는 눈망울은 폴란드의 미美를 내뿜고 있었다. 햇빛이
그녀 얼굴을 비추었다. 욕망이 밀려드는 것이 느껴졌다. 그녀의
손을 잡자 떨림이 전해졌다. 우리는 밀밭으로 걸어 들어갔다. 나는
양손으로 그녀의 허리를 감쌌고, 그녀는 내게 살며시 기댔다. 천천히
그녀를 땅 위에 눕히면서, 나는 그녀의 눈에 어린 기대를 보았다.
전율이 느껴졌다. 관자놀이께의 혈관이 뛰고, 심장이 쿵쾅거렸다.

---

*　유대인들이 명절이나 안식일에 먹는 전통적인 빵으로, 땋은 모양새가 특징이다.

우리가 입을 맞추기 시작해 멈출 때까지 두 입술은 떨어질 줄을
몰랐다. 세상에 열정 때문에 죽는 일이 존재한다면, 나는 그에 거의
근접해 있었다. 부풀어 오른 그녀의 가슴이 빠르게 오르내렸다.
"브로네크." 내 몸이 그녀 안으로 들어가자 그녀가 반복해서 말했다.
마치 천국에 있는 것 같았다. 전에는 느껴본 적 없는 감정이었다.
황홀감에 눈이 촉촉해질 정도였다. 맑은 하늘을 올려다보며, 내
암담한 삶에서 그녀가 어떤 가치를 갖고 있는지 깨달았다. "사랑해요,
조시아." 나는 처음으로 그렇게 말했다. 그녀는 내 눈을 바라보며
부드럽게 입을 맞췄다. 나는 그녀도 나를 사랑한다는 것을 알았다.
하지만 우리는 각자의 일을 하러 돌아가야 했다. 그녀는 농장으로,
나는 사무실로.

돌아가는 길에 나는 이런 관계가 얼마나 위태로운지, 또 어떤
위험을 초래할 수 있는지 깨달았다. 나치 이론에 따르면 다른 인종
간의 성교는 최악의 죄였다. 들통나기라도 하면 둘 모두 목숨으로
대가를 치러야 할 일이었다. 그렇지만 나는 이제 우리가 단순한
친구로 지낼 수는 없음을 알았다. 우리는 그 이상의 관계를 원했고,
우리 목숨은 가장 위험한 연애에 얽혀들고 있었다. 이것은 내가
무조건 지켜야 할 비밀이었다.

이제 우리 가족의 우편배달부 노릇까지 해주는 조시아는
어머니가 보낸 소포를 받자마자 내게 전해주었다. 어머니와 폴라
누나가 무엇을 보냈든 간에, 그들에게 남은 게 없으리라는 사실을
아버지와 나는 알고 있었다. 우리는 다음 편지에 얼마 안 되는 식량을
부치지 말고, 우리 걱정은 하지 말라고 적었다. 빵집에서 구해 온
우리 몫의 빵에 조시아의 선물, 이따금 스타시아가 주는 남은 음식들

덕분에 아버지도 나도 배를 곯지는 않았다. 주방 일은 아버지의
체력을 고려하면 훨씬 적합했다. 더욱이 아버지를 내 시야 안에 둘 수
있기도 했다.

일을 하러 갈 때나 마치고 오는 길에 우리는 동쪽에서 수많은 독일
장갑차와 탱크들이 이동하고 있음을 알아차렸다. 우리가 독일의
소련 침공 소식을 듣기 얼마 전의 일이었다. 그 소식을 듣고 잠시
동안 우리는 매우 고무되었다. 독일의 정복욕에 소련이 종지부를
찍어줄 수 있으리라 기대했기 때문이다. 독일의 군수품 수송은
물론 그들의 옛 동료[소련 및 연합군]에 대한 전격전 수행에서
최고의 속도를 유지하기 위해, 우리는 동부의 철도 공사 작업에
더욱 혹독하게 내몰렸다. 그러는 동안 나치는 그야말로 연승 가도를
달리고 있었다. 우리 대부분은 소련이 승리를 거두리라 믿었지만,
나치는 첫 번째 공격에서 이미 우위를 확보했다.

우리가 매일 오가며 지나치는 호밀밭과 밀밭은 마치 낟알의
무게를 견디지 못해 줄기가 휘어질 듯이 이리저리 나부끼고 있었다.
감자밭에는 짙은 녹음이 깔려 있었다. 개울과 습지의 가장자리에는
헤아릴 수 없이 많은 붓꽃과 천수국이 피어 있었다. 개구리들이
부유식물들 위에 앉아 울었다. 스테이네츠크에서 여섯 번째로
맞는 일요일이 되었다. 정오가 되기 전, 어떤 소년이 숨이 턱에
닿도록 나에게 달려왔다. 그는 주변을 둘러보며 다른 사람이 없는지
확인했다. "누가 철책 있는 데서 당신을 찾고 있어요." 그가 속삭였다.
나는 그를 따라갔다. 철책 가까이에 이르자 소년의 조심성은 많이
사그라들었다. "저기예요." 소년이 한 곳을 가리켰다. "어떤 소녀랑
아저씨가 당신 이름을 대면서 찾았어요."

그곳으로 다가가자 조시아가 어떤 나이 든 남자와 함께 서 있는
게 보였다. 레이스 달린 블라우스 밖으로 드러난 그녀의 피부가 밝게
빛났다. 그녀는 분홍색 치마를 입고 있었다. 동료 수용자들은 그들이
누구인지 궁금해했다. 스테이네츠크에서는 수용자 면회가 금지되어
있음을 조시아는 모르고 있었던 것 같다. 그녀가 말했다. "아버지가
당신을 만나보고 싶어하셨어요." 그녀의 아버지가 고개를 끄덕였다.

"조시아가 자네 얘기를 굉장히 많이 했다네." 그가 나를 바라보며
말했다. 자상한 목소리였다. 내가 마음에 든 듯했다.

"조시아." 나는 변명조로, 그러나 무뚝뚝하게 말했다. "우리에게는
면회가 허락되지 않는다고 얘기하는 걸 잊었네요. 만약 경비병 눈에
띄기라도 하면 우리는 봉변을 당할 거예요."

나는 조시아의 아버지가 우리에 대해 얼마나 아는지 몰랐다.
하지만 그가 이곳에 왔다는 사실만으로도 딸이 나를 돕는 데
반대하지 않음을 알 수 있었다. 배은망덕해 보일 수 있다는 걸
알았지만, 나는 더 이상 아무 말도 하지 않았다. 그들이 나를
쳐다보는 동안 나는 동물원에 놀러갔던 일을 떠올렸다. 지금은 내가
울타리 안에 있었지만.

"편지를 가져왔어요." 조시아가 말했다. 그녀는 편지 한 통과
보따리 하나를 들고 있었다.

아직까지 우리는 경비병들 눈에 띄지 않았지만, 고작 몇 마디 말을
더 주고받았다. 무언가 잘못됐음을 느낀 조시아의 아버지, 자시나
씨가 말했다. "우리는 이제 가봐야겠네."

철책 아래에는 편지와 보따리를 밀어넣기에 충분한 공간이
있었다. 두 사람은 나지막한 목소리로 작별을 고하고는, 떠났다.

그들이 떠나가는 모습을 바라보며 나는 비로소 유대 신앙을 갖지
않은 이민족 소녀와의 관계가 독실한 신도들에게는 어떻게 비칠지
염려되기 시작했다.

아버지는 어머니의 편지를 여러 차례 읽었다. 나쁜 소식이었다.
영원한 낙천주의자 같던 아버지마저도 게토에서 급증하는 잔학
행위를 걱정하기에 이르렀다. 그럼에도 집에서 부친 편지를 받는
일은, 비록 지금은 떨어져 있다 해도 우리가 여전히 가족임을
일깨워주었다.

날이 갈수록 해가 조금씩 일찍 떴고, 이윽고 우리는 1년 중 낮이
가장 긴 날을 맞았다. 기상한 후에는 1000명이 넘는 수용자들이
서둘러 씻고 면도를 하고 일하러 나갈 준비를 하느라 복도를
쿵쾅거리며 뛰어다녔고, 배식을 받기 위해 줄을 서서 한없이
기다렸다. 그리고 가장 중요한 것, 단 한 명의 이탈자도 있어서는 안
되는 **첼라펠**Zählappell 즉, 점호를 받아야 했다.

일하러 가는 길에, 간밤에 내린 폭우로 어린 버드나무 가지들이
짓눌려 있는 것이 보였다. 가지들은 산들바람에 술 취한 사람처럼
흔들거리고 있었다. 거대한 아카시아 나무들은 꼭 열기구로 보일
만큼 꽃이 만개해 있었다. 공기가 빗물로 깨끗이 씻기고 햇볕에
데워져서인지 짙은 꽃향기가 홍수처럼 밀려왔다. 농장의 개들은
지난 몇 주간 우리 얼굴을 익혔음에도 여전히 우리가 지나갈 때마다
짖어댔다.

빵을 사기는 점점 더 어려워졌다. 빵집 주인은 빵값을 꾸준히
올렸고, 얼마 지나지 않아 빵을 사기에 충분한 돈을 모으는 것이 거의
불가능해졌다. 게다가 이제는 경비병들까지 뇌물을 원했다. 하지만

무슨 일이 생기든 간에 우리는 서로서로 도와나가야 했다.

조시아를 다시 만났을 때, 나는 일요일에 보였던 내 이상한 태도에 대해 변명했다. 그런데 문득 소매 위로 무언가가 기어다니는 게 보였다. 이였다. 그녀가 그것을 보지 못했기를 바라면서, 나는 핑계를 대곤 그녀와 헤어져 옷을 살피러 갔다. 이는 더 많았다. 예전에 외할아버지가 내게 해준 이야기가 떠올랐다. 1차대전 때 참호 속에서 비슷한 곤경에 처한 할아버지는 옷가지를 전부 땅속에 파묻었다고 했다. 작은 천 조각 하나만 땅 위로 내놓고 말이다. 그러면 산소가 부족해진 해충들이 스멀스멀 기어나와 천 조각으로 향하는데, 그걸 탈탈 털어버리기만 하면 된다고 했다. 외할아버지가 말한 대로 해봤지만 이는 사라지지 않았다. 그 더러운 벌레들을 하루 종일 의식한 탓인지 내 온몸 구석구석에 그것들이 기어다니는 기분이 들었다. 나는 비트차크나 바시아크, 크미에츠가 벌레들에 대해 알게 되면 더 이상 사무실에서 일하지 못하게 되는 건 아닐까 겁이 났다. 끔찍한 생각에 사로잡힌 나는 그날 저녁까지 걸렸다. 순무 수프는 너무나도 역겨워서, 살아남는다면 다시는 순무를 먹지 않겠다고 다짐할 정도였다. 우리가 생활하는 공간인 교실은 애초에 80명이라는 인원을 수용할 수 있는 규모가 아니었다. 날씨가 따뜻한 밤이면 우리 몸에서 풍기는 악취가 교실 안을 가득 채웠다. 억지로라도 잠들려고 애를 써도 벌레들이 가만두지 않았다. 이는 마치 '유대인은 사회적 해충'이라고 주장하는 것처럼, 나치의 잔혹성을 새로운 방식으로 드러내는 것처럼 보였다. 때때로 이 모든 것이 나쁜 꿈처럼 느껴졌다. 여기서 깨어나면 모든 것이 원래대로 돌아갈 것만 같았다.

다음 날 저녁, 아버지가 우리 담요에서 이를 잡고 있었다. 아버지는 이를 박멸하는 데에는 석유를 쓰는 것이 가장 좋은 방법이라고 생각했다. 나는 석유를 얻기 위해 응급치료실에 갔다.

응급치료실을 찾은 것은 이번이 처음이었다. 치료실은 꽤 넓었다. 캐비닛 하나에 의자 두 개, 탁자 하나, 기다란 의자 하나, 스툴 하나가 있었다. 캐비닛 안에는 아스피린과 붕대, 요오드 따위가 든 병이 몇 개 있었다. 우리의 응급치료사인 골드스타인은 모든 환자에게 동일한 처방을 내렸다. 아스피린과 쓰디쓴 발드리안[쥐오줌풀에서 추출한 액상 수면제] 몇 방울. 이와 벼룩을 잡는 데 쓰는 석유가 있는지 묻자 그는 크게 웃었다. "석유 같은 건 없어. 설령 있다고 해도 그것들을 잡진 못할 거다. 모든 방에 그것들이 들끓고 있거든."

골드스타인은 전쟁 전에 내가 치대 학생이었다는 사실을 알고 있었다. 며칠이 지난 일요일 오후, 그가 나를 찾아와 치통을 앓고 있는 수용자 한 명을 봐줄 수 있는지 물었다. 나는 그를 따라 응급치료실로 갔다. 서른다섯쯤으로 보이는 남자가 부어오른 오른쪽 뺨을 손수건으로 싸맨 채 앉아 있었다. 캐비닛 안에는 치통을 앓는 사람에게 도움이 될 만한 기구가 하나도 없었다. 나는 베개 밑에 둔 내 치과 기구함을 떠올렸고, 곧 그것을 가져왔다. 남자의 입안을 들여다보자 위쪽 두 번째 어금니 옆에 충치 때문에 생긴 구멍이 있었다. 나는 불로 소독한 수술용 메스로 구멍을 갈라 고름이 빠지게 했다. 내 첫 시술은 성공적이었다. 이후 나는 응급치료실에서 동료 수용자들을 돕는 데 많은 시간을 할애했다. 그즈음에는 많은 수용자들이 비타민, 특히 비타민C 부족으로 인한 구강 출혈로 고통스러워하고 있었다. 내가 할 수 있는 일이라고는 임시방편으로

피 나는 잇몸에 요오드액을 발라주는 정도였다. 그럼에도 얼마 123
지나지 않아 모두가 나를 치과의사라고 부르게 됐다.

마침내는 발치를 시도해야 하는 날이 왔다. 막상 일이 닥치자
움츠러들었지만, 나 말곤 그 일을 할 사람이 없었다. 이곳에는
노보카인[치과용 국부 마취제]이 없었다. 내겐 선택의 여지가
없었다. 긴장해서 손이 떨렸고, 이마에서 땀이 흘러내려 시야가
흐려졌다. 굽은 겸자로 어금니를 붙들자 골드스타인은 수용자가
움직이지 못하도록 머리를 꽉 붙잡았다. 하지만 치아는 완전히
부스러져버렸고, 뿌리 세 개만 잇몸에 박혔다. 나는 벌벌 떨면서
레버로 뿌리들을 하나씩 제거하려고 용을 썼다. 가엾은 수용자는
움찔대면서 비명을 질렀지만, 간신히 버텨내며 내가 계속할 수 있게
해줬다. 고문과도 같은 30분이 지나고 이뿌리 두 개를 뽑아내는 데
성공했다. 그때쯤에는 나나 그나 탈진 상태였다. 요행히 그의 잇몸은
나아졌고, 하나 남은 이뿌리는 그를 괴롭힐 만한 것은 아니었다.
노보카인 없이 썩은 어금니를 뽑은 일은 내가 자신감을 갖게
해주었다. 나는 내 미숙한 기술로도 마취제 없이 또 해낼 수 있으리라
생각했다.

이는 우리가 잡을 수 있는 것과는 비교도 안 될 만큼 빠른
속도로 늘어났다. 내가 가장 신경 쓴 일은 내 몸에 이가 있다는
사실을 사무실에서 함께 일하는 이들에게 들키지 않는 것이었다.
그것들이 물어뜯을 때면 나는 조심스레 옷 위를 긁었지만, 그것은
더 가렵고 고통스럽게 만들 뿐이었다. 때때로 나는 견디다 못해
사무실 밖으로 나가야 했다. 어느 날 나는 소매 위를 기어다니는
이를 봤다. 크미에츠가 내 곁에 있었다. 그가 눈치챘을까 봐 겁이

사랑에 빠지다

나서 숨을 죽였다. 나는 사무실을 나가 한적한 곳으로 갔다. 그곳에서 외할아버지가 이야기해준 방법을 다시 한 번 시도했다. 옷을 벗어 땅에 파묻고는, 기다렸다. 내 살갗은 마치 1000개의 바늘에 찔린 것처럼 보였다. 겨드랑이와 사타구니에서도 이 한 줌이 나왔다. 나는 기다렸다. 하지만 먼젓번과 마찬가지로 소용이 없었다. 이 이들은 1차대전 당시와 같은 이가 아니었다. 단단한 손톱으로 눌러 죽이는 것 외에 다른 방법은 거의 통하지 않았다. 나는 시간이 허락하는 한에서 최대한 많은 이를 죽인 후 사무실로 돌아갔다. 이를 계속 죽이는 것은 소모적인 일이었다. 수용소에 있는 한 그것들이 내 몸을 계속 침범하리라는 것은 자명한 사실이었다.

난처한 일이 생기는 것을 피하고자 나는 조시아를 만나는 횟수를 줄였다. 어느 날, 그녀가 이유를 알아야겠다고 고집을 부렸다. 결국 나는 이에 대해 털어놓았다. 나를 만나는 일을 중단해야 할 거라고 덧붙이면서. "브로네크." 그녀가 내 말을 가로막았다. "이런 일로 우리 사이가 달라지진 않아요." 그녀는 예전처럼 나를 보러 왔다.

벌레들은 완강했다. 우리가 죽이면 죽일수록 더 빠르게 늘어나는 것 같았다. 이제 그것들은 색깔을 바꿀 수도 있었다. 담요 위에서는 회색이었고, 우리 몸에 있을 때는 피부와 같은 색으로 가장했다. 옷에서 털어내봤자 새로운 식민지를 만들 장소를 마련해줄 뿐이었다. 마침내 어느 날, 자포자기하는 심정으로, 우리는 짚자리와 베개 속을 채우고 있던 짚을 몽땅 태워버리고 나무판자 위에서 잤다. 하이네, 칸트, 괴테를 낳은 민족은 우리 삶을 이투성이로 만들어버렸다. 수많은 세월이 흐른 지금까지도 이 일을 떠올리면 몸서리가 쳐진다.

보름달이 휘영청 떠오르고 견디기 힘들 정도로 더웠던 어느 날 밤, 나는 아버지가 침상에 없다는 사실을 알아차렸다. 잠시 기다렸지만 아버지는 돌아오지 않았다. 결국 나는 아버지를 찾아 나섰다. 아버지는 세면장에도, 연병장에도 없었다. 내가 찾아다니는 동안 아버지가 돌아왔기를 바라며 다시 방으로 갔지만, 여전히 아버지는 침상 위에 없었다. 나는 깜짝 놀랐다. 아버지로서는 좀처럼 드문 일이었다. 사무실들이 있는 건물로 가보니 아버지가 철책을 등지고 앉아 있는 모습이 보였다. 밤중에 그곳에 있는 것은 지극히 위험한 일이었다. 나는 경비병들 눈에 띄지 않게 건물 그림자를 따라 걸어가 속삭였다. "아버지, 거기 계세요?" 내 목소리에 아버지가 일어섰다. "아버지, 여기서 뭐하세요? 이 시간에 여기 있으면 엄청 위험하단 말이에요. 무슨 일 있어요, 아버지?"

막사로 돌아가는 길에 아버지가 말했다. "아냐, 그냥 잠이 안 와서." 방에 돌아와서야 아버지 눈시울이 붉어져 있는 게 보였고, 비로소 나는 아버지가 울고 있었음을 알아차렸다. 나는 문득 이 모든 것이 얼마나 공허하게 들리는지 생각했다. 너무 많은 것이 잘못됐다. 우리가 그곳에 있는 것도, 그들이 우리를 노예로 만든 것도 잘못된 일이었다. 다른 많은 것이 잘못되었다! 나는 왜 아버지가 달빛 아래에 앉아 울어야 했는지 도무지 알 수 없었다. 아버지 세대 유대인들은 운명에 순응해야 한다고 믿었다. 그것을 바꿀 권리나 능력 없이. 한때 자긍심 넘치던 이 남자가 마루를 닦고, 감자를 깎고, 설거지하는 모습을 지켜보는 것은 서글픈 일이었다.

나치를 증오하는 건 우리 유대인들만이 아니었다. 어느 날 내가 사무실에 들어갔을 때, 바시아크가 창가에 서 있었다. "저 개자식들."

그가 거친 숨을 내쉬며 말했다. "저놈들이 내 여동생을 독일로 끌고 가서 노예처럼 부리고 있어."

당시 우리가 빵을 계속 사기 위해서 타데크는 내 반지를 가졌고 다른 경비병들 또한 대가를 챙겼다. 우리 중 대부분은 가족들과 연락할 방법을 찾아냈다. 게토에서 전해지는 소식들은 전부 힘 빠지는 것이었다. 편지가 올 때마다 새로운 희생자 이야기가 전해졌다. 아버지와 나는 조시아의 도움과 스타시아가 건네주는 남은 음식 덕분에 스테이네츠크에서 버틸 수 있었다. 하지만 갑작스레 일어난 어떤 거짓말 같은 사건이 우리 삶을 바꿔놓았다.

고
문

8월 말이 되자 더운 날씨도 슬슬 지나갔다. 어느 날 수용소로 돌아오자 하임이 나를 불편하게 쳐다보며 말했다. "크루스헤가 널 보고 싶어한다. 응급치료실에서."

"왜요?" 내가 물었다. "무슨 일로 부르는 건데요?"

"그냥 널 보고 싶어한다." 그는 같은 말을 반복했다. 신경 쓰이는 게 있는 기색이었다. 나는 그가 무언가 숨기고 있음을 확신했다. 아무 이유도 없이 크루스헤에게 불려간 사람은 없었다. 하임은 아는 게 더 있을 거라고 생각했다.

"무슨 일이에요?" 나는 겁에 질린 채 다시금 물었다. 그는 주위를 둘러보더니 나직한 목소리로 우리가 빵집에 다니는 것을 크루스헤가 알고 있다고 말했다. 나는 내가 처한 상황을 깨달았고, 이내 등골이 오싹해졌다. "누가 이야기했죠? 그가 어떻게 알게 된 거죠?" 그건 나를 괴롭혀온 심각한 문제였다.

"내 생각엔 너희 중 누군가가 이야기한 것 같아." 믿을 수 없는 말이었다. 우리 중 누가? 대체 왜? "내 생각엔 바란 같아." 그가

중얼거렸다. 청천벽력 같은 얘기였다. 페이벨 바란? 도브라에서
가장 훌륭한 가문 출신이자 존경받는 인사인 바란 말인가? 고명한
랍비 예시바의 제자인 그가? 나는 그가 동료 수용자들을 밀고할
사람이라고는 도무지 믿을 수가 없었다. 어쨌든 크루스헤가
기다리고 있을 터였으므로 하임이 나를 재촉했고, 나는 그를
따라갔다.

응급치료실로 들어가자 천박해 보이는 독일인이 두 다리를 쫙
벌린 채 서 있었다. 손에는 채찍이 들려 있었고, 옆에는 치타라는
이름을 가진 사나운 독일 셰퍼드가 있었다. 가는 입술에 절대로 기분
좋은 기색을 띠지 않는 크루스헤의 얼굴은 매우 폭력적으로 보였다.
"수용소장님, 브로네크 야쿠보비치가 분부를 받들어 대령했습니다."
나는 그에게 보고했다. 최악을 각오하면서. 무심한 눈빛이 나를
꿰뚫는 것 같았고, 나는 마치 법정에 서 있는 듯한 기분이 들었다.
충분히 겁에 질릴 만한 상황이었다.

크루스헤는 내게 시선을 고정시킨 채 치타를 의자에 묶었다.
그러고는 내 얼굴 몇 센티미터 앞으로 바짝 다가왔다. 나는
그가 내쉬는 역겨운 숨을, 격렬한 분노를 느낄 수 있었다. 그는
으르렁거리는 듯한 독일어로 고함을 쳤다. **"이 개자식이.** 어떤
경비병이 빵집에 가서 빵을 사 올 수 있게 해줬지? 누가 그랬어?"

몸이 절로 움츠러들었다. 거짓말을 하기 위해서는 용기를
그러모아야 했다. 나는 타데크의 이름을 댈 수 없다는 사실을 잘 알고
있었다. "수용소장님, 저희는 빵을 사지 않았습니다. 사람들이 저희를
위해서 길바닥에 빵을 두고 갔습니다." 나는 웅얼대듯 말했다.

크루스헤는 내가 거짓말을 하고 있다고 확신했다. 목소리가 점점

커지고 위협적인 투를 띠었다. 나는 그가 가장 궁금해하는 것이 우리로 하여금 빵집에 갈 수 있게 해준 경비병임을 알아차렸다. "이 빌어먹을 유대인 놈들. 네놈들이 할 줄 아는 거라고는 거짓말뿐이구나. 나는 너희가 빵을 샀다는 걸 알아. 네놈들이 빵집에 갈 수 있게 허락한 게 누구야?" 그가 장갑으로 내 얼굴을 후려쳤다. "누군지 말해!" 그는 사납게 화를 냈다. 나는 이제 빵을 샀다는 것을 인정하기에도 너무 늦었음을 깨달았다.

가슴이 쿵쿵 뛰었다. 등에서는 식은땀이 흘렀다. 나는 타데크에게 그를 끌어들이지 않겠다고 약속했고, 그것을 꼭 지켜야 했다. 더욱이 이제는 내가 입을 열고 안 열고는 문제가 아니었다. 어느 쪽이든 크루스헤는 나를 벌할 터였다. 나는 입술을 꽉 깨물고, 손톱이 손바닥을 아프게 찌를 정도로 주먹을 움켜쥔 채 거짓말을 반복했다. "수용소장님, 저희가 가져온 빵은 사람들이 저희를 위해 길에 두고 간 것뿐입니다."

그렇지만 어떤 것도 크루스헤를 설득하지는 못했다. 그는 다시 난폭하게 굴기 시작했고, 나는 그가 나를 죽일 것이라 확신하기에 이르렀다. 그는 장갑으로 내 양쪽 뺨을 때리며 나를 잡아 뜯다시피 했다. 내 머리는 탁구공처럼 왔다 갔다 했다. 치타는 입에 거품을 문 채 짖어댔다. 내게 달려들어 덮치려 하면서. 다행히 하임이 치타를 꽉 붙들고 있었다. 그가 아니었다면 개는 나를 갈기갈기 찢어놓았을 것이다. 용기가 점점 사그라지고 있었지만, 나는 계속 다짐했다. '굴복하지 말자.' 내 끈질긴 거짓말이 크루스헤에게 영향을 끼쳤는지, 그는 진상을 파악하기보다는 나를 벌하는 데 집착하는 것 같았다. 내 입과 코에서 흘러내린 피가 옷과 바닥으로 떨어졌다. 위가 경련하는 것이 느껴졌다. 이게 끝나기는 할까? 알 수 없었다.

크루스혜는 가죽 채찍을 집어들더니 하임에게 건넸다. 진짜 고문이 시작되려는 것이었다. 크루스혜는 내게는 의자에 몸을 기대고 바지를 내릴 것을, 하임에게는 벌거벗은 내 엉덩이를 스물다섯 대 때릴 것을 명령했다. 나는 하임이 결코 채찍질하고 싶어하지 않는다는 것을 알고 있었다. 하임이 채찍을 세게 내리쳤지만, 크루스혜를 만족시킬 만큼 세지는 않았다. 크루스혜는 채찍을 쥐더니 매우 신중하고도 세심하게 내 엉덩이를 세 대 후려쳤다. "이렇게 하는 거야." 그는 하임에게는 처음부터 다시 시작하라고 했고, 내게는 숫자를 세라고 시켰다.

하나, 둘, 셋……. 채찍이 치켜올라가면 엉덩이 위로 다시 내려앉기까지 이를 악물어야 했다. "한 대씩, 천천히." 크루스혜가 말했다. "그래야 고통스럽거든." 채찍이 내리치기를 기다리는 시간은 고통을 배가시켰다. 나는 피가 날 때까지 입술을 깨물었다. 채찍질은 계속되었다. 끝나지 않을 것처럼. 내가 기억하는 마지막 숫자는 열다섯이었다. 웅웅대는 듯한 크루스혜의 목소리가 들려왔다. "더 천천히. 더 세게." 그때 나는 내가 죽는다는 생각을 했고, 그 이상은 아무것도 기억나지 않는다.

내가 아직 살아 있음을 깨달았을 때, 나는 복도 바닥에 누워 있었다. 여전히 흐릿한 의식 속에서 나는 양손을 배 위에 얹은 채 고통으로 몸을 웅크리고 있었다. 아버지와 다른 수용자 몇 명이 몸을 굽혀 나를 들여다보고 있었다. 감각이 없었다. 천천히 의식이 되돌아오면서 내가 무슨 일을 당했는지 떠올랐다. 아버지와 다른 사람들이 내가 몸을 일으키는 것을 거들어주었다. 나는 비틀거리면서 일어났다. 입과 코에서 핏방울이 뚝뚝 떨어졌다. 아버지는 내게 피가 멎을 때까지 고개를 뒤로 젖히고 있으라고 했다. 그는 내 고통을 함께 느끼고 있었다. 사람들이 나를 세면장으로 데려갔을 때, 내 얼굴에 남은 크루스헤의 손자국이 보였다. 얻어터지다 못해 곤죽이 된 엉덩이 때문에 살갗에 옷이 스치지 않도록 두 다리를 벌린 채 걸어야 했다. 하지만 나를 가장 고통스럽고 끈질기게 괴롭힌 것은 바로 위경련이었다.

방으로 돌아온 나는 침상에 미끄러져 들어갔다. 하나님이 정말 존재하기나 하는 걸까? 나는 침상 위에 누워 곰곰이 생각에 잠겼다. 페이벨이 떠올랐다. 그의 마음속에서 무언가 잘못됐음이 분명했다. 마찬가지로 이곳 수용자인 그가 어떻게 형제에게 등을 돌릴 수 있단 말인가? 크루스헤의 환심을 사고 싶었던 걸까? 이런저런 의문이 머릿속에 맴돌았다.

크루스헤가 수용자를 그토록 혹독하게 처벌한 것은 이번이 처음이었다. 밤이 깊었지만 위경련은 가라앉지 않았다. 문득 이런 생각이 들었다. 이제 이 고통을 짊어지고 살아가야 하는 걸까? 고통은 멎지 않았다. 지금까지도.

새벽의 가는 햇살이 지저분한 창문을 통해 들어와 바닥에 색을 입혔다. 종이 울리기 전에 나는 세면장에 가 세수를 하고 엉덩이에 찬물을 부었다. 우리 작업조가 집합할 때 크루스헤가 하임에게 무언가 이야기하는 게 보였다. 하임은 그가 가장 신임하는 경찰이었다. 크루스헤는 우리에 관한 거의 모든 지시를 그를 통해 내렸다. 이어 하임이 정문으로 가 타데크를 불렀고, 그들은 크루스헤 앞에 섰다. 타데크는 "하일 히틀러"를 외치며 경례를 붙였다.

"저놈은 유대인 새끼다!" 크루스헤가 나를 가리키며 타데크에게
소리쳤다. "자네는 이놈이 작업조를 빠져나가 빵을 사러 다녔던 걸
알고 있었나?"

나는 타데크가 어떻게 대응할지 궁금했다. "저는 그런 일이
있었는지 전혀 몰랐습니다, 수용소장님." 그가 답했다.

크루스헤는 더 캐묻지 않았다. 이제 그에게 내가 저지른 짓은 별로
중요하지 않았다. 그가 나를 가리키며 말했다. "작업조장을 이놈 말고
다른 자로 당장 교체해."

"알겠습니다." 타데크가 공손하게 대답했다.

"조만간 이 녀석을 교수대에 매달아버릴 거다." 크루스헤가
말했다. 침묵이 맴돌았다. "이 조에 독일어를 할 줄 아는 자가
있나?" 그가 물었다. 처음에는 아무도 대답을 하지 않았지만,
하임이 다시 묻자 하임의 조카 하스켈이 손을 들고 앞으로 나섰다.
나는 하스켈을 잘 알았다. 그는 폴란드어만 간신히 할 줄 알았고,
독일어는 그저 엉터리 이디시어[중부 및 동부 유럽에서 쓰이던 유대인
언어] 수준이었다. 하스켈이 내 자리를 차지했으므로, 나는 아버지
옆으로 가 섰다. 이어 크루스헤는 타데크에게 작업반장으로 하여금
내게 최대한 어려운 일을 맡겨서 내가 벌을 받게 하라고 시켰다.
"알겠습니다"라는 고분고분한 대답이 뒤따랐다.

물론 크루스헤는 내가 사무실에서 일한다는 사실을 알고
있었다. 마침내 우리가 떠날 때 그는 이를 악물었다. 400쌍의 발이
쿵쿵거리며 정문을 통과했고, 사람들은 줄지어 떠나갔다. 다리를
벌린 채 어기적거리며 걸어야 했던 나는 따라가기가 버거웠다.
빵집에 들러 빵을 사 오는 것은 이제 끝난 일이었다.

나는 크루스헤의 협박이 몹시 두려웠다. 그는 원하기만 하면 언제든 내 목을 매달 수 있었다. 다른 사람들을 겁주기 위한 방편으로 교수형을 써먹는 건 나치에게 일상적인 일이었다. 그들은 이미 도브라에서 내 친구 시몬을 교수형에 처했다. 나는 낙담하고, 수치스럽고, 겁에 질린 채 수용소를 걸어나왔다.

나중에 하스켈이 오더니 사과를 했다. "미안하다"고. 어쨌든 누군가는 내 자리를 대신해야 했다. 그는 내가 악감정을 품지 않기를 바란다고 했다. 나는 스테이네츠크에서 상대적으로 편히 지내온 것이 이제 끝났음을 알았다. 앞으로 어떻게 될까? 브로지체에서 내게 어떤 일이 일어날까?

작업장에 도착하자 타데크는 비트차크에게 무슨 일이 있었는지 이야기했다. 심상찮은 이야기가 오가는 걸 눈치챈 스타시아는 주방 문을 열어놓곤 엿들었다. 타데크는 충실한 태도로 비트차크에게 나를 현장에서 가장 힘든 곳으로 보내야 한다고 말했다. 이 말을 듣던 나는 괴로움을 느꼈지만 비트차크는 작업반장들에게로 돌아설 뿐이었다. 어깨를 으쓱이며 그가 말했다. "좋아. 사람들을 모아서 일하러 가자." 나는 내가 어디로 가게 될지 알 수 없었다. 이런 상황에서 사무실로 돌아가는 건 적절치 않은 것 같았다. 하지만 내가 창고로 향하자 비트차크가 불러 세웠다. 그는 내게 사무실로 가서 여태껏 해왔던 일을 계속하라고 지시했다. 타데크가 수용소장의 명령을 다시 한 번 상기시켰다. "그래, 그래." 비트차크가 쏘아붙이듯이 대꾸했다. "알겠다고." 그러고는 타데크가 뭐라 대꾸하기도 전에 가버렸다.

나는 비트차크가 명령받는 것을 좋아하지 않는다는 건 알고

있었지만, 친위대원에게 맞서는 모습은 내 마음속에서 그를
이제까지와는 다른 자리에 놓게 만들었다. 나는 비트차크가
크루스헤의 명령에 불복한 것이 크루스헤를 더 화나게 만들지는
않을지 두려웠다. 어떤 두 사람이 다툼을 벌일 때 종종 애먼 구경꾼이
욕을 먹곤 하던 일이 생각났다. 독일인들을 증오하기는 했지만
어쨌든 세 폴란드인은 마치 자기들 일인 것처럼 독일인들을 위해
일하고 있었다. 분명 그들은 자신들의 성실함이 독일인들에게
도움이 된다는 사실을 알았을 것이다. 어쩌면 우리 모두 그랬을
것이다.

스타시아에게 자초지종을 털어놓자 그녀가 말했다. "그런 위험을
감수하다니 어리석은 짓이었어요. 독일인들이 어떤지 알잖아요."
하지만 따스한 눈길로 나를 바라보며 곧 이렇게 덧붙였다. "비트차크
씨 말로는 수용소장은 이곳 경영과 무관하대요. 여기서 사람 쓰는
일은 우리가 결정해요." 이 말을 남긴 채, 그녀는 의기양양하게
고개를 들고 자리를 떴다. 고마운 마음이 들었다. 나 말고도 내 일을
잘할 수 있는 사람들이 분명 있었던 것이다.

페이벨에게 왜 밀고했냐고 묻자, 그는 알아들을 수 없는 말을
웅얼거리면서 돌아섰다. 나는 사냥당한 여우처럼 남겨졌다. 여전히
그를 이해할 수 없었다. 광기에 사로잡혔던 걸까? 어쩌면 굶주림,
고된 노동, 고독, 공포 따위에 마음이 뒤흔들렸을 것이다. 한때
점잖은 사람으로 통했던 그가 어떻게 그렇게 달라질 수 있는지
믿기지가 않았다. 그가 우리를 밀고하면서 크루스헤에게 기대했을
호의는 완전히 허상이었다. 무슨 일이 일어났는지 들은 크미에츠와
바시아크 또한 나를 사무실에 계속 두겠다고 다짐했다. 내 운명은

그들 손에 있었다.

정오에 나는 조시아를 만나러 갔다. 걷다가 밀밭 근처에 멈춰서서 상처에 요오드액을 발랐다. 햇빛 속에서, 벌레에게 물어뜯긴 내 맨몸이 어떤 꼴인지 볼 수 있었다. 나는 옷을 챙겨 입고 숲 가장자리로 갔다. 두들겨 맞은 내 얼굴을 본 조시아는 무슨 일이 있었던 것인지 알고 싶어했고, 나는 이야기해주었다. 수치스럽고 고통스럽기 짝이 없어서 그날 만남은 그리 오래가지 못했다. 사랑은 내 마음속에서 너무도 요원한 일이었다.

타데크는 하루 종일 내 곁에 오지 않았다. 하지만 오후가 되어 수용소로 돌아가는 길에 이야기를 나누었다. 그는 내가 약속을 지켰음을, 그가 빵 사는 걸 눈감아주고 있었다는 사실을 크루스혜에게 불지 않았음을 알았다. 그는 (훗날 증명했다시피) 여전히 내 친구였다. 그날 저녁에는 하임이 찾아왔다. 그는 내게 채찍질한 일 때문에 괴롭다고, 하지만 어쩔 수 없었다고 말했다. 만약 그가 크루스혜의 명령에 복종하지 않았다면 새로운 법에 따라, 그날 내가 앉았던 의자에 그가 앉게 되리라는 사실을 나는 알고 있었다.

그날 밤 잠자리는 뒤숭숭했다. 내가 교수대에 매달려 있는 꿈을 꿨고, 식은땀을 흘리며 깨어났다. 나는 크루스혜의 협박이 이루어지는 꼴을 보고 싶지 않았다. 이처럼 신에게 버림받은 곳에서 잃기에 목숨은 너무도 소중한 것이었다. 다음 날 조시아는 내가 피신해야 한다고 말했다. 하지만 어디로 가야 한단 말인가? 게토로 돌아가는 것은 불가능했다. 더욱이 아버지를 두고 떠날 수는 없었다.

내 얼굴은 시퍼렇게 멍이 들었다. 한쪽 눈은 보랏빛이 되었고, 겨우 반쯤만 뜰 수 있었다. 배는 마치 스크루 드라이버 하나가

내장 속을 돌아다니기라도 하듯 욱신거렸다. 뭔가 먹으면 통증이
잦아들었지만, 이내 더 강렬한 통증이 보복처럼 돌아올 뿐이었다.
학교에서 두 학기 동안 들었던 생물학 수업은 내 상태를 진단하는 데
별 도움이 되지 않았다. 스테이네츠크로 돌아갈 때마다 악몽 속으로
되돌아가는 듯한 기분이 들었다.

　　나는 응급치료실에서 크루스헤에게 붙잡힐까 봐 두려웠지만,
골드스타인이 부르면 가야 했다. 이제 그곳은 고문실처럼 느껴져서
최대한 빨리 나오곤 했다. 점호 시간에는 아버지 뒤에 숨어
크루스헤의 눈을 피했다. 경비병들은 매일 아침 빵집을 지날 때마다
특별한 주의를 기울였다. 나는 우리가 더 이상 빵을 사러 가지 않는
이유를 빵집 사람들이 알고 있을지 궁금했다.

　　자기 지시가 통하고 있지 않음을 알게 된 크루스헤가
경비병들에게 나에 관한 지시를 반드시 따라야 한다고 강조했다는
사실을 타데크가 알려주었다. 우리가 브로지체에 도착하자
비트차크는 그 지시에 짜증을 냈다. "우리는 너희 수용소장의 명령을
받지 않는다." 그가 단호히 말했다. 나는 닥칠 미래에 불안해하며
사무실로 갔다. 이 권력 다툼 속에서 내가 맡은 역할이 마음에 들지
않았다. 이런 옛말이 떠올랐다. "두 사람이 권력 다툼을 벌이면
다치는 것은 대개 무고한 이들이다."

　　정오 직전에 나는 막사 뒤편 언덕을 넘어 옷을 벗었다. 속옷은
피투성이였고, 그 해로운 벌레들로 가득했다. 나는 외할아버지가
알려준 방법을 한 번 더 시도해보기로 했다. 옷가지를 흙으로 덮고
벌레들이 나타나기를 기다렸다. 하지만 전과 마찬가지로 실패였다.
결국 나는 할 수 있는 한 많은 벌레를 뜯어내서 일일이 죽이는

방법으로 돌아갔다.

다음 날, 우리는 폴라 누나가 보낸 편지를 받았다.

> 조시아처럼 친절한 사람을 만났다니 기쁘다. 우리 상황은 더
> 나빠졌어. 우리는 하루에 빵 1킬로그램과 수프밖에 받지 못해.
> 요세크는 매일 노동사무소에 보고할 필요가 없어졌어. 막사를
> 청소하는 일을 하고 있거든. 우리는 친구들과 옛 이웃들의 도움으로
> 근근이 버티고 있지만, 게토 사람들 대부분은 그러지 못해.
> 어린아이들과 노인들이 매일같이 굶어 죽고 있지. 너한테 더 좋은
> 소식을 알려줄 수 있다면 좋을 텐데.
> 너는 어때? 아버지는? 답장 꼭 보내.

며칠 동안 비가 내렸다. 해진 우리 옷들은 흠뻑 젖어서 역한
냄새까지 풍겼다. 여전히 나는 크루스혜가 있는 수용소로
돌아가기가 두려웠다. 그가 어디서 일하는지 물으면 어떻게 해야
하나? 그가 자기 지시가 무시당하고 있음을 알게 되면 어찌 하나?
폴란드인이 나치 장교 앞에서 코에 엄지손가락을 대는 것[상대방을
모욕하는 행위를 말한다]은 전례 없는 일이었다. 내 생각에
비트차크는 지나치게 대담했다.

이른 아침에 종이 울리면 나는 눈을 떴다가 또 다른 고통스러운
하루를 회피하고 싶은 마음에 다시 눈을 감았다. 아버지가 내 담요를
잡아당기면 일어나야 한다는 사실을 알았다.

점호에 크루스혜가 참석하면 긴장감이 고조되었다. 우리는 거듭
큰소리로 이름을 대면서 수를 확인해야 했다. 누군가 큰소리를 내지

못하기라도 하면 한두 대 맞아야 했다. 어느 날 아침, 크루스헤가
타데크에게 내가 어디서 일하는지 물었다. 타데크는 자신이
비트차크에게 이야기했음에도 불구하고 내가 아직 사무실에서
일하고 있다고 답했다. 크루스헤는 격분했다. 그는 이를 갈면서,
손가락으로 타데크를 가리키며 소리쳤다. "내가 그곳으로 가겠다.
그들에게 오늘 내가 가겠다고 전해. 알겠나?"

"알겠습니다, 수용소장님." 타데크가 순종적으로 답했다.
이제 나는 크루스헤와 비트차크 사이의 갈등 한가운데에 놓인
셈이었다. 나는 결국 내가 패자가 되리라는 사실을 알고 있었다.
내가 비트차크에게 크루스헤에 대해 말했을 때, 그는 별로 걱정하는
눈치가 아니었다. 나는 바시아크에게도 내가 논란이 되지 않을
만한 곳에서 일해야 할 것이라고 말했다. 하지만 그 또한 별 말이
없었다. 크미에츠는 상당히 짜증을 냈다. "빌어먹을 개자식이." 그가
말했다. "우리는 그가 하는 일에 간섭하지 않아. 그럼 그도 우리 일에
간섭하면 안 된다는 걸 알아야지."

이 모든 말을 듣고 있던 스타시아가 귀중한 말을 해줬다.
"브로네크, 봤지. 그들은 널 좋아해. 넌 특별한 사람이야."

"스타시아, 그건 당신이 나를 알기 때문에 그렇게 느끼는 거예요."
내가 말했다. "모든 수용자는 나랑 같아요." 그럼에도 불구하고,
어쨌든 나는 비트차크가 유대인인 나를 보호하려고 나치에 맞섰다는
사실이 고마웠다.

아침이 지나기 전에 나는 자동차 한 대가 사무실 앞에 서는
것을 봤다. 크루스헤가 친위대 상병 둘을 데리고 차에서 내렸다.
크미에츠가 나가 그들을 맞이했고, 이어 비트차크도 합류했다.

처음에 그들은 가벼운 대화를 나눴고, 작업 현장을 둘러보러 갔다. 30분 후 그들은 돌아왔다. 크루스혜와 상병 둘은 차를 타고 떠났다. 두 사람은 다시 일하기 시작했는데, 내게는 아무 말도 하지 않았다. 조금 지나서 나는 비트차크와 스타시아가 함께 있는 것을 보았고, 그녀는 무슨 일이 있었는지 알고 있으리라 생각했다. 사무실로 들어오는 스타시아의 안색이 매우 밝았다. 좋은 소식이 있는 것 같았다. 그녀가 속삭이듯 내게 물었다. "비트차크가 너희 수용소장에게 뭐라고 했는지 들었어?"

"아뇨. 뭐라고 했는데요?"

"들으면 기쁠 거야, 브로네크." 비트차크에게 감동한 기색이 역력했다. "너희 수용소장이라는 사람은 널 싫어하더라." 그녀가 기분 나쁘다는 듯이 말했다. 나는 그렇다고 했다. 그 사실을 나보다 더 잘 아는 사람이 있겠는가? "하지만 잘 들어, 비트차크는 그를 두려워하지 않아!" 이제 그녀의 얼굴에는 고무적인 표정이 떠올랐다.

"어떻게 됐는데요?" 나는 그녀를 재촉했다.

"크루스혜는 우리가 너에게 힘든 일을 시켜야 한다고 우겼어. 하지만 우리, 그러니까 비트차크 씨는 그가 하는 말을 신경 쓰지 않았지. 비트차크는 크루스혜한테 회사에 무엇이 최선인지는 우리가 잘 알고 있으니 너를 사무실에서 계속 일하게 둘 거라고 했어." 이 일이 궁극적으로 어떤 결과를 불러올지는 알 수 없었지만, 어쨌든 비트차크를 존경하지 않을 수 없었다. 나는 하던 일을 계속할 수 있었고, 그로 인한 특혜도 누렸다. 그중에서도 가장 중요한 일은 물론 조시아를 계속 만날 수 있다는 것이었다.

나는 내가 이중생활을 하고 있음을 알았다. 수용소에서는 겁먹은 채 지내다가 하루하루 브로지체에 가는 것이 안식이었다.
크루스혜에게 맞아 검게 멍들었던 얼굴은 이제 초록색과 노란색으로
변해가고 있었다. 입안에 난 상처는 많이 나았지만, 위경련은 더욱
심해졌다.

설명하기 힘든 마법 같은 사랑이 나를 조시아에게 이끌었다.
그녀의 사랑은 내가 너무도 갑작스럽게 빼앗긴 많은 것들을
되돌려주었다. 이제 나는 그녀를 가능한 한 자주 만났다. 다음에
우리가 만난 날은 날씨가 선선했다. 얇은 옷을 입고 있던 조시아는
자리에 앉자 오들오들 떨기 시작했지만, 곧 해가 나면서 우리의 작은
은신처를 따스하게 데워주었다. 나는 그녀를 바라보았다. 그녀는
내가 언젠가 만나기를 꿈꿨던 바로 그런 소녀였다. 그 당시, 즉 내가
스스로를 더 이상 인간이라고 생각할 수 없던 때에 그녀는 내 삶을
가치 있는 것으로 만들어주었다. 우리는 그곳에 앉아 제비들이
매끄럽게 날아다니면서 벌레를 낚아채는 것을 구경했다. 우리는 몇
시간 동안 함께 있을 수 있었다.
　비트차크는 결코 친근하게 대하지 않던 태도를 바꾸었다. 그는
자리에 앉아 내가 어디 출신인지, 왜 수용소에 있는지 등 여러
가지를 물었다. 하지만 크루스혜와 나눴던 대화에 대해서는 전혀
이야기하지 않았고, 나 또한 구태여 묻지 않았다. 대화가 끝나갈
무렵, 그는 내게 작업반장들과 함께 모든 수용자가 기록된 대로
일하고 있는지 확인해보라고 시켰다.
　우리 민족이 발목까지 차오르는 진흙 속에 서서 한 삽 가득
흙을 떠 손수레에 붓는 광경을 지켜보는 것은 마음이 찢어지는

일이었다. 그들 손은 굳은살이 박이고 갈라졌다. 상처가 벌어진
사람마저 있었다. 이를 비트차크에게 말하자 그는 딱하게 여겼지만,
수용소에서 그들을 보내는 한 그들을 일하게 하는 편이 낫다고
했다. 숙소로 돌아가는 길에 먹구름이 끼는가 싶더니 이내 소나기가
퍼붓기 시작했다.

　수용자들은 배식 줄에서 서성이며 주방 창구를 통해 담배를
먹을거리와 바꿔보려고 애썼다. 꽁초에서 긁어모은 것을 얇은
종이로 돌돌 말아 만든 담배였다. 경찰이나 요리사들이 주
고객이었다. 한번은 어떤 수용자가 버려진 꽁초를 줍고 있었는데,
이를 본 작업반장이 꽁초를 짓밟아 뭉개버렸다. 배식 줄에 선 내
앞에는 친구인 다비트 코트가 서 있었다. 그가 말했다. "국자로
바닥까지 긁어서 퍼주세요." 이내 그는 실망한 듯 중얼거리며 나를
지나쳐 갔다. 그가 받은 수프에는 감자 한 덩이조차 들어 있지
않았다. 우리는 우리가 선전물에 등장하는 반사회적 존재처럼
보이는 것이 몹시 속상했다. 때로는 내 몸이 혐오스럽게 느껴지기도
했다. 벌레들에게 물어뜯긴 꼴을 보고 있으면 구역질이 났고, 가끔은
그것들이 몸속을 기어다니는 것처럼 느껴졌다.

　전격전이 벌어진 지 2년하고도 한 달이 지난 1941년 10월이었다.
히틀러는 이 전격전이 제3제국을 천 년 통치로 이끌 것이라고
주장했다. 우리는 처칠의 예견에 좌절하고 있었다. "이번 전쟁은 긴
전쟁이 될 것이다." 우리 고통이 어서 끝나리라는 바람은 요원해졌다.
우리는 나치 특수부대가 유대인 사회 전체를 학살하고 있다는
새로운 소문에 괴로워했다. 아버지는 소문을 믿으려 하지 않았다.
너무나도 충격적인 소문이었기에 겁에 질린 사람들은 그것을

믿기를 거부했다. 어느 날, 아버지가 조용히 찬송가를 부르는 모습이
보였다. 그날은 일 년 중 가장 신성한 날인 욤 키푸르Yom Kippur,*
즉 속죄일이었다. 속죄일에 단식이나 예배를 하지 않는다는 것은
상상도 할 수 없는 일이었다. 그러나 이곳에서는, 가장 엄숙한 날조차
여느 날과 다를 바 없이 지나갔다.

그날 일하러 가는 길에 특별한 기억이 하나 떠올랐다. 예전에 형은
친구 둘과 함께 속죄일에 음식점을 갔다가 들킨 적이 있다. 다음
예배일에 우리의 지나치게 엄숙한 랍비는, 하나님의 눈으로 보면
그런 죄는 유대인 사회 전체를 먹칠하는 일임을 강조했다. 그는 우리
모두 전능하신 하나님께 용서를 구해야 한다고 말했다.

정말 하나님이 우리를 위하신다면 왜 이 모든 일이 일어난 걸까?
우리가 이런 일을 당해 마땅하다고 여기신 걸까? 나는 예전에 믿어야
한다고 배웠던 많은 것들에 대한 확신을 잃었다. 하나님에 대해서,
내 믿음에 대해서 회의를 품었다. 하나님이 정말 존재하는 걸까?
나는 아버지가 내 생각에 동의할 리 없다는 걸 알았다. 아버지는 결코
믿음을 저버릴 사람이 아니었다.

위경련은 날이 갈수록 점점 심해져 마침내는 조시아가 눈치채고
말았다. 그녀는 수용소 의사에게 이야기해보라고 말했다. 나는
대답했다. "우리 수용소에는 의사가 없어." 짧은 침묵이 흘렀다.
그녀는 방법이 떠올랐다며, 의사를 찾아가서 내 증상을 자기 것처럼
이야기하겠다고 말했다. 그러고서 의사가 약을 처방해주면 그것을
내게 가져다주겠다는 것이었다.

---

*　　전통적으로 이날 유대인들은 25시간 동안 금식을 하며 기도를 한다.

어느 날 아침, 마레크가 내게 샘에 같이 가자고 말했다. 나는 그에게 무언가 할 말이 있음을 알아차렸다. 반쯤 갔을 때 그가 멈춰 섰다. "아무에게도 말하지 마." 그가 주의를 줬다. "나는 여기서 탈출하려고 해." 나는 별로 놀라지 않았다. 그가 지독하게 우울해하고 있음을 알았기 때문에. 원래 형편이 어려웠던 사람들은 그 같은 사람들보다 수용소 생활에 잘 적응했다. 하지만 마레크 같은 사람들에게 그런 수모는 견디기 힘든 것이었다. 나는 그가 감수하려는 위험이 얼마나 큰지 알았지만 그의 마음을 돌릴 수 없었고, 돌리고 싶지도 않았다.

"마레크, 조심해요. 잡히지 말아요."

그가 나를 바라보았다. 나는 그가 굳게 마음먹었음을 알 수 있었다. 그는 그날 스타시아에게 필요한 물을 충분히 가져다주자마자 곧바로 달아나겠다고 했다. 2시쯤에 그가 사무실 창문을 슬쩍 들여다보며 작별을 고했다. 나는 얼른 밖으로 나갔다. 우리는 마지막 악수를 나눴고, 그에게 행운이 따르기를 빌었다. 그가 서둘러 언덕을 오르는 모습이 보였다. 그는 스테이네츠크에서 처음으로 탈출을 시도한 사람이 되었다. 그것이 남아 있는 우리들에게 어떤 결과를 초래할지 알 수 없었다.

그날 낮 동안에는 아무도 그가 사라진 것을 알아차리지 못했다. 경비병들은 우리가 브로지체를 떠날 때쯤에야 겨우 그가 사라졌음을 수용소에 보고할 수 있었다. 다음 날 아침, 크루스헤가 마레크의 탈출을 미리 알고 있던 자가 없는지 물었다. 돌아온 답은 침묵뿐이었다. 그러자 그는 우리 모두를 위협했다. "만약 탈출하는 자가 또 생기면 너희 모두가 그에 대한 책임을 지게 될 거다. 한

명이 탈출하면 열 명씩 교수형에 처하겠다." 며칠 후 그는 마레크가
붙잡혀 처형당했다고 주장했다. 하지만 그 말이 사실인지 아닌지
확인할 수는 없었다. 나는 기적이 일어나 그가 무사히 가족에게
돌아갔기를, 크루스헤가 우리에게 한 말이 거짓이기를 바랐다.

날씨는 점점 나빠졌다. 해도 조금씩 일찍 저물기 시작했다. 한때
무성했던 밀밭과 호밀밭에 남겨진 것이라고는 짧고 메마르고 뭉툭한
뿌리들뿐이었다. 농사철이 끝난 것이다. 남은 것들은 시들어 죽었다.
예전 기억이 떠올랐다. 감자를 다 캐서 지하저장고에 넣어둔 후에도
우리 꼬맹이들은 아직 남은 게 없나 덤불을 뒤지고 다녔다. 마른
잔가지들을 모아 불을 붙인 뒤, 찾아낸 감자들을 구워 먹곤 했다.
어머니가 부엌에서 요리한 것조차 우리가 밖에서 직접 구워 먹은
것에 댈 바가 아니었다.

춥고 부슬비가 내리는 계절이 다가왔다. 우리가 걸친 옷은
넝마를 이어붙인 것에 불과했다. 신발은 다 떨어진 지 오래였다.
일하러 가는 것조차 투쟁에 가까웠다. 오로지 정신력만으로 온종일
버텨내야 하는 수용자들도 있었다. 어느 날, 동료 수용자 한 명이
더 버티지 못하고 쓰러졌다. 작업반장은 그를 그냥 내버려뒀는데,
다른 사람들의 작업을 방해하고 싶지 않았기 때문이라고 했다.
결국 우리가 그를 수용소로 데려왔을 때 그를 살릴 수 있는 기적은
없었다. 그의 피부는 수많은 이에게 물어뜯긴 자국투성이였다.
역설적이게도, 그 망할 이들의 만찬도 곧 끝나리라는 생각이 들었다.
그는 새벽이 오기 전에 숨을 거뒀다. 이런 장면은 일상이 될 터였다.
곧 많은 사람들이 죽어나가기 시작할 터였지만, 그의 죽음은
처음이었기에 대단히 충격적이었다.

조시아는 의사를 찾아가 '그녀의' 증상을 설명했더니 십이지장 궤양이라는 진단을 받았다고 했다. 그녀는 내게 벨라도나, 분말 제산제 한 통, 진통제 몇 알, 액상 산중화제 한 병을 건네줬다. 의사는 그녀에게 이것들은 치료제가 아니지만 증상을 완화시키는 데 도움이 될 거라고 말했단다. 제산제는 속쓰림을 달래는 데 도움이 됐지만 진통제는 입안을 건조하게 만드는 것 같았다.

풍경은 계절에 따라 변해가고 있었다. 나무들은 헐벗었고, 성난 바람이 몰아쳤다. 영양 결핍과 중노동으로 이미 고초를 겪고 있었지만, 겨울의 추위는 훨씬 치명적일 터였다. 그날은 11월 11일, 폴란드 독립기념일이었다. 우리 수용자들 중 두 명이 일하다 쓰러졌다. 그들을 도울 수 있는 사람은 없었다. 아니, 도울 엄두조차 내지 못했다. 그들의 생명은 싱겁게 다했다. 이런 일이 너무 잦아서 이제 우리는 일하러 갈 때 늘 들것을 갖고 다녔다. '이슬람교도Mussulman'라는 새로운 말이 생겨났다. 아마도 이 '생명이 다해가는' 수용자들의 얼굴이 잿빛인 데서 생겨난 말이리라. 그들의 움푹 꺼진 눈은 사막 민족을 연상케 했다. 우리 중 누가 살아남을지는 말하기 힘들었지만, 누가 다음 희생자가 될지는 쉽게 예측할 수 있었다. 그럼에도 모든 사람이 매일 작업장으로 보내졌다. 아파서 벌벌 떨거나 휘청거리는 사람도 일하러 가야 했고, 그중 몇몇은 살아 돌아오지 못했다.

우리가 재앙으로 가는 길목에 있음을 아는 비극이 커지면서 우리는 무감각해지고 무관심해졌다. 버텨야겠다는 의지가 우리의 고통스러운 무력감에 맞섰다. 이제 누구도 동료 수용자가 숨을 거두는 모습에 동요하지 않았다. 고작 스물일곱 살이었던 마이에르

시스킨트가 다음 차례였다. 한때 나는 그들에게는 우리 노동력이
필요하니 우리를 살려둘 거라 믿었지만, 이는 명백히 착각이었다.
반년 만에, 우리 마을에서 이곳으로 끌려온 167명 중 스무 명
이상이 사망했다. 곧 나치는 우리 수용소에서 사망한 사람들을
새로운 노예로 다시 채워야 할 필요성을 느꼈다. 인근 마을인
코닌Konin에서 100명의 유대인이 우리 수용소로 이송되어 왔다.
코닌은 스테이네츠크에서 80킬로미터밖에 떨어져 있지 않았음에도
불구하고 새로 온 이들은 스테이네츠크 수용소의 존재조차 몰랐다.
그들은 처음에는 생기 있는 얼굴과 말끔한 옷차림 때문에 쉽게
구별이 갔지만, 몇 주 지나자 다른 사람들과 비슷하게 섞여버렸다.

　겨울이 되어 첫눈이 내렸지만 수용소장 크루스헤는 모두를
일터를 내보내는 데 주저함이 없었다. 해가 바뀌면서 더 많은
유대인들이 도착했다. 이번에는 우치 출신들이었다. 그들은
우리에게 헬름노Chelmno라는 마을에 관한 무시무시한 이야기를
들려주었다. 그들이 말하기를, 나치는 유대인들을 더 신속하게
죽이는 수단을 갖고 있었다. 배기가스를 차체로 흘려보내는
트럭이었다. 재정착이라는 명목하에 트럭에 태워진 유대인들은
길 위에서 살해당했다. 시체들은 헬름노로 보내졌다. 헬름노에는
하루에 500구의 시체를 처리할 수 있는, 일대에서 가장 큰 화장장이
있었다. 너무나도 충격적이고 끔찍한 행위였기에 우치의 원로
룸코프스키 씨는 이것이 나치 고위층의 명령에 의한 것인지
아니면 지역 열성분자들의 소행인지 문의했다. 베를린에서 보내온
답변은, 그것은 공식적인 정책이며 다른 여러 곳에서도 그런 일이
일어나리라는 것이었다. 헬름노는 도브라에서 겨우 65킬로미터밖에

떨어져 있지 않은 곳이었으므로, 이 소식은 게토에서 지내고 있는 어머니와 형, 누나에 대한 우리 걱정을 깊어지게 만들었다.

어느 흐리고 으스스한 날, 일터에서 돌아오는 길에 나는 커다란 갈고리들을 갖춘 역逆 U자형 구조물이 연병장에 세워져 있는 것을 봤다. 교수대임에 틀림없었다. 핏기가 가시는 게 느껴졌다. 내게 죽도록 힘든 일을 시키는 데 실패한 크루스헤가 마침내 자기 협박을 실행하기로 마음먹은 모양이라고 나는 생각했다. 그는 내 목을 매달아버리려는 것이다. 점호가 끝나고 흩어질 때, 나는 하임에게 교수대가 무엇을 의미하는지 물었다. 하임은 교수대가 세워진 것을 보고 자기도 깜짝 놀랐다고 했다. 그날 저녁 나는 죽음에 대한 생각에서 헤어나지 못했다. 마침내 잠들어서도 나는 두 손이 뒤로 묶인 채 교수대에 매달려 있는 꿈을 꿨다. 도망치려고 애썼지만 가는 곳마다 친위대원들이 나타나 나를 붙잡았다. 숨이 막혀 깨고 나서야 악몽이 끝났다. 그 바람에 아버지도 덩달아 잠에서 깬 것 같았고, 매우 놀란 듯했다. 연병장에서 그 사악하기 짝이 없는 장치를 볼 때면 늘 등골이 서늘해졌다.

어느 날 나는 우연히 모니에크를 마주쳤다. 우리는 도브라에서부터 알고 지낸 사이였다. 그는 내 또래였음에도 몹시 나이 든 사람처럼 보였다. 살갗은 벌레 먹은 것처럼 보였고, 혈관은 물이 가득 차 있는 것처럼 보였다. 셔츠에 단추를 채울 때면 손가락을 겨우겨우 움직였다. 그는 '이슬람교도'였다. 나는 그를 치료실로 데려갔고, 골드스타인은 그에게 병에 걸렸는지 물었다. 최악의 경우를 두려워하여 아무도 자신이 병들었음을 인정하려 들지 않았다. 일을 하는 것은 목숨을 부지하는 최선의

방책이었다. 모니에크에게는 부상이나 뚜렷한 질환이 없었기
때문에 골드스타인은 그를 치료실에 머물게 할 수 없었다. 그것이
규칙이라고, 골드스타인은 말했다. 그래서 모니에크는 아픈 데
없이 일하러 갔다가 들것에 실려 돌아왔다. 그는 다음 날 죽었다.
그의 죽음을 애도하는 사람도 없었고, 그의 영혼을 위해 기도하는
사람도 없었다. 수많은 사람들이 기아에 시달렸고, 그것은 곧 우리를
죽음으로 내몬 가장 큰 원인이 되었다.

어떤 사람이 걷는 모습을 관찰하고 피부와 입술 색을 살펴보면
나는 그가 '이슬람교도'가 되었는지 여부를 알 수 있었다. 나중에
알게 된 사실이지만 다른 강제노동수용소들은 더 혹독하고 더
파괴적이기는 해도 스테이네츠크보다 나은 위생시설을 갖추고
있었다. 심지어 어떤 곳들은 수용자들에게 주기적으로 옷을
교체해주고 신발을 제공했다. 그 정도까지는 아니더라도 많은
수용소에는 수용자 의사가 있었고, 작은 진료소를 갖춘 곳도 있었다.

1942년 겨울은 혹독하리만치 추웠다. 가문비나무와 소나무를
제외한 모든 나무가 헐벗었다. 도로는 눈으로 덮였고, 개울과
호수는 얼어붙었다. 일터에서는 흙을 손수레에 싣기 전에
미리 뭉텅뭉텅 잘라두어야 했다. 이즈음에 우리는 처음으로
아우슈비츠Auschwitz라는 수용소에 대해 들었다. 아우슈비츠에서는
노인, 여성, 아이들이 도착하는 족족 처형해버린다고 했다. 정상적인
사고로는 받아들이기 힘든 이야기였고, 우리들 중 많은 이들은
들으려 하지조차 않았다. 우리는 그런 이야기가 사실일 리 없다고
단언했다.

3월 중순, 100명의 수용자가 스테이네츠크 외부로 이송될 거라는

소문이 돌았지만 어디로 이송될지 아는 사람은 아무도 없었다. 나는 이것이 우리가 여기서 벗어날 기회라고 여겼고, 아버지도 동의했다. 우리에게 늘 이런 정보들을 잘 알려주던 하임도 소문에 대해서는 더 아는 바가 없었다. 나는 그에게 만약 소문이 사실로 판명난다면 아버지와 나를 이송 명단에 넣어줄 수 있는지 물었다. 그는 크루스헤가 뭐라 할지 확신할 수 없지만, 그 역시 수용소장이 했던 협박을 기억하고 있었으므로 한번 애써보겠다고 말했다. 며칠 후 소문은 사실이 되었다. 토요일에 100명이 스테이네츠크를 떠나게 되었다. 어디로 가든 상관없이, 나는 그저 떠나고 싶었다.

스타시아는 부정적이었다. "브로네크." 그녀가 충고했다. "가능한 한 여기에 있어요. 내가 도와줄게요."

아마도 크루스헤가 나를 교수대에 매달지 못한 건 비트차크, 바시아크, 크미에츠 세 사람 덕분이었을 것이다. 조시아를 떠나야 한다는 생각은 마음을 무겁게 짓눌렀다. 스테이네츠크를 떠나면 그녀를 잃게 되리라는 것을 알았다. 우리가 다시 만났을 때, 조시아는 꽃무늬가 수놓인 스카프를 목에 두르고 있었다. 스카프가 이른 봄바람에 팔락였다. 그녀의 눈은 겨울 하늘 같은 흐린 색이었다. 우리는 이끼 낀 바위 위에 앉았다. 그녀와 헤어질 생각을 하니 가슴이 미어졌다. 그녀가 내게 갖는 의미는 너무나도 컸다. 이제 이 모든 것이 끝나버릴지도 몰랐고, 나는 그녀를 다시는 보지 못할 터였다.

내 계획을 들은 조시아는 서글픈 기색이었다. "어디로 가는데요? 당신을 어떻게 찾을 수 있죠?" 그녀가 물었다. 우리는 한참 동안 이야기를 나눴다. 이 전쟁이 모두 끝나면 함께할 수 있으리라 믿으면서. 우리는 헤어질 때까지 껴안고 입을 맞췄다. 마지막으로 함께 걷는 순간까지도 그녀는 내 손을 맞잡았다.

"기억해요, 조시아. 만약 월요일에 내가 나오지 않는다면 나는 스테이네츠크를 떠날 수 있었던 거예요. 당신을 절대 잊지 않을게요. 항상 당신을 사랑할 거예요, 조시아."

"당신이 어디 있는지 알 수 있게 편지 보내줘요." 그녀가 간곡히 말했고, 나는 그러겠다고 대답했다. 나는 슬픔에 젖어 그곳을 떠나 언덕을 올라 사무실로 향했다. 비록 떠나게 되더라도 내 마음은 늘 그녀 곁에 남아 있으리라는 것을 알았다.

그날 일과가 끝났을 때 나는 스타시아와 비트차크, 사무실의 여러 친절한 사람들에게 고마움을 표했다. "일이 잘 안 풀리면 월요일에 다시 올지도 몰라요." 나는 별일 아닌 듯 가볍게 말했다. "그렇지만 항상 여러분에게 감사할 거예요."

우리에게는 챙겨 갈 것이 별로 없었다. 나는 응급치료실에 가서 내 치과 기구들을 상자에 챙겨 담고 골드스타인에게 작별을 고한 후 방으로 돌아왔다. 밤이 새도록 나는 잠들지 못했다. 내가 떠나는 걸 크루스헤가 알면 무슨 짓을 할지 두려웠다. 그럼에도 나는 이 기회를 잡아야 한다고 생각했다. 크루스헤가 아직 비트차크에게 굴복하지 않은 것이 두려웠다. 스테이네츠크에서 내 미래는 너무도 불투명했다.

토요일에 우리는 평소보다 30분쯤 일찍 일어났다. 하임이 아버지와 내 이름이 명단에 올랐다고 알려줬다. 아직 날이 어두웠으므로, 크루스헤가 나를 발견하지 못할 좋은 기회라는 생각이 들었다. 연병장에 나가자 크루스헤와 그의 개, 그의 채찍, 그리고 그의 보좌관들이 있었다. 아버지와 나는 줄 뒤에 가서 섰다.

나는 크루스헤의 시선이 우리 쪽을 향할 때마다 바짝 움츠러들었다. 그가 나를 지목해서 여기 남으라고 할까 봐 겁이 났다. 그러면 아버지는 어떻게 될까? 아버지가 나 없이 살아남을 수 있을까? 우리 줄에 서 있는 수용자들을 보니 거의 대부분이 '이슬람교도'임을 알 수 있었다. 크루스헤가 하임에게 생산성이 떨어지는 자들을 치워버리라고 한 것이 틀림없었다. 우리가 정말 다른 수용소로 가게 되는 것인지 궁금했다. 나는 초조하게 출발 명령이 떨어지기만을 기다렸다. 이윽고 하임이 번호를 한 번 더 대라고 외쳤다. 그는 종종 그렇게 했는데, 수용소장이 그걸 흡족해한다는 사실을 알기 때문이었다.

　마침내 우리 귀에 "앞으로 가!"라는 구령이 들려왔다. 우리는 크루스헤의 손아귀에서 벗어났다.

두 번째 수용소 : 구텐브룬

정문 앞에 선 크루스헤를 지나칠 때 심장이 무겁게 뛰었다. 나는 그를 다시는 보고 싶지 않았고, 그런 내 바람이 이루어지는 순간이었다. 하지만 다른 한편으로는 도브라 사람들, 즉 평생을 더불어 살아왔던 사람들을 떠나는 것이 마음 아팠다. 내 인생의 한 장章이 완전히 막을 내리고 있었다.

서서히 아침이 밝아오면서 다비트 코트, 레프 모이스헤, 헤르스헬 슈테인, 요세프 글리첸슈테인 등 몇 사람이 떠나려고 대기하는 것이 보였다. 우리 옆에는 친위대원 두 명과 낯익은 경비원 몇 명이 있었는데, 그중에는 타데크도 있었다. 타데크는 우리가 구텐브룬Gutenbrunn으로 가고 있으며, 그곳은 스테이네츠크와 비슷한 수용소인데 규모는 좀 더 크다고 알려주었다. 마음이 놓였다. "나는 거기서 너와 함께 지낼 거야." 타데크가 덧붙였다. 그는 점잖은 경비병이었고, 내가 약속을 지킨 후로 나를 신뢰하고 있었다. "구텐브룬은 25킬로미터 떨어져 있고, 똑같이 철도 놓는 일을 맡고 있어." 이 좋은 소식은 금세 퍼졌다.

두 번째 수용소: 구텐브룬

마침내 날이 밝았다. 인적 드문 농장을 지날 때 길가에 들려오는
소리라고는 수탉이 우는 소리와 개 짖는 소리뿐이었다. 우리 앞에는
주방장 라흐미엘과 레이벨이 있었다. 레이벨은 도브라에서 종종
우리 집 곡물을 날라주곤 했던 쾌활한 사내였다. 레이벨 집 근처의
초원이 떠올랐다. 내가 다섯 살 때의 일이었다. 그는 나를 붙잡아서는
내가 도망치지 못하게 내 옷을 벗겨버렸다. 나는 그게 장난이라는
것을 알았지만 장난감이 되고 싶지는 않았다. 나는 그에게 옷을
돌려달라고 애원했고, 결국 그는 나를 놓아줬다.

포장된 길로 들어서자 걷기가 훨씬 수월해졌다. 우리는 수많은
검은 성모 마리아상을 지나쳤다. 해가 떴고, 우리는 북쪽으로 가고
있다는 걸 알았다. 평평한 모래밭과 헐벗은 절벽을 지나니 여러 채의
벽돌 건물이 보였다. 그중 하나는 작은 가게였다. 겨울의 잔해를
갈퀴로 긁어내고 있는 농부가, 농부 뒤를 쫓는 굶주린 닭 몇 마리가
보였다. 여인네들이 반쯤 벌거벗은 아이들을 안은 채 조용히 우리를
바라보고 있었다. 그 지역 마을들은 모두 어슷비슷했고, 특별한
장소도 없었고, 길을 따라 어렴풋이 보이는 이름 모를 곳들이었다. 한
농부가 우리를 환영했다. "하일 히틀러!"라는 외침과 함께.

"하일 히틀러!" 친위대원들과 몇몇 경비병들이 그 경례에 답했다.
"하일 히틀러!" 자전거를 타고 지나가던 사람 하나도 동참했다. 그
모든 "하일 히틀러"가 우리 귓가에 고통스럽게 맴돌았다.

마을 외곽에는 풍차들이 서 있었다. 우리가 둑이 있는 쪽으로
다가가자 그 너머로 폴란드 여인들이 있는 막사 몇 채가 보였다. 그
막사들에는 철책이 없었고, 그들은 불가촉천민처럼 보이지 않았다.

몇 킬로미터를 더 가서 친위대원들은 우리를 도로 밖으로 데리고

가 휴식을 취하게 했다. 다음 갈림길에서 우리는 오른쪽으로 갔다. 저만치 앞에 육중한 시멘트 건물이 몇 채 보였고, 중앙에는 요새처럼 보이는 탑이 하나 있었다. 가까이 가서 보니 네 채의 거대한 건물이 사각형을 이루고 있었는데 전방에 정문과 탑이 있었다. 전통적인 독일 융커들이나 폴란드 귀족들의 장원과 꼭 닮은 모습이었다.

우리는 두 명의 무장한 보초가 마주보고 서 있는 입구에서 멈춰 섰다. 철조망을 엉성하게 엮어놓은 스테이네츠크와 달리 이곳 정문은 오크나무로 튼튼하게 만들어졌고 20미터 길이의 콘크리트 건물 두 채로 연결되어 있었는데, 두 건물에는 철창이 둘러진 작은 창문이 몇 개 나 있었다. 정문 위 녹슨 팻말에는 'Gutenbrunn'이라고 적혀 있었다.

친위대원들이 우리를 안으로 데리고 들어갔다. 네 채의 커다란 건물에 에워싸인 연병장은 어두웠다. 우리는 농장이었던 곳에 서 있었다. 건물들은 외양간이었을 것이다. 연병장 끄트머리에 교수대가 있는 것이 보였다. 이곳의 우리는 나머지 세상과 완전히 동떨어진 것 같았다. 연병장 한복판에는 친위대원 두 명이 수용소 경찰들에게 둘러싸여 있었다. 우리를 기다리고 있는 것이 분명했다.

한 사람은 주변 사람들을 난쟁이로 보이게 만들 만큼 키가 컸고, 냉담한 고양이 같은 눈을 갖고 있었다. 그는 우리를 경멸스럽게 쳐다봤다. "우리가 여기서 받은 게 뭐지?" 그가 물었다. "이슬람교도 한 무더기야?" 그는 수용자 표식이 없는 사복 차림이어서 우리는 그가 누구인지, 뭐하는 사람인지 알 수 없었지만, 독일인임을 확신했다. 그는 사각턱에 뺨은 장밋빛이었고, 입술이 툭 튀어나와 있었다. 갈색 셔츠와 베이지색 스웨터를 입고 있었고, 목에는 양털로

두 번째 수용소: 구텐브룬

짠 목도리를 두르고 있었다. 이상하게 생긴 모자는 마치 프랑스 외인부대 모자 같았다. 그는 성큼성큼 다가오더니 곤봉으로 자기 구두를 툭툭 치면서 경멸 어린 표정으로 우리를 꼼꼼히 살펴봤다. 콘크리트 건물들에서 쿵 하는 큰소리가 들렸다. 큰소리로 수용소 경찰들을 부르면서 그는 우리를 향해 오합지졸이라며 비아냥거렸다. 그 잔인한 거인에게 겁먹은 우리는 그를 바라보다가 서로를 쳐다봤다. 우리에게 그는 그야말로 수수께끼 같은 존재였다. "이곳은 구텐브룬이다, 이 게으른 동쪽 유대인 놈들아." 이것이 그가 독일 동쪽에서 태어난 유대인들에게 붙여준 이름이었다. "이 빌어먹을 호로 자식들아. 이곳에서 너희가 먹을 건 너희 스스로 벌어야 할 거다."

친위대원들은 그저 서 있을 뿐이었다. 그들은 우리에게 겁을 줄 필요도 없었다. 이 거인이 그들이 할 일을 대신하고 있었으므로. 우리의 새로운 두목은 우리를 세 집단으로 나누더니 경찰들에게 우리를 세 개의 다른 구역으로 데려가라고 시켰다. 우리가 이동할 때 그는 여기서 때리고 저기서 욕하고 했다. 내가 든 상자를 보더니 그는 곤봉으로 탁 내려치며 무엇이 들어 있는지 물었다.

나는 그의 찡그린 얼굴을 바라봤다. "제 치과 기구들이 들어 있습니다."

"뭐라고!" 그는 내가 무슨 말을 하는 건지 모르겠다는 식으로 말했다. "치과 기구?" 그가 반복해서 말했다. "그런 것들을 가져올 수 있게 허가한 게 누구지?"

"스테이네츠크에서 쓸모 있던 것들이라서 여기에 가져왔습니다." 내가 대답했다. 그는 나를 날카롭게 쏘아봤지만 그 이상 아무 말도 하지 않았다. 젊은 경찰 메나스헤가 내가 속한 집단을 맡았다.
안전하다 싶을 만큼 멀어진 후, 나는 메나스헤에게 아까 그 남자가
누구인지 물었다.

"그는 함부르크Hamburg 출신의 수용자야. 이곳의
라게렐테스터Lagerältester지." 그러더니 그는 가장 중요한 것을
빠트렸다는 듯 덧붙였다. "그는 우리들처럼 유대인이야."

혼란스러운 얘기였다. 나는 **라게렐테스터**라는 말을 들어본 적이
없었을뿐더러, 강제노동수용소에 그렇게 힘 있는 유대인이 있다는
것은 정말이지 금시초문이었다. 그가 어떻게 그런 권력을 거머쥘
수 있었는지 도저히 이해가 되지 않았다. 나아가 더욱 중요한 것은,
어떻게 동료 유대인들을 그토록 차갑게 대할 수 있느냐는 것이었다.
"그 사람 이름이 뭐예요?" 내가 물었다.

"쿠르트 골드베르크." 메나스헤가 답했다.

수용소 건물들은 30미터 높이에 너비는 12미터쯤으로 보였다.
건물들 안에는 각각 4단 침상이 여덟 줄씩 놓여 있었고, 총 800명을
수용할 수 있었다. 두꺼운 시멘트 벽 위에는 예전에 우유를 짤
때 소들을 붙잡아두는 데 쓰였을 종들이 매달려 있었다. 우리의
새로운 보금자리는 외양간이었다. 이제 그곳에는 짐을 나르는 인간
가축들이 묵게 된 것이다. 바닥은 단단한 점토였는데, 그 때문에
늘 한기가 어려 있었다. 따뜻한 날에도 온도가 13도 이상 올라가지
않는다고 했다.

방 안에는 철창이 쳐진 창문을 통해 빛이 들어왔으며, 높은
천장에 아무렇게나 매달린 백열전구가 이따금 빛을 보태기도 했다.
빛은 우리가 간신히 침상을 구분할 수 있는 정도였다. 아버지와

두 번째 수용소: 구텐브룬

나는 가능한 한 바닥에서 떨어진 높은 단에 잠자리를 마련하기로
마음먹었다. 누군가 우리가 침상 가장 높은 단에서 두 자리를 구할
수 있게 도와주었다. 수용자들은 이미 일터에서 돌아와 있었다.
대부분은 이제 독일인들에 의해 리츠만슈타트Litzmannstadt라 불리게
된 우치 출신이었다. 독일, 네덜란드, 오스트리아 출신 유대인들도
있었다. 스테이네츠크에서 온 우리는 대개 작은 마을 출신의
수공업자나 상인이었지만, 이곳의 다른 수용자들은 세상 경험이
훨씬 풍부했다. 지식인이나 작가, 법률가도 있었다. 물론 바깥세상과
마찬가지로 시시한 무뢰한들도 꽤 있었다. 이곳에서는 다양한
언어가 쓰였다. 우리들 중 누군가가 이디시어로 말하면 대답은 독일
방언으로 돌아올 수도 있었다.

　쿠르트 골드베르크는 스물네 살이었다. 독일인과 유대인의
피를 절반씩 물려받은 그는 스스로를 유대인보다는 독일인이라
여겼다. 1933년 그는 히틀러유겐트Hitler Youth[나치의 청소년 조직]에
가입했지만, 나중에 뉘렌베르크 법안*은 그의 신분을 유대인으로
재조정했고, 마침내 그는 '아리아인' 단체에서 축출되었다.
그럼에도 불구하고 그는 자신이 더 나은 대우를 받을 자격이 있다고
믿어 의심치 않았고, 동료 유대인들을 위협하는 것으로 자신의
불운에 대한 분노와 좌절감을 표출했다. 두둑한 배짱과 독일어로
명령을 내리는 행위를 통해 그는 사악한 나치 시스템에 완벽하게
들어맞는 도구가 되었다. 그는 만약 어머니가 그에게 그의 아버지도

---

*　1935년 9월에 제정된 뉘른베르크 법안은 유대인과 독일인의 결혼 및 혼외
　관계를 금지했으며, 독일계 혈통만이 제국 시민임을 명시했다.

아리아인이라고 거짓말을 했다면 이 유대인이라는 오명에서 벗어날 수 있었으리라고 이야기한 적이 있었다. 그렇지만 그는 폴란드계 유대인들을 향해 비상한 경멸감을 지니고 있었다. 그는 '동쪽 유대인들'에게는 자신의 딜레마에 대한 책임이 있다고 주장했다. 그 시대를 살았던 수많은 사악한 인물들 가운데서도 그는 언제나 내게 가장 불가사의한 인물로 남았다. 결국 그는 나치로부터 인정받지 못한 채 죽음을 맞았다.

구텐브룬은 우리가 도착하기 넉 달 전부터 수용소로 운영되기 시작했다. 포즈난에는 다른 수용소들이 우후죽순으로 생겨났다. 에이헨발데Eichenwalde, 렌진겐Lenzingen, 안토니네크Antoninek, 포르트 라지빌Fort Radziwill 등이 그런 곳들이었다. 경비병들은 스테이네츠크와 마찬가지로 폴란드인들이었고, 우리가 배급받는 식단도 똑같았다. 아침저녁으로 빵 한 덩이와 수프가 나왔다. 하지만 구텐브룬은 여러 면에서 달랐다. 시설이 더 좋았다. 샤워장이 있었고, 의무실도 있었다. 수용소 의사는 자이델이라는 오스트리아인으로, 그는 열두 개의 침상을 갖춘 병원을 관리했다. 침상은 널찍했고, 베개와 짚자리는 깨끗한 짚으로 채워져 있었다. 하지만 벌레들은 여전했다. 꼬박꼬박 샤워를 하고 우리 옷가지의 이들을 잡음으로써 한숨 돌리기는 했지만.

얼핏 보기에는 이곳에서의 삶이 더 나은 것 같았지만 사실은 그렇지 않았다. 우리 구역에서는 이제 겨우 열두 살 된 소년이 내 주의를 끌었다. 소년은 그때까지 내가 수용소에서 만난 사람들 중 가장 어렸다. 그의 이름은 멘델이었지만 모두들 그를 멘델레라는 애칭으로 불렀다. 멘델레는 게토에 음식을 밀반입한 죄로 우치에서

체포됐다. 소년은 자신이 열여섯 살이라고 주장했고, 그것은
먹혀들었다. 바로 그 때문에 그가 구텐브룬에 오게 된 것이었다.
둥근 얼굴에 밝게 웃는 눈을 지닌 그는 보기만 해도 기분이 좋아지는
사람이었다. 그는 전형적인 우치 억양이 섞인 이디시어를 썼고,
통제가 안 되는 수다쟁이였으며, 구텐브룬에서 살아남기 위해서는
생존에 필요한 일이라면 뭐든 해야 한다는 것을 알았다. 너무 열심히
일해서도 안 됐고, 너무 게을러서도 안 됐다. 멘델레는 수용소
사정에 밝았다. 툭하면 꾀병을 앓는 게으름뱅이였음에도 불구하고
작업반장들은 대체로 그를 좋아했다. 그는 그들로 하여금 자신이
열심히 일한다고 믿게 만드는 법을 알았다. 그는 그들이 자신을
볼 때마다 이마의 땀을 훔치는 시늉을 했고, 그들이 떠나자마자
일을 중단했다. 사람 속이는 재주를 타고난 그는 자신보다 나이가
두 배 많은 수용자들을 다루고 이용하는 법을 알고 있었다. 다른
수용자들이 어떤 죄를 범해서 처벌을 받을 때에도, 멘델레는 설령
같은 죄를 지었다 해도 그저 경고를 받는 것으로 그치곤 했다. 그는
자신에게 이로울 것 같은 사람이라면 누구에게나 친근하게 대했다.
게토의 삶은 그에게 강력한 생존본능을 갖추어주었다. 그는 새로운
질서의 산물이었다. 하지만 누구도 그를 좋아하지 않을 수 없었다.

　　우리는 수용소 외부의 세상을 볼 수 없었다. 구텐브룬의 거대한
건물 네 채를 에워싼 장벽이 바깥세상을 차단해버렸기 때문에.
때로는 이 모든 것이 세상에서 동떨어진 듯 느껴졌다.

　　우리는 소집 장소로 다시 불려갈 때까지 그 구역에 한 시간 조금
못 되게 머물렀다. 친위대원들은 떠났고, 우리는 골드베르크와 그
대원들에게 맡겨졌다. 골드베르크는 모욕적인 말로 우리를 계속

깎아내리면서 잔인한 목소리로 명령을 내렸다. 대원들도 마찬가지로
욕을 해대며 순순히 그를 도왔다. 우리 모두는 월요일에 새로 생긴
작업반 헤르데케 코만도Herdecke Kommando에서 일하게 될 것이라는
이야기를 들었다. 철도 건설이 우리 모두의 일상적인 업무가
되리라는 것을 알고 있었음에도, 헤르데케 코만도가 무엇인지는
조금도 알지 못했다. 철도 건설 경험이 구텐브룬에서 어떻게든
쓸모가 있으리라고 우리는 생각했다. 먼저 이곳에 와 있던 죄수들과
달리, 스테이네츠크에서 온 우리 100명은 이미 1년간 철도 공사를
해왔던 것이다. 그것이 아마도 우리가 이곳으로 불려온 이유였을
것이다.

단조로운 식단은 여전했다. 마가린 한 조각과 마멀레이드 한
숟갈, 점심과 저녁에는 순무 수프 한 국자가 더해졌다. 이곳의
주요 작물은 순무였다. 이곳에서는 음식을 받는 데 걸리는
시간이 스테이네츠크의 두 배였다. 주방 보조가 턱없이 모자랐다.
스테이네츠크에서와 마찬가지로 대원들은 음식, 독일 담배, 술이
부족하지 않았다. 우리가 침상으로 돌아왔을 때, 나는 골드베르크가
치과의사를 찾았다는 이야기를 전해 들었다. 이내 내 귀에 그가
건물의 먼 끄트머리에서 고함치는 소리가 들려왔다. 나를 찾아낸
그는 내게 다가와 어느 침상이 내 것인지 물었다. 나는 뭐라고
대꾸해야 할지 몰랐다. 하지만 이때 그는 보다 이성적으로 행동했고,
목소리도 훨씬 차분했는데, 나는 곧 그 이유를 알게 되었다. 그가
내 옆자리 침상을 차지했던 것이다. 나는 그처럼 힘 있는 사람이
더 나은 잠자리를 갖지 못한다는 사실에 놀랐고, 왜 내 옆자리를
골랐는지 알 수 없어 당혹스러웠다. 나를 골탕 먹이기라도 하려는

두 번째 수용소: 구텐브룬

걸까? 내가 아는 한 스테이네츠크에는 동성애자가 없었지만, 이곳은
구텐브룬이라는 또 다른 수용소였다. 이제 나는 골드베르크도
한낱 죄수라는 사실을 알았으므로, 그의 권위를 무시하고 다른
사람들과 똑같이 대하기로 마음먹었다. 그렇지만 조심해야 할
상황을 맞았다고도 생각했다. 나는 그가 자기 소지품들을 가져와 내
옆의 침상 위에 두는 것에 대해 항의할 수 없었다. 그날 저녁 그는
통행시간을 한참 넘긴 늦은 시각에 돌아왔다. 아버지도 나도 아직
잠들지 않은 상태였다. 그는 우리가 불편해한다는 것을 느꼈고, 내게
몇 마디 말을 건넨 후에 돌아눕더니 곯아떨어졌다. 그가 곁에 있다는
사실이 결코 편할 수는 없었지만, 더 이상 그가 두렵지는 않았다.
2주가 지난 후 그는 다른 침상으로 옮겨 갔다. 그때쯤에 우리 관계는
꽤 원만해져서 심지어 그는 나를 돕기 위해 애쓰기도 했다.

　월요일 아침 6시면 경찰들이 방으로 들어와 침상을 곤봉으로
두들기며 소리쳤다. "일어나!" 번잡한 일상이 시작된 것이다. 배식
줄에 선 채 나는 침묵의 토론을 시작했다. 빵조각을 한 번에 다
먹어치울까 아니면 조금 남겨둘까? 아침의 첫 혼란 속에서, 어떤
젊은 수용자가 수프 그릇을 땅바닥에 엎고 말았다. 그의 양 뺨으로
눈물이 흘러내렸다. 그날 하루 종일 굶어야 한다는 것을 알았으리라.

　"들어가! 줄 맞춰 걸어!" 경찰들은 소리를 질러대며 우리를
다섯 줄로 세웠다. 우리는 곧 어떻게 해서 헤르데케라는 이름이
붙여졌는지 알게 되었다. 헤르데케는 이 구역의 철도 건설 임무를
맡은 기술자였다. 이곳의 모든 작업반장이 그렇듯, 그 역시
독일인이었다. 아버지와 나에게는 잘게 쪼개진 돌덩이들을 손수레로
실어 날라 철로 바닥에 까는 일이 맡겨졌다. 모래바닥 위로 손수레를

밀고 가는 것도 꽤 힘든 일이었지만, 언덕을 오르는 것은 도저히
아버지 힘으로는 될 일이 아니었다. 하지만 아버지는 내색하지
않았다. 행여 일하기 싫어 꾀를 부린다는 낙인이라도 찍히면 수용소
안에서 지내는 것이 위험해지기 때문이었다. 며칠 만에 우리의
팔과 어깨는 근육통이 너무 심해 손수레를 운반하는 것조차 버거운
상태가 되었다. 다행히 헤르데케가 점검 도중에 그 사실을 알게
되었고, 아버지는 잠시나마 휴식을 취해가며 할 수 있는 갈퀴질을
맡게 되었다. 우리는 점심 때 수프를 먹으러 수용소로 돌아갈 수
있었다. 이제 우리는 조시아의 도시락이나 스타시아가 남겨준
음식을 먹을 수 없었으므로, 오로지 수용소에서 주는 음식에 의존할
수밖에 없었다.

　조시아에게 연락할 수 없었음에도 불구하고, 어느 날 그녀가
찾아왔다. 어떤 여자가 주방 쪽 입구에서 나를 찾는다는 이야기를
누군가가 전해주었다. 식량을 실어오는 트럭 때문에 하루 종일 열려
있는 입구였다. 나는 그녀가 나를 어떻게 찾아냈는지 궁금했다.
그녀가 말했다. "브로지체 사람들에게서 당신이 어디 있는지
들었어요. 수용소를 찾는 건 별로 어렵지 않았어요." 이제 거의 모든
수용자들이 내가 유대인이 아닌 소녀와 사귀고 있다는 것을 알고
있었다. 우리가 받은 관심은 우리 모두를 불편하게 만들었다. 입구의
보초들이 사라졌을 때, 우리는 별 생각 없이 밖으로 걸어나갔다. 나는
이곳에서도 약간의 사생활을 가질 수 있음을 알게 되었다. 우리는
껴안고 입을 맞췄다. 그녀를 다시 만나 무척 기뻤다.

　우선 그녀는 내가 약을 얼마나 갖고 있는지 걱정했다.
그리고 우리는 구텐브룬과 내 일에 관해 잠시 이야기를 나눴다.

언제나처럼, 그녀는 내게 약간의 음식을 가져다줬다. 작별 인사를
나눈 후 나는 그녀가 멀리 사라져가는 모습을 지켜봤다. 우리가
스테이네츠크에서처럼 자유를 누릴 수 있을지 알 수 없었다. 나는
조시아가 준 도시락을 들고 돌아갔고, 아버지와 나는 구텐브룬에서
처음으로 진짜 빵을 먹었다. 아버지는 조시아를 한 번도 본 적이 없고
또 내가 아버지에게 이야기한 적도 없었지만, 분명 그녀의 존재를
알고 있을 터였다.

구텐브룬 수용자들은 치과 진료를 전혀 받지 못했다.
골드베르크는 내가 치과 기구들을 갖고 있다는 것과
스테이네츠크에서 치과 진료를 봤던 일을 알고 있었으므로, 나는
필요한 경우 치과 진료를 볼 수 있을지 그에게 물어보기로 했다. 내
말을 들은 그는 나를 자이델 의사와 이야기를 나눠보라며 보냈다.
아직 자이델 의사를 만나보지 못했던 나는 일이 끝난 후 진료실로
찾아갔다. 응급진료실은 다양한 질환에 시달리는 수용자들로 가득
차 있었다. 그들 중 많은 이들의 발목과 다리가 커다랗게 부풀어
올라 있었다. 내가 이유를 궁금해하자 자이델 의사는 그것이
수종水腫이라고 했다. 일부 수용자들이 너무 배가 고픈 나머지
자신이 감당할 수 있는 것보다 훨씬 많은 물을 마셨고, 과잉된 수분이
다리로 내려간 것이라고 했다. "아주 약간 긁히거나 까지기만 해도
낫지 않을 거야. 상처가 감염되기라도 하면, 그들에게는 끔찍한 일이
생길 테지." 그가 말했다. "치료법은 휴식을 취하고 괜찮은 음식을
먹는 거지." 우리에게는 허락되지 않은 사치였다. 환자들 중 몇 명은
회복할 수 있게 하루 이틀 정도 일에서 빼달라고 애원했지만, 그것은
의사가 해줄 수 있는 일이 아니었다.

사십대 초반인 자이델 의사는 키가 작고 어깨가 좁았으며, 약간 오목가슴이었다. 그는 조용하고 예의바른 사람이었다. 말할 때는 쉰 소리가 났다. 나를 바라볼 때는 눈빛에 꼭 꿰뚫리는 듯했다. 그는 직설적이었고 자기 말에 확신을 갖는 사람이었다. 그는 쉼 없이 뭔가를 우물거리는 것 같았다. 그가 통상적으로 해주는 조언은 "상처를 젖지 않게 하게. 그럼 저절로 아물 거야"였다. 처음에 나는 의약품이 부족해서 그런 처방을 내리는 것이라고 생각했다. 하지만 나중에는 그가 정말로 그것이 좋은 치료법이라고 믿는다는 사실을 알게 되었고, 실제로 종종 그렇기도 했다.

여러 명의 수용자들이 대기하고 있었으므로 나는 일단 떠났다가 나중에 다시 오려고 했다. 그러나 쿠르트 골드베르크가 보냈다는 이야기를 듣자 그는 나를 옆방으로 데려갔다. 나는 내가 누구인지, 왜 왔는지를 설명했다. 그는 주의 깊게 들었다. 나는 그에게 치과의사가 필요할 경우 일과 후에 와서 도울 수 있다고 말했다. 그는 곧바로 찬성했다. "이 두 창구 중 한 곳에 자네 물건들을 두면 된다네." 그는 창구들을 가리키며 말했다.

내게는 기구나 약이 거의 없었다. 발치용 겸자 세 개, 메스 두 개, 검진 기구와 천공기 몇 개, 끌 한 개, 치석 제거기 두 개, 치근관 확공기 열두 개가 다였다. 내 드릴 중 몇 개는 천공기가 없으면 쓸 수 없는 것이었다. 나는 그것들을 모두 의무실에 두었다. 수용자들이 가장 많이 호소하는 것은 잇몸 통증과 출혈이었다. 기구들을 소독하기에 적합한 장비가 없었으므로, 알코올에 불을 붙여 소독해야 했다.

다음 점호 때 골드베르크는 이제부터 매일 일과 후와 주말마다 의무실에서 치과의사가 수용자들을 진료할 것이라고 공지했다. 이미 나는 이빨을 뽑아본 경험이 있었다. 구텐브룬의 수용자 수는 스테이네츠크의 두 배에 달했으므로, 이빨을 대여섯 개씩 뽑아야 하는 날도 있었다. 한번은 골드베르크가 응급진료실에 수용소장을 데리고 왔다. 그는 마치 내가 자신의 발굴품이기라도 한 듯 자랑스러운 태도로 나를 가리키며 말했다. "수용소장님, 이제 우리에겐 치과의사가 있습니다. 스테이네츠크에서 온 사람들 중 하나입니다. 기구들도 갖고 있고요. 그는 공사장에서의 일과를 마친 후에 여기에 옵니다." 이 발상은 나치의 마음에 든 듯했다.

일요일 오후, 사위가 조용한 가운데서 나는 랍비 모이스헤가 가슴을 쿵쿵 두드리며 기도하는 소리를 들었다. "그분은 완벽하시며 마음이 순수한 자들을 진심으로 대하신다. 모두가 그분이 하신 일이 완벽함을 믿을지니." 그는 삶이 나락에 떨어진 와중에도 여전히 신에 대한 깊은 믿음을 지니고 있었다. 바깥 어디에선가 교회 종소리가 울렸다. 새들은 대형을 지어 날며 우리 '요새'를 쉽게 넘나들었다. 그들의 자유를 나눠 받고 싶다는 생각이 들었다.

마치 시계장치처럼, 주방 창문이 열리자마자 수용자들이 연병장에 수백 미터씩 줄을 섰다. 주방장 모자를 쓰고 불룩 튀어나온 배 위로 앞치마를 두른 라흐미엘은 평소라면 개도 안 먹으려 들 구역질나는 수프를 우리가 애타게 기다리며 서 있는 모습을 구경했다. 하지만 우리에게는 한 조각의 빵과 한 숟갈의 수프도 이루 말할 수 없이 소중했다. 굶주림이 사람 마음에 끼치는 영향을 이해하려면, 아주 오랫동안 배를 곯아야 한다. 굶주림은 마치 벌레처럼 마음을 갉아먹는다. 뭔가를 먹고 싶다는 욕망은 실로

엄청나서 무슨 짓이든 할 수 있게 만든다. 수용자들이 살기 위해 풀을 169
뜯어 먹었다는 소문은 적어도 구텐브룬에서는 사실이었다. 그런
굶주림 앞에서 자긍심을 실낱만큼이라도 유지하는 건 극히 어려운
일이었다. 내 친구 다비트 코트는 특히 그랬다. 그는 집에 있을 때
쿠키와 우유를 실컷 먹으며 살아왔다. 원래 건장한 체격이었던 그는
강인함을 잃고 날이 갈수록 말라갔다.

집으로부터 받은 마지막 편지는 몹시 충격적이었다. 우리는 더
이상 스스로를 속이지 못하고 최악을 가정해야 했다. "일부 노인들과
아직 유대인 평의회의 보호를 받는 소수를 제외하면, 대부분
게토에서 강제 추방당하고 있어. 여기서 우리가 더 오래 살아남을
가능성은 희박해. 우리는 우리 삶이 곧 끝나리라는 걸 알고 있어."
폴라 누나는 그렇게 적었다. 그녀는 최근에 도착한 수용자들에게서
들은 소식이 사실임을 입증해줬다. "바르트헤가우의 모든 게토는
곧 소거될 거야. … 사람들은 재정착시킨다는 얘기를 듣지만, 가장
새롭고 가장 야만적인 방식으로 죽임을 당하고 있어. 그들을 태운
차량의 배기가스에 살해된다는 거야."

어느 날 아침 우리가 막 일터로 떠나려 할 무렵, 헤르데케가
수용소에 찾아와 골드베르크에게 노동자들을 추가로 보내달라고
했다. 더불어 그는 사무를 볼 수 있는 사람이 있는지 물었다.
골드베르크는 내가 스테이네츠크에 있을 때 사무실에서 일했다고
말했던 것을 기억하고 있었던 게 틀림없다. 내게 헤르데케에게 가서
보고하라고 시켰기 때문이다. 내 행운의 끈은 이어지고 있었다.

수용소의 모든 독일인이 악당이거나 지독한 반유대주의자는
아니었다. 헤르데케 역시 나치당원이기는 했지만 나치의

인종주의적인 정책들을 전적으로 신뢰하지는 않았다. 그를 도와 일하는 동안 나는 그가 히틀러가 일으킨 몰상식한 전쟁에 대해 불만 어린 말을 하는 것을 몇 차례 들은 적이 있다. 그는 우리들 중 누구에게도 함부로 대하는 법이 없었고, 자신이 데리고 있는 독일인들에게도 똑같이 지시를 내렸다. 이는 수용소 나치들에게서는 좀처럼 찾아볼 수 없는 품성이었다.

내가 일하게 된 헤르데케의 사무실은 제도대, 책상, 의자, 문서보관함을 하나씩 겨우 둘 수 있을 만큼 비좁은 오두막이었다. 그가 들어오면 오두막이 꽉 찼다. 하지만 그가 들어오는 것은 (그가 **타우크시더**Tauchsieder라 부른) 침수 전열 히터로 커피를 끓일 때뿐이었다. 내 일은 주로 기술적 청사진들의 필사본을 만들고 작업반장들에게 받은 건설 자료를 모으는 것이었다.

어느 날 나는 감자 조각을 찾아 수프를 절망적으로 휘젓고 있었는데, 갑자기 소동이 일어났다. 어떤 수용자가 경비병에게 질질 끌려가고 있었다. 그는 비명을 지르며 놔달라고 애걸복걸했다. 듣자하니 그는 트럭에서 화물을 내리는 일을 하고 있었는데 주머니 속에 감자를 쑤셔넣다가 걸렸다는 것이다. 원래 이런 '범죄'의 처벌은 경찰들에게 무지막지하게 매를 맞는 것이었는데, 이번에는 보초병이 그 수용자를 영창에 집어넣더니 풀어주지 않았다. 우리는 그날 하루가 다 지나도록 그를 보지 못했다. 이제는 그의 이름도 기억나지 않지만, 그는 분명 내가 아는 사람이었다. 기회만 닿았다면 우리들 대부분은 그가 저지른 일을 똑같이 저질렀을 것이기에, 우리는 그가 어떤 운명을 맞을지 알게 되는 것이 두려웠다.

이틀 뒤, 일터에서 돌아오는 우리에게 교수대를 향해 행진하라는 지시가 떨어졌다. 우리 마음은 무거웠다. 무언가 잘못되었음을 알았던 것이다. 감자 몇 알을 훔쳤기로서니 사람을 교수대에 매단다는 것이 가당키나 한 일인가? 우리의 두려움은 곧 사실로 드러났다. 등 뒤로 양손이 묶인 수용자가 검은 제복을 입은 세 명의 게슈타포에게 둘러싸인 채 교수대를 향해 나아갔다. 가슴팍에는 그가 저지른 범죄가 적힌 팻말이 걸려 있었다. 재킷은 마치 이틀 동안 그가 줄어들기라도 한 듯이 헐렁했고, 창백한 낯빛 위로 두 눈이 툭 불거져 나와 있었다. "그에게 무슨 짓을 한 거야?" 우리는 중얼거렸다. 곧 게슈타포 한 명이 그에게 올가미 아래에 놓인 의자 위에 올라서라고 명령했다. 그러고는 그의 두 다리를 묶고 목에 올가미를 걸었다. 게슈타포가 판결문을 큰소리로 읽었다. "친위대 사령관 히믈러는 고의적인 업무방해 혐의로 교수형을 선고한다." 녹색 제복을 입은 무장친위대원이 그 수용자가 딛고 서 있던 의자를 휙 낚아챘다. 그의 몸이 툭 떨어졌고, 두 발이 앞뒤로 흔들거렸다. 이어 그의 머리가 한쪽으로 쏠리면서 목이 뚝 부러지는 소리가 났다. 우리는 경악에 찬 얼굴로 서로를 바라봤다. 이것이 우리에게 주어진 새로운 법이었다. 목구멍까지 격렬한 분노가 차올랐다. 우리 모두가 저 밧줄에 매달리는 운명에 처하게 되리라는 생각이 들었다. "살인자들!"이라고 외치고픈 충동이 들었고, 발 아래에서 땅바닥이 요동치는 듯이 느껴졌다. 마치 중세시대 공포정치의 증인이 된 것만 같았다. 어색한 침묵이 흘렀다. 자이델 의사가 그 수용자를 살펴본 후 그가 사망했음을 선언했다. 응급대원 두 명이 시체를 건물 옆으로 옮겼다.

나는 교수형 당한 사람을 눈앞에서 직접 봤다. 그의 목에는 밧줄

자국이 짙게 남아 있었다. 커다랗게 부풀어 오른 시퍼런 혀가 입
밖으로 늘어져 있었다. 똥오줌이 그의 죽은 몸을 더럽혔다. 나는
신에게 그가 굶주린 상태가 아니었느냐고 물었다. 나중에, 저녁 배식
줄에 서 있을 때, 문득 이런 생각이 들었다. 어떻게 우리는 아무 일도
없었던 듯이 굴 수 있는 걸까?

자잘한 범죄에 대한 처벌이 엄격해졌다. 분명히 허락되지
않은 거의 모든 일이 범죄가 되었다. 때로는 탈출을 계획했다는
단순한 의심만으로도 교수형에 처해질 수 있었다. 희생자는 종종
붙잡혔다는 이유로 비난을 받곤 했다. 우리에게는 늘 처형의 위험이
뒤따랐지만, 굶주림을 모면하고자 수용자들은 계속해서 위험을
감수했다. 곧 우리는 그런 공포스러운 광경을 더 많이 목격했고,
구텐브룬에서 목요일은 정기적인 처형일이 되었다. 하루에 여덟 명
이상의 처형이 예정된 날에는 교수대에서 2교대제가 시행되기도
했다. 구텐브룬 외에도 여러 곳에서 온 열한 명의 수용자들이 처형된
날도 있었다. 그들 숨이 확실히 끊어지고 나면 우리는 시신들을
옮겼다. 어떤 경우에는, 마치 기적처럼, 갑자기 한 사람이 숨을 쉬기
시작하기도 했다. 잠시나마 나는 그들이 그를 살려주지 않을까
생각했다. 그러나 그의 가슴이 위아래로 움직이는 것을 눈치챈
게슈타포 한 명이 다가오더니 머리에 대고 총을 쏴버렸다. 이는
떨쳐버리기 힘든 기억이었다. 누군가 항의하듯이 중얼거렸다.
"제네바 협약은 이중 처형을 허용하지 않는데." 그러나 누가 그들을
막을 수 있겠는가?

여러 해 동안 나를 곤혹스럽게 만들 또 하나의 끔찍한 사건이
일어났다. 어느 일요일 오후에 나는 연병장을 걷고 있었는데,

게슈타포 두 명이 수용소로 통하는 주방 입구로 들어와서는 경찰 한 명에게 문틀에 갈고리를 하나 걸라고 지시했다. 그러고는, 몹시 비밀스럽게, 자신들이 차에 태워 데려온 소녀를 처형했다. 그들은 그녀의 시체를 트렁크에 넣고 떠났다. 일요일에는 수용소장은 물론 경비병들도 별로 없었으므로 그런 일이 있었던 것을 아는 사람은 거의 없었다.

구텐브룬에서 사람 목숨으로 대가를 치르는 것은 비단 교수대에서만 일어나는 일은 아니었다. 스테이네츠크와 마찬가지로 이곳에서도 아주 많은 사람들이 영양실조나 탈진으로 죽어갔다. 의무실에 누워 있는 사람들은 서로에게 심정을 토로했다. 그들은 더 이상 고통을 억누를 수 없었다. "우리는 노예가 되고 말았어. 이 모든 게 끝날 때까지 그들을 위해 일하겠지만, 이런 상태가 더 오래 지속된다면 우리들 중 아무도 살아남지 못할 거야." 누군가 말했다. "왜 우리는 순순히 이곳으로 끌려왔을까?"

"달리 어쩔 수 있었겠어? 만약 우리가 고분고분하게 따라오지 않았다면 그들은 우리에게 폭력을 휘둘렀을 테고, 그럼 우리는 그 자리에서 생을 마감했을 텐데." 또 다른 누군가가 말했다.

"왜 세상은 아직도 이 일에 무관심한 걸까? 무슨 일이 일어나고 있는지 모른단 말인가?" 먼저 사람이 말했다.

"아마 그럴걸." 다른 이가 말했다.

"분명히 알고 있을걸." 먼저 사람이 주장했다. "신경 쓰지 않을 뿐이지."

"적십자 사람들은 무슨 일이 일어나지 알고 있어." 그때 나는 호출되어서 계속된 대화의 일부만 들을 수 있었다. 그들은 독일인들이 우리를 쓸모없는 기생충처럼 만드는 것이 두렵고, 또 다른 나라들도 우리를 그와 별다를 바 없이 볼 것이 두렵다고 했다. 그들은 버림받았다는 느낌에 확고히 사로잡힌 것 같았다. 그들은 세상이 우리를 포기했다고 생각하는 듯했다.

수용소에 새로 온 유대인들 중에는 라이프치히Leipzig 출신의 저널리스트가 있었다. 그의 이름은 리하르트 그림이었다. 나는 그를 철도 선로 위에서 만났다. 그는 내게 골드베르크의 처사가 개탄스럽다는 말을 했다. 그는 현명하고 용감했으며, 넓은 어깨가 돋보이는 사람이었다. 골드베르크와 마찬가지로 그는 유창한 독일어를 구사했다. 수용소의 전략과는 어울리지 않게 그는 주도면밀한 사람이었다. 열심히 일하면서도 끊임없이 질문을 던졌다. 수용소 규칙을 숙지한 다음부터 그는 골드베르크에게 공세를 펼치기 시작했고, 수용소장이 교체되자 골드베르크의 권력을 약화시킬 기회를 포착했다. 골드베르크로서는 몹시 걱정스러운 일이었다.

현명하고 용감한 라이프치히 출신의 저널리스트는 곧 새로운 수용소장의 시선을 끌었다. 우월한 지성을 기반으로 골드베르크보다 훨씬 어른스럽게 처신하는 그림은 수용소 관리자라는 신설 직책에 임명되었다. 그에게 맡겨진 임무가 무엇인지는 아무도 정확히 알지 못했지만, 그 직책은 그를 내부 사정에 밝게 만들었다. 그것이 그에게 친위대 사령관과의 지속적인 접점을 마련해주었으므로, 그는 권력 기반을 갖게 되었고 종종 골드베르크의 권위에 도전했다. 친위대의 호감을 사고자 둘이 경쟁을 벌일 때면 언쟁과 가식이 펼쳐졌다. 골드베르크는 그림에 대한 불만을 늘어놓았고, 그림은 공공연히 골드베르크를 비판했다. 그들 중 오직 한 명만이 수용소에서 최고의 유대인 수용자 자리에 오를 수 있음이 분명해졌다. 사령관은
골드베르크의 충동적인 경솔함보다는 그림의 현명하고 결단력 있는
접근법을 더 좋아했으므로, 결국 그림이 **라게렐테스터**, 즉 수용소
통솔자가 되었다. 이제 리하르트 그림이 주역이었다. 아직 경찰들의
우두머리라는 지위를 유지하고 있기는 했지만 골드베르크의 지배는
끝난 셈이었다.

1942년 10월, 날씨가 추워지기 시작했다. 우리가 걸친 옷은
이미 여러 달 전에 누더기가 되었고, 신발도 너덜너덜해진 지
오래였다. 어떤 사람들은 다 떨어진 신발 조각들을 끈으로 엮어서
신었다. 겨울이 천천히 오기를 얼마나 간절히 바랐던가! 일터에서
수용자들은 체온을 따뜻하게 유지하기 위해서라면 무슨 짓이든
했다. 얼어붙은 팔다리를 녹이기 위해 팔을 마구 휘둘렀고 발을 동동
굴렀다. 어떤 사람들은 자기 몫의 수프를 신문지나 시멘트 포대로
바꿔 그것들로 자기 몸을 싸매기도 했다. 헤르데케는 따뜻하게
커피를 마시며 오두막 안에서 보내는 시간이 늘었다. 나는 주변에
굴러다니는 나뭇조각들을 보곤 한 가지 계획을 세웠다. 헤르데케의
동의를 얻기 위해서는 내 주장이 생산성 향상에 근거해야 한다는
것을 알았다. 하지만 내가 막 이야기를 꺼내려고 할 때마다 그는
자리를 뜨곤 했다.

어느 날 나는 그가 오두막을 나서기 전에 그를 멈춰 세웠다.
"헤르데케 씨, 사람들이 추위 때문에 애를 먹어서 체력이 많이
약해졌습니다. 제 생각엔 간간이 몸을 데울 시간을 준다면 그들은 더
생산적으로 일할 겁니다. 혹시 오전 중에 그들에게 휴식을 주실 수

있는지 알고 싶습니다. 우리에겐 불을 땔 만한 나뭇조각이 충분히 있고, 커피도 끓여 먹을 수 있습니다. 스테이네츠크에서는 그렇게 했었습니다."

헤르데케는 청사진에서 눈을 떼고 나를 가만히 바라봤다. 몇 분이 흘렀다. 그가 거절할 것 같다는 생각이 들 무렵, 허락이 떨어졌다. 나는 그의 인간적인 면모에 동요하는 나 자신을 발견했다. "그렇게 해." 그가 말했다. "그런데 불을 어디에 지필 셈인가?" 나는 그에게 스타시아의 야전취사장에 대해 이야기했다. 그는 내 생각에 동의했고, 우리에게 커피 대용품을 조금 주겠다고까지 했다. 며칠 뒤, 나는 아버지에게 나무를 모아 불을 피우고 커피를 끓이자고 말했다. 더없이 적절한 타이밍이었다. 아버지의 모습이 슬슬 이슬람교도처럼 되어가고 있었던 것이다. 아버지는 벽돌로 가마를 만들기 시작했고, 이틀이 지나기 전에 커피를 마시며 쉴 수 있는 30분이라는 시간이 현실이 되었다. 이 소박한 휴식시간은 그해 겨울 동안 수많은 사람들의 목숨을 구했을 것이다. 그 후로 다들 아버지를 '커피 아저씨'라고 불렀다.

헤르데케처럼 훌륭한 인품을 지닌 나치와 만난다는 것은 신선한 충격이었다.

선한 의지에는 강력한 전염성이 있다. 그는 그가 거느린 작업반장들에게 본보기를 보였고, 그들 또한 차츰 이성적으로 굴기 시작했다. 헤르데케는 내 앞에서 히틀러를 더 자주 비난하곤 했다. 그는 기술자로서의 경력을 이어가기 위해 나치당에 가입했다고 했다. 하지만 히틀러가 국민들을 점점 재앙으로 몰고 간다는 생각이 든다고 했다. 하지만 그가 어떤 생각을 가졌든 간에, 나는 그 주제에 관한 토론에 끼어들 처지가 못 됐다.

아버지는 감자를 몰래 훔쳐온 수용자들에게 감자를 구워주기 시작했다. 그 대가로 아버지는 당신 몫을 챙길 수 있었다. 고된 노동에서 벗어나고 약간의 음식을 더 먹게 되자 아버지는 서서히 혈색을 되찾았다. 그림이 사령관에게 영향력을 발휘한 덕분에 우리의 의무실 막사는 확장되어 더 많은 환자들을 침대에 눕힐 수 있었다. 아버지와 나는 새로 도착한 사람들을 수용하기 위해 지어진 새로운 막사로 옮겨 갔다. 나는 헤르데케 곁에서 일하는 것을 그만두었으므로, 하루 종일 의무실에 머무를 수 있게 되었다.

조시아는 나를 만나려면 먼 길을 걸어와야 했지만, 내게 약간의 음식과 의약품, 폴라 누나와 어머니의 편지를 전해주기 위해 적어도 한 달에 한 번은 찾아왔다. 어느 토요일, 그녀는 내게 편지 두 통을 건네주었다. 나는 편지를 받아들면서 무언가 이상하다고 생각했다. 두 편지에는 불과 이틀 간격으로 소인이 찍혀 있었던 것이다. 막사로 돌아온 나는 아버지와 함께 편지를 한 통씩 열어봤다. 첫 번째 편지는 강제추방이 계속 이루어지고 있다는 내용이었다. 하지만 두 번째 편지에는 훨씬 걱정스러운 내용이 적혀 있었다. 요세크 형이 체포되어 추방당했으며, 행방을 알 수 없다는 것이었다. 독일 육군 대위가 그에게 발부해준 면제증명서는 아무 소용이 없었다고 했다. 이는 어머니에게 치명적인 영향을 미쳤다. 폴라 누나는 이렇게 적었다. "무슨 일이 있어도 나는 어머니 곁을 떠나지 않을 거야." 아버지는 나를 바라보더니 깊은 한숨을 내쉬며 말했다. "하나님은 당신 뜻을 의심치 말라고 하셨다." 아버지의 목소리는 주체할 수 없는 고통으로 떨리고 있었다. 우리 모두 누나와 어머니가 정말로 위험한 상황에 놓였음을 알았다. 마음속에서 나는 그녀들과 함께 집에 있었다. 심장이 옥죄어왔다.

오래지 않아 골드베르크는 모든 권력을 잃었고 그림의 지배를 받아들이게 되었다. 한때 거침없고 교만하던 그의 태도는 외톨이 신세로 전락하면서 순식간에 사라졌다. 그림은 뻔뻔하도록 공정했다. 그의 지배에 따른 혜택들 중 하나는 그가 일요일 오후 2시부터 4시까지 침대에서 반드시 휴식을 취하도록 요구한 것이었다. 이곳에서는 낯설기만 한 희망의 순간들 속에서, 오래된 유대 노래의 열정적인 가사에 대한 기억이 수용자들로 하여금 '구텐브룬의 노래'를 만들도록 했다. 이 노래는 당시 유행했던, 미국의 암흑가에 관한 'Americzke Ganiv'라는 이디시어 노래의 형태를 따라 만든 것이었다. 느리고 침울한 멜로디의 후렴구가 반복되는 곡이었다.

구텐브룬, 아침부터 밤까지 우리는 중노동을 하지.
그 대가로 퀴퀴한 빵과 순무 수프를 받지.
우리는 유대인이라 불평할 권리가 없어.
설령 우리가 그래봤자, 누가 듣기나 하겠어?

후렴구가 끝나면 수용자들은 자연스럽게 자기만의 가사를 덧붙이곤 했다. 예를 들어,

일해라, 일해라, 일해라, 자유가 올 때까지.
그러면 다시 좋은 날이 올 것이다.

하지만 지금 당장 우리는 불평하지 않지.

설령 우리가 그래봤자, 누가 듣기나 하겠어?

여기에 또 다른 수용자가 노래 속에 끼어들곤 했다.

무슨 쓸모가 있어? 그들은 뭘 하려는 거야?

운명이란 우리가 감당해야 하는 것이지.

너무 슬퍼하지 마, 억울해하지도 마.

설령 우리가 그래봤자, 누가 듣기나 하겠어?

이와 비슷한 구절들이 일요일 오후마다 들려왔다.

한동안 전쟁이 중단된 듯이 느껴졌다. 마치 나치들이 점령한 모든 지역이 영원히 그들 영토로 남을 것만 같았다. 그러던 어느 날, 희소식이 날아들었다. 12월에 미국이 연합국 측으로 참전을 선언했다는 것이었다. 1943년 1월이었다. 타데크는 내게 근처에 새로 생긴 강제노동수용소에 관해 이야기해줬다.

아직 겨울이었지만, 조시아가 찾아왔던 어느 토요일에는 상당히 쾌적한 날씨였다. 그날 방문은 유달리 반가웠다. 꽤 여러 주 동안 그녀를 보지 못해서였다. 그녀는 코트 안에 단순하지만 아름다운 물방울무늬 드레스를 입고 있었다. 작은 문에는 보초가 없었으므로 나는 밖으로 나가 그녀와 함께 길을 걸었다. 이제 경비병들은 내가 치과의사임을 알고 있었으므로, 최악의 경우라고 해봐야 그들이 나를 큰소리로 부르면서 대답하라고 재촉하는 것이 고작일 터였다. 우리는 계속 걷다가 어느 작은 숲 앞에 다다랐다. 우리는 숲속으로 들어갔다.

우리는 잠시 숲속을 거닐다가 멈춰 섰다. 나는 조시아의 반짝이는 눈을 바라봤다. 그녀를 안고 입을 맞췄다. 그녀는 내게 팔을 둘러 포옹을 받아들였고, 입을 맞추며 내 어깨에 머리를 기댔다. 우리는 서로에 대한 갈망을 느꼈다. 나는 그녀를 눈밭 위에 눕혔다. 우리는 구텐브룬에서는 처음으로 사랑을 나눴다. 그런데 갑자기 사람 목소리들이 점점 가깝게 들려오기 시작했다. 나는 문제가 생겼음을 알아차렸다. 주변을 둘러봤지만 딱히 숨을 데가 없었다. 네 사람이 우리를 향해 똑바로 오고 있는 것이 보였다. 우리는 태연한 척하려 애썼다. 그들은 우리 앞에 멈춰 섰다. 그중 가장 어린, 내 또래로 보이는 사람이 적개심을 노골적으로 드러내며 나를 쳐다봤다. 나는 처음 생각했던 것보다 훨씬 큰 문제가 생겼음을 알았다.

"여기서 뭐하고 있는 거야?" 그가 성난 목소리로 말했다.

조시아가 대답했다. "이 사람은 내 친구고, 나는 이 사람을 만나러 왔어요."

그는 조시아의 말은 무시한 채 나를 돌아보며 을러댔다. "우리는 네가 수용소에 있는 빌어먹을 유대인 새끼라는 걸 알고 있어. 우리는 너희 둘이 숲으로 들어가는 걸 지켜봤지. 그리고 너." 그는 조시아를 가리키며 말했다. "유대인과 몸을 섞다니, 부끄러운 줄 알아. 유대인이랑 씹질을 한 폴란드 여자는 망신감이야."

우리는 그들 손아귀에 들어갔다. 그는 내 멱살을 잡더니 얼굴을 몇 대 후려쳤다. 이어 그는 나를 다른 동료를 향해 밀쳤고, 그 동료는 내 따귀를 때리고는 다시 그를 향해 밀쳤다. 나는 땅바닥에 내동댕이쳐졌고, 일어나려 할 때마다 걷어차였다. 조시아는 울며

애원했다. "왜 이러시는 거예요? 왜 그를 때려요? 그는 당신들에게
아무 짓도 하지 않았잖아요." 그러나 그녀의 애원은 허사였다. 다른
두 사람이 그녀를 내게서 멀리 떼어냈다.

　내가 일어나려고 애쓸 때마다 그들은 나를 축구공처럼 걷어찼다.
그들이 결코 멈추지 않으리라는 생각이 들었다. "저를 왜 때리는
겁니까?" 나는 호소했다. 두들겨 맞는 내내 나는 초소로 끌려가면
일어날 일에 대한 생각이 멎지 않았다. 이대로 끝장이라는 생각이
들었다.

　마침내 그들의 격렬한 분노가 가라앉았다. 그들은 할 만큼 한
뒤에 떠나갔고, 내 악몽은 끝났다. 그들이 나를 초소로 끌고 가지
않은 것은 천운이었다. 그랬다면 내게 어떤 일이 일어났을지 상상도
할 수 없었다. 머리가 핑핑 돌고 얼굴은 불타듯 화끈거렸다. 옷은
피투성이가 되었고, 입안은 찢어진데다 이빨 몇 개가 흔들거렸다.
나는 턱을 움직여보려고 했다. 엄청나게 아팠지만 부러지지는
않았다. 조시아는 내 얼굴에 난 상처들을 보며 겁에 질려 있었다.
두들겨 맞은 곳들도 아팠지만, 가장 심각한 고통은 몸속에서 나왔다.
나는 위경련 때문에 몸을 굽혔다. 스테이네츠크에서 크루스혜에게
맞은 후 겪었던 고통이 다시 찾아온 것이다. 조시아는 내가 얼마나
수치스러울지 알고 있었다.

　"저들은 그저 불량배들일 뿐이에요. 자기들이 무슨 짓을 하는지도
몰라." 그녀는 나를 위로하며 내 옷을 닦는 것을 도왔다. 최대한 빨리
수용소로 돌아가고 싶었다. 그녀는 가져온 약과 보따리를 건넸다.
수치심과 분노에 사로잡힌 채, 나는 그녀에게 작별의 키스를 했다.

　숲 가장자리에서 나는 조심스레 수용소로 가는 길을 훑어봤다.

두 번째 수용소: 구텐브룬

길이 안전한 것을 확인하고서 지름길을 통해 주방 입구로 돌아갔다. 연병장에 들어가니 다른 수용자들과 쉽게 섞일 수 있었다. 이제 2시 반이었다. 수프 배식은 오래전에 끝났지만, 끈질긴 낙천주의자들 몇몇이 한 그릇 더 주지 않을까 기대하며 주방 창문 앞을 기웃거리고 있었다. 나는 빵과 약 꾸러미를 아버지 담요 밑에 두곤 얼굴을 씻고 입을 헹구러 갔다. 흔들리는 이가 어서 진정되기를 바랐다.

그해 겨울은 전년처럼 혹독하게 춥지는 않았지만, 누더기가 다 된 우리 옷으로는 견디기 힘들었다. 얼음장처럼 차가운 철로를 다루는 사람들의 사망률은 심각한 지경이었다. 나는 더 이상 헤르데케 곁에서 일하지 않았지만 우리 파견대는 여전히 30분간 휴식을 취할 수 있었고, 아버지도 계속해서 커피 끓이는 일을 맡았다.

4월 초 어느 날, 연병장을 가로질러가고 있을 때 멘델레가 따라왔다. 그가 물었다. "바르샤바에서 무슨 일이 일어나는지 들었어요?" 멘델레는 종종 황당한 이야기를 하곤 했는데, 그중 진짜는 절반도 안 됐다. 하지만 그가 한 말이 너무 끔찍해서 나는 더 듣기로 했다. "독일인들이 남녀노소 안 가리고 게토 사람들을 트레블링카Treblinka라는 수용소로 이동시키고 있대요. 그리고 그곳에서 싹 죽여버린대요."

"멘델레, 너 또 이상한 소리를 하는구나." 내가 말했다.

그러자 멘델레는 왈칵 성을 내며 이야기를 되풀이했다. "하나님께 맹세해요. 사실이라고요." 그가 말했다. 사뭇 진지해 보였기에 나는 그에게 그런 이야기를 처음 한 사람이 누구인지 물었다. "지하조직에 있는 폴란드 사람이요." 그가 답했다. 이것이 우리가 처음 들은 대량학살 이야기였다. 그곳에서 약 30만 명의 사람들이 살해당했다는 사실을 내가 알게 된 것은 한참 뒤의 일이었다.
공포와 경외감이 혼합된 감정을 불어넣음으로써, 나치는 우리를
그저 살아남겠다는 이유만으로 기꺼이 자신들을 위해 노동하는
잘 훈련받은 노예들로 만들었다. 그러나 강제노동만으로는
우리를 신속하게 죽일 수 없다는 사실을 깨닫자, 그들은 헬름노나
트레블링카 같은 것들을 떠올리게 되었다.

노동자들이 한 구역에 철로를 다 깔고 나면 수용소에서 더 먼
곳으로 이동해야 했다. 일터에 가기 위해 하루에 3~5킬로미터를
더 걸어야 했던 것이다. 사상자가 점점 더 빈번히 발생했기 때문에
자이델 의사는 우리가 매일 한 시간 이상 현장을 돌아다니면서
병들거나 다친 사람들을 찾아보기를 바랐다. 나는 그 일에 가장
먼저 자원했다. 붕대, 탈지면, 요오드액 한 병을 챙겨 들고서 매일
아침마다 작업 현장에 들렀다.

4월 말의 일요일에 조시아가 찾아왔다. 그녀는 게토로부터 온
편지를 가져왔다. 나의 예감은 적중했다. 최악의 소식이 온 것이다.
첫 줄을 읽는 순간, 나는 얼어붙고 말았다. 어머니와 누나가 죽임을
당했다는 것이었다.

가
족
들
의

죽
음

편지를 다 읽고 나서 나는 두 눈을 감은 채 멍하니 서 있었다.
조시아는 게토에서 뭔가 끔찍한 일이 일어났음을 눈치챘다. 그녀는
내게 무슨 일이냐고 물었다. 나는 대답할 수 없었다. 그녀가 어머니와
누나에게 무슨 일이 생겼냐고 물었을 때, 나는 고개를 끄덕였다.
그녀는 나를 바라보았고, 내가 말을 할 수 있는 상태가 아님을
알았다. 그녀는 나를 가만히 내버려뒀다.

위경련이 일어나는 것이 느껴졌다. 수용소로 돌아가면서 편지를
다시 한 번 읽었다. 내가 잘못 읽은 것이기를 바라면서. 하지만
아무리 반복해서 꼼꼼히 읽어봐도, 그 내용은 우리가 생각했던
것보다 훨씬 나쁜 것이었다.

네가 이 편지를 받아 볼 때쯤이면 엄마랑 나는 더 이상 살아 있지 않을
거야. 우리를 재정착시키려 한다는 이야기를 들었지만, 우리는 우리가
가게 될 곳을 알고 있어. 헬름노지. 그곳에서 돌아온 사람은 없어.
우리는 게토에 마지막까지 남은 사람들이야. 겨우 200명만 남았을

뿐이지. 정말이지 이제는 아무래도 상관없어. 이런 수치스러운 삶은

이미 충분해. 요세크를 만나게 된다면 우리 이야기를 전해줘. 더 이상

답장하지 마. 어차피 우리는 이곳에 없을 테니까. 우리는 너와 아버지,

요세크가 살아남을 수 있기를 바라. 아버지와 너를 향한 사랑을 담아.

폴라 누나가.

어머니가 아버지와 나를 향한 두 줄의 작별 인사를 덧붙였다.

"우리 모두 다른 세상에서 다시 만날 수 있을 거야."

너무나도 충격적이었다. 숨을 쉴 수가 없었다. 오금이 저려 걸을

수도 없었다. 아버지와 내가 추방당했던 날의 어머니와 폴라 누나가

떠올랐다. 절망에 빠진 어머니와 애써 눈물을 감추던 누나가. 나는

편지를 바라봤다. 잔인무도한 죄악이 눈앞에 있었다. 그들의 긴

고통은 끝났다. 그들은 부질없이 2년 넘는 세월을 게토에서 버텨왔던

것이다. 나는 얼어붙은 채로 고개를 들어 하늘을 올려다봤다. 신에게

이유를 물었지만, 은빛 고리들만이 눈앞에 빙빙 맴돌 뿐이었다.

나는 신을 숭배하라는 가르침을 받으며 자라왔다. 하지만 신은 나를

망쳐놓았다.

나는 이 소식을 듣고 아버지가 받을 충격을 가늠해보았다. 쓰라린

진실의 고통을 덜어줄 말이 존재하기나 할까? 설령 있다 해도

도저히 떠올릴 수가 없었다. 나는 편지를 주머니에 찔러넣고 막사로

들어갔다. 아버지도 이 소식을 알아야 한다고 생각했다. 아버지는

침상 가장자리에 앉아 있었다. 나는 아무 말 없이 다가가 아버지에게

가만히 편지를 건넸다. 편지를 읽는 동안 아버지의 낯빛은

창백해졌고 어깨는 축 처졌다. 고통스럽게 몸을 뒤틀면서, 아버지는

두 눈을 감고 양손으로 얼굴을 감싸쥐었다. 두 손을 꼭 맞잡은
모습을 보고 나는 아버지가 기도를 하고 있음을 알았다. 기도를 마친
아버지는 고통과 슬픔이 뒤섞인 표정으로 말했다. "그들이 여자와
아이들까지 죽일 수 있다면, 아마 온 세상이 미친 것일 게다." 우리
마음속에는 눈물이 가득 찼지만, 우리는 우는 법조차 잊어버렸다.

"아들아, 무슨 일이 일어나고 있는 것인지는 오직 신만이 아신다."
아버지가 말했다. 지난 몇 년간 아버지는 나를 '아들아'라고 부른
적이 없었다. 우리는 한동안 고개를 숙인 채 말없이 앉아 있었다. 할
수 있는 말이 없었다. 그러다가, 더는 견딜 수 없다는 듯이, 아버지가
밖으로 나가버렸다.

일요일 오후였다. 우리가 쉴 수 있는 날이었다. 물론 이는
경비병들과 친위대원들의 휴식을 위한 것이었다. 나는 눈을 뜬
채 가만히 누워 막사의 높은 천장을 하릴없이 바라보고 있었다.
햇빛이 흙투성이 창문을 뚫고 들어왔고, 먼지가 허공에서 끊임없이
부유하고 있었다. 사실 같지 않았다. 그들이 죽었을 리 없다. 편지를
다시 읽어봤다. 그 내용이 돌이킬 수 없는 최종적인 것이라는
사실이 두려웠다. 나는 베개 밑에 숨겨두었던 낡은 가족사진 몇
장을 꺼내보았다. 이제는 누렇게 변하고 귀퉁이가 너덜너덜해진
사진들을 들여다보며 우리가 헤어질 때 어머니가 마지막으로 했던
말을 떠올렸다. "이 악몽이 끝나는 날, 우리는 여기서 모두 다시
만날 거다." 고독이 몰려왔다. 누군가와 이 슬픔을 나눌 필요가
있었다. 하지만 이제 그럴 만큼 친한 사람도 없었다. 우리는 삶이
너무 고통스러웠으므로, 이런 슬픔은 혼자 간직할 뿐이었다. 다들
자기 목숨 부지하기에 급급한 처지였다. 내게 내 고통을 남에게 지울

권리가 있는 것도 아니었다. 이곳에 자기만의 비극을 품고 있지 않은 사람이 있겠는가?

　우리 침상 뒤쪽에서 누군가 조용히 기도를 올린 후 크게 "아멘"이라고 마무리하는 소리가 들려왔다. 그러자 옆에 있던 다른 사람이 그의 신실함에 의문을 제기했다. "아직도 기도를 올릴 신앙심이 남아 있소? 기도는 우리를 돕지 못해."

　"꼭 하나님을 믿어야 하는 건 아니지. 나는 여전히 믿고 있지만. 우리가 여기 있다는 것이 우리가 믿음을 버린다는 뜻은 아니니까." 기도한 사람이 말했다. "지금 일어나는 일은 그분 잘못이 아니오. 인간들의 잘못이지. 결국 그들은 자신들의 비인간적인 행위에 대해서, 자신들의 부도덕함에 대해서 대가를 치르게 될 거요."

　"비인간적인 행위니 부도덕함이니 그런 터무니없는 말은 하지 맙시다. 독일인들은 신이나 도덕을 믿지 않아요. 히틀러를 따를 뿐이지."

　"하나님은 당신의 방식대로 일을 하시지. 우리는 그분께서 공정한 심판관임을 믿어야 해요. 그분은 당신께서 선택한 백성들을 외면하지 않아요."

　"선택?" 의문을 제기했던 사람이 말을 끊었다. "우리가 선택받았다는 말이오? 뭘 위해 선택받았지?"

　"선택받았다는 말이 우리가 다른 사람들과 다른 대우를 받거나 더 나은 대우를 받는다는 걸 뜻하지는 않아요. 그분은 의심 없이 당신과 당신의 가르침을 받아들이라고 우리를 선택한 거요. 그분, 공정하신 그분께서는 언제나 우리와 함께하십니다." 기도한 사람이 끈질기게 말했다.

"댁은 그렇게 확신할지 몰라도 나는 아니오. 만약 이 상황이 계속된다면, 그분은 자신을 떠받드는 백성 없이 홀로 남겨질 거요. 선택받은 이들 중 하나가 되면 위로가 될지 모르겠는데, 나는 그렇지 않소."

나는 하나님의 존재를 부정하지는 않았지만, 아버지가 내게 믿으라고 가르친 신이 어디에 있는지 의문을 품고 있었다. 나는 스테이네츠크에서 응급진료실 밖에 피 흘리며 누워 있을 때 신에게 의지하는 것을 그만뒀다. 그곳에서 나는 신 없이 나만의 창세기를 시작했다. 이런 비인간적인 삶의 바닥에서 유대인다움과 타협한다는 것은 매우 어려운 일이었다. 나는 이런 생각들을 떨쳐버리기 위해 베개에 얼굴을 파묻었고, 이내 잠들었다.

악몽을 꾸다가 땀에 흠뻑 젖은 채로 깨어났다. 그리고 악몽과 삶이 사실상 별다를 바 없음을 깨달았다. 나는 위경련의 격렬한 통증을 잠재우기 위해 벨라도나를 한 숟갈 떠먹고, 침상에서 미끄러져 내려와 막사 밖으로 나갔다. 거기 아버지가 있었다. 우리는 멈춰 서서 말없이 서로를 바라봤다. 우리의 고통은 형언할 수 없는 것이었다. 그날은 우리 모두에게 길고도 괴로운 날이었고, 그날 밤 막사는 마치 영안실처럼 조용했다.

다음 날 밤, 나는 집에 있는 꿈을 꿨다. 안식일이 시작되는 금요일 저녁이었고, 아버지와 형과 나는 이제 막 시너고그에서 돌아온 참이었다. 어머니는 눈을 감은 채 촛불 위로 손을 모으고 기도를 올렸다. 아버지는 포도주를 채운 성배를 받쳐 들고 키뒤시Kiddush*를 읊었다. 외할아버지는 할라를 축성했다. 폴라 누나가 꺾어온 들꽃들이 식탁 위에 놓였다. 모든 것이 선명했고, 생시 같았다. 마치

가족들의 죽음

내가 집을 떠난 적이 없는 듯했다. 잠에서 깨어나자 나는 쓰라린 현실로 돌아왔다. 보이는 독일인마다 모두 어머니와 누나의 죽음에 대한 책임이 있는 것처럼 여겨졌다.

　나치 독일이 유대인 대량학살 계획을 실행에 옮기기 시작할 무렵, 그들은 폴란드를 출발지로 삼았다. 이는 결코 우연이 아니었을 것이다. 타데크가 지역에 새로 세워진 강제노동수용소들에 대해 이야기했을 때, 나는 호기심이 생겨 물었다. "그게 어디죠? 여기서 먼 데 있어요?"

　"어, 아니야! 하나는 여기서 겨우 20킬로미터쯤 떨어진 곳에 있어. 거기는 여자 수용소래." 그가 답했다. 나는 여자들이 강제수용소에 수용되고 있다는 이야기를 들어보지 못했다. 노동강도와 수용소 환경은 여자들이 오래 견딜 수 있는 것이 못 되었다. 그렇지만, 그게 사실이라면, 나는 그곳에서 어머니와 폴라 누나를 찾아볼 수 있을 터였다. 이 희망적인 생각 때문에 나는 가만있을 수가 없었다. 나는 그림에게 가서 여성 수용소에 치과 진료가 있을지 의문이라고, 만약 가능하다면 내가 그곳에 가서 그녀들을 돌보고 싶다고 말했다. 그림은 내 생각을 마음에 들어했고, 수용소장에게 건의해보겠다고 했다.

　나는 경비병 없이는 수용소를 나설 수 없으리라는 것을 알았다. 스테이네츠크에서 빵 때문에 난리가 났을 때 내가 끝까지 이름을 불지 않은 이후로 나와 친하게 지내고 있던 타데크는 기꺼이 함께 가주겠다고 했다. 나는 그에게 자전거가 있다는 것을 알았다. 그가

---

*　　안식일이나 축제일 밤, 포도주와 빵을 통해서 신을 찬미하는 기도.

매일 그것을 타고 다녀서였다. 나는 그에게 내가 탈 것도 구해줄 수
있는지 물었다. 그는 가능할 거라고 했다.

며칠째 눈이 계속 내려서 연병장에는 눈이 30센티미터 가까이
쌓여 있었다. 눈이 멎었을 때에는 하늘에 먹구름이 끼어 있었다.
의무실은 병들고 죽어가는 이들로 가득했다. 대부분의 수용자들은
오로지 정신력으로 버텼다. 나는 다만 몇 시간만이라도 이 감옥에서
벗어나고 싶었다.

나는 그림과 몇 차례 마주쳤지만, 그는 전에 우리가 의논했던 일에
관해서 전혀 언급이 없었다. 나는 그가 잊어버린 것이리라 여겼다.
그런데 어느 날 문득 그와 수용소장이 의무실에 찾아와 그 이야기를
꺼냈다. "차렷!" 그들이 들어오자 자이델이 큰소리로 외쳤다.
"수용소장님, 이곳에는 65명의 환자와 일곱 명의 간병인이 있습니다.
전원 이상 없습니다." 의무실에서 수용자 수는 시시각각 변했으므로,
기껏해야 그는 어림짐작할 수 있을 뿐이었다. 자이델은 수용소장
샤르퓌러 퀼러에게 중요한 것이 무엇인지 알고 있었다.

시골 농부처럼 생긴 수용소장은 머리가 잿빛으로 세고 있었던
까닭에 다른 친위대원들에 비해 약간 나이 들어 보였다. 하지만 그는
악랄한 사람이 아니었을뿐더러, 전임자들과 달리 수용자들에게
관심을 갖고 있었다. 그림이 그를 향해 돌아서서 말했다.
"수용소장님, 인근의 여성 수용소에는 아마 치과진료소가 없을
겁니다. 우리 치과의사 말로는 자기가 거기 가서 그쪽 수용자들을
도울 수 있다고 합니다. 물론 경비병 한 명이 계속 동행해야겠지요."
수용소장은 그림을 바라봤다가 나를 쳐다봤다. 한동안 생각하던
그가 입을 열었다. "아주 좋군, 그리 하게." 나는 터져 나오려는

환호성을 억누르느라 입술을 질끈 깨물었다.

　"감사합니다, 수용소장님." 그들이 자리를 뜰 때 내가 말했다.
나중에 그림이 되돌아와서 수용소장이 덧붙인 주의사항을
전해주었다. 내가 그 수용소에 들어갈 수 있을지 여부는 그쪽
수용소장의 소관이라는 것이었다. 이 정도 성취만으로도 나는
조심스레 낙관하고 있었다.

　1943년 4월 말이었다. 봄 내음이 우리를 사로잡는 가운데 해가
저물었다. 우리가 사는 요새 같은 건물들에 에워싸여 있었음에도,
햇볕이 비추는 곳마다 겨울이 물러가는 것처럼 보였다. 타데크에게
내가 여성 수용소로 가도 된다는 영감님(타데크는 수용소장을 그렇게
불렀다)의 허락을 받았다고 알려주자 그는 "잘 됐네" 하고 말했다.
"자형이랑 이야기해봤는데, 너한테 자기 자전거를 빌려주겠대."

　나는 애가 탔다. "타데크, 우리 언제 가요?" 나는 그에게 물었다.
그는 수요일이 비번이므로 그날 가보자고 말했다. 타데크는 내 삶에
중요한 사람이 되어 있었다. 경비병이라는 신분도 그의 근본적으로
선한 품성에는 해가 되지 않았다. 수많은 악랄한 경비병들 사이에
있으면서도 그는 상황이 허락하는 한 도움을 주려 했다. 나는 누나와
어머니를 만날 가능성이 희박하다는 사실을 알고 있었지만, 그래도
그녀들을 찾는다는 것 자체로 큰 의미가 있었다. 나는 아직 마음속에
희망을 간직하고 있었다.

　수요일에 타데크가 나를 데리러 왔다. 어릴 적 형과 누나가
자전거 타는 모습을 봐왔으므로 자연스레 자전거 타는 법을 익힐 수
있었다. 당시 나는 페달을 밟기에는 너무 작아서 자전거를 한쪽으로
기울여서 한 다리를 바 아래에 놓고 탔다. 자전거 두 대를 끌고

오는 타데크를 보니 그 시절이 떠올랐다. 수용소에서 멀리 벗어나자 타데크는 내게 다윗의 별을 떼어내라고 했다. "조심하는 게 좋겠지." 그가 말했다.

화창한 날이었지만 아직 꽤 추웠다. 흥분해서 심장이 마구 뛰었다. 삶의 열정이 솟구쳤다. 감시받지 않는 채로 수용소를 나섰다는 사실은 내게 자유의 환상마저 심어줬다. 나는 우리가 찾아가는 곳이 어떤 수용소인지 몰랐고, 그건 타데크도 마찬가지였다. 수용소를 벗어난 지 얼마 지나지 않아 우리는 한 마을을 지나쳤다. 농부들 몇 명이 밭에 인분을 뿌리며 일을 하고 있었다. 타데크가 나로서는 처음 듣는 마을 이름을 대면서 농부 한 명에게 길을 물었다. "그냥 길을 쭉 따라가면 돼요." 농부가 답했다. 곧 타데크가 이정표를 발견했고, 우리가 옳은 길로 가고 있음을 확인했다. 몇 분 후, 길모퉁이 근처에서 우리는 길 양쪽에서 일하고 있는 사람들을 발견했다. 가까이 다가가자 경비병들과 100명 정도 되는 사람들이 둑의 경사를 완만하게 다지고 있는 것이 보였다. 더 가까이 가니 그들이 달고 있는 노란 별이 보였다. 우리 모두 예상치 못한 일이었다.

"그냥 자연스럽게 행동해." 타데크가 말했다. 자전거를 탄 채 지나가며 타데크가 경비병들에게 "하일 히틀러!" 하고 인사를 건넸다.

"하일 히틀러!" 경비병들이 답했다. 사람들이 호기심에 찬 고개를 들었다. 나는 혹시 아는 사람이 있는지 살펴보고 싶었지만, 내 정체를 드러낼 수는 없었다. 나는 마치 아무런 관심도 없는 것처럼 무표정한 얼굴로 그들 곁을 지나쳤다. 그런데 갑자기 그들 중 한 명이 소리쳤다. "저기 봐, 브로네크야. 요세크의 동생!" 나는 경비병들이

반응을 보일까 봐 두려워졌고, 손을 들어 입에 갖다 댔다. 그가 입을
다물어주기를 바라면서. 나는 그가 한 말에 신경 쓰지 않는다는
태도를 유지하려 했지만, 어느새 다들 나를 쳐다보고 있었다. 길게
늘어선 수용자들 곁을 지나가면서 나는 조용히 해달라는 사인을
계속 보냈다. 그러던 중 문득 유령을 봤다는 생각이 들었다. 어떤
사람의 자세와 스웨터 색깔이 요세크 형을 떠올리게 해서였다.
그가 내 쪽을 돌아봤을 때, 나는 그가 바로 요세크 형임을 확신했다.
형은 땅을 파던 걸 멈추고 삽에 두 팔을 걸쳤다. 형은 나보다도 놀란
것 같았다. 기적이었다. 전혀 예상치 못한 가운데서 형을 찾다니.
타데크는 내가 무엇 때문인지 동요하고 있음을 눈치챘다. 나는
속삭였다. "타데크, 저쪽에 말이에요. 베이지색 스웨터를 입은 사람이
우리 형이에요!" 우리는 도로를 벗어나 그들에게서 100미터쯤
떨어진 곳에 멈춰 섰다. 경비병들은 뭔가 눈치챘겠지만, 아무 말도
없었다.

"타데크." 내가 물었다. "저 사람들이 내가 형이랑 이야기할 수
있게 해줄까요, 아주 잠깐만이라도?"

"기다려." 그가 말했다. "내가 가서 알아볼게."

모두들 나를 쳐다보고 있었다. 내가 어떻게 유대인 표식도 없이
자전거를 타고 돌아다닐 수 있는지 궁금한 모양이었다. 타데크는
가장 가까이 있는 경비병을 향해 걸어갔다. 나는 애타게 대답을
기다리며 눈으로 그 모습을 좇았다. 오래 지나지 않아 그가 돌아왔다.
"저 수용자들은 렌진겐 수용소에서 온 거야. 우리가 가고 있는 곳
말이야. 이 길을 따라 몇 킬로미터만 가면 그들 막사가 있대. 저
사람이 네가 형이랑 몇 분쯤 만날 수 있게 해준대. 저 사람들은 행여

수용소에서 친위대원이 와서 보게 될까 봐 겁내고 있어. 그럼 아마 일자리에서 잘리게 될 테니까." 그가 말했다.

얼굴을 맞대자마자, 요세크 형과 나는 얼싸안았다. 우리 두 형제는 서로를 다시 만날 수 있으리라고는 생각도 하지 못했다. 우리는 눈이 녹아 사라진 잔디밭에 앉았다. 요세크 형은 달라진 것이 없었다. 조금 더 야윈 것 말고는. 형에게 묻고 싶은 게 너무 많아서 오히려 입을 열기가 힘들었다. 어머니와 폴라 누나의 소식도 전해야 했다. 하지만 내가 가장 먼저 물은 것은 어떻게 이곳에 오게 되었는지, 또 형이 체포되기 전에 도브라에서는 어떤 일이 벌어지고 있었는지였다.

"불가항력적인 일이었어." 형이 말했다. "상황이 불길했지." 형은 최악의 경우를 각오한 것 같았으므로, 나는 어머니와 누나 이야기를 털어놓았다. "폴라에게는 달아날 기회가 있었어. 어머니에 대해 말하자면, 나는 끝이 다가왔다는 걸 알았지." 형이 말했다. "어떤 사람이 폴라한테 아리아인이라는 증서를 주겠다고 했었어. 하지만 폴라는 어머니를 떠날 수 없다고 했지."

우리는 경비병들이 초조해하는 모습을 봤다. 요세크 형에게 우리가 그쪽 수용소로 가고 있다고 말하자 형이 말했다. "가지 마라. 만약 크루스헤 눈에 띄면, 너를 죽이려 들 거야."

이 말에 나는 놀랄 수밖에 없었다. 형이 어떻게 크루스헤를 알고 있으며, 내가 그 작자 때문에 겪은 봉변은 또 어떻게 안단 말인가? 나는 집에 보내는 편지에 한 번도 크루스헤에 대해 쓰지 않았다. 형은 크루스헤가 지금 형이 있는 곳의 수용소장이며, 형의 성이 야쿠보비치라는 것을 알게 되자 혹시 나와 형제지간인지 물었다고 말했다. 형이 그렇다고 하자 크루스헤는 분통을 터트리며 "언젠가 네

동생을 찾아내서 죽여버리고 싶다"라고 말했다고 한다. 그쪽 수용소
상황은 우리 수용소와 거의 비슷했다. 수용자 대부분이 철로 놓는
일을 하고 있었다.

　헤어지기 전에 형은 내게 언제 다시 올 수 있는지 물었다. "우린
12시부터 1시까지 휴식시간이야." 형이 말했다. 나는 최대한 빨리
와보겠다고 약속했다. 타데크에게 돌아가자, 그는 혹시 위험한 일이
생기지 않을지 도로를 살펴보고 있었다. 나는 그에게 우리가 렌진겐
수용소로 가면 안 되는 이유를 이야기했다. 그도 수용소에 가지
않는 데 동의했다. 크루스헤를 별로 만나고 싶지 않은 것은 그도
마찬가지였다.

　시간은 2시를 지나고 있었다. 우리에게는 어딘가 갈 만한 시간이
남아 있지 않았으므로, 구텐브룬으로 돌아왔다. 나는 타데크에게
영감님이 그림에게 했던 말을 들려줬다. 그는 별로 놀라지 않았다.
그는 퀼러가 다른 수용소장을 대신해서 말할 수 없다는 것을 알고
있었다. "길 위에 있는 것조차 아주 안전하다고는 할 수 없어." 그가
말했다. 누구든 마음만 먹으면 우리를 궁지에 몰아넣을 수 있었다.

　우리가 수용소에 들어설 때, 아버지는 일을 마치고 돌아오는
중이었다. 나는 아버지에게 형을 만났다고 말했다. 아버지는 도저히
믿기지 않는 것 같았다. 조금 후에 나는 아버지에게 형을 어디서,
어떻게 만났는지 등 모든 것을 상세히 말해야 했다. 자이델에게도
형을 만난 이야기를 하자 좀처럼 감정을 드러내지 않는 그는
중얼거리듯 짤막하게 말했다. "잘됐군."

　하지만 그림은 내 행운에 함께 즐거워했다. "조심해야 해." 그는
주의를 줬다. "밖에서 너는 순전히 혼자니까." 위험 부담이 있긴

했지만, 나는 더할 나위 없이 행복한 마음으로 밖에 나갈 날을
기다렸다. 그림과 나는 사이가 좋았다. 그는 내게 속내를 털어놓았다.
자신에게 하달되는 가혹한 나치의 지시들을 최소화하는 것이 얼마나
어려운 일인지, 자존감을 유지하는 것이 얼마나 힘든 일인지 따위를.
응급진료실에서 일하는 것은 내게 어떤 목적의식을 심어줬다. 나는
쓸모 있는 일을 할 수 있었다. 이곳 수용자들 중 일부는 자신들에게
닥친 불행에도 불구하고 대단히 현명했으며, 삶에 대한 영적인
존중을 확고히 붙들고 있었다. 그건 절망감을 누그러뜨려주었다.

　다음 주 수요일, 약간의 눈발이 흩날리는 가운데 나는 정문으로
슬며시 빠져나갔다. 젊은 경비병은 나를 알았다. 그때쯤에는 거의
모든 경비병이 나를 알고 있었다.

　타데크와 나는 자전거를 타고 떠났다. "네 형한테 가기에는 시간이
너무 일러. 우선 여성 수용소부터 가자. 고작 한 시간 거리니까."
타데크가 말했다. 요세크 형을 만난 기적은 나를 잔뜩 고무시켰고,
폴라 누나와 어머니를 찾을 수 있으리라는 희망을 갖게 했다. 희망이
아무리 멀리 떨어져 있다 해도, 때때로 그것은 논리보다 강력했다.
그런데 내가 자전거 페달을 아무리 힘껏 밟아도 타데크의 속도를
따라잡을 수가 없었다. 평균 수명을 이미 넘긴 내 자전거는 이제 그만
폐기해도 좋을 때가 된 것 같았다.

　비포장도로로 접어들자 들판에서 일하고 있는 많은 여자들이
보였다. 1킬로미터쯤 더 가자 막사 몇 채가 보였다. 타데크가 그쪽을
가리키며 말했다. "저기가 그 여자들 수용소야." 막사들은 전형적인
단층 건물이었고, 줄을 맞춰 늘어서 있었다. 수용소를 둘러싼 울타리
위에는 가시철조망이 쳐져 있었다. 우리는 멈춰 섰다. "네 표식을

달아." 타데크가 말했다. "이곳 수용소장은 그걸 달지 않은 수용자를 보고 싶어하지 않을 게 분명하니까." 그는 입구에서 150미터 정도 떨어진 곳에 자전거를 지키고 있으라고 나를 둔 채 홀로 초소로 갔다. 막사들은 마감이 덜 된 소나무 목재로 지어져 있었다. 전부 대충 지어진 듯한 느낌이었다. 타데크와 보초가 나누는 대화가 들리지 않아 나는 그들의 몸짓을 주시했다. 또 다른 누군가가 그 대화에 합류한 후, 타데크가 고개를 끄덕이는 것이 보였다. 뭔가 합의점을 찾은 것 같았다. "지금 수용소장이 부재중이래. 그래도 저 사람들이 널 들어가게 해주겠대. 그런데 지금 수용소 안에는 여자들이 몇 명밖에 없다는군." 타데크가 말했다. 우리는 자전거를 초소 옆에 세워놓고 수용소로 들어갔다. 두 명의 폴란드인 보초는 우리를 호기심 가득한 눈으로 살폈고, 특히 내 작은 상자에 비상한 관심을 보였다. 나는 상자 안에 오로지 치과 기구들만 들어 있음을 확인시켜줬다. 그들은 내게 특별한 호의가 듬뿍 담긴 시선을 보내며 들여보내줬다. 나는 타데크 뒤를 따라갔다. 수용소 안에는 으스스한 침묵이 맴돌고 있었다. 수용자는 단 한 명도 보이지 않았다. 맥박이 빨리 뛰기 시작했다. 어떤 일이 일어날지 알 수 없었다. 주방 입구로 보이는 문이 하나 있었다. 분명 그 안에는 누군가 있을 터였다. 문을 열고 들어가니 이십대 초반으로 보이는 수용자 둘이 감자를 깎고 있었다. 나는 소녀의 얼굴을 볼 것이라 생각했지만, 그녀들은 전혀 예상치 못했던 기괴한 모습이었다. 머리를 민 탓에 그들은 흡사 소년처럼 보였다. 우리가 누군지, 왜 왔는지를 설명하기 전까지 그녀들은 까무러칠 듯 얼어 있었다. 그녀들 중 한 명은 키가 크고 날씬했으며, 키가 작고 통통한 나머지 한 명은

허스키한 목소리와 강한 이디시어 억양을 갖고 있었다. 키 작은
쪽이 대답이 훨씬 빨라 마치 대변인 같았다. 그녀들은 수용복이
아닌 집에서 입던 것과 비슷한 옷을 입고 있었으며, 노란 별을 달고
있었다. 키 큰 쪽은 상냥한 얼굴에 눈이 커다랬고, 호리호리했다.
그녀는 어두운색 치마와 밝은색 꽃들이 그려진 블라우스를 입고
있었다. 원래는 유행을 따른 옷이었겠지만, 이제는 거의 누더기에
가까웠다. 민머리가 아니었다면 그녀는 정말이지 무척 매력적이었을
것이다. 나는 그녀들에게 여기 온 지 얼마나 되었는지, 어디서
왔는지 물었다. 그녀들은 불과 3주 전에 도착했다고 한다. 그때까지
그녀들은 수용자를 매장한 일이 없었다. 물론, '이슬람교도'라는 말도
그녀들에게는 아직 특별한 의미로 사용되지 않고 있었다. 그녀들의
수용소에는 의사도, 치과의사도, 심지어 응급진료실도 없었다.

"나는 말카 로셴이에요." 대변인 여자가 무미건조한 목소리로
말했다. "칼리시에서 왔어요."

"루스카가 당신 동생이에요?" 나는 급히 물었다.

"네." 그녀가 말했다. "루스카를 알아요?"

"아버지가 소다수 장사를 하시지 않았어요?"

"맞아요." 그녀가 답했다.

나는 루스카가 생생히 기억났다. "동생은 어디 있어요?"

"그 애도 여기 있어요. 지금은 일하러 갔고요." 도저히 믿을 수
없었다! 아름다운 루스카, 그녀가 이 수용소에 있다고? 우리는
같은 학교, 유대인 김나지움을 다녔다. 오랫동안 잊고 지냈던
기억이 떠올랐다. 우리는 저녁이면 칼리시의 가로수길을 몇 시간씩
거닐곤 했다. 루스카는 언제나 상냥한 친구였다. 나는 놀란 마음을

가족들의 죽음

진정시키고 도브라에서 온 사람은 없는지 물었다.

"저는 하나 치메르만이라고 해요. 도브라에서 멀지 않은 콜로 출신이죠. 도브라에서 온 소녀들 몇 명을 알고 있어요." 키 큰 여자가 말했다.

"혹시 폴라 야쿠보비치를 아시나요?"

그들은 서로 마주봤다. 이윽고 대변인 여자가 말했다. "발치아 야쿠보비치는 있어요. 우니에유프에서 온." 발치아는 내 사촌여동생으로, 큰아버지의 막내딸이었다. 나는 그녀라면 도브라의 마지막 날들에 무슨 일들이 있었는지 알고 있을 거라고 생각했다. 그녀를 만나야 했다. 나는 말카에게 우리는 다음 주 수요일에 또 올 거라고 이야기했다. 타데크가 거들었다. "우리는 이곳에 10시부터 12시까지 있을 겁니다."

"제 사촌에게도 전해주세요." 내가 덧붙였다.

"제 생각엔 토요일이나 일요일에 오는 게 가장 좋을 것 같아요." 말카가 대답했다. "그땐 모든 소녀들이 여기 있거든요." 나는 타데크를 쳐다봤다. 그는 고개를 저었다.

그때 갑자기 문이 열리더니 경찰 완장을 찬, 어깨가 넓은 여자 한 명이 들어왔다. 그녀는 우리를 보고 무척 놀란 눈치였다. 말카가 그녀에게 우리가 누군지 설명했다. 우리의 방문이 자기 소관이 아니라는 데 마음을 놓은 여자가 자리를 떴다. 어서 출발하지 않으면 형을 만날 수 없으리라는 사실을 타데크가 일깨워줬다.

우리가 형을 만난 것은 12시 반쯤이었다. 형과 동료들은 길 가장자리에 있는 12미터 내지 15미터 높이의 커다란 나무들에 기대 앉아 쉬고 있었다. 타데크는 자전거에서 내려 일주일 전에

형을 만날 수 있도록 허락해줬던 경비병에게 다가갔다. 나를
꿰뚫어보는 듯한 요세크 형의 시선을 보고서, 그가 나를 기다리고
있었음을 알 수 있었다. 형은 또 다른 경비병이 우리를 지켜보는
가운데 내게 다가왔다. 경비병은 형에게 무리에서 떨어지는 것은
괜찮지만 시야에서 벗어나서는 안 된다고 했다. 우리는 800미터쯤
떨어진, 나무들이 줄지어 서 있는 작은 오솔길로 가서 멈춰 섰다.
우리는 서로에게 물어볼 것이 엄청나게 많았다. 우선 형은 아버지가
무사한지부터 알고 싶어했다. 아버지가 어디서 일하는지, 무슨 일을
하는지도. 이어 형은 내가 조시아를 어떻게 알게 되었는지, 어디서
그녀를 만났는지 물었다. 나는 우리가 만나게 된 기적에 대해 자세히
이야기했다. 또 형은 내가 어디서 자전거를 구했는지 궁금해했다.
나는 형에게 어머니와 폴라 누나가 마지막으로 보낸 편지를
보여주었고, 조금 전까지 근처에 있는 유대인 여성 강제수용소에
있다 왔다고 이야기했다. 그곳에는 우리가 살던 곳에서 온 사람들이
꽤 있었지만, 누나와 어머니는 만나지 못했다고도. 편지를 다 읽고
난 후 형은 고개를 내저으며 게토의 끝이 가까워진 것이 분명하다고
말했다. 나는 형에게 사촌동생 발치아를 만나려고 하며, 분명히
그녀는 어머니와 누나의 운명에 대해 더 알고 있으리라고 말했다.

　나는 내 도브라 친구들의 근황을 알고 싶었다. "슬픈 일이지만
대부분 수용소에 있거나 이미 죽었지." 형이 대답했다.

　요세크 형이 폴란드 기병대에 입대해서 근사한 제복을 입고 있는
것을 봤을 때, 나는 형처럼 되고 싶었다. 반짝이는 긴 군화에 달린
박차를 절걱거릴 때면 형이 우리 마을에서 가장 용감한 사람처럼
보였다. 하지만 내가 가장 좋아했던 것은 높은 반원형 모자였다. 그

모자는 내게 세 치수 이상 컸지만, 그것을 내 머리 위에 올려놓으면 마치 다 큰 영웅이 된 듯한 기분이 들었다. 이제 여섯 살이라는 우리의 나이 차는 별 의미가 없어졌다. 우리가 각자의 일로 돌아가기 전에 형은 내게 아버지를 데리고 올 수 있는지 물었다. 요세크 형과 그 동료들에게서 등 돌려 떠날 때, 문득 어색한 기분이 들었다. 우리 모두 같은 운명에 처해 있었지만, 다른 사람들이 중노동이라는 혹독한 생활에 얽매여 있는 동안 나는 자유롭게 돌아다니며 누군가를 만날 수 있었기 때문에.

여성 수용소의 존재를 알게 된 구텐브룬 수용자들은 내게 수많은 질문을 던졌고, 어느 사이엔가 나는 두 수용소 사이에서 편지를 전달하게 되었다.

어느 목요일 아침 여섯 명의 수용자가 수용소에 도착했다. 이제는 익숙한 장면이었다. 이미 많은 이들을 교수대에 매달아본 친위대원들과 게슈타포 똘마니들에게 교수형은 거의 농담인 것처럼 보였다. 일터에서 돌아오는 수용자들에게 교수대 근처에 줄을 서라는 지시가 떨어졌다. 사형수들이 끌려 나왔다. 손목이 뒤로 묶인 채로. 살이 툭 불거져 나와 있었고, 피부는 소름 끼치도록 푸른색이었다. 그들은 밝은 햇살에 눈을 찌푸렸다. 그들은 의자 위에 올라섰고 두 다리가 묶였다. 게슈타포가 판결문을 읽었다. 그러자 사형수 중 한 명이 목청껏 소리쳤다. "네놈들은 이 대가를 치르게 될 거다! 언젠가 세상이 이 죗값을 치르게 할 테니까, 이 가련한 살인자들아!"

유대인 입에서 나온 이 일갈은 그들을 아연실색하게 만들었다. 아마도 그들은 이런 말을 들어본 적이 없었을 것이다. "주둥아리

닥쳐!" 게슈타포 한 명이 소리 질렀다. 하지만 그 사형수, 잃을 것이 없는 그 남자는 계속해서 외쳤다. "살인자들! 살인자들!" 우리는 몹시 놀란 얼굴로 서로를 바라봤다. 우리는 나치들이 얼마나 놀랄 수 있는지 목격했다. 그 남자의 입을 다물게 하려는 몇 차례의 시도가 모조리 실패로 돌아간 후, 얼굴에 흉터가 있는 게슈타포 한 명이 집행인에게 신호를 보냈고, 이윽고 밧줄이 죄어졌다. 악마가 나타난 것 같은 침묵이 맴돌았다. 나치들도 할 말을 잃었다. 심지어 이것을 본보기로 삼고 조심하라는 의례적인 말조차 없었다. 여섯 사람 모두 처형당했고, 집행인들은 서둘러 떠났다. 비록 이 일이 그 사형수들에게 도움이 되지는 않았지만, 그들의 공개적인 저항은 우리들 마음속에 용감한 행동으로 깊이 각인되었다. 자이델 의사가 그들이 사망했음을 확인한 후, 의무실 노동자들은 송장을 치우는 끔찍한 일을 해야 했다. 시신을 옮기는 동안 "빌어먹을 놈들, 이 가련한 살인자들아!"라는 외침이 메아리치는 듯했다. 우리 형제들의 시신을 운반하는 것은 쉽지 않은 일이었다. 우리는 순교를 믿지 않았다. 목숨을 잃는다는 것은 단지 우리가 유대인이라는 이유로 받는 형벌이었다. 그날 저녁에는 순무 수프가 목구멍으로 잘 넘어가지 않았다.

다음 수요일에 타데크와 함께 또 한 번 수용소를 나설 때, 나는 그에게 혹시 다른 수용소도 아는지 물었다. "응." 그가 답했다. "하지만 다른 곳들은 우리가 가기엔 너무 멀어." 우리가 여성 수용소에 도착했을 때, 그곳 수용소장은 부재중이었다. 그는 오후에만 그곳에 있다고 했다. 내 사촌누이 발치아도 없었다. 하지만 내 도움이 필요한 소녀 한 명이 나를 기다리고 있었다며 반겼다.

그녀는 치통을 앓고 있었다. 나는 그녀의 썩은 어금니 하나를 뽑았다. 잇몸 출혈이 심해 요오드팅크액을 발라주고 비타민C 주사를 한 대 놔줬다. 우리는 다시 요세크 형의 작업반으로 향했다. 나는 구텐브룬에서 형네 수용소로 보내는 편지들을 갖고 있었다. 지난 추억들을 되새기다보니 시간이 순식간에 지나갔다.

보통 사형 집행인들은 오후 늦게 왔던 반면, 어느 목요일 게슈타포와 친위대원들을 태운 구급차 한 대가 이른 아침에 도착했다. 교수대 주변에서 드라마가 시작되기 전에 우리 수용소장은 방문자들을 이끌고 점검에 나섰다. 그들은 우리가 서 있는 줄 사이를 통과하며 우리를 노려보고 욕설을 내뱉었다. 그들이 천천히 내 쪽으로 다가올 때, 그들 중 서류가방을 들고 있는 계급 높은 사람 한 명이 내 눈에 들어왔다. 그는 소령으로, **스트룸반퓌러**Strumbannführer 즉 친위대 돌격대대 지휘관이었다. 그가 우리 앞을 지날 때, 나는 그의 유대인 같은 얼굴 생김새에 크게 놀랐다. 나는 오른쪽을 돌아보며 멍청하게도 다른 수용자들에게 그가 유대인처럼 생겼다고 말했고, 소령 뒤를 따르던 남자가 내 말을 듣고 말았다. 그는 내 얼굴을 장갑으로 후려치며 소리 질렀다. "아가리 닥쳐, 이 새끼야! 이분이 누군지 몰라? 돌격대장 아돌프 아이히만 님이시다!"

나는 내 말을 주워 담고 싶었지만, 이미 너무 늦었다. 그 날씬하고 키 큰 아이히만 소령이 뒤돌아서더니 멈춰 서서 나를 바라보며 활짝 웃었다. 그는 문득 생각났다는 듯이 들고 있던 두껍고 커다란 서류가방을 열어 보였다. "봐." 그가 말했다. "이것들이 뭔지 알겠나?"

나는 겁에 질렸다. 밧줄로 깔끔하게 매듭지어진 올가미 네 개가 보였다. 나는 "올가미들입니다"라고 대답할 수 없었다. 겁에 질린 나머지 올가미라는 단어가 내 입술을 통과하지 못했다. 나는 어찌할 바를 모르다가 마침내 "돌격대장님, 그것들은 밧줄들입니다"라고 대답했다.

"아냐, 아냐. 이것들은 '치제zizith*'야." 그가 명랑하게 말했고, 때문에 그를 수행하던 모든 사람이 폭소를 터트렸다.

나는 아이히만의 이름을 들은 적이 있었지만, 당시 내가 아는 것이라고는 그가 나치의 주요 인물 중 하나라는 것뿐이었다. 하지만 그가 치제를 알고 있다는 사실이 나를 혼란스럽게 만들었다. 심지어 히브리어를 몇 마디 하는 것도 들었다. 그 후 아이히만의 이름을 들을 때마다 나는 이 기이했던 만남을 떠올리곤 했다. 그날 구텐브룬에서는 여덟 명의 유대인이 또 목숨을 잃었다.

굶주림과 고된 노동은 우리들의 수를 서서히 줄여갔다. 이제는 강인한 사람들조차 마지막 힘을 쥐어짜며 버티고 있었다. 괴물은 어마어마한 식욕으로 희생자들을 먹어치웠다. '조직'은 더욱 위험한 말이 되었다. 이제 그것이 요구하는 것은 연줄과 기민한 판단력이지 결코 과학이 아니었다. 우리의 불결한 생활 조건은 묘사하기도 힘들 정도였다. 어떤 사람들은 수용자들이 그저 견딜 수 없는 중노동에서 벗어나고자 자해하는 모습까지 봤다고 주장했다. 나 역시 의무실에서 도저히 사고에 의한 것이라고는 보기 힘든 상처를 입은 수용자들을 봤다.

당시 우리에게 최고의 소식통은 멘델레였다. 어느 날 그는 내게

---

*   유대교에서 기도를 올릴 때 남자의 어깨걸이에 다는, 청색과 흰색 끈으로 꼰 술.

소문을 전해주러 찾아왔는데, 정신이 무너진 것 같았다. "그들은 모든
게토를 소거하고 있어요. 모든 유대인을 독가스로 죽이고, 불태워
죽이고, 기관총으로 쏴 죽이고 있어요." 너무나도 놀랍고 믿기지
않는 이야기였으므로, 나는 더 이상 듣고 싶지 않다고 했다. 그러나
그가 신 앞에 맹세까지 하는 모습을 보니 믿지 않을 수 없었다. 나는
다음 차례는 우리일 수도 있겠다고 생각했다. 조시아는 아주 드물게
찾아왔고, 그녀가 와도 우리는 입구에서 벗어나기 힘들었다.

어느 토요일, 한 수용자가 내게 조시아가 주방 입구에서 기다리고
있다고 전해줬다. 예전과 마찬가지로 근처에는 보초병이 없었고,
우리는 밀회 장소로 천천히 걸어갔다. 더할 나위 없이 화창한
봄날이었다. 울새, 제비, 참새들이 마음껏 지저귀며 우리들 위에서
쌍곡선을 그리며 날았다. 우리 귀에는 오로지 새들의 노랫소리만
들려왔다. 겨울바람에 떨어지고 꺾인 나뭇가지들이 땅 위에 널려
있었다. 햇볕이 닿지 않는 곳의 어린 양치식물들은 매우 엷은 색을
띠었다. 잠시 후 우리는 깨끗하고 밝은 햇살이 비치는 곳에 자리를
잡고 앉았다. 우리는 한동안 사랑을 나누지 않았고, 그녀 곁에 붙어
앉으며 나는 내가 무엇을 원하는지 알았다. 더 가까이 다가가면서
나는 그녀도 같은 생각이라는 것을 확인했다.

햇볕이 따끈하게 데운 이끼 위에 누운 채 그녀가 말했다. "우리는
요즘 독일인들이 유대인들에게 행하고 있다는 무시무시한 일들에
대해서 들었어요. 우리 가족은 당신이 우리 집에 와서 전쟁이 끝날
때까지 머물러야 한다고 생각해요. 우리 집에서는 안전할 테니까요."
이어 그녀는 연합군이 그리스 크레타 섬에 무사히 상륙했고, 수많은
이탈리아인들이 독일을 상대로 싸우기 시작했으며, 러시아인들은

나치를 자기네 영토에서 몰아내고 있다는 이야기를 들려줬다. "우리 집 지하창고에는 당신과 아버지가 지낼 만한 방이 있어요. 두 사람 다 편하게 지낼 수 있을 거예요."

그녀는 말없이 나를 붙잡았다. 나는 격한 감정에 휩싸였다. 나는 그녀의 가족이 한동안 이 계획을 세웠으리라는 것을 깨달았다. 틀림없이 그들은 자신들에게 닥칠 위험을 알고 있었으리라. "만일 우리가 당신네 집에서 발각될 경우에 당신 가족이 치러야 할 대가가 어떤 건지 알아요?" 내가 말했다. "당신은 모르겠지만, 요즘 유대인을 숨겨주면 사형을 당해요."

"우리는 조그만 거리에서 살아요. 그래서 독일인들이 거의 안 오죠. 우리와 지내면 안전할 거예요." 그녀가 자신 있게 말했다.

그들이 우리를 위해 목숨까지 걸 각오를 했다는 것은 그야말로 놀라운 일이었다. 나는 그녀에게 고맙다고, 아버지와 의논해보겠다고 말했다. 그녀는 내게 빵과 제산제를 건넸다. "브로네크." 그녀가 말했다. "전쟁은 그리 오래가지 않을 거예요. 여기서 도망치는 일에 대해 부디 진지하게 생각해봐요."

우리는 작별하고 각자의 방향으로 떠났다. 숲을 벗어났을 때, 농부 둘이 들판을 가로지르는 모습이 보였다. 나는 그들이 사라질 때까지 기다렸다가 수용소로 돌아왔다. 라흐미엘은 조시아를 알고 있었으므로, 내가 그 앞을 지나칠 때 씩 웃어 보였다. 수용자들은 얼른 주방 창구가 열려서 주린 배를 약간의 수프로 달랠 수 있기만을 바라고 있었다. 이를 지켜보며 나는 조시아가 한 말을 떠올렸다. "전쟁은 그리 오래가지 않을 거예요." 하지만 그 끝은 많은 사람들에게 너무 늦을 것만 같았다. 나는 조시아와의 관계에서 비롯된 죄책감에 시달리고 있었다. 그것이 그녀와 섹스를 했기 때문은 아니었다. 나는 조시아를 정말로 사랑했다. 하지만 나는 내가 수용소에서 얼마나 오래 살아남을 수 있을지 확신할 수 없었다. 물론, 다른 수용자들과 비교하자면 나는 아주 운이 좋은 축이었다.

나는 우리 구역으로 걸어갔다. 난로 옆에 아직 타지 않은 장작 하나가 놓여 있었다. 밝은 햇살이 나무 바닥을 비추고 있었다. 나는 조시아의 제안에 대해 깊이 고민했다. 지하창고 안에서의 삶은 지금 생활에 비해 더 나을 것 같지 않았다. 아버지는 여전히 헤르데케의 파견대에서 커피를 타고 있었고, 나도 치과의사라는 신분 덕분에 하루하루를 그럭저럭 버틸 만했다. 이 수용소에서의 생존은 우리의 최대 관심사가 아니었다. 하지만 조시아의 제안은 정말 좋은 것이었으므로 진지하게 고려하지 않을 수 없었다. 이야기를 들은 아버지는 굉장히 놀랐다. 내가 아버지에게 조시아의 이름을 꺼낸 것은 이번이 처음이기도 했다. 옳은 판단을 내리는 것은 쉽지 않은 일이었다. 나는 나대로 걱정이 있었고, 아버지도 그러했을 것이다. 우리는 생각할 수 있는 모든 경우의 수를 따져보았고, 결국 아버지는 내 판단을 따르겠다고 했다. 나는 이제 아버지와 내 역할이 서로 바뀌었다는 것을 깨달았다. "네가 어떤 판단을 내리든 나는 네 뜻대로 하겠다." 아버지가 말했다. 여전히 나는 여러 불확실한 점 때문에 골치가 아팠고, 문제는 해결되지 않은 채로 남았다.

다시 형을 만나러 갔을 때, 형의 작업반은 더 이상 길에서 일하고 있지 않았다. 타데크가 형이 어디 있는지 찾아보려 했지만 나는 그곳에서 형을 다시 만나지 못했다. 우리를 둘러싼 음모가 더 강해지는 것 같았다. 상처 입고 경련을 일으킨 나치라는 괴물은

전에 없이 맹렬하게 먹잇감을 먹어치우고 있었다. 아직 게토에
남아 있는 유대인들에 대한 수많은 불길한 소문이 떠올랐다. 이제
마이다네크Majdanek, 소비부르Sobibór* 같은 이름들이 오르내렸다.
새로 도착한 수용자들은 우리에게 바르샤바 게토에서의 영웅적인
봉기와 그에 뒤따른 전투에 관해 들려줬다. 나치의 종말을 믿어
의심치 않은 소수 유대인들이 중무장한 독일군 수천 명과 싸웠고,
나치에게 큰 타격을 입혔다는 것이었다. 처음에는 믿기지 않았지만
잇달아 도착한 유대인들이 게토에서 벌어진 용감무쌍한 전투에 관해
더 상세하고 많은 이야기들을 들려줬다. 그들은 내가 전에는 미처
겪어보지 못한 자긍심에 차 이야기했다. 우리는 그런 이야기들을
계속 듣고 싶었다. 우리는 나치와 도저히 맞서 싸울 수 없다는 오랜
신화를 유대인들이 마침내 깨트렸다고 생각했다.

"이 개자식들은 우리를 전부 죽이려 하고 있어요." 멘델레가
울분에 차서 말했다. "내게 총이 있다면 붙잡히기 전에 그놈들
100명은 죽여버릴 거예요." 많은 이들이 동의했다. 우리가 여기서
박차고 일어나 싸우지 않았던 데에는 여러 가지 이유가 있었다.
간신히 목숨만 붙어 있던 우리에게는 아무것도 없었다. 우리가
독일인을 한 명 죽인다면, 그들은 앙갚음으로 우리들 수백 명을 죽일
터였다.

1943년 5월 말, 나는 몇 차례 여성 수용소를 찾아갔지만 여전히
내 사촌동생을 만나지 못했다. 나는 다시 한 번 타데크에게 나를
주말에 데려갈 수 없겠냐고 물었지만, 그는 안 된다고 했다. 그럼

---

* 이 두 도시 모두 강제노동수용소가 지어졌다.

저녁에 한번 와보자고 하자 그도 좀 흔들리는 것 같았다. 그의
대답은 거의 승낙에 가까워졌다. "만약 누구한테 걸리기라도 하면
나는 구텐브룬에서 끝장이야. 너도 그렇고." 결국 그는 내 고집에
굴복했고, 우리는 월요일 밤 10시 반쯤에 들를 계획을 세웠다. "그때
우리는 걸어서 가야 해." 그가 주의를 줬다. 또한 그는 이 일을 아무도
알아서는 안 되며, 아버지에게도 말해서는 안 된다고 다짐시켰다.
하지만 우선 수용소를 빠져나갈 방법부터 찾아야 했다. 나는
라흐미엘이 주방 뒷문을 잠그지 않고 나갈 수 있다는 것을 알았다.
이제까지 그에게 편지를 자주 배달해줬기에 그를 설득하는 것은
어렵지 않았다. 나는 저녁에 방을 나서면서 아버지에게는 내가 너무
늦게까지 돌아오지 않아도 걱정하지 말라고 말해두었다. 구름이
달을 가리기는 했지만 밤인데도 공기가 따뜻했다. 하지만 두려움과
흥분 때문인지 몸이 떨렸다. 주방에 가보니 문은 열려 있었고, 옆에
조그만 꾸러미와 편지가 놓여 있었다. "이리 와." 타데크가 말했다.
"이 숲부터 통과해야 해."

숲을 지나는 동안 강물 흐르는 소리가 들려왔다. 우리는 강줄기를
따라가다가 강폭이 좁아지는 곳에서 강을 건넜다. 이어 우리는
돌담을 넘었다. "이제 조심해야 해. 도로로 접어들고 있으니까."
나는 라흐미엘의 보따리를 든 채 그를 따라갔다. 그때 불쑥 자동차
헤드라이트가 나타나 우리는 깜짝 놀랐다. 불빛은 우리를 향해
다가오는가 싶더니 방향을 틀어 빠르게 멀어졌다. 위기는 지나갔고,
우리는 여성 수용소를 향해 걸었다.

경비병이 우리 소리를 들었는지 초소에서 나와 주변을
둘러보았다. 타데크가 천천히 그에게 다가갔고, 나는 보이지 않게

숨어 있었다. 두려움과 기대감으로 심장이 빠르게 뛰었다. 문득 여기 있는 것이 대단히 위험하다는 생각이 들었다. 어쨌든, 이제는 돌아가기에도 너무 늦은 때였다. 타데크가 돌아와 처음에는 경비병이 내가 들어가는 것을 허락하려 들지 않았다고 이야기했다. 그래서 그에게 울타리 주변을 잠시 돌아보라고, 그동안 내가 몰래 들어가면 그는 내 모습을 보지 못한 것이라고 권하자 마침내 허락했다는 것이다. "혹시 네가 누군가에게 붙잡힌다고 해도 우리는 모르는 일이라고 할 거야." 그들의 입장이 그랬으므로, 나는 받아들여야 했다.

그들이 함께 어둠 속으로 사라지자마자 나는 얼른 안으로 들어갔다. 아주 강한 불빛이 쏟아지는 일부 구역들을 제외하면 수용소는 어두컴컴했다. 나는 그 불빛들을 조심스레 피했다. 첫 번째 막사로 달려가는 동안 심장이 쿵쿵 뛰고 머리는 지끈거렸다. 야밤에 이 은밀한 장소에서 어떻게 내 사촌동생을 찾을 수 있을까? 오지 말 걸 그랬다는 생각이 들었다. 막사들에서 나는 천천히, 조심스럽게 발걸음을 옮겼다. 혹여 예상치 못한 소음을 내는 바람에 누군가를 깨우기라도 할까 봐 걱정됐다. 문을 열고 살금살금 들어가자 어두운 방이, 사람들 땀내로 무겁게 가라앉은 공기가 느껴졌다. 여자들의 고른 숨소리가 들려왔다. 내 눈은 금세 어둠에 적응했고, 침상 위에 있는 한 여자가 눈에 띄었다. 나는 살며시 그녀의 담요를 잡아당겼다. 고개를 든 여자는 나를 보곤 깜짝 놀랐다. "무서워하지 마세요." 나는 속삭였다. "저는 매주 여기 오는 유대인 치과의사예요. 제 사촌동생인 발치아를 찾고 있어요. 그 애가 여기 있거든요."

그녀는 여전히 겁을 먹고 있었다. 담요를 턱까지 끌어올리곤 아무 대답도 하지 않았다. 그래서 나는 다른 사람들을 깨웠다. 그녀들은 침상 위에서 천천히 움직였다. 마치 좀비들 같았다. "거기 누구예요?" 그녀들이 물었다. 그녀들에게 나는 치과의사이고 발치아 야쿠보비치를 찾고 있다고 말하자, 한 사람이 그 애를 안다고 했다. "발치아는 제5구역에 있어요."

"제5구역이 어디예요?" 내가 물었다.

그녀는 침상에서 미끄러져 내려오더니 거기까지 데려다주겠다고 했다. 그녀가 나를 이끌고 복도를 지나는 동안 우리는 천천히 움직였다. 호기심을 못 이긴 여자들이 가족이나 친구에 관해 질문해왔다. "스흐미엘이랑 같이 있어요? 헤르스헬 마이에르를 아세요?" 누군가 물었다. "우리 오빠를 아세요? 우리 아빠는요? 삼촌은요? 사촌은요?" 내가 그 이름들 중 하나를 안다고 하자 그녀는 몹시 흥분했다. "아, 하나님! 그가 살아 있다니." 나는 그 사람에게 그녀 이야기를 전해주겠다고 약속했다.

복도 끝까지 왔을 때 안내해준 여인이 문을 가리켰다. "여기로 나가면 맞은편에 다른 문이 보일 거예요. 거기가 제5구역이에요." 그녀는 침상으로 돌아가기 위해 몸을 돌렸다. 나는 그녀에게 고맙다고 말한 후 문을 열어 밖으로 나갔다.

어둠을 통과해서 다음 구역으로 들어갔다. 그곳에는 비슷한 사람들이, 비슷하게 피곤한 몸으로, 비슷한 땀 냄새를 풍기고 있었다. 코 고는 소리가 간간이 섞인 숨소리가 들려왔다. 내가 한 여인의 다리를 건드릴 때까지 아무도 내가 온 것을 몰랐다. 눈을 뜬 그녀는 몹시 놀란 모습이었다. 그녀는 비명을 지르려 했다. "쉿." 내가 손가락을 내 입에 갖다 대며 말했다. 내가 누구인지 이야기하자

비로소 그녀는 침착함을 찾았다. 나는 발치아가 어디에 있는지
물었다.

"발치아요? 여기 어디 있을 텐데." 그녀가 말했다. 다른 사람들도
깨어나 무슨 영문인지 궁금해했다. 그때 누군가 나직하게 내 이름을
불렀다. 아는 목소리였다. 도브라에 살았던 리프카라는 소녀였다.

"브로네크 맞아? 어떻게 여기 있어?" 리프카가 낮은 목소리로
물었다. "발치아는 바로 저기 있어."

어렸을 적에 발치아는 대단한 말괄량이였다. 하지만 내가 그녀를
마지막으로 봤던 1938년에 그녀는 열네 살의 상냥한 소녀가 되어
있었다. 나는 그녀를 보려고 무릎을 꿇었다. 발치아는 고개를
들다가 침상에 머리를 부딪쳤다. 그녀의 커다란 갈색 눈에는 졸음이
가득했다. 처음에는 나를 알아보지 못했지만, 잠시 내 얼굴을
뚫어지게 본 그녀의 얼굴이 환하게 밝아졌다. "정말 브로네크 오빠네.
오빠가 여기에 왔다는 얘기는 들었어."

발치아가 잠옷을 걸친 채 일어섰을 때, 나는 그녀가 이제 더
이상 내가 알던 앳된 소녀가 아님을 깨달았다. 비록 머리가 짧게
깎였을지라도 그녀의 모습은 성숙한 여성이었다. 발치아가 고향에
관한 이야기를 하는 동안 나는 그녀의 말 한마디 한마디를 주의
깊게 들었다. 그녀의 어머니와 언니 토바는 헬름노로 끌려갔는데, 내
어머니와 누나 또한 그곳으로 보내졌다고 했다. 나는 그녀의 오빠
알레를 떠올렸다. 그는 군인이었는데, 전쟁 초기에 전사하고 말았다.
그녀의 또 다른 오빠, 나와 동갑내기인 마이에르는 리예크, 렝치츠키,
네우만, 레프코비치와 함께 독일인들에 의해 교수형에 처해졌다.
그녀는 이 모든 끔찍한 일을, 마치 평범한 일상을 이야기하듯

차분한 목소리로 말했다. 이어 그녀는 언니 마니아에게 일어난 일을
들려주었다.

"전쟁이 시작됐을 때, 마니아 언니는 오래 사귄 우치 사람이랑
결혼했고 아론이라는 귀여운 아기가 태어났지. 그들은 모두 우치
게토로 보내졌고, 목숨을 걱정할 처지가 됐어. 아기들은 게토에서
살 수 없었어. 형부는 길가에 버려진 유대인 시체를 모아 유대인
공동묘지로 운반하는 일을 했어." 그녀가 말을 이어갔다. "아기를
살리려고, 형부는 마차 좌석 밑에 작은 칸을 하나 따로 만들어서 낮
동안 아기를 그 안에 숨겨뒀어. 그 영구마차가 아론의 말구유였던
셈이지." 발치아가 체포당할 때까지도 아기는 여전히 살아 있었다고
했다. 기나긴 침묵이 뒤따랐다. 이윽고 발치아가 그녀에게는 숙부인
우리 아버지에 대해 물었다. 나는 아버지가 나와 함께 있다고
알려줬다. 요세크 형을 만났다는 이야기도 해줬다.

야밤에 자기네 방에서 낯선 남자를 마주한다는 것은 이례적인
일이었다. 그들은 마치 내가 실존 인물이 아닌 것처럼 나를 쳐다봤다.
나는 우리 이야기를 듣고 있던, 긴 플란넬 잠옷을 입은 한 낯익은
소녀를 발견했다. 내가 자기 얼굴을 바라보고 있는 것을 알아차린
그녀가 말했다. "브로네크, 너니?" 그제야 나는 그녀가 루스카 로센,
한때 내가 그토록 좋아했던 루스카임을 알아봤다. 이마에서 땀이
흘러내려 시야를 흐렸다. 나는 그녀도 동요하고 있다는 것을 알았다.
하지만 크게 달라질 것은 없었다. 그녀나 나나 칼리시에서 지냈던 그
옛날에 품은 감정을 아직도 느낄 수는 없다는 것을 나는 알고 있었다.

시간은 자정을 넘겼다. 나는 타데크가 초조해하고 있으리라는
것을 알았다. 나는 라흐미엘의 보따리를 건네고, 발치아와

루스카에게 작별을 고한 후, 왔던 길로 돌아가기 시작했다. 초소 앞에서 타데크가 경비병과 열심히 이야기를 나누는 모습이 보였다. 수다 떨기는 타데크의 특기였다. 내가 오는 것을 본 타데크가 말했다.

"가자."

만약 내가 어머니와 누나가 끔찍한 죽음을 피했을지도 모른다는 환상을 품고 있었다면, 이제 그것은 깨끗이 사라졌다. 나는 그들을 다시는 볼 수 없으리라는 것을 알았다. 타데크와 내가 우리 수용소 뒤로 통하는 도로로 접어들었을 때, 장갑차와 수송차량들로 이루어진 부대가 오는 것이 보였다. 마치 그들이 나를 향해 똑바로 오는 것 같아 심장이 쿵쿵 뛰었다. 우리는 땅바닥에 납작 엎드린 채 꼼짝 않고 기다렸다. 어둠은 우리 편이었다. 우리는 부대가 완전히 지나갈 때까지 고개를 땅에 처박고 있었다. 그러고 나서 조심스레 도로를 가로질렀고, 같은 길을 통해 돌아갔다.

30분쯤 가니 구텐브룬의 윤곽이 보였다. 그제야 나는 내가 자청했던 일이 실제로 얼마나 위험한지 깨달았다. 나는 이토록 위험한 일은 다시는 하지 말자고 다짐했다. 아버지는 아직 깨어 있었다. 내가 돌아온 것을 보고서야 마음을 놓은 듯했다. 타데크, 라흐미엘, 나를 빼면 그날 밤에 있었던 일을 아는 사람은 구텐브룬에 없었다. 나는 잠을 이루지 못했다. 심장이 고통스럽게 요동쳤다. 왜 그녀들이 죽어야 했는가? 오, 신이시여. 왜 그토록 고통스러운 죽음을? 나는 그런 생각을 멈춰야 했다. 나는 원래 내가 알던 모습 그대로 그녀들을 기억하고 싶었다.

다음 날, 나는 아버지에게 전날 밤 내가 어디에 갔었는지 말했다. 발치아에게서 들은 이야기들을 아버지에게 전했을 때, 우리는 이제 우리가 그토록 소중하게 간직했던 모든 것을 잃었음을 깨달았다.

　이제 조시아는 매주 수용소로 찾아왔고, 종종 자기 제안을 상기시켰다. 나는 그에 대해 심사숙고했지만, 내 마음속 무언가가 결정 내리기를 미루게 만들었다. "너는 절대로 네 자신과 아버지를 이보다 더한 지옥 속으로 던져넣어서는 안 된다." 마음속에서 이런 목소리가 계속 울렸다. 구텐브룬에서 탈출하는 것은 아직 가능했지만, 유대인이 포즈난을 통과하는 것은 지극히 위험한 일이었다. 설혹 우리가 무사히 조시아네 집에 도착한다 해도, 두려워할 일은 또 있었다. 그들이 아무리 선한 의도를 갖고 있다 해도 막상 위기 상황이 닥치면 우리를 독일인들에게 넘겨야 하리라는 점을 우리는 알고 있었다. 그런 위험을 감수하는 것에 비하면 우리는 차라리 여기 있는 것이 나았다. 아버지는 여전히 커피 끓이는 일을 맡고 있었고, 나는 몇 가지 특혜를 누리고 있었다. 비록 작은 것들이기는 해도 무척이나 중요한 것들이었다. 다음 토요일에 조시아가 다시 왔다. 농민들이 입는 수수한 드레스 차림이었는데도 그녀는 아름다워 보였다. 전처럼 우리는 수용소를 나와 오솔길을 따라 숲으로 향했다. 수용소에서 멀어지자마자 그녀는 결정을 내렸는지 물었다. "아버지가 당신들이 언제 올지 물어보라고 하셨어요." 나는 그녀에게 그건 어려운 일이라고, 우리는 남기로 결정했다고 이야기했다. 그녀는 실망한 기색이었다. 떠날 때 그녀는 내게 다시 생각해달라고 했다.

　여성 수용소를 재방문했을 때 타데크와 나는 곤란을 겪었다. 새로 부임한 수용소장이 보초병들에게 우리를 들여보내지 말라고 했다는 것이다. 나를 기다리고 있던 수용자들 몇 명이 타데크가 나를 들여보내달라고 보초들에게 애원하는 모습을 물끄러미 바라보았다.
하지만 우리는 보초병들을 설득할 수 없었고, 그냥 떠나야 했다.
타데크는 새 수용소장에게 허락을 받을 수 있도록 애써보겠다고
약속했지만, 이를 마지막으로 우리는 더 이상 그곳에 가지 못했다.

토요일에 라흐미엘이 응급진료실로 찾아와 조용히 말했다.
"유대인이 아닌 소녀랑 또 한 사람이 주방 입구에 와 있어." 조시아와
그녀의 아버지가 수용소를 떠나도록 내 마음을 바꿔보려고 찾아온
것이다.

"우리와 함께 지내는 것에 대해 두려워할 것 없네." 그녀의
아버지가 이야기했다. "아무도 자네들을 찾지 못할 걸세." 나는
그에게 감사하다고, 하지만 우리에게 최선의 선택은 구텐브룬에
남아 있는 것이라는 결정을 내렸다고 말씀드렸다.

나를 마지막으로 설득하려 애쓰며 조시아가 말했다. "정말 나빠요,
브로네크. 우리는 당신들을 위해 만반의 준비를 해뒀어요." 그들의
따뜻한 마음씨에 나는 무척 감동했지만, 지하창고 안에서 오랫동안
살아남는다는 것은 상상하기 힘든 일이었다.

수용소에서 모든 것은 가치가 있었다. 사람들이 가장 간절히
원한 것은 빵이었지만, 깎은 감자가 가장 많이 거래되는 물품이었다.
8시에 취침 소등을 하기 전에 사람들은 막사 난로로 몰려들곤
했다. 상태 좋은 감자들에서는 나쁜 냄새가 나지 않았지만, 한 번
얼었던 것들은 막사를 외양간으로 만들 만한 악취를 풍겼다. 모든
생필품에는 고정된 거래가치가 있었다. 예를 들어 담배 한 개비는
깎은 감자 두 줌의 가치를 갖고 있었다.

내가 가장 자주 하는 치과 시술은 흔들거리는 썩은 이를 뽑는

것이었는데, 마취를 하는 경우는 드물었다. 수용자들은 영양 결핍, 특히 비타민C가 부족한 탓에 치은염과 치주염도 엄청나게 자주 겪었다. 그들에게 내가 해줄 수 있는 것이라고는 메르브로민이나 요오드로 잠시 통증을 달래주는 것이 전부였다. 그런 사람들은 몇 주 내로 잇몸이 더 악화되었고, 치아 대부분을 뽑아내야 했다. 이내 나는 엑스커베이터로 충치 구멍에서 썩은 상아질을 벗겨내고 아비산호제로 신경을 둔화시킬 만큼 창의적이 되었다. 그러는 사이에 더 많은 수용자들이 '이슬람교도' 상태에 접어들었다. 그들은 부종과 돌출된 눈 때문에 쉽게 눈에 띄었으며, 죽어가고 있었다. 나치에게는 대수롭지 않은 일이었다. 전화 한 통이나 메모 한 장이면 죽은 사람들을 대체할 유대인들을 얼마든지 데려올 수 있었으니까.

새로 도착한 사람들은 인간적인 대우 시늉이라도 바라지만, 오래지 않아 자신들이 여기 끌려온 건 체계적인 파멸 절차 속에서 일하기 위해서임을 깨달았다. 그들은 몇 주 만에 건강을 잃었다. 내 위궤양은 악화일로에 있었다. 제산제는 기껏해야 30분 정도만 통증을 덜어줄 뿐이었다. 나는 남은 삶 내내 이 고통을 안고 살아야 하는 걸까? 언젠가 다시 정상으로 돌아갈 수 있을까?

이제 우리는 네 번째인지 다섯 번째인지 모를 수용소장을 맞았다. 구텐브룬은 마치 그들의 훈련소 같았다. 이 수용소장의 이름은 기억나지 않는다. 어쨌든 간에 그는 젊은 나치 중 하나였다. 엄격하고, 뻣뻣하고, 융통성이 없고, **규율**에 집착했다. 그만이, 오직 그만이 수용소를 운영했다. 만약 그림이 이 새로운 수용소장에게 경례를 하기 위해 정문 앞에 나와 있지 않으면 호된 질책을 들어야 했다. 수용소장은 채찍을 통해 분노를 표출했다. 만사가 그렇게 그의

방식으로, 독일의 방식으로 이루어져야 했다. 의심할 여지없이, 그는
내가 다른 수용소로 가는 것을 허락할 리가 없었다. 그는 명령을
내릴 때마다 **겁쟁이**라거나 **게으름뱅이** 같은 친위대 특유의 욕설을
앞세웠다.

어느 날 수용소장이 그림과 함께 응급실을 방문했다. 그런데
수용소장의 얼굴에는 분노가 어려 있었다. "젠장." 그가 고함을
질렀다. "의사는 어디 있나? 왜 저 수용자가 수용소에 해 끼치는 걸
내버려두는 거야? 그는 다른 자들과 함께 밖에서 일하고 있어야
한다."

자이델 의사는 겁에 질린 채 병든 수용자들의 의료 문제를
수용소장에게 설명하려고 노력했다. 하지만 그것으로는 수용소장을
진정시킬 수 없음을 깨달은 자이델은 그에게 수용소에 최선인
방식으로 행동했다고 말했다. "부상이 낫는 대로 저 수용자는
일에 복귀할 것입니다." 정상적인 경우라면 당연한 일이었지만, 이
수용소장에게는 아니었다. 수용소장은 수용소에서 자신이 보기에
일할 수 있는데 요령을 피우는 수용자들을 용납할 수 없다고 말했다.
자이델 의사는 그런 일만 없었다면 일을 쉽게 해줬을 많은 사람들을
일터로 보내야 했다.

우리는 최종적 해결Final Solution [나치의 유대인 말살 정책]과
그 심각성에 대해 들은 바 있었음에도, 모두의 목숨을 위협하는
이 새로운 강경책을 받아들이기 힘들었다. 이것은 수용소의 주요
관심사로 떠올랐다. 구텐브룬에서의 나날은 더욱 어려워졌다.
재앙의 기운이 공기 중에 맴돌았다. 2년 넘게 강제노동수용소에서
지내는 동안 나는 이런 고통은 보지 못했다. 곧 우리는 중요한

변화들을 감지했다. 러시아군이 빠르게 폴란드를 통과하고 있다는
이야기가 들려왔다. 경비병들은 우리를 매의 눈으로 지켜봤다.
우리가 이송된다는 것이 알려진 1943년 8월 초까지 이런 상태가
지속되었다.

어느 날, 조시아가 나와 이야기하기 위해 주방 창문 밖에서
기다리고 있다고 라흐미엘이 알려줬다. 이제 나는 수용소 땅을
벗어나는 것이 불가능해졌다. 나는 주방을 가로질러 철봉이 박혀
있는 창문으로 다가갔다. 우리가 곧 이송될 거라는 말을 듣자
그녀는 자기 가족들의 제안은 여전히 유효하다고 말했다. 아직 내가
구텐브룬을 떠날 방법을 찾을 수 있을까? 그녀는 "우리가 당신에게
간청하는 거예요"라고 말했다. 나 또한 그에 대해 생각해왔다. 우리가
이송될 것임을 미리 알았다면, 아마 아버지와 나는 떠났을 것이다.
조시아와 나는 마주보며 마지막 작별 인사를 나눴다. "당신이 어디
있든 나는 꼭 찾아내서 만나러 갈 거예요." 헤어지면서 그녀가
말했다.

그날은 우리가 만난 마지막 날이었다. 나는 조시아를 더없이
친절하고 사랑스러운 사람으로 기억하고 있다. 그녀는 언제나
기꺼이 우리를 도우려 했다. 그녀 자신이 겪어야 할 어려움이나
감수해야 할 위험에 개의치 않고. 공포로 가득한 세상에서, 증오로
더럽혀진 세상에서, 그녀는 우리를 사람답게 대해주었다. 전쟁이
끝난 후 나는 그녀를 찾기 위해 백방으로 알아봤지만 헛일이었다.
다만 독일 어딘가에서 연합군의 폭격으로 목숨을 잃었다는 이야기를
들었다. 그녀는 그곳으로 끌려가 강제노동을 하고 있었다고 한다.

조시아를 마지막으로 만난 며칠 후, 수용소 관리자들이 우리를

일터로 보내는 것을 중지했다. 그림이 우리가 이틀 안에 떠나게 될 것이라고 알려줬다. 마지막으로 의무실에 가자 병든 수용자 몇 명이 나를 바라보았다. 그들은 여기 남을 것이다. 그들은 자신들의 운명이 이미 결정되었음을 알고 있었다. 내 진료 기구들을 주위 담으면서, 나는 감히 잘 있으라는 말을 할 수 없었다. 그것은 너무도 고통스러울 터였다.

　나는 아버지의 침상으로 들어갔다. 길고도 조용한 밤이었다. 이따금 한숨 소리만 들려올 뿐이었다. 우리 앞에 놓여 있는 것에 대한 생각이 우리 모두를 갉아먹고 있었다. 그 불확실성에 나는 위경련의 통증마저 잊었다. 아버지의 심장 뛰는 소리를 듣고 있자니, 내가 어린 아이였을 때 아버지 무릎에 앉아 따뜻하고 보호받는 듯한 기분을 느꼈던 기억이 났다. 이곳에서 우리는 서로에게 해줄 수 있는 것이 별로 없었다. 하지만 가까운 사람이 곁에 있다는 것은 다른 이들이 홀로 겪어야 할 고통을 함께 나눌 수 있다는 것을 의미했다.

아우슈비츠로 가는 화물차 안에서

이른 아침이었다. 이제 막 겨우 잠들었을 때, 경찰이 외치는 소리가
들려왔다. "기상! 이제 이동한다." 우리의 자유는 저 멀리 사라져갔다.
모두 즉시 움직이기 시작했다. 30분 후 2600명의 '훌륭한
노동자'들이 다섯 줄로 정렬했다. 아버지는 내 오른쪽에 섰고, 내
치과 기구 상자는 내 왼쪽에 두었으며, 흔해 빠진 수프 끓이는 솥이
내 앞에 걸려 있었다.

　정문이 열릴 때 나는 타데크가 보이기를 바랐지만, 우리
경비병들은 가고 없었다. 그들이 있던 자리에는 무장친위대 제복을
입은 키 크고 굳은 표정의 크로아티아인 부대가 서 있었다. 그들의
녹색 제복은 턱까지 단추가 채워져 있었으며, 무거운 카빈총이
그들 어깨에 매여 있었다. 검은 제복을 입은 독일 친위대원들은
셰퍼드들을 데리고 있었다. 이윽고 행진 명령이 떨어졌다.

　모퉁이를 돌 무렵, 나는 마지막으로 1년 넘게 내 집이었던
구텐브룬을 잠시 바라봤다. 당시 나는 아버지와 내가 조금만 더
버틸 수 있다면, 소련 군대가 우리를 해방시켜주리라고 믿고 있었다.

아우슈비츠로 가는 화물차 안에서

우리는 이제 막 완공된 철로 옆에 나란히 난 구불구불한 길에
접어들었다. 한때 사람들로 붐볐던 철로는 이제 사막처럼 황량했다.
우리가 행진하면서 일으킨 먼지구름이 우리 주위를 맴돌았다.
헤르데케의 오두막을 지날 때 그가 문 앞에 서서 우리를 지켜보고
있었다. 나는 모자 끝을 살짝 젖혀 인사를 했고, 그는 고개를
끄덕였다. 나는 그의 눈에서 작별 인사를 읽었다.

나는 구텐브룬에서 그 사람을 나의 행운으로 여겨왔다. 이어서
이곳과 스테이네츠크에서 나를 도와줬던 또 다른 사람들이
떠올랐다. 조시아, 스타시아, 비트차크, 타데크. 나쁜 사람들보다는
그 선량한 사람들이 훨씬 오랫동안 내 마음속 깊이 남았다. 옛날에
누군가 이런 말을 남겼듯이. "악행을 위해 세워진 기념비는 결코
없다."

"빨리! 빨리!" 경비병들이 우리를 재촉했다. 한 시간 뒤 우리는
어떤 길에 접어들었다. 길 옆으로는 세 개의 철로가 놓여 있었다. 그
철로들 중 하나에 50여 대의 가축용 화물차량들이 서 있었고, 여남은
명의 철도원들이 주변을 서성이고 있었다. 그들 뒤에는 기차역과 두
대의 증기기관차가 있었다. 그 철로들은 우리 형제들의 피와 땀으로
만들어진 것이었다.

친위대원들이 화물차량들의 문을 열어젖히자 진짜 드라마가
펼쳐졌다. 차량들의 바닥이 땅에서 1미터쯤 떨어져 있었으므로,
수용자들은 기어 올라가기도 힘들었다. 경비병들이 다시 "빨리!"
하고 소리쳤다. 우리는 그들 총의 개머리판에 두들겨 맞으면서 차량
안으로 밀려 올라갔다. 차량 안이 거의 다 찼는데도 그들은 계속
사람들을 밀어넣었다. 차량들이 거의 한계에 이를 정도로 꽉 찬

후에야 그들은 문을 닫았다. 구타를 피하기 위해, 어떤 수용자들은
원래 이 화물차량들에 실렸어야 할 짐승처럼 뛰어다녔다. 마침내
우리 차례가 왔다. 몇몇 수용자들이 손을 내밀어준 덕분에 아버지와
나는 차량에 올라탈 수 있었다. 점점 더 많은 수용자들이 억지로
태워졌다. 우리 뒤에서 문이 닫혔고, 안에는 입추의 여지도 없었다.

낡은 화물차량 내부는 3미터 높이였다. 나무판자로 만든 바닥에서
2.5미터쯤 위에는 가로로 20센티미터, 세로로 28센티미터쯤
되는 구멍 네 개가 창문처럼 뚫려 있었다. 구멍들에는 철봉이 두
개씩 달려 있었고, 철봉들에는 가시철사가 둘러져 있었다. 아주
키 큰 수용자들이 발돋움을 해야만 닿을 수 있었다. 친위대원들은
한가로이 잡담을 나누고 있었다. 아직 출발할 때가 안 됐다는
뜻이었다. 그들이 이야기를 나누는 소리는 우리에게 공포감을
자아냈다. 곧이어 참을 수 없을 정도로 더워졌다. 평정심은
고갈되었다. "우리는 여기서 죽나 봐. 여기가 우리들 관이야." 누군가
공황 상태에 빠져 말했다. "조금만 여유가 있었으면. 숨도 못 쉬겠다."
또 다른 누군가가 말했다. 아버지와 나는 사람들 틈에 끼인 채로
있었다. 사람들은 조금만 자리를 내달라고 애걸했지만, 소용없는
일이었다.

해가 저물었지만 기차는 여전히 출발하지 않았다. 이윽고
증기기관의 삐익 하는 소리가 들려왔다. 역을 출발했을 때, 우리는
9시가 넘었을 게 분명하다고 생각했다. 우리는 한 덩어리가 되어
흔들렸다. 기차가 속도를 늦추거나 굽은 길을 돌 때마다 우리는
이쪽저쪽으로 떠밀려갔다. 아버지는 바닥에 앉으려고 노력했는데,
결코 쉬운 일이 아니었다. 우리는 목적지까지 가려면 이틀이

걸린다는 말을 들었지만 그곳이 정확히 어딘지는 알 수 없었다.

어두웠다. 환기구를 통해 달빛이 가늘게 스며들 뿐이었다. 아버지와 나는 가끔씩 자세를 바꿨다. 한 명이 앉으면 다른 한 명은 서 있는 식이었다. 치과 기구 상자는 늘 우리 가운데에 있었다. 나는 쭈그리고 앉아 무릎 위에 머리를 기대고 잠을 청했다. 바퀴 굴러가는 소리를 들으며 잠들었는데, 바로 이때부터 고통이 시작되었다. 차량이 철로 이음매 부분을 지날 때마다 들려온 '파멸doom과 죽음death*'이라는 두 단어가 여정 내내 마치 영원히 끝나지 않을 끔찍한 메아리처럼 내 귓가에 맴돌았다. 우리가 어느 시골 지역을 누비며 나아갈 때, 열차는 급히 방향을 틀며 좌우로 흔들렸다. 우리가 스테이네츠크와 구텐브룬에서 빼앗긴 모든 것도 이에 비하면 별 것 아니었다. 우리가 빠진 수렁은 그 깊이를 알 수 없었다.

나는 바깥 공기를 맡기 위해 창가로 다가가려 했지만 불가능했다. 새벽에 나는 재차 시도했다. 이번에는 세게 밀어붙였고, 성과가 있었다. 내 키는 170센티미터였는데, 어떤 동료 수용자가 들어 올려준 덕에 창밖을 내다볼 수 있었다. 몇 차례 깊이 심호흡을 하고 나니 고통이 꽤 덜어졌다. 기차가 끼익 소리를 내며 멈춰 섰다. 바깥을 내다보니 경비병이 나를 빤히 쳐다보고 있었다. 마치 내가 상습범이라고 말하듯 무자비하고 무관심한 시선이었다. 이른 아침 햇살이 이제 막 창문에 닿았다. 어떤 수용자는 우리 수용소장이 우리와 함께 온 사실에 안도하는 듯했다. "그는 우리가 얼마나

---

* 기차가 철로 위를 지날 때 나는 '두둥, 두둥' 하는 소리가 '파멸doom, 죽음death'처럼 들렸다는 뜻인 듯하다.

훌륭한 일꾼들인지 말해줄 거야." 수용소장이 그곳에서 우리에게
도움을 주리라 믿는 것이 얼마나 얼토당토않은 일이었던지. 그가
과연 얼마나 우리 편이 되어줄 수 있을까? 그는 단지 노예들을
넘겨주러 갈 뿐이었다.

우리의 가장 큰 딜레마는 신체적 욕구를 해결하는 것이었다.
우리가 개인적으로 조용히 처리했던 모든 일을 이제는 공개적으로
해야만 했다. 수프 그릇은 요강이 되었다. 창문을 통해 대변을
처리하려던 시도는 대체로 실패로 돌아가고 말았다. 우리가 탄
차량에서는 변소 같은 냄새가 풍기기 시작했다. 한낮이 되자 기온이
올라가면서 악취가 더 고약해졌다.

빵을 지금 먹어야 할까, 아니면 나중을 위해 남겨둬야 할까? 이는
마음속에서 끝없이 계속되는 논쟁이었다. 이제는 갈증이 우리 목을
괴롭혔다. 여기저기서 물을 달라는 호소가 그치지 않았다. "물! 물!"
어떤 이들은 용감하게도 지나가는 경비병에게 말했다.

"입 닥쳐." 그가 대답했다. 이제 시간은 정오를 넘겼다. 열차는
약간 앞으로 갔다가 다시 그만큼 뒤로 물러났다. 기차가 삐익 하는
소리를 낼 때마다 우리는 곧 떠나리라 짐작했다. 우리 대부분은
윗도리를 벗고 있었다.

열차가 다시 출발했고, 차량이 흔들릴 때마다 우리는 서로의 몸
위로 포개지며 넘어지곤 했다. 마침내 열차가 멈췄을 때, 아버지와
나는 창문 쪽에 다다랐다. 바깥 공기를 맡을 수 있도록 아버지를 들어
올렸을 때, 나는 비로소 아버지가 얼마나 가벼워졌는지 깨달았다.
다른 창문 쪽 수용자가 우리를 태운 호송열차의 끄트머리를
살펴봤다. "아까 마지막으로 멈췄을 때 차량 몇 대를 더 연결시킨 게

틀림없어." 그가 관찰한 바를 말했다. "이제 최소한 100대는 넘을
거야. 이 호송열차는 저 꺾어진 데까지 쭉 늘어져 있어."

갑자기 우리가 탄 차량의 문이 열리더니 친위대원 한 명이 물통
하나를 밀어넣었다. 한 사람당 손으로 두 움큼 정도 되는 국자로
한 번씩 물을 마실 수 있었고, 국자는 차례차례 건네졌다. 물 한
방울 한 방울이 소중했다. 우리의 절박한 갈증을 해소하기에 물은
턱없이 부족했다. 나는 언젠가 그럴 수만 있다면 물속에 풍덩 빠지고
말겠다고 마음먹었다. 친위대원은 문을 열어두었다. 악취는 여전히
진동했지만, 문이 열려 있으니 한결 살 것 같았다.

열차가 다시 움직이기 시작했을 때, 아버지는 우리가 포즈난
남동쪽의 마을인 노베 미아스토 나드 바르통Nowe Miasto nad Wartą을
지나쳤을 거라고 했다. 아버지가 말했다. "이 길로 계속 간다면
카토비체Katowice에 가까워지고 있을 거다." 카토비체는 폴란드의
탄광지대로 유명한 도시였다.

밤이 되자 제법 선선해지면서 차량 안 상태가 조금 나아졌다.
하지만 잠이 들자마자 또다시 두 단어가 들려왔다. '파멸과 죽음.'
심지어 깨어 있을 때조차, 다른 생각을 해봐도 그 단어들은
떨쳐지지가 않았다. 다리들을 건너는 동안 그 단어들은 머릿속에서
요동을 쳤고, 나는 내가 미쳤다고 생각하기에 이르렀다.

열차가 멈췄다. 우리는 플레셰프Pleszew에 도착했다. 열차는
정지하는 동안 앞뒤로 덜컹거렸다. 우리는 역에서 200미터쯤 떨어진
선로에 있었다. 우리는 별로 중요하지 않은 화물이었으므로, 그곳에
그대로 내버려져 있었다. "플레셰프에 누가 사는지 아니?" 아버지가
물었다. "내 누이 말카와 네 고모부 모르데하이가 산단다. 그들

딸이 폴라랑 동갑인데, 야지아 기억나니?" 나는 야지아가 또렷이
기억났다. 날씬하고, 키가 크고, 작은 크림빛 얼굴을 가진 야지아.
아주 어릴 적에 그들 집에 갔던 것이 기억났다. 아버지는 탄식했다.
"지금도 그들이 거기 살고 있는지 모르겠다." 플레셰프는 아주 큰
도시였다. "우리는 카토비체에서 아주 먼 곳에 있구나." 아버지가
처량한 목소리로 말했다.

우리는 이틀날 아침까지 거기 그대로 있었다. 밤에는 독일
군인들과 민간인들을 태운 기차들이 수없이 지나갔다. 우리는
안락하고 불이 환하게 켜진 기차가 스쳐가는 것을 바라보았다.
그들은 우리 쪽을 무심히 건너보았고, 우리는 철창이 쳐진 창문을
통해 그들이 멀어져가는 모습을 응시했다.

아침나절에 민간인 몇 명이 우리 기차 주변으로 모여들었다.
구텐브룬 출신의 혈기왕성한 유대인 경찰 메나스헤도 우리와 같은
차량에 있었다. 그는 민간인들에게 물을 달라고 간청했다. "내 말을
들었어!" 그가 갑자기 소리쳤다. "어떤 사람이 물을 가져다준대."

우리가 문 쪽으로 다가가려고 한창 자리다툼을 벌이고 있을
때, 밖에서 어떤 큰 목소리가 명령을 내렸다. "**중지.**" 이어서 같은
목소리가 고함을 쳤다. "**제자리로.**" 그 민간인이 물통을 들고 오는
모습을 경비병 한 명이 지켜보고 있었다.

한 수용자가 신음하듯 말했다. "친위대원이 그 사람한테 물을 땅에
쏟아버리라고 시켰어." 그 역에는 우리를 위한 물이 없었다.

우리가 기차에 올라탄 지 이틀째였다. 이동은 끝났어야 했다.
배급도 동이 나 우리의 허기와 갈증은 더욱 심해졌다. 한 사람이
경비병에게 우리가 어디로 보내지고 있는지 물었다. "나도

모른다." 크로아티아 경비병이 어설픈 독일어로 답했다. 나는 빵
부스러기라도 나오기를 바라며 주머니 속을 뒤졌지만, 거기에는 실
보푸라기만 있을 뿐이었다.

잠시 후 기차가 다시 움직이기 시작했다. 기적 소리가 들릴
때마다 우리는 기차가 멈추고 목적지에 도착할 것이라고 생각했다.
아버지는 여전히 우리가 카토비체로 가고 있다고 믿었다. 마침내
도착했다. 우리는 카토비체에 온 것이었다.

거리는 밝았고, 공장들은 짙은 연기를 뿜어내고 있었다.
이곳은 전쟁으로 큰 타격을 입은 것 같지 않았다. 기차역도 아주
환했다. 하지만 도시를 지나 이동은 계속됐고, 나는 아버지가 크게
실망했음을 알아차렸다. 아버지는 카토비체가 우리 종착지라고
생각했는데, 그곳에 철강공장이 아주 많아서였다. "우리를 여기서 쓸
수 있을 텐데." 아버지가 말했다.

우리는 당혹스러웠다. 우리는 이 지옥 같은 여정이 빨리
끝나기만을 바랐다. 긴 열차를 끌고 산을 오르면서 증기기관은
거칠고 시끄러운 소리를 냈다. 밤이 되자 기차는 속도를 늦추었고,
우리는 다시 멈췄다. 살짝 끌어당겨지는 듯한 느낌과 함께 끼익
소리가 나더니 막다른 철로에 멈춰 섰다. 경비병이 문을 활짝 열었다.
우리는 가득 차 있던 양동이를 비울 수 있었다. 쳉스토호바Częstochowa
근처였다. 쳉스토호바는 잘 알려진 가톨릭 성지였다. 검은 성모
마리아 상으로 유명한 야스나구라Jasna Góra 수도원이 있는 곳이기도
했다. 나는 수시로 우리 마을을 지나던 순례자들을 떠올렸다. 그들
중에는 맨발인 사람도 있었는데, 모두 이 성지를 향하고 있었다.

밤에는 비가 내렸다. 축복이었다. 비는 열차를, 우리를 시원하게

식혀주었다. 해가 뜨자 산이 보였다. 사람들이 갑자기 흥분했다.
"하나님, 감사합니다Boruch Hashem!"* 환호하는 이들도 있었다. 나는
일어서려고 애썼지만, 몸이 뻣뻣하게 굳어 있었다. 다리에 쥐가 나서
똑바로 펴기도 힘들었다. 한 시간쯤 지나자 경비병이 우리 차량의
문을 열었다. 당연하게도, 문이 열리는 순간 대혼란이 일어났다.
우리는 평소보다 두 배에 가까운 빵과 한 국자씩의 커피를 받았지만
그야말로 게 눈 감추듯 먹어치웠다. 나중을 위해 남겨두어야 할
이유가 뭔가? 그래봤자 다툼만 일어날 터였다.

그 결과는 놀라운 것이었다. '우리를 살려둘 셈인가 봐.' 우리 모두
그렇게 생각했다. 그날은 그리 덥지 않았고, 잠시 동안 문도 살짝
열려 있었고, 갈증은 물론 허기도 달랬으므로 우리 여정이 시작된
이래 최고의 날이었다. 그러나 너무도 빨리, 경비병들은 차량 문을
닫고 잠가버렸다. 그들은 우리를 더 멀리 데려갈 준비를 마쳤다.

다음 역 이름은 잘 생각나지 않는다. 몇 킬로미터를 더 간 후
기차는 남쪽으로 방향을 잡았다. 우리는 비엘리치카Wieliczka의
산봉우리들을 지나쳤다. 얼마 후에 기차가 다시 멈췄다. 남은 낮
시간 동안 철도원들은 우리를 태운 열차를 원래 있던 철로에서 다른
철로로 옮겨 다른 기차들이 지나갈 수 있도록 했다. 저녁이 되자
우리는 여정의 네 번째 날을 맞게 되었다. 이것이 언제 어디서 끝날지
아무도 알 수 없었다.

시간은 아주 천천히 흘렀다. 기차 바퀴 소리가 멈춘 틈을 타 나는
잠이 들었다. 기차가 움직이는 소리가 들린 것은 분명 자정을 넘긴

---

*   주 이름을 찬미한다는 뜻의 히브리어 표현.

시간이었다. 칠흑같이 어두운 밤이었다. 오직 기적 소리만이 기차 바퀴들이 내는 시끄러운 소음을 막아냈다. 그 외에는 동승자들의 신음소리와 불평만 들릴 뿐이었다. 나는 아버지의 잿빛 얼굴을 바라보았다. 아버지도 나처럼 암울한 생각에 잠긴 것 같았다.

아버지가 돌아가신다면 그것은 전적으로 내 탓이라는 생각이 들었다. 조시아의 제안을 받아들이는 대신 구텐브룬에 남는 쪽을 택한 것이 바로 나였기 때문에. 내가 얼마나 후회하는지를 아버지에게 말할 수도 없었다.

바퀴 소리는 여전히 들려왔다. '파멸과 죽음.' 무너지는 듯한 기분이, 앞날에 대한 두려움이 찾아왔다. 나는 자신들이 죽음을 향해 나아가고 있음을 알지 못하는 다른 모든 사람들이 측은했다. 모르겠는가, 형제들이여? 당신들도 끝장이야. 기차가 갑자기 바빠지기라도 한 것처럼 속도를 올렸다. 나는 더 이상 눈을 뜨고 있을 수가 없었다. 버티려고 애를 쓰면 쓸수록 눈꺼풀이 점점 더 무거워졌다. 잠들었을 때조차, 기차가 덜컹거릴 때마다 '파멸과 죽음' 소리가 들려왔다. 오, 하나님! 왜 그들이 우리에게 이런 짓을 하도록 내버려두십니까? 왜 그들이 이토록 쉽게 승리하게 하십니까? 우리의 신은 존재하지 않거나, 듣고 있지 않은 것이 분명했다. 나는 꿈을 꿨다.

멍한 상태로 잠에서 깼다. 공포가 감각을 둔하게 만들었다. 우리는 밤이 된 것은 알았지만, 정확한 시간은 알지 못했다. 아마 2시 반이나 3시쯤 되었으리라 생각했다. 나는 아버지와 납작 붙어 누운 채 지금이 내 마지막 시간임을 확신했다. 기차가 속도를 늦췄고, 기적 소리가 울렸다. 문틈과 창문을 통해 연기가 들어왔다. 우리는 그것이

증기기관에서 나온 것이라고 생각했다. 기차가 마치 1센티미터씩 나아가는 듯 슬금슬금 움직였다. 우리는 몹시 불안했다. 우리가 어디에 온 건지 알 수 없었다. 낯선 풍경이었다. 근처에 기차역도 보이지 않았다. 기차는 왜 이렇게 느리게 가는 걸까? 창문 곁에 있던 사람들이 들판밖에 보이지 않는다고 했다.

세 번째 수용소 : 아우슈비츠

끔찍한 것들, 걸신들린 것들, 똥오줌으로 가득 찬 것들, 인간 같지도
않은 것들, 쓸모없는 생물들. 나치는 우리를 그런 식으로 묘사했다.
기차가 멈췄을 때는 어두컴컴했다. 몇 분 후에 동이 트기 시작했고,
창문을 통해 햇빛이 들어왔다. 우리가 있는 곳은 역이 아니었다. 왜
멈춘 걸까? 우리는 의아했다. 몇 분 뒤에 기차 바퀴가 천천히 구르기
시작했다. 열차는 새된 소리를 내며 굴러가다 멈춰 서기를 반복했다.

　멀리 있는 담장이 보일 정도로 날이 밝았다. 수용소에, 적어도
이 고통스러운 여정의 끝에 다다른 게 분명했다. 혹시 파멸과
죽음이라는 계시가 틀린 걸까? 갑자기 살이 타는 듯한 역한
냄새와 함께 연기가 훅 끼쳤다. 우리는 그것이 기차 바퀴와 철로가
마찰하면서 난 것이라고 여겼다. 기차가 느릿느릿 움직이는 동안
산등성이에 줄무늬 옷과 납작한 모자를 쓴 낯선 사람들이 보였다.
좀비처럼 걸으면서도 우리 기차를 바라보는 모습이 마치 우리를
기다리고 있던 것처럼 보였다. 우리는 큰소리로 그들에게 우리가
어디에 온 건지 물었다. 하지만 돌아오는 대답은 없었다. 그들 중 한

세 번째 수용소: 아우슈비츠

사람이 손을 들어 자기 목을 긋는 시늉을 해 보일 뿐이었다. 우리
열차를 바라보고 있던 나머지 사람들은 하늘을 향해 손가락을
빙글빙글 돌렸다. 우리는 그들을 쳐다봤다. 겁에 질린 채, 믿고 싶지
않은 마음으로. 우리는 그들 손짓이 화장터를 뜻함을 알아차렸다.
침묵이 맴도는 가운데 열여섯 살쯤인 듯한 소년이 저 이상한 손짓은
무얼 뜻하는 거냐고 물었다. 아무도 대답하지 않았다. 아무도
소년의 불길한 예감을 함께 나누고자 하지 않았다. 그 섬뜩한
분위기는 형언하기 어렵다. 열차 안으로 끼쳤던 연기의 정체도 이제
분명해졌다. 선로에서 난 것이 아니었다. 아버지는 기도를 했다.
나는 신이 우리를 구해주리라는 생각을 버렸다. 내 신앙은 끝났다.
나는 이미 오래전에, 스테이네츠크에 있을 때부터 신이 없는 세상을
믿었다.

　기차는 계속 갔다. 우리는 줄무늬 옷을 입은 사람들을 더
지나쳤다. 그들이 보는 가운데 친위대원들은 손전등을 비추었고
다른 수용자들은 우리에게 아주 이상한 몸짓을 보냈다. 어떤
사람들은 헤라클레스 흉내를 내며 양팔을 들어올렸다. 연기는
끊임없이 흘러들고 있었다. 열차가 천천히 멈춰 섰다.

　문이 활짝 열리면서 쿵 하는 큰소리가 나 우리를 놀라게 했다.
"내려! 모두 내려! 물건들은 전부 놔두고!" 친위대원이 소리쳤다.
플랫폼 위에는 친위대원들이 잔뜩 서 있었다. 그들은 우리에게 차량
밖으로 나오라고 성마르게 손짓하며 소리 질렀다. **"내려!"** 그들의
개들은 이를 드러내며 으르렁거렸다. '아우슈비츠'라는 단어가
불길한 징조처럼 공중에 걸려 있었다. 우리는 큰 충격을 받았다.
그것은 아무도 입에 담지 않는 섬뜩한 단어였다. 우리는 그것이

선발과 죽음을 상징하는 단어임을 알고, 아우슈비츠의 유대인들은 재가루가 된다는 것을 알았다. 그들의 그물이 우리를 에워싸고 있었다.

사람들은 기도하기 시작했다. "신은 한 분이요, 신은 전능하시다Shma Israel Adonoi Eloheino Adonoi Aikhod."

"내려! 내려! 모두 내려!" 차량 안에 며칠씩 갇혀 있던 뒤인지라 우리는 공황 상태에 빠져 밖으로 나서는 데 어려움을 겪었다. 우리 팔다리는 수많은 사람들 틈바구니에 낀 채 굳어 있었던 탓에 다시 펴는 것조차 쉽지 않았다. "모든 물건을 플랫폼 위에 둬라!" 친위대원이 소리쳤다. 나는 걸치고 있던 누더기 외에 코트 한 벌이 있었고, 그것을 내려놓았다. 하지만 내 생명줄과도 같은 치과 기구 상자만은 꼭 쥐고 있었다. 우리는 상황이 좋지 않다는 것을 알아차렸다. 친위대원들이 우리를 아무 이유 없이 채찍으로 후려치기 시작하면서 대혼란이 일어났다. 채찍 한 대가 내 몸으로 날아들었다. **"그것도 내려놔!"** 친위대원 한 명이 경멸 어린 투로 소리쳤다.

"이건 제 치과 기구들입니다." 내가 대답했다. 그것들을 계속 갖고 있을 수 있도록 허락해주기를 바라면서. 그는 내 어깨에 걸려 있던 상자를 덥석 빼앗더니 땅바닥에 팽개쳐버렸다. 여태껏 소중하게 간직해왔던 그 보물들은 나와 내 아버지의 운명이나 다름없었는데, 이제는 플랫폼의 시멘트 바닥 위에 산산이 흩어져 있었다.

얼룩말 줄무늬 같은 수용복을 입은 수용자들이 모여들었다. 그들은 담장 너머에서 우리를 지켜보고 있었다. 우리는 옷을 모두 벗어 플랫폼 위에 놓으라는 명령을 받았다. 목수, 법률가, 구두장이,

상인, 학생, 대학교수 할 것 없이 모두 발가벗었다. 포획자들 앞에서 우리는 그저 유대인일 뿐이었다. 으레 그렇듯이 그들은 우리에게 다섯 줄로 맞춰 서라고 명령했다. **"우향우, 앞으로 가."**

 잿빛 하늘은 종말을 맞은 듯 이상한 기운을 풍겼다. 쌀쌀한 아침 공기에 강한 바람까지 불어와 우리 맨몸을 오싹하게 만들었다. 우리는 서로 바짝 붙어 섰고, 나는 아버지를 꼭 붙들고 있었다. 여기서 떨어지면 다시는 만나지 못하리라는 생각이 들었다. 이어서 '셀레크차Selekcja'라는 무시무시한 단어(폴란드어로 '선발'을 뜻했다)가 우리들 사이에 번개처럼 파고들어 모두에게 공포감을 심어주었다. 우리 모두 종말의 계시가 임박했음을 알았다.

 우리는 아우슈비츠의 공포에 대해 전부 알고 있다고 생각했지만, 곧 우리가 실제로 아는 것은 거의 없었음을 깨달았다. 우리는 한 명 한 명 묵묵히 생존 가능성을 평가받았다. 호우디니*가 아닌 이상 이곳에서 탈출하는 건 불가능했다. 이제 우리는 서로의 발뒤꿈치를 밟다시피 하며 아주 천천히 앞으로 나아갔다. 눈물을 흘리는 사람도 있었고, 강인하고 건강해 보이고자 용기를 내는 사람도 있었다. 아버지와 나는 친위대원들로부터 몇 줄 떨어져 있었다. 그들은 손전등을 든 채 앞에 선 사람들의 알몸을 주의 깊게 살펴봤다. 나는 한 걸음 한 걸음이 파멸과 죽음으로 향하는 것임을 알았다. 철로가 이미 예언해준 바였다. 몇 분 뒤면 이 모든 것이 끝나리라, 나는 그렇게 짐작했다.

 우리는 계속 앞으로 나아갔고, 곧 손전등을 든 친위대원들

---

*　　탈출 마술로 유명한 헝가리 출신의 전설적인 마술사.

앞에 서게 되었다. 친위대 최고위급 장교로 보이는 어떤 나치는 멋진 검정색 제복에 의사 배지(칼 한 자루를 뱀이 휘감고 있는 모양이었다)를 달고 있었다. 그는 키가 크고 마른 몸에 얼굴빛이 검었다. 굵고 검은 머리카락은 짧게 깎여 있었다. 의심할 나위 없이 그가 책임자였다. 절차는 쉽게 파악되었다. 조수들이 그 앞에 수용자들을 한 줄로 세우면 그는 알 수 없는 몸짓을 했다. 그것이 무슨 뜻인지는 경비병들만이 알았고, 그들은 재빨리 지시를 따랐다. 눈을 깜빡이거나, 손을 젓거나, 손가락을 까딱하는 것 전부 의미를 갖고 있었다. 어떤 사람들은 오른쪽으로, 또 다른 사람들은 왼쪽으로 가라는 지시를 받았다. 이내 한쪽 줄에 선 사람들이 다른 줄에 선 사람들보다 건강하다는 사실이 분명해졌다.

우리 앞줄에 섰던 다섯 명 중 둘이 허약한 줄에 가서 서라는 지시를 받았다. 둘 중 한 사람이 용기를 내 심판관을 설득하려 했다. "보십시오! 저는 건강합니다." 그가 말했다. "저는 일할 수 있습니다. 저는 2년 넘게 철도 놓는 일을 했는데, 단 하루도 빠진 적이 없습니다." 하지만 친위대원은 그를 배정받은 줄로 떠밀어버렸다. 사람들의 일일 배급량, 노동력 수요, 막사 공간의 수용 가능성이 누가 죽고 누가 살지를 결정하는 핵심 요소들이었다.

우리 차례가 되기 전에 한 동료 수용자가 조용히 속삭였다. "고개 들어. 강하게 행동해." 심판관들이 내게 첫 번째 질문을 던졌다. 몇 살인가?

"스물셋입니다."

"직업은?"

"치과의사입니다."

세 번째 수용소: 아우슈비츠

그들은 내게 오른쪽 줄로 가라고 했다. 건강해 보이는 사람들
사이에 끼게 된 것이다. 나는 오른쪽 줄로 향하면서 아버지를
잡아끌었다.

"**중지! 너만 가!**" 누군가 소리쳤다. 나는 아버지가 그들 손아귀에
있음을 알았다. 그들은 아버지에게 나이와 직업을 물었다.

"마흔둘, 농부입니다." 아버지가 답했다.

아버지는 원래 마흔아홉이었다. 잘했다는 생각이 들었다.

하지만 "**왼쪽으로!**"라는 명령이 들렸다. 나는 그들이 아버지를
왼쪽 줄에 세우는 모습을 지켜봤다.

"제 아버지입니다." 나는 제발 봐달라고 그들에게 빌었다.

"**안 돼, 너만 오른쪽으로 간다. 네 아버지는 왼쪽으로 가야 한다.**"
그들은 아버지에게 사형선고를 내렸다. 나는 그들에게 다시 한 번
관용을 애원하려 했지만, 그들이 다음 줄에 세울 사람들을 선별하기
시작하는 것을 속수무책으로 지켜볼 수밖에 없었다. 수용소에
들어온 이래 그토록 울음을 터뜨릴 뻔한 적이 없었다. 그들이 나를
고아로 만들었다는 생각이 들었다.

갑자기 큰 소란이 일어났다. 한 사람이 플랫폼에서 달아나려
한 것이다. 그는 순식간에 총을 맞고 쓰러졌다. 나는 혼란한 틈을
타 아버지를 잡아끌어 내 곁에 세우려 했다. 겁에 질린 아버지는
완전히 얼어서 꼼짝하지 않았다. 나는 아버지를 세게 끌어당기면서
귓속말을 했다. "아버지! 제 옆으로 오세요." 만약 들킨다면, 우리 둘
모두 죽음을 면치 못할 일이었다.

나는 어떻게 그들이 내가 한 일을 눈치채지도, 중지시키지도
못했는지 여전히 이해하기 어렵다. 전적으로 우연히 일어난

일이었다. 이 일에 관해 이야기하면서, 나는 생존이란 다른 어떤   241
것보다도 행운에 달려 있다는 말을 덧붙이지 않을 수 없다. 때로는
행운보다 더한 것이 필요하다. 이따금 희한한 일들이 일어나야 할
때도 있는 것이다. 마치 한 사람의 운명이 알 수 없는 손에 의해
좌우된다는 듯이.

우리는 그곳에 서 있었다. 1분이 한 시간처럼 느껴졌다. 뜨거운
석탄 위에 서 있는 것 같은 기분이 들었다. 기도 소리가 들려왔다.
"오, 주여. 당신 자식들을 어여삐 여기소서. 우리는 오직 당신 것이며
마음이 정결하나이다." 하지만 기도는 도움이 되지 않았다. 결국에는,
의사들이야말로 전능했다. 나는 방금 일어난 일에 놀라워하면서
아버지를 꼭 붙잡고 있었다. 마침내 우리들 75명의 가망 있는
사람들은 이동하기 시작했다. 하늘이 밝아지면서 굴뚝에서 나오는
연기 기둥이 보였다. 다른 줄에 있던 우리 형제들 또한 이동하기
시작했다. 그들은 곧 침묵에 들 터였다.

우리는 100미터쯤을 걸어 트럭에 올라탔고, 트럭은 이중담장을
따라 달리며 3층짜리 건물들을 지나쳤다. 몇 무리의 사람들이
행진하는 모습이 보였다. 그들이 걸친 옷은 더러웠고, 줄무늬가
있는 광부용 램프를 머리에 두르고 있었다. 그들은 일하러 가는
중이었다. 나는 그 역설에 충격을 받았다. 그들이 캔 석탄은 우리를
싣고 온 기차를 움직이게 하는 데 쓰였을 것이 분명했다. 어떤 이들은
마치 죽은 사람처럼 간신히 다리를 끌고 있었다. 이동 중인 각 무리
앞에는 똑같은 줄무늬 옷에 검은 완장을 찬 사람들이 있었다. 그들은
카포Kapo*였다.

이 수용소는 전에 있던 곳들과는 달라 보였다. 바깥쪽에는 두터운

세 번째 수용소: 아우슈비츠

철조망이 둘러져 있었는데, 위에 날카로운 가시철사가 달려 있었다. 안쪽을 따라 전깃줄로 보이는 것이 쳐져 있었고, 감시탑 위에는 녹색 제복을 입은 무장친위대원이 서 있었다. 그들 총구는 수용소 안을 겨누고 있었다. 좀 더 가자 관현악 연주 소리, 사람들이 노래 부르는 소리가 들려왔다. "오늘은 폴란드, 내일은 전 세계." 그들은 독일어로 노래하고 있었다. 매 후렴구마다 다른 절이 붙었고, 다른 나라가 언급되었다. 트럭들이 멈췄을 때에는 "오늘은 영국을 향해 진군하고 내일은 전 세계를 향해 진군하리라!"라는 소리가 들렸다.

정문에는 '중지, 고압 전류!'라고 적힌 팻말이 걸려 있었다. 정문 꼭대기에는 '아우슈비츠'라고 적혀 있었고, 그 아래로 **노동이 너희를 자유롭게 하리라**Arbeit Macht Frei'라는 말이 적혀 있었다. 우리는 그것이 결코 약속이나 맹세 따위를 의미하지 않는다는 것을 알았다. 그 진짜 뜻은 우리가 여기서 죽을 때까지 일해야 한다는 것이었다. 작은 판잣집 앞에서 지휘자가 30명의 연주자들을 지휘하고 있었다. 기괴한 장면이었다. 그들은 마치 교향악단에서 연주하듯이 지휘봉을 따라 연주했다.

안으로 들어간 후, 우리가 탄 트럭들은 왼쪽으로 돌더니 거대한 3층 벽돌 건물들 중 한 채 앞에서 멈춰 섰다. 깔끔한 복장의 친위대 부사관 한 명이 우리 인솔을 맡았다. "앉아." 그가 외치자 나머지 친위대원들이 그 명령을 집행했다. 나는 아버지를 봤다. 아버지는 떨고 있었고, 안색이 창백했다. 우리는 희망을 품고 있었지만, 앞으로 무슨 일이 생길지 아직 알 수 없었다.

---

*   수용소 안에서 다른 수용자들을 감시, 관리하는 책임을 맡은 수용자.

그때 누군가 내게 신호를 보냈다. 울타리 건너편에서 어떤 수용자가 손을 흔드는 것이 보였다. 그는 내 신발을 뚫어져라 쳐다보고 있었다. "무조건 그걸 맡겨둬야 해. 나한테 던져." 그가 소리쳤다. "네가 수용소에 들어오면 남는 음식을 챙겨줄게. 나는 구역 카포Blockkapo야." 그가 덧붙였다. 이것이 내가 아우슈비츠에서 처음으로 다른 수용자가 한 말을 들은 것이자, 카포라는 존재를 접한 것이었다.

그는 깨끗한 옷을 입고, 짙은색 모자를 썼으며, 카포 완장을 차고 있었다. 처음에 나는 그를 믿지 못했다. 그가 단지 내 신발을 노리는 거라고 생각했다. 하지만 소대장이 우리에게 아직 갖고 있는 물건을 모두 제출하라고 명령했을 때, 결국 신발을 넘겨주는 수밖에 없었다. 나는 신발 한 짝에 간직해두었던 사진 몇 장을 꺼낸 다음, 벗은 신발을 울타리 너머에 있는 그에게 던졌다. 던지고 나서야 비로소 그를 어떻게 찾아야 하는지 모른다는 사실이 생각났다. 나중에 알고 보니 그건 전혀 문제가 아니었다. 우리는 어떤 식으로든 제1수용소 수용자들과 어울리는 것이 허락되지 않았다.

나는 가족사진을 내려다봤다. 어머니, 누나, 형, 라헬 이모, 스흘로모 삼촌, 사라 이모. 이스하크 삼촌의 사진도 있었다. 다들 나더러 그를 닮았다고 했었다. 나는 모르데하이 삼촌, 하임 삼촌, 사촌들 즉 토바, 발치아, 나흐메, 요세프, 마이에르, 멘델의 사진을, 마지막으로 외할아버지의 가장 최근 사진을 바라보았다. 먼 훗날에 1943년 8월의 그날을 떠올릴 때면, 마치 내가 그 사진들을 버림으로써 사진 속 내 친척들도 아우슈비츠에서 죽음을 맞게 된 것만 같았다. 우리는 몇 무리의 수용자들이 고개를 낮게 숙인 모습을 봤고, 언젠가 누군가는 반드시 내가 본 것을 세상에 알려야 한다고 생각했다. 하지만 내 앞에 펼쳐진 광경을 그대로 재현할 수 있는 서사극은 없을 것 같았다. 그토록 수척한 사람들을 다시 찾아낼 수 있을 리가 없었다.

옅은 아침 안개가 남아 있었다. 트럭들이 더 도착했다. 같은 기차를 타고 온 또 다른 한 무리는 렌진겐 출신이었다. 형이 있던 수용소였다. 그들은 선발 전에 플랫폼에서 형을 봤다고 말했다. 아버지와 나는 형이 무척 걱정되었다.

분대장은 우리에게 맞은편의 수감동으로 들어가라고 명령했다. 긴 복도를 통과하면서 우리는 다른 친위대원들을 지나쳐야 했다. 그들은 우리를 또 한 차례 점검했는데, 이번에는 양다리를 벌리고 몸을 앞으로 숙이게 했다. 복도를 따라 더 깊이 들어가니 등유나 휘발유 같은 불쾌한 냄새를 풍기는 액체가 흐르고 있었다. 곧 우리 머리며 몸은 그 액체로 범벅이 되었다. **"빨리! 빨리!"** 그들이 재촉했다. 우리는 독일 셰퍼드를 피하느라 궁지에 몰린 양처럼 뛰었다. 그러자 다시 연병장이 나왔다.

햇빛이 비쳤다. 햇볕은 안개를 완전히 말려버렸다. 우리는 발가벗고 흠뻑 젖은 채로 얼어붙어 있었다. 우리 몸의 긁히고 베인 상처들은 정체 모를 액체 때문에 붉게 달아올랐고 쓰라렸다. 이어 또 다른 건물로 들어가라는 명령이 떨어졌고, 거기에는 **'샤워'**라는 팻말이 걸려 있었다. 그 섬뜩한 단어가 우리를 똑바로 노려보고 있었다. 위험하다는 생각이 들었다. 우리는 그들의 은밀한 가스실에 온 것이다. **"실행하라!"** 그들이 소리쳤고, 우리는 사방에서 문 안쪽으로 떠밀려졌다. 철컹 소리와 함께 커다란 금속 문이 우리

뒤에서 잠겼다. 우리는 널찍한 방 안에 있었다. 샤워꼭지들이
매달려 있는 게 보였다. 먼저 그곳에 와 있던 수용자들이 기도하며
서 있었다. 아마 우리 모두를 위한 기도였을 것이다. 철컹 소리가
한 번 더 나더니 사방이 고요해졌다. 아버지의 시선은 줄곧 내게
머물러 있었다. 나와 마찬가지로 아버지도 지금이 우리의 마지막
순간이라고 생각하고 있었던 것이다. 심장이 빠르게 뛰었다. 밝게
빛나는 고리들이 눈앞에서 소용돌이치듯 빙빙 돌았다. 며칠에 걸쳐
먼 거리를 달려오는 동안 기차 바퀴들이 보냈던 파멸과 죽음의 경고,
그것이 이제 현실로 다가온 것이다. 나는 두 눈을 질끈 감고 숨을
멈췄다. 죽음의 가스가 언제 우리를 향해 쏟아질지 몰라 두려웠다. 쥐
죽은 듯한 침묵이 계속되었다.

  갑자기 가는 물줄기가 떨어지는 것이 느껴졌다. 나는 그 기적이
멈출까 두려워 감히 올려다보지도 못했다. 주위를 둘러보니 우리
모두 제 발로 서 있었다. 살아 있는 것이다. 이내 물줄기가 쏟아졌고,
이상한 냄새나 맛이 느껴지지 않았다. 나는 물을 한 모금 마셔봤다.
물맛이 그토록 좋았던 적도, 그처럼 많은 의미를 지닌 적도 없었다.
안도감이 밀려오면서 우리 모두에게 새 생명이 주어진 듯한
기분이 들었다. 이것이 우리가 아우슈비츠에서 유일하게 행복했던
순간이었다. 아버지와 나에게는 그날 일어난 두 번째 기적이었다.

  물줄기가 멎었을 때, 곁에 있던 수용자가 홀에서 형을 봤다는 말을
했다. 그 사람은 내 손을 잡아 이끌었고, 우리는 젖은 몸뚱이들을
팔꿈치로 밀치면서 비집고 나아가 마침내 요세크 형을 찾아냈다.
우리는 믿을 수 없다는 표정으로 서로를 바라봤다. 세 번째
기적이었다! 우리는 아버지에게로 돌아갔고, 아버지는 두 아들이

세 번째 수용소: 아우슈비츠

함께 있는 모습에 행복해했다. 요세크 형은 마지막으로 봤을 때보다
많이 말라 있었다. 눈은 움푹 꺼졌고, 자세도 구부정했다. 형은 몹시
허약해졌다. 이대로는 어떤 수용소에서도 쓸모 있다고 여겨질
리 없었다. 이제 우리는 다시 만났으므로, 어떤 일이 있더라도
함께하자고 맹세했다.

　문이 열리면서 우리는 다음 방으로 들어가라는 명령을 받았다.
그곳은 임시 이발소로 쓰이는 넓은 방이었고, 의자에 앉아 있는
수용자들로 꽉 차 있었다. 이발사들 또한 수용자들이었는데, 깨끗한
줄무늬 수용복을 입고 있었다. 그들의 머리는 매우 짧았다. "앉아.
일어서. 뒤로 돌아." 여덟 명의 이발사들이 수용자들에게 지시했다.
어떤 사람이 기차역에서 목격한 일을 이야기하는 것이 들려왔다.
그는 오스트리아 빈에서 왔는데, 오십대 중반인 남자 한 명이 친위대
장교에게 자신이 어떤 착오에 의해 잘못 끌려온 것 같다고 말하는
모습을 봤다고 했다. "저는 1차대전 때 오스트리아를 위해 싸웠고
두 다리를 잃었습니다. 저는 어떠한 이송이나 송환에도 면제가
됩니다." 남자는 그렇게 주장했다. 그는 장교에게 철십자훈장과 관련
서류들을 보여줬다. 그러나 친위대 장교는 그 서류들을 낚아채더니
갈기갈기 찢어버렸다. 그러고는 그 장애인을 달려오는 기차 앞으로
밀어버렸다. 또 다른 목격자가 나서서 그 이야기가 사실임을
확인해주었다. "기차가 그 사람을 쳤을 때." 그가 말을 이어나갔다.
"우리 모두 숨이 막혀버렸지."

　내 차례가 왔고, 이발사는 내 머리를 밀기 시작했다. 그는
우리들이 어떻게 그렇게 많이 살아남을 수 있었는지 모르겠다며
고개를 갸우뚱했다. "아우슈비츠는 꽉 찼어. 굴뚝을 피할 수 있었던

건 운이 좋았던 거야." 수용자들은 '굴뚝'이라는 단어를 가스실에
들어가 소각된다는 의미로 사용했다. Konzentrationslager,
강제노동수용소를 뜻하는 이 독일 단어는 발음하기가 어려웠으므로
KZ라고 줄여 말했다. "멩겔레 의사는 오로지 노동력이 더 필요할
때만 유대인들을 수용소 안으로 들이거든." 이발사는 그렇게
말하더니 한마디 덧붙였다. "가끔은 가스가 부족해서 그럴 때도
있지."

나는 그에게 우리는 거의 대부분이 다른 수용소에 오래 있던
사람들이며, 포즈난 인근의 노동수용소들에서 2년 가까이 지냈고,
철로 놓는 일을 해왔다고 이야기했다. 어쩌면 그것이 우리가 죽음을
면한 데 도움이 됐을 수도 있었다.

"글쎄다." 그가 말했다. 이어서 우리는 지금 아우슈비츠의
제1수용소인 슈탐을라거Stammlager에 있는 것이라고 알려줬다. 또한
아우슈비츠 주변에는 수많은 위성수용소가 있다고 했다. "부나Buna,
트르체비니아Trzebinia, 야비초비크Jawizowiec, 야니나그루베Janinagrube,
귄터그루베Günthergrube 등등. 얼른 떠오르는 것만 해도 이 정도야. 그
체계성에 놀라고 말걸."

그가 이야기를 멈췄다. 하지만 나는 알고 싶은 것들이 더 있었다.
그는 내 질문들에 선뜻 답해줬다. "당신 팔에 적혀 있는 숫자는
뭐예요?"

"여기서는 모두 숫자로 통해." 그가 말했다. "너도 하나 받게 될
거야. 그다음엔 오직 숫자로만 불리게 될 거고. 잘 기억해뒀다가 널
부를 때 대답해야 해."

번호는 문신으로 새겨져 있었다. "어디서 번호를 새길 수 있죠?"

세 번째 수용소: 아우슈비츠

내가 물었다.
"곧 알게 될 거야. 넌 여기서 나가자마자 문신을 받게 될 테니까."
이어서 그는 자신이 아우슈비츠에서 1년 반 동안 있었다고 말했다.
"여기서 얼마 동안이나 살아남을 수 있어요?" 나는 크게 놀라
물었다. 내 질문에 그는 곤혹스러워했다.
"아우슈비츠는 내가 처음 왔을 때에 비해 굉장히 다른 곳이
되었어." 그가 말했다. "우리가 여기 처음 도착했을 때, 이런
낙서가 있었어. '너는 여기서 석 달 정도 살아남을 수 있을 것이다.
기껏해야 여섯 달. 이게 마음에 들지 않는다면, 담장으로 가서 지금
끝내버려.'" 이 말은 아우슈비츠 담장에 치사량의 전류가 흐르고
있는 것이 아닐까 했던 내 의심을 확인시켜주었다. 이어 그는
복종이야말로 수용자의 절대적인 임무임을 알려줬다. "기억해둬,
아우슈비츠에서는 절대로 걸어선 안 돼. 뛰어야 해." 그는 나치
계급을 숙지하고 정확하게 사용하라고도 말했다. "친위대원과
마주치게 되면 모자를 벗고 군대식으로 걸어. 정말 어처구니없어
보일지라도 이 규칙들을 잘 지켜야 해." 이런 이야기들을 하는 내내
그는 반복해서 우리가 얼마나 운이 좋았는지 말했다. "가끔 여기서는
운이 따라줘야 할 때가 있지." 그는 말했다. "너희들이 그렇게 많이
선발을 통과할 수 있었던 또 다른 이유는 너희들 중에 여자, 아이,
노인이 없었기 때문이야." 그가 아우슈비츠에서 18개월 동안이나
살아남았다는 사실을 안 나는 일말의 희망을 품을 수 있었다.
마지막으로 그는 이런 말을 했다. "혹시나 병에 걸리더라도 절대로
의무실에는 가지 마라. 일을 하는 것이야말로 죽지 않는 최고의
비결이야."

나는 아우슈비츠에 대해서, 그리고 그곳의 특수한 용어에 대해서
더 많이 알게 되었다. KZ는 수용소라는 뜻이었다. Krankenbau,
즉 KB는 의무실이었다. 카나다Kanada는 새로 도착한 사람들이
명령에 따라 플랫폼에 내려놓은 물건들을 회수하는 역할을 맡은
수용자 집단을 일컫는 말이었다. 카포는 수용자들 중에서도
반장 같은 사람들이었다. 벙커Bunker는 처벌받는 장소였다.
존더코만도Sonderkommando는 특수 작업반에 배속된 수용자들이었다.
이발사는 그 외에도 이상하게 들리는 단어들을 늘어놓았다. horse,
rack 등 의미를 파악하기 힘든 말들이었다.

발가벗겨져서 머리끝부터 발끝까지 모든 털이 다 밀린 채, 우리는
줄지어 다음 막사로 들어갔다. 나막신, 재킷, 바지가 사이즈와
상관없이 우리 앞에 한 벌씩 던져졌다. "잘 안 맞으면 다른 사람
거랑 바꿔." 옷을 내준 수용자들이 우리에게 말했다. 옷가지에서는
앞서 우리가 뒤집어썼던 액체와 거의 똑같은 냄새가 났다. 우리는
각자 회색 줄무늬가 들어간 속옷과 줄무늬 있는 베레모를 받았다.
재킷들은 너무 크거나 너무 작았고, 바지들은 대체로 턱에 닿을
정도로 컸다. 실과 바늘 없이 살아본 적이 없는 아버지조차 바지를
채울 단추가 없어 속수무책이었다. 요세크 형의 바지는 허리에
걸쳐지지도 않았다. 우리에게서 이름을 빼앗은 것은 우리의
비인격화를 완수하는 방법이었다. 숫자가 우리 이름이 되었다.
우리는 곧 그 이유를 알게 되었다. 숫자에는 얼굴이 없다. 우리를
다루기가 훨씬 더 쉬워지는 것이다.

숫자 매기는 과정이 시작되면서 요세크 형과 아버지와 나는
차례로 연속된 번호를 받았다. 그렇게 하면 우리가 떨어져 지낼

가능성이 더 줄어들 거라 생각했다. 만년필 비슷하게 생긴 도구를
든 수용자가 내 왼팔에 검은색 염료를 주입하기 시작했다. 처음엔
별로 아프지 않았지만 작업이 계속되자 통증이 밀려왔다. 팔을
빼내고 나니 그가 방금 새겨넣은 숫자 위로 약간의 핏방울이
맺혀 있었다. 이어 각자 새긴 숫자가 적혀 있는 패치가 주어졌다.
그것을 재킷과 바지에 꿰매 붙이라는 명령과 함께. 나는 141129번,
아버지는 141130번, 형은 141131번이었다. 패치의 붉은색 삼각형은
우리가 정치범이라는 뜻이었다. 모든 유대인 수용자의 패치에는
세 개의 노란색 모퉁이가 덧붙여졌다. 우리는 곧 누가 어떤 범죄
혐의를 받았는지까지 구별할 수 있게 되었다. 공산주의자들과
에스파냐 내전 당시 공화국 편에 서서 프랑코 장군에 맞서 싸웠던
사람들은 다른 정치범 수용자들이 정삼각형을 달고 있던 것과 달리
역삼각형을 달고 있었다. 녹색 삼각형은 범죄자들을 의미했고,
분홍색은 동성애자들을, 자주색은 제7일 안식일교와 여호와의 증인
신자들을 가리켰다. 갈색은 집시들의 색이었다. 탈출 혐의를 받은
사람들은 등에 커다란 검은색 원을 붙였다. 그들 중에 유대인은
없었다. 유대인들은 탈출하다 붙잡히면 즉각 총살이나 교수형에
처해졌으므로. 패치 가운데에는 출신 국가의 독일어 명칭 첫 글자가
적혔다. 예를 들어, 독일은 Deutschland의 D, 프랑스는 Frankreich의
F, 폴란드는 Polen의 P였다.

카포는 우리가 최우선으로 경계해야 할 이들이었다. 일부는
수용소 구역 구역을 담당하고 있었다. 또 일부는 우리와 함께
일터로 나가서 우리를 감독하는 임무를 맡았다. 그들은 거의 모두
유대인이 아니었고, 대체로 독일인들이었다. 출신 배경은 다양했다.

사기꾼도 있었고, 살인죄를 지은 사람도 있었으며, 잡범도 있었다.
국제연맹International League 병사였던 사람도 있었다. 그들 중 일부는
처음에는 히틀러에 반대했지만, 감옥에서 나와 강제수용소의 카포가
될 기회가 주어지자 변절한 사람들이었다. 그들 모두 신입에 대한
경멸감을 뚜렷이 드러냈으며, 모든 유대인이 자신들의 적인 양
굴었다. 그들은 우리와 똑같은 삶을 마주해야 했지만, 우리 눈에는
오만하고 가혹하리만큼 냉담해 보였다.

　나치가 다른 수용자들 사이에서 우리를 선발했던 방식은 놀라울
따름이었다. 다른 수용소들에서는 유대인과 비유대인 사이에 한
가닥 화합이라도 있었지만, 아우슈비츠에서는 아니었다. 모두들
같은 역경을 겪고 있었음에도 불구하고, 다른 이들은 우리와
어울리려 들지 않았다. 그들은 선발에 대한 두려움도 없었다.
가스실은 전적으로 유대인과 집시들만을 위해 마련된 것이었다.

　갑자기 집합 명령이 떨어져 우리는 번호 순서대로 서야 했다. **"가!
달려!"** 경비병들은 우리를 몰아 아우슈비츠를 가로지르게 했다.
수용자들 한 무리가 돌을 한쪽 방향으로 나르고 있었고, 또 다른
무리는 반대쪽으로 나르고 있었다. 그들은 우리 쪽을 보고 있었지만
우리가 보이는지는 알 수 없었다. 마침내 우리는 격리 구역에
도착했다. 우리는 이틀째 아무것도 먹지 못했고, 아우슈비츠의
상징적인 의식을 치르고 있는 것이라 여겼다. 동료 수용자들은
우리에게 동정심을 느껴서 우리를 건물 안으로 들여보내주려
했다. 그러나 카포와 그의 조수 셋이 우리를 건물 옆으로 데려갔다.
그곳에서 그들은 우리를 오싹하게 만든 불친절한 환영회를 열었다.

　"여태까지 어디 있었나?" 카포가 을러댔다. 마치 그는 우리가 빨리

아우슈비츠로 오지 않은 죄로 기소라도 하는 것 같았다. 기록원이 우리가 전부 모인 것인지 확인했다. 2미터에 가까울 만큼 큰 키에 마른 체구, 오다리를 가진 그는 P라고 적힌 붉은 삼각형 패치를 달고 있었다. 폴란드 출신 정치범이라는 뜻이었다. 그의 문신 속 숫자는 100000이 조금 넘었다. 귀 한쪽은 위쪽으로 일그러져 있었고, 다른 한쪽은 뒤로 접힌 것처럼 보였다. 그 구역의 카포에게 딸린 세 조수 가운데 그가 가장 우호적이고 점잖은 사람이었다.

갈라지고 떨리는 목소리로, 그는 우리에게 희망적인 말을 들려줬다. "이곳에는 반경 40킬로미터 안에 39개의 **부속수용소**Aussenlager가 있는데, 너희는 아마 그중 한 곳으로 보내질 거야." 별 문제가 없다면, 우리는 2주 후에 일터로 보내질 것이라고 했다.

하지만 카포는 달랐다. 그는 말문을 열더니 아우슈비츠에서는 인간이 어떤 식으로 짐승보다 더 공격적이 되는지 생생하게 설명했다. 영양 상태가 아주 좋아 보이는 그는 온갖 규칙을 늘어놓았다. "누구든 이 구역을 벗어나면 채찍으로 열 대를 맞을 것이다. 막사 안으로 음식을 들여도 채찍 열 대, 침상이 정돈되어 있지 않아도 채찍 열 대, 점호에 불참해도 채찍 열 대다. 도둑질은 채찍 스무 대다." 그의 장광설이 끝나갈 무렵, 우리는 규칙들에 대한 두려움으로 정신이 멍해졌다.

배식 시간인 정오가 다가오자 그는 우리를 방으로 들여보냈다. 우리 바지는 여전히 헐렁했다. 바지를 치켜올릴 만한 것을 찾아내지 못한다면 카포에게 혼쭐이 날 게 뻔했다. 다행히도 요세크 형이 끈을 찾아냈다. 막사 안으로 들어간 우리는 재빨리 가까이 붙어 있는 침상 세 개를 확보했다. 수용자 신세가 된 이래 처음으로, 우리는 벌레로부터 해방된 구역에 있게 되었다.

규칙적으로 식사가 주어졌던 스테이네츠크나 구텐브룬과 달리, 이곳에서는 아침저녁으로 수프만 나왔다. 빵은 가끔 나올 뿐이었다. 감히 구역을 벗어나려는 시도를 하는 사람은 없었으므로, 도둑질은 엄두도 못 낼 일이었다. 거의 항상 체제에서 빠져나갈 방법을 찾아냈던 멘델레조차 곤란을 겪었다. 우리 구역에 수프가 담긴 통이 도착하면 우리는 감자 조각 조금과 과하게 익힌 순무가 한 덩이 들어 있는 뜨거운 물을 두 국자씩 받았다. 숟가락도 없어서 그릇째로 마셔야 했다.

점호는 몇 시간씩 걸리곤 했다. 어느 일요일, 정오가 되기 몇 분 전에 누군가 내 이름을 불렀다. 누가 나를 불렀는지 알 수 없었다. 어떻게 내 이름을 알고 있는 건지도. 문으로 다가가니 카포 한 명이 있었다. 내가 구텐브룬에서 온 브로네크 야쿠보비치라는 것을 확인한 후, 그는 바깥에서 어떤 소녀가 그에게 브로네크 야쿠보비치를 아는지 물었다고 했다. 그가 소녀의 생김새를 간단히 설명해주었다. 조시아가 분명했다.

그는 그녀에게 나를 찾아보겠노라 약속한 후, 일단 떠나라고 말했음을 전해주었다. 나는 그가 어떻게 나를 찾아냈는지 궁금했다. "그녀는 나한테 네가 언제 어디서 왔는지 말했고, 나는 네가 살아 있다면 여기 격리 구역에 있을 게 분명하다고 생각했지." 그가 말했다. 그는 자기 임무를 마쳤다고 판단하곤 자리를 떴다. 카포가 이제 막 아우슈비츠에 도착한 일반 수용자들과 함께 있거나 어울리면 체신이 심각하게 떨어진다는 계급의식이 존재했다. 우리가

세 번째 수용소: 아우슈비츠

어디로 보내졌는지를 조시아가 어떻게 알았는지 나는 알 수 없었다. 그녀로 하여금 다시 찾아오는 것을 단념하게 만들 정도로 철통같은 아우슈비츠의 보안을 감안하면, 틀림없이 그녀는 다시 온다고 해도 나를 만날 수 없으리라는 것을 깨달았을 것이다. 나를 다시 찾은 것은 스테이네츠크와 구텐브룬에서 그녀와 함께 지냈던 날들에 대한 나의 추억뿐이었다.

아우슈비츠에서 오래 지낸 사람들은 우리를 풋내기 취급했다. 그들은 우리가 질문을 할 때마다 또 다른 질문으로 맞받아쳤다. 내가 어떤 카포의 조수에게 어디서 빨래를 할 수 있는지 묻자 그는 이렇게 답했다. "네가 지금 어디에 와 있는 것 같은데? 요양원?"

사람들은 꾸준히 도착했다. 나는 문신의 숫자가 150000에 도달한 것을 봤다. 우리가 도착한 이래 만 명 가까이 더 도착했다는 뜻이었다. 통상적으로, 실제로 수용소에 들어오는 것은 기껏해야 25퍼센트 정도였다. 요컨대 우리가 도착한 후 2주 동안 4만 명 이상이 아우슈비츠로 이송되었다는 뜻이었다. 나는 여성 수용소가, 발치아와 다른 사람들의 운명이 궁금했다.

친위대원들을 대동한 독일 민간인 몇 명이 우리 수용소를 둘러보러 온 적도 있다. 하지만 우리가 훌륭한 노동자라는 사실은 그들에게 전해지지 않은 듯했고, 우리의 고립은 계속되었다. 연합군이 유럽 어딘가에 상륙했다는 소식이 들려왔다. 어느 날 늦은 오후에 열두 명의 수용자들이 우리 막사 옆을 지나갔다. 수용소 안에서 수용자들은 원래 카포들이 인솔하는데, 그들은 친위대를 따라가고 있었다. 그들 얼굴에는 공포가 가득했다. 우리 방 잡역부 한 사람이 그들이 '**처벌 벙커**Strafbunker'로 끌려가는 중이라고 했다.

"그곳에서 오래 버티는 사람은 거의 없어." 그가 말했다. "행여
살아남더라도 몸과 마음이 붕괴되지. 평생토록." 처벌 벙커는 빛이
들지 않고 화장실이 없었다. 그리고 한 사람이 겨우 서 있을 만한
면적이었다. "그들은 차라리 전기가 흐르는 담장으로 가는 편이
나았을 거야."

또 다른 어느 날에는 더 이상 수용자들의 노동력이 필요치 않고,
따라서 우리는 갈 곳이 없어졌다는 이야기를 들었다. 이것이야말로
우리가 들을 수 있는 최악의 소식이었다. 쓸모가 없어졌다는
말은 존재 가치가 없다는 뜻이었다. 멩겔레 의사의 선발 시험을
통과한 것은 일시적인 유예에 지나지 않았다고 우리는 생각했다.
살아남기 위해서는 일을 계속해야 했다. 어느 선을 넘어서까지
일을 쉰다면 우리 목숨이 위태로워졌다. 나는 더 이상 우리가
살아서 아우슈비츠를 떠나게 되리라고 낙관할 수 없었다. 생존의
경계선에서 수년을 보낸 후, 우리는 운명이 우리 앞에 마련해둔
것에 순종하게 되었고, 우리 삶을 장기적인 관점에서 바라보지 않게
되었다.

차가운 비가 내리던 어느 날, 카포가 우리를 한 시간 이상 바깥에
있게 했다. 마침내 우리 구역에 돌아왔을 때 우리는 흠뻑 젖어
있었다. 우리는 옷을 말리기 위해 방에 널어놓았다. 이것을 본 카포는
누가 이런 생각을 한 것인지 다그쳤다. 우리는 거의 동시에 그렇게
했으므로, 딱히 누군가에게 책임이 있는 것이 아니었다. 그러자
카포는 우리에게 발가벗은 채 밖으로 나가 구역 주위를 돌라고
시켰다. 우리가 문 앞에 버티고 서 있는 그를 지나칠 때는 채찍으로
후려쳤다. 멘델레는 채찍 몇 대를 심하게 맞는 바람에 등에서

세 번째 수용소: 아우슈비츠

피까지 났지만, 훌쩍거리지도 않았다. 이 소년의 심장은 단단한 돌로 만들어졌으리라는 생각이 들었다. 우리에게 떨어지는 빗방울을 보면서, 초원에 풀어놓은 소 떼가 생각났다. 우리는 이곳에서 마치 소처럼 다뤄졌다. 이리저리 몰릴뿐더러 낙인까지 찍히지 않았는가. 나중에 우리들 중 모이스헤 헤르니츠키라는 사람은 열이 나서 앓아누웠고, 의무실로 보내졌다. 그 후 그를 다시 보거나 그의 소식을 들은 사람이 없었다.

우리는 2주 이상 이런 고립 상태로 있었다. 우리는 가혹하리만치 적은 배식으로 간신히 연명했다. 해가 나지 않는 날이면 수용소는 치솟는 검은 연기에 휩싸였다. 전에는 용기가 부족하지 않았지만, 이제 우리는 전에 없이 바닥을 치고 있었다. 현실은 왜곡되어 형체를 잃은 듯이 보였다. 우리는 가끔 멍하니 허공을 바라봤다. 어떤 사람들은 쓸쓸하게 막사 주변을 서성거렸다. 비록 멩겔레 의사의 선발 시험을 통과했지만, 우리는 어떤 식으로든 삶을 망칠 운명이었다. 그럼에도 불구하고 자살을 시도하는 이는 많지 않았다. 오직 소수의 유대인 수용자들만이 그런 방식에 굴복했다. 아마도 우리 세대는 이런 경험들로 인해 비상한 인내심을 갖게 되었을 것이다. 흔들리지 않는 신앙심을 가진 이들은 여전히 매일 기도를 올렸다. 나는 그들이 어떻게 샤하리스Shaharith, 민하Minhah, 마리브Maarib(각각 아침, 점심, 저녁 예배) 등 여러 기도문의 문구를 정확하게 기억하는지 신기할 따름이었다.

이후 한 무리의 민간인들이 우리 구역을 방문했다. 그들은 아우슈비츠 수용소장이던 친위대 돌격대대 지휘관 루돌프 회스와

함께였다. 우리 구역 관리자들은 그들이 이게파르벤I. G. Farben*에서
나온 사람들이라는 데 의견을 모았다. 독일의 거대 제약회사인
이게파르벤은 이미 근처의 부나 수용소 수용자들을 고용한 바
있었다. 이게파르벤은 부나에서 합성고무를 생산 중이었다. 우리가
듣기로, 그곳 수용자들은 사망률이 대단히 높아 대체 노동력이
꾸준히 필요하다고 했다. 우리는 차라리 그것이 지금 우리가 처한
상황보다는 나을 것이라 믿었다. 우리가 원하는 것은 그저 여기서
벗어나는 것이었다.

　마침내 수용소를 떠나라는 지시가 떨어졌다. 다음 날 새벽 5시를
약간 넘겼을 때, 우리는 각자 신고 있는 나막신을 대신할 가죽신과
나무 밑창을 받았다. 점호를 마치고서 넉넉한 빵을 받고 줄을 맞춰
섰다. 노동자가 될 우리 800명 외에 다른 수용자들 25명이 더
있었는데, 그중에는 리하르트 그림도 있었다. 그가 우리를 인솔하게
되었다. 우리는 우리가 어디로 가는지 몰랐다. 그림을 제외한 다른
사람들의 숫자는 모두 낮았다. 내가 본 중에 가장 숫자가 낮은 이는
클라우스 코흐였고, 그는 우리 요리사가 되었다. 그와 이름이 같은
친위대원 한 명이 그의 상관이었다. 노동자가 된 사람들은 대부분
범죄자를 뜻하는 녹색 삼각형을 달고 있었다. 하지만 정치범도
있었고, 분홍색 삼각형을 단 동성애자도 한 명 있었다.

　수용소를 떠날 때 요세크 형과 나는 아버지 양쪽에 섰다. 나는
아우슈비츠의 역설적인 팻말을 올려다봤다. **'노동이 너희를**

＊　Interessen-Gemeinschaft Farbenindustrie AG. 1925년 독일의 6대 화학 공업
　　회사가 합동하여 설립한 세계 최대의 염료·약품 제조 회사. 나치 체제하에서
　　급속히 발전하였으나, 제2차 세계대전 이후 5개 회사로 해체·재편되었다.

자유롭게 하리라.' 아우슈비츠를 떠남으로써 목숨이 연장된 듯한
기분이 들었다. 꽤 많은 수의 사람들이 수용소로 끌려들어가고
있었다. 집시들이었다. 모순이라는 생각이 들었다. 그들은 자신들의
자유로운 영혼을 무척이나 사랑하는 이들인데, 이제 아우슈비츠에
묶여 있게 되다니. 어릴 적에 집시 음악 듣는 것을 굉장히 좋아했던
기억이 났다. 그들은 바이올린을 자유자재로 다루는 사람들이었다.
아직 중학교에 다니던 시절, 나는 만돌린을 연주하는 법을 배웠고
어떤 집시 소녀와 특별한 경험을 했다. 그녀는 열두 살로 내
또래였고, 아주 아름다웠다. 그녀가 우리 집 뒤뜰을 지나칠 때 나는
만돌린을 켜던 중이었다. 그녀는 잠시 멈춰 서서 귀를 기울이더니
내게 자기네 야영지에 함께 가자고 말했다. 그곳은 우리 집에서
가까운 편이었다. 처음에는 좀 무서웠다. 그들이 머리 색이 짙은
아이들을 유괴한다고, 조심하라는 말을 들었기 때문에. 하지만
어떻든 간에 나는 그녀를 따라갔고, 그 후로도 몇 번 더 그녀를
만나러 갔다. 오래지 않아 나는 우리의 차이점들을 알게 되었다.
나는 집시들의 공동체적이고, 떠돌이답고, 흥미진진한 생활방식이
좋았다. 그들이 떠나갈 무렵, 집시 소녀와 나는 사랑에 빠져 있었다.
3주쯤 지났을 때 그녀가 돌아와서는 우리와 함께 살겠다고 우겼다.
우리 부모님으로서는 몹시 난감한 일이었다. 마침내 그녀의 무리가
있는 곳을 알아낸 아버지는 그녀에게 기차표를 쥐여 돌려보냈다.

우리는 계속 걸었다. 크로아티아인 70명과 독일인 20명으로
구성된 무장친위대가 동행했다. 그들은 대부분 일등병이나 이등병,
아니면 상병이었다. 선두에서 걷는 사람은 조각상 같은 외모에
두려움을 모를 것 같은 친위대원이었다. 그는 본부반지도자 오토

몰로, 장차 우리 수용소장이 될 사람이었다. 소문에 따르면 몰은
아우슈비츠에서 중요한 역할을 맡아왔고, 채 반년도 안 되는 시간
동안 병장에서 원사를 거쳐 수용소장 자리에까지 오른 인물이었다.
이처럼 눈부신 진급의 비결은 살인 기술에 있었다. 그는 가짜
샤워기로 지클론 B 독가스를 살포하는 방법을 개발해냈다. 그는 이
독가스를 틀 때면 **"그들에게 먹여줘"**라는 말을 덧붙이기를 좋아했다.

1943년 늦여름이었다. 아우슈비츠의 격리 구역을 살아서
벗어났다는 것은 자유의 상징과도 같았다. 우리는 우리 운명이
바뀌었다고 생각했다. 우리는 절벽에서 거의 벗어났으며, 바야흐로
삶을 연장하게 되었다. 평소와 거의 다를 바 없이 살아가는 사람들을
지나칠 때면 억울한 마음이, 유대인으로 태어나지 말았어야 했다는
생각이 들었다. 걷는 내내 신발의 나무 밑창 때문에 애를 먹었다.
해가 중천에 걸린 정오에 렝지니Lędziny라는 작은 마을을 지나쳤다.
우리는 도로를 벗어나 풀밭에 앉으라는 명령을 받았다. 오싹한
기분이 들었다. 마치 얼마 전에 기근이 들었던 듯 풀은 불에 그슬리고
죽어 있었다. 빵을 가지고 있던 운 좋은 사람들도 남은 것을 다
먹어치웠고, 이내 우리는 북쪽으로 계속 이동하여 '귄터그루베'라는
또 다른 수용소에 들렀다. 몇 킬로미터를 더 가니 피아스트Piast라는
마을이 나왔다. 그곳에서 그리 멀지 않은 곳, 길에서 보일 만한
거리에 '야니나'라는 이상한 이름을 가진 또 다른 수용소가 있었다.
폴란드에서는 흔한 여자 이름이었다. 1킬로미터 더 가니 길 건너편에
수용소 두 개가 더 있었다. 하나는 오스틀란트Ostland로, 폴란드와
러시아 여성들 수용소였다. 두 번째는 라거노르트Lager Nord로,
러시아 전쟁포로들 수용소였다. 그다음에 우리는 베솔라Wesola라는

곳에 도착했는데, 이는 폴란드어로 '행복'이라는 뜻이었다. 그곳은 수용소 영역인 것 같았다. 5킬로미터를 더 가자 수용소가 하나 더 나왔다. 이곳 수용자들은 대부분 이게파르벤에서 일하고 있었다. 마침내 우리는 퓌르슈텐그루베Fürstengrube 혹은 '고귀한 광산Noble Mine'이라 불리는 곳에 도착했다. 이곳이 우리의 새로운 집이었다. 아우슈비츠 제1수용소에서 겨우 16킬로미터쯤 떨어진 곳이었다.

네 번째 수용소 : 퓌르슈텐그루베

정문 위의 팻말에는 '퓌르슈텐그루베'라고 적혀 있었다. 그 아래에는
독일 광부들의 인사말인 '**무사 귀환**Glückauf'이 적혀 있었다.
퓌르슈텐그루베는 아우슈비츠 제3수용소인 부나의 부속수용소였다.
한쪽에 옹이투성이 나무들이며 덤불, 드문드문 시든 잡초 밭이
있었고, 수용소는 단층 막사들로 이루어진 직사각형 형태였다. 이곳
막사들은 아우슈비츠 제1 수용소와 달리 새로 지어진 것들이었다.
창문과 문들은 연병장 쪽으로 나 있었다. 가장 구석진 곳에는 막사
두 채 사이에 시멘트 건물 두 채가 서 있었다. 수용소 전체는 벽돌
담장과 가시철조망이 달린 철책으로 둘러싸여 있었고, 연병장의 각
모서리에는 벽돌로 쌓은 감시탑들이 서 있었다. 퓌르슈텐그루베에
들어가는 것은 지난 세 수용소에서와 달리 그리 수선스럽지 않았다.
　안으로 들어가니 연병장에는 여전히 건축자재 부스러기들로
가득했다. 우리는 연병장 한복판으로 행진해 가서 수용소장과
측근들 앞에 정사각형 대열로 정렬했다. 경비병들은 이미 감시탑과
정문 앞에 자리 잡은 뒤였다. 점호를 통해 제1 수용소에서 출발했을

때와 같은 인원이 도착한 것을 확인했다. 그림은 우리에게 구역 대장을 따라 막사로 들어가라고 지시했다. 우리가 연병장을 나서기 전에, 그림은 우리에게 구역과 침상 배정이 끝나자마자 바로 돌아와야 한다고 재차 알려줬다.

모든 막사는 하나의 방으로 이루어져 있었다. 그 안에는 좁은 통로를 사이에 두고 3단 침상들이 다섯 줄로 놓여 있었다. 침상 위에는 짚자리, 베개, 거친 삼베 담요들이 있었다. 이곳이 우리 140여 명의 보금자리였다. 연병장으로 돌아갔을 때는 해가 저물고 있었다. 우리가 자리를 잡자 몰이 훈시했다. "나는 너희들의 수용소장이다. 열심히 일하고자 하는 자는 살아남을 것이다." 그러고는 자기 뒤에 서 있던 친위대원을 가리키며 말했다. "기록 담당 부사관 안톤 루코셰크가 나의 부관이다." 그 아래에는 슈빈트니와 파이퍼가 있었다. 그다음에는 철로 작업반장 아돌프 포이크트가 나와서 KB 즉 의무실을 맡고 있다고 했다. 마지막으로 그는 주방 담당인 클라우스 코흐를 소개했다.

몰은 친위대원 중에서는 보기 드물게도 오십대 중반의 나이에 몸무게가 120킬로그램이나 나갔고 키도 큰 편이 아니었지만, 자기 관리를 아주 잘했다. 넓은 어깨와 근육질의 몸 때문에 나이보다 훨씬 젊어 보였다. 짧게 깎은 곧은 금발머리에 이목구비가 뚜렷한 얼굴에는 한 쌍의 차가운 푸른 눈이 자리 잡고 있었는데, 그중 하나만이 진짜 눈이었다. 프랑스에서 전투 중에 한쪽 눈을 잃었다고 했다. 그가 말을 할 때면 진짜 눈만 움직이는 것을 볼 수 있었다. 그의 두터운 가슴팍 안에 정말로 심장이 뛰고 있을 것이라는 생각은 별반 들지 않았다. 대체로 꽉 끼는 제복을 입고 무릎까지 오는 부츠를 신은

그의 모습은 프로이센의 전사나 나치 포스터 속의 완벽한 소년을
연상케 했다. 몰은 리하르트 그림이 또다시 우리의 통솔자가 될
것이라 말한 후 자리를 떴다.

카포들은 통상적으로 지배층에 속했지만, 그것이 결코
그들에게 안전망이 되어주는 것은 아니었다. 수용소 통솔자조차
자신에게는 힘이 없다는 것을 깨닫게 되었다. 구텐브룬에서
쿠르트 골드베르크가 그랬던 것처럼. 그곳에는 카포 미하엘, 카포
아우구스트, 카포 카를, 카포 헤르만, 카포 빌헬름, 카포 올셰브슈키,
카포 유르코비크츠 등이 있었다. 그들은 신입임에도 자신들을
통솔하는 임무를 맡은 그림을 만나고 싶어하지 않았지만, 일단은
침묵을 지켰다. 그림은 그들과 조용히 대화를 나눈 후 우리에게
돌아왔다.

"여기서 우리는 퓌르슈텐그루베라는 탄광에서 일하게 될
겁니다." 그림이 말했다. 이어서 그는 자기 뒤에 서 있는 카포들을
가리키며 말했다. "저들이 여러분을 광산에 데리고 다닐 겁니다. 각
구역에는 '구역 카포'들이 따로 있습니다." 그림은 스테이네츠크에서
응급실 담당자였던 골드스타인을 가리키며 그가 우리 이발사라고
했다. 그는 두 사람을 구두 수선공으로, 또 두 사람을 재단사로, 또
여섯 명을 목수로 정했다. 그들은 카포 요제프 헤르만의 관리하에
수용소의 완공을 거들어야 했다. 구텐브룬에서 온 자이델을
비롯해 우리들 중에는 의사들이 여럿 있었지만, 카포들이 데려온
루비크츠라는 새로운 의사가 응급실을 맡게 되었다. 나머지
사람들은 작업반 세 개로 나뉘었고, 광산에서 여덟 시간씩 교대로
일하게 되었다. 첫 번째 작업반은 오전 6시부터 오후 2시까지 일해야

했다. 두 번째 반은 오후 2시부터 오후 10시까지, 세 번째 반은 오후 10시부터 오전 6시까지 일해야 했다. 우리의 생존 가능성은 오로지 제3제국의 전쟁기계 생산에 도움이 되는가에 달려 있었다.

카포 헤르만은 노란 모서리가 없는 붉은 삼각형을 달고 있었다. 유대인이 아닌 정치범이라는 뜻이었다. 아버지와 요세크 형과 내가 속한 제4구역의 구역 카포는 나트한 그렌이었다. 카토비체 출신인 그는 내가 아우슈비츠에서 만난 유일한 유대인 범죄자였다. 그가 어떤 죄를 지었는지에 대해서는 전혀 들은 바가 없다. 그렌은 키가 컸고, 말쑥했으며, 미남이었다. 다른 카포들처럼 그 또한 상태가 양호한 수용복을 입고 있었으므로, 다른 일반 수용자들 사이에서 눈에 띄었다. 온통 엉망진창인 이 세계에서 범죄자라는 사실은 그리 부끄러운 일이 아니었다. 사실 아우슈비츠에서 범죄자들은 번영했다. 나치가 시키는 일은 무엇이든 다 했기 때문에. 그렌의 수용번호는 70000번대였다. 이는 그가 아우슈비츠에 1년 반 이상 있었음을 뜻했다.

그렌의 교활한 회색 눈을 피할 수 있는 건 아무것도 없었다. 그는 자기 자신뿐 아니라 자기 동료들을 위해 체계적으로 우리 배식을 빼돌렸다. 아버지와 형과 나는 첫 번째 작업반에서 일했고, 새벽 5시에 수용소를 출발했다. 우리가 속한 작업반은 가장 선망받는 반이었지만 불행히도 작업반은 매주 교체되었다. 야간반에 속하면 쉴 시간이 거의 없었다. 낮에는 막사 안에서의 활동이 있기 때문이었다.

일이 시작된 첫 번째 날 아침, 리하르트 그림과 수용소장 몰이 해도 뜨기 전에 방문했다. **"나와, 나와, 모두 나와, 들어가, 빨리!"**

그림이 큰소리로 외쳤다. 그렌도 소리쳤다. **"모두 똑바로 서!"**
우리는 다시 정상적인 배식을 받았고, 광부들의 작업복과 램프도
받았다. 5시 반이 되자 파이퍼 중사가 카포 미하엘 푸카와 함께
우리를 수용소 밖으로 행진시켰다. 독일인 범죄자였던 푸카는
냉혈한에 사디스트였다. 15000번 안쪽 번호를 가진, 아주 오래된
수용자의 말에 따르면 푸카는 수용소 내에서의 자기 지위를 즐겼다.
170센티미터라는 작은 키에도 불구하고 그는 모든 카포 중에서도
가장 두려운 인물이었다. 그가 우리에게 하는 말이라고는 저주밖에
없었고, 이를 갈며 욕설을 내뱉곤 했다. **"쓸모없는 유대인 새끼들."**
그나마 이것이 그가 유대인 수용자를 가장 온화하게 부르는
말이었다. 그는 냉소적이고 매사를 조롱거리로 삼았다.

　푸카의 통제를 받는 것은 200명 정도였다. 수용소를 출발한
우리는 공동묘지를 지나쳤다. 묘비들은 시든 잡초로 둘러싸여
있었다. 쓰러지거나 내려앉은 비석들도 있었다. 2.5킬로미터 정도
더 가니 지붕이 기울어진 오두막 한 채가 나왔다. 처음에 그것은
탄광처럼 보이지 않았다. 그러나 작업복 차림을 한 사람들이 램프와
도시락을 들고 나오는 것이 보였고, 우리는 비로소 목적지에
도착했음을 알았다.

　전쟁 전의 폴란드에서 이곳은 하르체스카Harceska 광산으로
알려졌는데, 20년 이상 폐광 상태로 있었다. 고무는 이게파르벤사에
반드시 필요한 것이었고, 합성고무를 생산하기 위해서는 석탄이
필요했다. 독일이 이 지역을 점령한 1939년, 독일인들은 이 광산을
다시 열고 이름을 퓌르슈텐그루베로 바꿨다. 멀지 않은 곳에 있는
귄터그루베도 비슷한 역사를 갖고 있었다. 그 이름은 그곳의

이게파르벤 책임자인 귄터 팔켄한에게서 따온 것이었다.

　요세크 형과 아버지와 내가 포함된 첫 번째 30명은 수동식
승강기를 타고 갱으로 내려갔다. 석탄 냄새가 풍겼다. 나는 광부들이
고되게 일하고 늘 위험과 마주한다는 사실을 알고 있었다. 위험에
대비하기는 했지만 무슨 일이 일어날지 알 수 없었다. 우리들 중
아무도 탄광 안을 보거나 들어가본 적이 없었다. 승강기가 멈추고
문이 열리자, 두터운 석탄 매연이 우리를 반겼다. 공기에는 산소가
부족했고 석탄 먼지로 가득했다. 앞도 잘 보이지 않았다. 오래지
않아 적응을 한 우리 눈에 철로가 깔려 있는 가운데 손수레들이 있는
긴 갱도가 보였다. 작업반장 한 명이 아버지와 나를 데려갔고, 또
다른 작업반장은 나머지 사람들을 이끌고 철로를 따라 내려갔다.
우리는 우리 작업반장을 따라 어떤 굴속으로 들어갔다. 그곳에는
몇 그램에서 14킬로그램까지 나가는 석탄 덩어리들이 놓여 있었다.
아직 벽에 박혀 있는 덩어리들도 있었다. "이 굴은 어제 막 폭파한
거야." 작업반장이 우리에게 삽과 양동이를 건넸다. 우리가 할 일은
석탄으로 양동이를 채워 수레에 싣는 것이었다.

　그 굴은 우리 둘이 간신히 들어갈 수 있을 만한 크기였다.
빛이라고는 우리가 든 램프에서 나오는 것뿐이었다. 우리는 무릎을
꿇고 고개를 숙인 채 일을 시작했다. 석탄 냄새 때문에 어지러웠다.
정오가 되자 수용자 두 명이 수프 통을 들고 내려왔다. 수프는 으레
그렇듯이 순무와 물뿐이었고, 운이 좋으면 감자를 볼 수 있었다.
우리는 요세크 형을 다시 만났다. 형은 자신과 다른 두 수용자가
석탄이 가득 찬 수레들을 탄광 끝까지 나르면 그곳에서 기관차가
그것들을 더 멀리 나른다고 이야기했다. 우리는 몹시 지쳐 있었고,

굴뚝청소부들처럼 시커먼 꼴이었다. 입과 코는 물론 피부 전체가 석탄 먼지로 뒤덮여 있었다. 푸카와 파이퍼는 우리가 2시에 올라올 때까지 기다리고 있었다. "하나, 둘, 셋." 푸카가 우리에게 수용소를 향해 행진하라고 얼러대면서 소리쳤다. 수용소가 가까워졌을 때에는 진정한 가식을 보여주었다. **"모자 벗어! 모자 벗어!"** 그날, 그는 순전히 파이퍼에게 잘 보이기 위해 어느 수용자를 아무 이유도 없이 구타했다.

하루에 한 번 나오는 수프, 하루에 두 번 나오는 약간의 빵과 커피는 우리의 건강 악화를 막을 만큼의 영양분을 공급하기에는 너무나도 부족했다. 조시아와 스타시아를 비롯해 예전에 우리를 도와줬던 친절한 사람들은 너무 멀리 있었다. 고된 나날이 계속되었다. 한두 주가 지나자 내내 무거운 삽을 들고 일한 팔이 통증을 호소했다. 석탄 덩어리들을 손으로 수레에 퍼 담는 것은 무척 힘든 일이어서, 이내 우리 손은 굳은살이 박이고 갈라졌다. 석탄 먼지가 피부 속까지 파고들었고, 우리가 쓰는 지방질 없는 비누로는 그것을 씻어낼 수 없었다. 눈꺼풀은 마치 마스카라를 칠한 것처럼 보였다. 아버지와 요세크 형도 나을 것이 없었다. 머지않아 우리 모두 검은 이슬람교도가 되리라는 생각이 들었다.

이곳 작업반장들은 대체로 폴란드인이었다. 더러 독일인이나 **폴크스도이처**(독일 바깥에 사는 독일계 사람)도 있었다. 처음에는 대개 합리적이고 괜찮은 사람들이었지만, 오래잖아 카포들의 방식을 받아들여 학대와 구타에 의존했다. 그러나 이내 우리는 몰이 수용자에 대한 체벌을 자신의 특권으로 여긴다는 사실을 알게 되었다. 그는 다른 사람들에게 뒤처지는 것을 싫어했다. 어떤

네 번째 수용소: 퓌르슈텐그루베

수용자가 작업반장에게 두들겨 맞고 작업에서 배제되었다는 사실을
알게 되자, 몰은 작업반장들에게 수용자를 직접 처벌하지 말고
죄목을 수용소에 보고하라는 지시를 내렸다. 그러던 어느 날, 한
수용자가 자기 작업반장에게 편지 한 장을 부쳐달라고 부탁했다.
이는 이미 수차례 이루어져왔던 일이었다. 하지만 작업반장은 이
일을 카포 푸카에게 보고했다. 그러자 푸카는 이를 파이퍼에게
이야기했고, 파이퍼는 그 수용자가 수용소로 복귀하는 대로
처벌하라고 명령했다. 그 이후로 감히 편지를 보내려는 사람은
없었다.

1943년 12월 초에 첫눈이 내렸다. 겨울이 오고 있었다. 추위가
기승을 부리면서 고난은 더 깊어졌다. 제 발로 일터에서 돌아오지
못하는 수용자들이 하루에 적어도 한 명씩은 생겨났다. 하루는
아버지가 운 좋게 여분의 빵을 얻게 되었다. 아버지는 그것을
아들들과 함께 먹으려고 저녁때까지 하루 종일 품고 다녔다.
우리에게 그날은 마치 사형 집행이 연기된 것만 같은 날이었다.
구텐브룬을 떠난 이래 처음으로 여분의 음식을 먹은 날이었다. 그
무렵이면 하루 일을 마친 뒤에 손을 펼 수도 없었다. 손가락은 멍이
들고 피가 흘러내렸다. 그러는 동안 우리 수용소는 점차 커지고
있었다. 두 명의 의사가 의무실에 추가 배정되었고, 자이델 의사도
마침내 원래 직업을 되찾았다.

요제프 헤르만의 작업반은 막사 두 채를 더 지었고, 의무실을
증축했으며, 제7막사의 공간을 나눠 징벌방을 설치했다. 건축가인
헤르만은 늘 다른 유대인 수용자들과 거리를 유지했다. 하지만 그는
여느 카포들처럼 행동하지는 않았고, 이따금 카포 완장을 차지

않기도 했다. 또 한 사람, 수용소 서기 빌리 엥겔은 서서히 중요한
인물로 자리 잡고 있었다. 그는 수용소 기록을 맡았고, 친위대원들의
우편물을 다뤘다. 헤르만은 뉘른베르크, 빌리는 프라하 출신이었다.
빌리는 자신과 똑 닮은 쌍둥이 형제 비키와 함께 한 달 전에
퓌르슈텐그루베에 왔다. 때로는 그들을 구별지어 말하기가 힘들
지경이었다. 빌리는 프라하 대학에서 회계학위를 받았고, 비키는
같은 대학에서 화학을 전공했다. 빌리는 두뇌가 명석하고 합리적인
사람이었고, 비키는 다소 냉소적이었다. 그들에 대해 알게 될수록
나는 그들이 좋아졌다. 모든 우편물은 빌리가 일하는 사무실에
도착했으므로, 그는 우리와 관련된 일들을 주의 깊게 살폈다. 다른
모든 수용소 직원과 마찬가지로 그도 '카포 배식'을 받았고, 탄광에서
나와 같은 일을 하는 비키에게 나눠 주곤 했다.

카포가 무슨 짓을 하든 수용자는 카포에 대해 불평할 수 없다는
것은 중요한 점이었다. 따라서 부정직한 카포들은 아무런 벌도 받지
않고 꾸준히 자기 몫을 챙길 수 있었다. 그들은 담배, 보드카, 진짜
가죽구두를 가졌다. 몇몇은 독립적인 방을 가질 수 있었다. 심지어
진짜 침대 같은 가구를 갖춘 방을. 구역 카포 미하엘 에슈만의 방이
대표적인 예였다. 그 방은 파란색, 딸기 같은 빨간색, 카나리아 같은
노란색, 짙은 황록색으로 칠해졌다. 천장은 자주색, 바닥은 반짝이는
분홍색이었다. 너무나도 기괴한 모습이었기에 아직까지도 잊히지가
않는다.

전자제품을 잘 다뤘던 스룰레크 립스히트스는 때때로
친위대원들의 라디오를 고쳐주곤 했는데, 그런 경우에 BBC 뉴스를
들을 수 있었다. 다른 경로로 전해 듣는 뜬소문들과 달리, 그가

전해주는 소식들은 가치가 있었다. 그는 연합군이 공격을 퍼붓고 있다는 소식을 알려줬다. 그가 전해주는 모든 이야기는 마치 연합국 군대가 우리들 근처까지 진출한 듯한 기분이 들게 했다. 하지만 그와 동시에, 우리에 대한 나치의 증오심이 너무 지독한 나머지 연합군의 진격이 되레 우리의 죽음을 재촉하는 것이 아닐까 하는 두려움도 있었다. 우리는 나치가 우리를 결코 그냥 놔주지 않을 것이라고 진지하게 걱정하고 있었다. 어느 날 스룰레크는 친위대원 둘이 가스실로 끌려가기 전에 경비병을 총으로 쏜 어떤 유대인 여성에 관해 이야기를 나누는 것을 우연히 들었다. 나중에 우리는 다른 수용자를 통해서도 그 이야기를 들었다.

우리는 여전히 굶주리고 있었다. 나는 이따금 눈을 지그시 감고 음식을 떠올리곤 했다. 건강은 점점 나빠지고 있었다. 살도 근육도 별로 남지 않은 몸이 앙상했다. 매일 나는 다음 날이 오는 것을 두려워했다. 아버지와 요세크 형의 상태도 악화되었다. 한때 91킬로그램이었던 아버지의 체중은 이제 그 절반 정도에 불과했다. 우리가 얼마나 버틸 수 있을까? 희망은 멀리 떠나간 것 같았다.

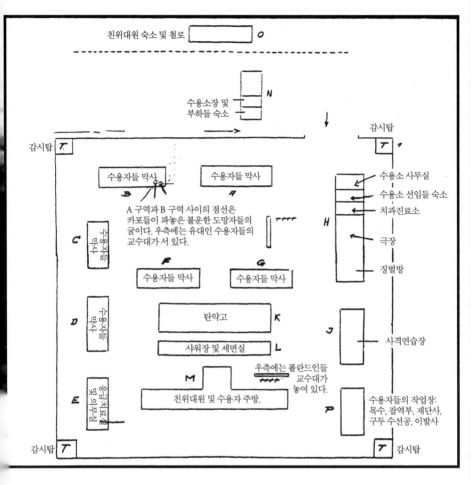

친위대원 숙소 및 철로   O

수용소장 및
부하들 숙소   N

감시탑 T

감시탑 T 1

수용자들 막사
B

수용자들 막사 A

수용소 사무실

수용소 선임들 숙소

치과진료소

극장

징벌방

A 구역과 B 구역 사이의 점선은
카포들이 파놓은 불운한 도망자들의
굴이다. 우측에는 유대인 수용자들의
교수대가 서 있다.

수용자들 막사
C

수용자들 막사
F

수용자들 막사
G

H

수용자들 막사
D

탄약고 K

샤워장 및 세면실 L

사격연습장 J

우측에는 폴란드인들
교수대가
놓여 있다.

응급치료소
및 의무실
E

M

친위대원 및 수용자 주방.

수용자들의 작업장:
목수, 잡역부, 재단사,
구두 수선공, 이발사
P

감시탑 T

감시탑 T

1965년 헤르만 요제프가 만든 것이다.

아우슈비츠 제3수용소 퓌르슈텐그루베의 단면도.

네 번째 수용소: 퓌르슈텐그루베

전쟁의 막바지: 1943~1945

나는 통행금지 시간 직전까지 기다려서 씻곤 했다. 그러면
수도꼭지를 놓고 다툼을 벌일 필요가 없어서였다. 어느 날 저녁, 내가
옷을 다 꿰어 입기 전에 우연히 리하르트 그림이 안으로 들어왔다.
구텐브룬에서 우리는 가깝게 지냈다. 나는 치과의사였고, 그는 매일
나를 마주쳤으므로. 하지만 여기서는 달랐다. 나는 일개 광부에
지나지 않았고, 그는 수용소 통솔자였다.

　　내가 그에게서 시선을 돌리자 그는 나를 이상하다는 듯이
쳐다봤다. "너를 찾으려고 했어." 그가 말했다. "분대장이
이곳에 치과진료소를 만들고 싶어해." 그는 말을 이어나가면서
걱정스러워했다. "너를 좀 봐. 이슬람교도 같구나. 결코 치과의사처럼
보이지는 않아."

　　나는 그의 말이 옳다는 것을 알았다. 당시 퓌르슈텐그루베에는
나보다 훨씬 숙련된 치과의사들이 많았다. "리하르트." 그가 나를
찬찬히 살펴보는 동안 나는 애원했다. "내게 기회를 주기만 한다면,
해낼 수 있다고 장담할게요." 그는 약속을 하지는 않았다. 하지만

내게 한참 동안 희망적인 눈길을 보낸 후, 노력해보겠다고 했다.

12월의 추위는 아침 점호 때 가장 뚜렷이 드러났다. 어느 날, 우리 조 인원 점검이 끝나고 환자 수가 몰에게 보고된 직후였다. 그림이 크게 소리쳤다. "구텐브룬 치과의사! 즉시 본부반지도자님께 보고하라!"

심장이 요동치기 시작했다. 해낼 수 있을까? 나는 아직 내게 남아 있는지도 몰랐던 활기를 찾고 그들을 향해 달려가며 스스로에게 물었다. 나는 지시받은 대로 그들 2미터 앞에 멈춰 섰고, 순간 휘청거리다가 거의 넘어질 뻔했다. **"본부반지도자 각하, 141129번 수용자 명령을 받들어 대령했습니다."**

왈칵 겁이 났다. 몰을 가까이서 보는 건 처음이었다. 그는 싸늘하고 날카로운 한쪽 눈으로 나를 가늠하듯 바라보았다. 몰은 수용자들에게 1인칭으로 직접 말하는 법이 없었다. **"이쪽에 서도록 하게."** 그가 말했다. 나는 거북하게 그의 옆으로 걸어갔다. 모든 수용자의 시선이 나를 향했다. 수용소장이 떠나기까지 20분이 걸렸다. 그때 리하르트 그림이 말했다. "전에 말씀드렸다시피, 이 사람은 구텐브룬에서 우리 치과의사였습니다, 본부반지도자 각하." 나는 아주 가까이서 그가 하는 말을 들었고, 몰의 반응을 살폈다. 몰이 어떻게 대답하느냐에 내 희망이 달려 있었다.

"손 좀 보자." 수용소장이 말했다. 나는 두 팔을 쭉 펴고 손바닥을 위로 향하게 했다. "맙소사! 이런 상처투성이 손으로 어떻게 치과 일을 할 수 있겠나? 이보게, 그림! 이 자가 손이 나을 때까지 수용소에 남아 있게 해주게나." 몰이 말했다. 그의 한쪽 눈이 다시 나를 향했을 때, 나는 믿기지 않는다는 표정을 짓고 있었다. 나는 몰을, 몰의 상냥한 말씨를 잊지 못할 것이다. 내가 거의 포기해버리기 직전에 그가 다가와 나를 구해준 것이다.

그림은 몰을 정문까지 배웅하고 돌아와 몰이 제7구역에 치과진료소를 설치하라는 명령을 내렸다고 말했다. 제7구역은 수용소 입구 근처에 있는, 사무실로 쓰이는 막사들이었다. 그는 내게 손이 다 나으면 알려달라고 말했다. 또한 몰이 내게 배식을 추가하라는 지시도 내렸다고 했다. 이는 아버지와 형에게도 지대한 영향을 줄 터였다. 그날부터 나는 내 여분의 몫을 그들과 나눌 수 있었다. 나도, 내 손도 빠르게 회복되기 시작했다.

수용자가 나태한 모습을 보이면 그가 누구든 카포들의 주목과 분노의 대상이 되었다. 수용소장이 어떤 명령을 내렸든 그들은 일하지 않는 수용자에게 별 관용을 보이지 않았다. 나는 수용소 규범을 기억하고 있었다. 죽지 않을 최선의 비법은 노동이다. 나는 내 기회를 위태롭게 만들고 싶지 않았기에 자원해서 응급진료실에 가 일했다. 구텐브룬에서 그랬던 것처럼. 그곳에는 60개의 침상이 있었다.

내가 상급 카포Oberkapo 요제프 헤르만을 처음 만났을 때, 그는 한창 치과진료소를 짓기 시작하던 중이었다. 그는 내가 쓸 작업대와 대기실에 놓을 의자들도 만들었다. 의무대원은 최소한의 응급훈련만 받은 하급 무장친위대원이었다. 그가 의무실과 치과진료실을 총괄했다. 계급은 하사였고, 이름은 아돌프 포이크트였다. 자기 임무에 좋고 싫은 감정을 함께 갖고 있던 그는 의무실에 오면 한번 쓱 둘러보고 나가곤 했다.

아무리 하찮고 시시한 일이라고 해도 일을 한다는 것만으로도 생사가 갈릴 수 있었다. 그 때문에 많은 수용자들이 수용소에서 어떤 일이든 맡으려고 안달이었다. 설령 그것이 나치를 돕는 일이라 해도. 다행히 치과의사는 그런 고민에 빠질 필요가 없었다.

요제프 헤르만은 며칠 내로 치과진료소 준비를 마쳤다. 나는 상급 수용복, 스웨터, 진짜 가죽구두를 받았다. 그것들은 나를 다른 수용자들과 구분되게 만들었다. 추가 배식은 계속 주어졌다. 나는 이제 더 이상 벙어리 같은 수용자가 아니었고, 카포나 작업반장들을 두려워할 필요도 없었다. 심지어 카포 푸카조차 전에 없이 나를 존중했다. 비록 치과진료소는 마련되었지만, 아직 장비가 없었다. 감히 몰에게 장비를 요청할 수는 없었다. 나는 그림에게 부탁했고, 그는 장비가 조만간 도착할 것이라고 했다. 오후 2시 반쯤, 오토바이를 탄 몰이 응급차 한 대를 이끌고 수용소로 들어왔다. 그는 친위대원 운전사에게 짐 내리는 것을 도우라고 지시했다. 나는 내 눈을 믿을 수 없었다. 그들이 최신형 치과 장비며 기구, 물품 등을 가져왔을 뿐만 아니라 완벽한 치과기공실까지 마련해서였다.

형은 광산에서 돌아오자마자 나를 찾아와 치과용 드릴과 조명등까지 완벽하게 갖춘 전자식 진료의자를 설치하는 일을 도왔다. 어떤 기구들은 그야말로 최신형 같았다. 물품들 중에는 노보카인 앰플도 몇 개 있었고, 이런저런 교재며 치과 설명서, 환자 예약부까지 있었다. 나는 즉시 설명서들을 탐독하기 시작했다. 나중에 그림이 알려주기를, 몰이 근처의 소스노비에츠Sosnowiec에서 어떤 폴란드인 치과의사의 장비를 몰수해 온 것이라고 했다.

다음 날 점호 시간에 그림은 새 치과진료소가 생겼음을 공지했다. "하지만 치과에 가기 위해 일을 빠져서는 안 된다"고 그가 덧붙였다.

내가 가진 기술이라고는 이를 뽑는 것뿐이었다. 노보카인이 넉넉하지 않았으므로 나는 두 개 이상의 이를 뽑을 때 2시시짜리 앰플 하나를 사용하는 식으로 아껴 썼다. 이에 난 구멍은 실리콘이나 인산염 시멘트로 때웠다. 수용자들의 주된 증상은 잇몸 출혈이었다. 비타민 결핍은 물론 칫솔과 치약이 전혀 없는 것이 원인이었다. 요오드액을 발라주는 것은 잠시 통증을 잊게 해줄 뿐이었다.

치과진료소 바로 옆에는 수용소 사무실이 있었고, 빌리 엥겔이 그곳에서 일했다. 사무실 반대편에는 징벌방이 있었다. 그곳은 치과진료소와 얇은 합판 벽으로 구분되어 있을 따름이어서, 나는 고문당하는 수용자들이 지르는 비명을 들을 수 있었다. 며칠 후, 빌리가 퓌르슈텐그루베에서 곧 교수형이 집행될 예정이라고 알려줬다. 나는 또다시 교수형을 목격하게 되리라고는 예상하지 못했다. 이제 교수형은 새로울 것도 없었지만, 그것을 지켜보는 일에는 도무지 무뎌지지 않았다. 나는 아우슈비츠에서 친위대가 우리를 죽이는 다른 여러 방법들을 갖고 있다는 것을 알고 있었다.

때는 1943년 12월 말이었고, 전쟁에서 나치의 패색이 짙어졌음이 분명해졌다. 나는 우리에 대한 그들의 처우에 변화가 생기기를 기대했다. 어느 날, 주간 작업반 사람들이 돌아오기 시작했을 때 그들은 개인적인 자유시간을 얻는 대신 교수대가 세워져 있는 곳에 집결해야 했다. 이어 나머지 수용자들도 모두 밖으로 나오라는 경적 소리가 크게 울렸다. 잠시 후 수용자들 몇 명이 연병장으로 끌려왔다. 그들은 당황스러워 보였고, 영문을 모르는 것 같았다. "수용자는 제3제국에 대한 파괴 행위의 혐의가 인정되었으므로 교수형에 처한다." 게슈타포가 공지했다. 이는 모든 처형 전에 관례적으로 읽는 판결문이었고, 파괴 행위의 구체적인 내용은 결코 밝히지 않았다. 불확실한 혐의로 사람을 죽이는 것은 그들의 모든 악행 중에서도 가장 지독한 것이었다.

유죄 선고를 받은 사람들이 딛고 있던 의자가 빼내지자, 그들은 질식하기 전에 숨을 쉬려고 애썼다. 그들의 혀가 얼굴 쪽으로 늘어졌다. 눈을 부릅떴지만 초점이 없었다. 이것이 퓌르슈텐그루베에서의 첫 교수형이었지만, 우리는 이런 일이 더 생길까 봐 겁이 났다. 명령에 따라 수용자들은 교수대 주변을 돌기 시작했다. 루비츠 의사, 자이델 의사, 응급실 조수 펠릭스, 그리고 나는 시체들을 거두어 **시체안치소**Leichenzimmer에 갖다 두라는 명령을 받았다. 그들의 얼굴은 부어올랐지만 몸은 아직 따뜻했다. 마치 장례 행렬처럼 그들을 운반하면서 우리는 섬뜩한 감정과 싸워야 했다. 그날 밤, 나는 그들의 목소리를 들었다는 생각이 들었다. 혹시 그들은 되살아났던 걸까?

치과진료소가 수용소 입구 근처에 있었으므로, 의무대원 포이크트는 그 문을 통해 들어오면 치과진료소부터 살폈다. "하급반지도자님. 141129번 수용자, 명령을 받들어 보고합니다." 이것이 그가 기대하는 인사말이었다. "하던 일 계속해." 그는 으레 그렇게 답했다. 포이크트가 여전히 천년제국을 믿고 있을지는 몰라도, 그것을 드러내는 것처럼 보이지는 않았다. 내 생각에 그는 전선에 있는 것보다는 여기서 이런 일을 하는 것을 더 좋아하는 것 같았다. 그는 격식 차리는 것을 좋아하지 않는 듯했지만, 내 할 일을 하는 것 또한 내 의무였다. 그는 내가 제약실에 침상을 하나 설치하고 거기서 자는 것을 허락했다. 나는 더 이상 매일 줄을 서고 점호 받는 일을 하지 않아도 되었다.

하지만 포이크트의 그런 무심함은 점차 몰의 눈에 띄었고, 결국 그는 다른 하급반지도자 귄터 힌체로 교체되었다. 포이크트가 자기 임무를 소홀히 여겼던 반면 힌체는 비범한 열정을 보였다. 그는 지독한 유대인 혐오주의자였다. 스물셋 정도 되는 나이에 곧은 빨강머리를 가졌고, 심각한 사팔뜨기였다. 머리카락이 나는 부분부터 관자놀이까지 커다란 흉터가 있었다. 나는 그가 오만한 사람이라는 사실을 금세 알아차렸다.

처음 치과진료소에 왔을 때 그는 내게 싸늘한 시선을 보냈다. 그 때문에 얼굴이 더욱 일그러져 보였다. 내가 제약 작업을 계속하자 그는 고개를 기울이며 내가 하는 모든 일에 트집을 잡았고, 내가 무슨 말을 하면 말꼬리를 잡아 공격했다. 마침내 그가 떠났을 때, 나는 걱정이 들었다. 빌리 엥겔은 내게 힌체가 동부 전선에서 머리에 심각한 부상을 입었다고 알려줬다. 수술을 받고 회복된 후 새로운 보직을 배정받았는데, 그것이 바로 퓌르슈텐그루베의 의무대원이었다. 다음 날 힌체가 치과진료소를 점검하러 왔다. 나는 그가 정리정돈 상태로 트집을 잡으리라는 것을 알았으므로, 모든 것을 제자리에 두었다. 그는 문을 열고 고개를 빳빳이 든 채 나를 쳐다봤다. 그러고는 흰 장갑으로 문틀 꼭대기를 훑은 후, 장갑을 바라보며 말했다. "아주 더럽군." 나를 혼낼 거리를 찾아냈다는 뜻임이 분명했다. 그는 내게 의자 위로 올라가 발뒤꿈치가 가장자리에 걸쳐지도록 하라고 시켰다. 이어 그는 내게 숫자를 세면서 무릎을 깊이 꿇고 앉았다 일어서기를 반복하게 했다. 가끔씩 그는 나를 가장 고통스러운 자세에서 멈추게 해놓고는 유대인에 대한 갖은 험한 말을 늘어놓았다.

"유대인들이 왜 벌을 받는지 알아?" 그가 물었다. "그들이 전쟁의 원인이기 때문이야." 나는 아무 말도 하지 않았다. 내게는 그와 논쟁을 벌일 이유가 없었다. 나는 얼른 끝나기만을 바라며 그가 지껄이게 내버려뒀다. 약 30분 후, 내가 기진맥진한 꼴을 보더니 그는 떠났다. 내게 그는 최악의 악몽이었다. 아침에 눈을 뜨면 어떤 일이 일어날지 보였다. 때때로 나는 그가 오자마자 할 일을 빨리 마치기만을 바랐다. 이것이 일상이 되면서 나는 그에게서 숨을 생각에 골몰했다. 어느 날인가에는 아침에 이 모든 일을 했는데도 오후에 돌아온 힌체가 처음부터 끝까지 되풀이했다. 그는 내 곁에 앉아 박자에 맞춰 박수를 쳤다. "앉아, 일어서." 내 속도가 느려지고 더는 못 하겠다고 하면, 그는 이렇게 맞받아쳤다. "너는 여기서 팔자가 너무 좋아. 나는 유대인 냄새를 참을 수가 없다." 그리고 그는 떠났다. 나는 기진맥진해서 의자 위에 축 늘어졌다.

어느 날 오후 늦게 응급차가 도착하더니 친위대 장교 한 명이 진료소로 들어왔다. 나는 그가 누군지 알 수 없었다. "네가 치과의사인가?" 그가 물었다.

"네, 본부반지도자님." 내가 대답했다.

그는 아무 말 없이 진료소를 훑어봤다. 만족스러워 보였다. "나는 쾨니히 의사다. 이곳 의무반을 둘러보러 올 것이다." 그가 거만하게 말했다. 이어서 내게 주간 보고를 준비하라고 지시했다. 그는 화요일마다 4시부터 6시 사이에 퓌르슈텐그루베에 방문하겠다고 친위대에 통지했다고 말했다. 떠나기 전에 그는 진료소에 필요한 물품이 있는지 물었다. "비타민C와 어떤 종류든 노보카인이 필요합니다, 본부반지도자님." 내가 답했다.

평일에 대부분의 수용자들이 일터에 나가 있는 동안 나는 의무실에 있었다. 그런 날들 중 어느 하루에 기사가 모는 검은색 벤츠가 들어왔다. 그 안에는 네 명의 친위대 상급 장교들이 타고 있었다. 그들 중 한 명은 낯이 익었다. 그들이 달고 있는 기장은 그들 모두 군의관임을 나타냈다. 루비츠 의사가 통상적인 보고를 했다. 의무실에 있는 환자 수와 '이상 무'가 그 내용이었다. 그들은 서로 대화를 주고받으면서 자이델 의사와 펠릭스, 보리스, 그리고 내 앞을 지나갔다. 우리는 모두 부동 자세로 서 있었다. 입원실에 들어가 입원 중인 수용자들을 둘러본 후, 한 사람이 루비츠 의사에게 환자들의 문제가 무엇인지 물었다. 어느 순간, 루비츠 의사가 한 사람을 멩겔레 의사라고 부르는 소리가 들렸다. 우리가 선발되었던 그 잊을 수 없는 아침에 그를 봤던 기억이 곧바로 스쳐 지나갔다. 그의 냉담한 태도와 차분한 분위기는 도저히 헷갈릴 수 없는 것이었다. 루비츠 의사는 내게 자신이 한때 일했던 제1수용소에서부터 그를 알았다고 말해줬다. 하지만 멩겔레 의사는 마치 그를 전혀 알지 못하는 것처럼 대했다. 루비츠는 또한 나머지 세 명 중 둘을 알고 있었다. 피셔 의사와 슈바르츠 의사였다. 누워 있는 환자들 앞을 지나면서 멩겔레는 루비츠에게 그들이 이곳에 있는 이유를 물었다. 루비츠는 환자들의 병명을 짧게 설명하곤 그들이 언제쯤 일터로 복귀할 수 있을지에 관한 소견을 말했다. 하지만 멩겔레는 다른 결론을 내리고서 자신이 선택한 수용자들의 수를 기록하라고 지시했다. 종국에는, 당시 입원해 있던 60명 중 22명이 명단에 올랐고, 그들은 아우슈비츠 제2수용소인 비르케나우Birkenau로 보내졌다. 루비츠는

전쟁의 막바지 : 1943~1945

그들 중 몇 명이라도 구하려 애썼지만, 소용없었다. 명단에 오른 이들에 대한 판정은 최종적 해결, 죽음이었다. 선택된 사람들은 그들을 기다리는 것이 무엇인지 알았다. 그들 중 한 사람은 "나는 내가 어디로 갈지 알고 있지"라고 말하며 하늘을 향해 손가락을 빙글빙글 돌렸다. 이튿날 그들은 확실한 죽음을 향해 끌려갔다. 이것이 퓌르슈텐그루베에서의 첫 선발이었다. 그때부터 그 의사들은 퓌르슈텐그루베에 매주 찾아왔다. 멩겔레는 종종 다른 의사들을 대동하곤 했는데 가장 자주 데려온 것은 피셔였다. 피셔는 혼자 오기도 하더니 마침내는 멩겔레의 자리를 대신했다. 그들은 오직 사람 목숨을 빼앗으러 왔다. 독일 의사들의 히포크라테스Hippocrates 선서는 위선hypocrisy일 뿐이었다.

그러는 동안 연합군은 승리를 거듭하고 있었다. 소련군이 독일군을 러시아에서 몰아낸 후, 영국과 미국 군대는 북아프리카에서 그들을 쫓아버렸다. 우리는 혹시 희망을 걸 만한 소식이 있는지에 온통 정신이 쏠려 있었다. 우리는 오랫동안 살아남았고, 지금은 새벽이 오기 직전의 마지막 어둠 속에 있는 것이라는 희망을 가졌다. 뉴스 보도들은 전쟁이 곧 끝날 것이라고 예측했다. 하지만 달라진 것은 거의 없었다. 독일인들은 여전히 자신들이 천하무적이라 믿었고, 우리에 대한 만행을 계속했다. 어느 날 총상을 입은 수용자가 들것에 실려 수용소로 왔다. 내가 지켜보는 가운데 하급반지도자 막스 슈미트가 그를 살피더니 말했다. "**이 사람은 죽었어.**" 말을 마친 그가 수용자 머리에 총을 두 발 쐈고, 그 사람을 시체보관실로 옮기라고 지시했다. 나중에 다른 수용자가 알려주기를 그 사람이 대열에서 이탈하자 경비병이 방아쇠를 당겨

그의 가슴을 쐈다고 한다. 총에 맞은 남자를 도울 만한 사람이 아무도 285
없던 것이 사실이라 할지라도, 최소한 슈미트는 그를 의무실로
데려가 의사가 있는지 찾아보기라도 했어야 했다. 이는 평소 온화해
보이던 슈미트가 살인하는 걸 처음 본 것이자 그들 모두가 유대인의
목숨을 얼마나 가볍게 여기는지 여실히 보여준 사건이었다. 막스
슈미트는 다른 친위대원들과는 달랐다. 그는 나치라는 신분에 전혀
어울리지 않았다. 내 생각에 그는 히틀러의 헛소리들을 진지하게
받아들일 사람이 아니었다. 하지만 악마는 여러 가지 얼굴을 갖고
있다.

어느 날 쾨니히 의사는 한 친위대원의 의치를 교체해줘야겠다는
생각을 했고, 내게 새 의치를 만들 만한 치과용 금을 보유하고 있는지
물었다. 나는 깜짝 놀랐다. 치과용 금이 있을 리가 있나? 황당한
물음이었다. 나는 없다고 대답했다.

"죽은 수용자들의 금니를 빼내지 않았단 말인가?" 그가 물었다.
"그렇게 하지 않았다면, 엄청난 금이 버려지고 있는 거야."

나는 믿기지 않는 심정으로 그를 바라보았다. "오!
본부반지도자님." 나는 넋이 나간 채 대답했다.

"왜 하지 않았나?" 그가 짜증 섞인 목소리로 물었다.

"몰랐습니다. 아무도 지시하지 않았거든요."

"앞으로는 그들이 제1수용소로 옮겨지기 전에 모든 금니를
빼내야 한다는 것을 명심해라."

구역질이 났다. 나는 인간이 그렇게 비열할 수 있을 줄은 몰랐다.
사람을 죽이는 것만으로도 충분히 끔찍한데, 시체에서 이를
뽑아내기까지 하다니 너무나도 역겨운 일이었다. 도저히 할 자신이

전쟁의 막바지 : 1943~1945

없었다. 하지만 어쩔 수 없는 일이었다. 내게는 선택권이 없었으니까.

그런 일을 해야 한다는 것이 소름끼치고 생각만 해도
역겨울지라도, 퓌르슈텐그루베의 치과의사는 나뿐이었으므로
결국 할 수밖에 없다는 것을 알았다. 이는 내가 수용소에서 한 일 중
가장 힘든 일이었다. 이따금 나는 내가 그 명령에 따르지 않았다면
무슨 일이 생겼을까 스스로에게 묻곤 했고, 아직까지도 그 의문과
끊임없이 씨름하고 있다. 처음 시체안치소를 향해 갔을 때 나는 내가
곧 할 일을 합리화하고자 노력했다. 어차피 죽은 사람에게는 아무
의미도 없는 일이라고. 하지만 내게는 결코 아무 의미 없는 일이
아니었다.

시체안치소로 갈 때마다 강한 반감이 앞섰다. 가로 2.5미터, 세로
3미터인 작은 방에 들어갔을 때의 기분을 잊지 못한다. 문을 열면
시체 냄새가 나를 맞이했다. 몸이 떨렸다. 시든 몸뚱이들이 시멘트
바닥 위에 무더기로 쌓여 있었다. 괴기스러운 광경이었다. 그들의
얼굴에는 자신들이 왜 죽어야 하는지 영문을 모르겠다는 듯한
놀라움이 어려 있었다. 내 귀에는 마음과 정신이 붕괴된 자들의
목소리가 들려왔다. 몇 명은 아직 옷을 입고 있었다. 나는 그들이
그저 시체일 뿐 절대 인간이 아니라고 생각하기 위해 무던히 애를
썼다. 하지만 애를 쓰면 쓸수록, 아무렇지 않은 척하려 하면 할수록,
오히려 몸이 덜덜 떨리는 것을 멈출 수 없었다. 복잡한 감정이 스쳐
지나갔다. 구역질이 났다. 이제부터 해야 할 일을 도저히 시작할
수 없었다. 나는 밖으로 나가 한동안 건물 주변을 걸은 후에야
시체안치소로 되돌아가 어떤 중년 사내의 시체 앞에 다가갈 수
있었다. 반쯤 떠 있는 그의 눈이 나를 빤히 쳐다보고 있었다. 마치

내가 막 저지르려는 죄악을 비난하는 것만 같았다. 그의 입을 비집어 열려고 하자 얼음장처럼 차가운 피부가 느껴졌다. 마침내 억지로 입을 열었을 때는 턱뼈가 부서지고 말았고, 나는 겁에 질렸다. 그가 내게 '하지 마!'라는 말을 그런 식으로 하는 것이라는 생각이 들었다. 죽은 자가 벌떡 일어나 나를 막을 것만 같았다. 금니를 하나씩 뽑을 때마다 그들이 받았을 충격이 어떨지에 대해 생각했다. 이따금 나는 스스로에게 되뇌면서, 내가 하는 일이 별일 아닌 척해야 했다. 나는 이 음산한 임무에 사용한 기구들을 붉은색 상자에 넣었다. 왜 그 상자를 붉게 칠했는지는 나도 잘 모르겠다. 내가 그 상자를 들고 시체안치소로 걸어가는 모습을 본 수용자들은 대부분 내가 하는 일이 뭔지 알았고, 별 의미를 부여하지 않았다. 나는 말하지 않았지만, 아버지와 형도 내가 하는 일을 알고 있었다. 어느덧 나는 친위대원들의 의치나 치관齒冠을 만들기에 충분한 금을 모았다. 내가 사용하지 않은 것은 쾨니히 의사가 제1 수용소로 가져갔다.

　의사들이 갑자기 최전선으로 보내졌다. 쾨니히 의사는 이번이 퓌르슈텐그루베에 마지막으로 방문하는 것이라고 말하며, 친위대원들의 치과 진료를 잘 봐야 한다고 지시했다. 수용소 밖에서는 유대인 의사가 독일인을 진료하는 것이 금지되어 있음을 감안하면 참으로 역설적인 요구였다. 내게 치료받으러 온 경비병들은 부드러운 태도를 취했고 종종 빵이나 소시지, 담배 같은 것을 가져다주기도 했다. 아무한테도 말하면 안 된다는 다짐과 함께. 물론 나는 그들에게 아무런 부탁도 하지 않았다. 어쨌든 간에 그들이 준 선물들은 나, 아버지, 형을 비롯해 수많은 수용자들에게 엄청난 도움이 되었다.

전쟁의 막바지 : 1943~1945

쾨니히 의사가 떠나고 몇 주 지난 후, 다른 치과의사가
치과진료소를 살펴보러 왔다. 사십대 중반의 샤츠 의사는 온화하고
상냥했으며, 허리가 아주 살짝 굽은 사람이었다. 내가 수용소에서
중요하게 여기는 것들을 장황하게 읊어대자 그는 자기 때문에
그럴 필요 없다고 했다. 그는 내가 경비병들을 계속 치료하는 것을
반대하지도 않았다. 하지만 그가 몹시 화를 낸 적이 한 번 있었다.
그는 짜증스럽다는 듯이 모자를 의자 위에 팽개치더니 뒷짐을
진 채 진료소 안을 서성거렸다. "저 자들이 내게 어떤 짓을 하게
만들었는지 아나?" 그가 나를 똑바로 쳐다보며 말했다. 동요한
기색으로.

나는 대답할 입장이 아니었지만 그가 나를 쳐다보며
기다리고 있었으므로, 호기심보다는 공손함을 드러내며 물었다.
"본부반지도자님, 무슨 일이십니까?"

그는 자기 응급차 열쇠를 내밀며 말했다. "가서 계기판을 좀
봐라. 그럼 내 말이 무슨 말인지 알게 될 거다." 차는 문에서 두어
걸음 옆에 세워져 있었다. 나는 열쇠를 받아들고 밖으로 나갔다.
운전석 문을 열고 계기판을 살펴봤다. 거기에는 평범한 레버들이
달려 있었다. 초크, 라이트, 와이퍼, 히터 같은 것들 말이다. 그런데
그중에 '가스'라고 적혀 있는 하얀색 레버가 있었다. 그 바로 밑에는
이렇게 적혀 있었다. **"경고, 운전 중에만 사용할 것."** 나는 그것이 무슨
의미인지 알아차렸다.

충격적이었다. 나는 눈을 감고 뒤로 물러섰다. 내 어머니와 누이의
영혼이 그곳에 있었다. 이런 사악한 차량이 존재한다는 사실을
알고는 있었지만, 막상 그 멀쩡해 보이는 겉모습을 보고 있자니

새롭고도 견디기 힘든 고통이 밀려왔다. 그것은 가장 비인간적이고 비정상적인 범죄의 증거였다. 그것은 새롭고 깊은 상처를 남겼다. 나는 평정심을 되찾을 때까지 잠시 얼어붙은 채 서 있었다. 이때 받은 충격이야말로 이 책의 핵심일 것이다.

나는 진료소로 되돌아가 내 분노를 숨기려 애썼다. 무슨 뜻인지 알아차렸음을 티내지 않는 편이 낫겠다고 생각했다. 나는 그가 정말로 거부감을 느꼈으리라 생각했지만, 그렇다고 공공연히 그의 말에 동조할 수는 없는 노릇이었다. 나는 그에게 "본부반지도자님, 무슨 말씀을 하신 건지 저는 잘 모르겠습니다"라고 했다.

"운전대 밑에 적혀 있는 글귀를 봤나?"

"봤습니다, 본부반지도자님. 하지만 그저 수동식 변속기라고 생각했습니다." 나는 그가 말하기를 바랐다.

"너는 저 자들이 너희들에게 무슨 짓을 하는지도 모른단 말이야?" 그러고는 대답을 기다릴 것도 없이 그가 구체적으로 이야기하기 시작했다. "그 레버를 당겨서 우리는 너희를 죽이고 있는 거야! 운전사가 그걸 당기면 배기가스가 사람들이 타고 있는 칸 속으로 배출되는 거지. 그러면 타고 있던 사람들은 모두 일산화탄소 때문에 죽는 거야. 우리 의사들이 받은 소위 명령이라는 게 바로 이런 거다." 나는 고뇌에 찬 그의 얼굴을 바라봤다. 그는 억눌린 감정을 쏟아내면서 분노와 혐오감을 드러내고 있었다. 이어서 그는 얼마나 많은 우리 사람들이 이미 그 무서운 차량 안에서 희생되었는지 이야기했다.

처음에 나는 대답하지 않았다. 그는 역겨움을 떨치려는 듯 고개를 저었다. 그 모습은 나로 하여금 그의 전임자가 시킨

일에 대해 이야기할 수 있는 용기를 내게 만들었다. 수용자들의
시체에서 금니를 빼내는 것 말이다. 나는 그가 그 일을 그만하라고
해주기를 바랐다. 그러나 그 대신 그는 이렇게 말했다. "네가 아직
비르케나우에서 카나다들이 매일 모은 금이랑 은을 못 봤구나.
거기서는 열 명이나 되는 수용자들이 가스실에서 죽은 사람들의
금니 뽑는 일을 하고 있단다."

친위대 군의관이 자신들이 저지른 범죄에 대해 솔직하게 터놓고
이야기하는 것을 듣는 일은 굉장히 놀라운 경험이었다. 그가
집요하게 히틀러를 헐뜯을 때에도 나는 여전히 아무 생각 없는
것처럼 굴었지만, 그가 어떤 사람인지 몹시 궁금했다. 왜 그처럼
훌륭한 인물이 나치에게 복종하는 것처럼 보이는가 하는 의문이
나를 혼란스럽게 만들었다. '샤츠 의사님, 단지 어떤 사람들이
자신들과 다르다는 이유만으로 짓밟아도 된다고 생각하는 것이
옳은 일입니까? 분명히 그중에는 당신들의 친구나 이웃도 있을 텐데
말입니다. 그렇지 않습니까, 샤츠 의사님? 어떤 사람들 것을 빼앗는
일이 과연 당신들에게 이득이 됩니까? 당신들이 전쟁에서 이기고
있는 동안 이 모든 일에 찬성하지 않았습니까? 당신들은 신뢰를
버리고 부도덕한 사람이 되었다는 것을 알아야 합니다. 당신들은
원래 히틀러의 생각들을 인정하지 않았습니까? 결국에는 그 대가를
치르게 될 거라는 생각은 못 했습니까?'

비록 그가 솔직한 심정을 털어놓고 또 히틀러에게서 등
돌렸을지라도, 그는 여전히 친위대원이라는 불명예를 감수하고
있었다. 나는 그가 한 말들이 좋았고 매주 그가 방문하기를 기다렸다.
그날 이후 그는 나를 동등한 사람으로 대했다. 나는 종종 샤츠 의사

같은 사람들이 나치 정권을 전복시킬 것이라고 생각했지만, 우리가
이미 알다시피 그런 일은 일어나지 않았다. 히틀러는 내부로부터
무너지지 않았다. 히틀러가 한 짓에도 불구하고, 그의 패색이
짙어졌을 때조차 독일 국민들은 그에게 지지를 보냈다.

나는 샤츠 의사에게 흰체가 나를 어떻게 괴롭히는지 말하고
싶었지만, 그가 도움을 줄 수 없다는 것을 알고 있었다. 어느 날, 샤츠
의사가 자신에게는 친위대원의 치과 진료 예약을 잡아두지 말라고
지시했다. "나는 저들을 보고 싶지 않아." 그렇게 말하고 그는 떠났다.
그 후 그는 아주 가끔씩만 퓌르슈텐그루베를 찾았다.

어느 날 몰이 치과진료소를 찾아와 샤츠가 언제 돌아올지 물었다.
나는 샤츠가 아주 가끔 방문하며, 경비병들의 치과 진료는 내가
봐왔다고 말했다. 몰이 어떻게 반응할지 두려웠지만, 뜻밖에도 그는
조만간 나를 찾아오겠다고 했다. "자네가 내 이를 좀 봐줘야겠네."
그는 유대인 수용자에게 치료받는 것에 대해 반감을 드러내지도
않았다. 며칠 동안 몰은 치과진료소 앞을 몇 번 지나쳤다. 마음이
바뀐 것이 틀림없었다. 그런데 어느 날 오후, 등 뒤에서 군화 소리가
들렸다. 몰이 그곳에 서 있었다. 의자에 앉아 있던 수용자가 벌떡
일어나더니 그의 곁을 미끄러지듯 지나쳐 문 밖으로 나갔다.

"본부반지도자님, 141129번 수용자 공손히 명령을
받들겠습니다." 내가 말했다.

"내 이를 한번 봐줄 수 있겠나, 치과 선생? 내 생각엔 충치가 하나
생긴 것 같은데."

"그 의자에 앉으시면 됩니다, 본부반지도자님." 나는 의자를
가리키며 말했다.

그는 허리띠를 풀고 모자를 벗어 간이의자 위에 뒀다. 친위대
배지의 해골 문양이 나를 노려봤다. 내가 다가가자 그는 권총을
쥐고 내 가슴팍을 겨눴다. "허튼짓할 생각 마, 치과 선생." 그는 반쯤
농담조로 말했지만, 가슴이 두근거렸다. 몰의 예측할 수 없는 성격을
알고 있었기에 몹시 불안했다.

"본부반지도자님." 나는 권총을 무시하듯이 말했다. "신경 쓰지
않으셔도 됩니다. 권총은 치료에 방해만 될 뿐입니다." 그러자 그가
멋쩍게 웃으며 권총을 다시 권총집에 넣었다. 입안을 들여다보자
오른쪽 윗어금니 안쪽이 썩어 있었지만, 충치가 그렇게 심하지는
않았다. 나는 부패한 상아질을 제거하고 깨끗이 세척한 후에 충치
구멍을 인산염 시멘트로 때웠다. 치료가 끝나자 그는 기분이
좋아진 듯했고, 긴장을 풀었다. 그날 나는 오토 몰의 또 다른 모습을
발견했다. 유감스럽게도 그 모습은 여간해서는 나타나지 않았지만.

"치과 선생, 자네 아버지랑 형도 이곳에 있다고 들었는데?" 몰이
물었다.

"네, 본부반지도자님."

"왜 내게 그런 말을 하지 않았나? 그들은 어디서 일하고 있지?"

"아버지는 건설 현장에서 카포 헤르만 밑에서 일하고 있고, 형은
탄광에서 일하고 있습니다." 나는 덧붙여 말했다. "본부반지도자님,
이곳에는 부자지간인 사람들이 많습니다. 저는 그게 문제가 될 줄
몰랐습니다."

그러자 그는 아버지가 몇 살인지 물었다.

"마흔아홉입니다, 본부반지도자님."

"건설 일은 자네 아버지한테 너무 버겁지 않은가? 수용소에서

뭔가 다른 일을 하는 게 낫지 않겠나? 그 사람이 어디서 일하는 게 좋겠나?"

"집입니다, 원래 우리들이 살았던." 그것이 순식간에 내 머릿속을 스치고 지나간 답변이었다. 물론 입 밖으로 꺼내지는 않았다. 그는 나를 끝없이 놀라게 만들었다. 사악한 오토 몰에게서 이런 말들을 듣게 되리라고는 상상조차 하지 못했다. 나는 그를 똑바로 바라보았다. 이게 정말 순수하게 선의 어린 제안일까? 내가 한 일에 대한 보상으로 하는 말인 것 같았다. 나는 우두커니 서서 어떤 일을 하는 것이 아버지에게 가장 좋을지 생각했다. 이윽고 생각이 났다. 막사 잡역부. "제 아버지는 실내 근무를 잘할 것 같습니다, 수용소장님."

"좋아, 그럼 그렇게 하지. 그림한테 가서 아버지에게 내무반 일자리를 하나 달라고 하게. 그리고 자네 형은." 그가 말했다. "의무실에서 일하게 될 걸세." 말을 마친 그는 허리띠를 차고 모자를 쓴 후, 떠났다.

지난 두 달간 나는 아버지의 짐을 덜 방법을 수시로 고민했다. 하지만 이곳에서 섣부른 부탁은 대체로 정반대되는 결과를 낳곤 했다. 꾀를 부린다고 간주되었던 것이다. 나는 그림에게 몰이 한 말을 전했다. 아버지는 우리 셋이 처음 묵었던 카포 나트한 그렌의 구역에 배정되었고, 형은 의무실에서 일하게 되었다. 늘 인력 부족에 시달리던 루비츠 의사는 형이 일하게 된 것을 기꺼워했다. 요세크 형은 우리가 퓌르슈텐그루베를 떠나야 했던 1945년 1월까지 그곳에서 일했다.

1943년 말, 더 많은 수용자들이 퓌르슈텐그루베에 도착했다.

네덜란드, 벨기에, 모로코, 노르웨이 등지에서 온 사람들이었다. 독일어나 이디시어를 할 줄 알아야(적어도 알아듣기라도 해야) 카포들이 독일어로 내리는 명령에 따를 수 있었다. 코펠만이라는 겨우 열네 살 난 네덜란드 소년이 자기 가족은 어느 유대인 첩자가 앤트워프Antwerp 거리를 돌아다니면서 유대인들을 나치에게 팔아먹는 바람에 체포되었다고 얘기했다. 소년의 가족은 자신들이 폴란드에서 살게 될 거라고 들었다고 한다. 그들이 선발될 때, 그곳에 있던 어떤 사람이 소년의 주근깨투성이 얼굴을 마음에 들어해 그는 가족들과 헤어져 퓌르슈텐그루베로 보내졌다. 함께 도착한 사람들 대부분이 순식간에 이슬람교도가 된 것과 달리 코펠만은 무사했다.

퓌르슈텐그루베는 다양한 유대인들의 집합소였다. 프랑스 유대인들은 벨기에 유대인들을 좋아하지 않았고, 벨기에 유대인들은 네덜란드 유대인들을, 네덜란드 유대인들은 독일 유대인들을 좋아하지 않았고, 아무도 폴란드 유대인들을 좋아하지 않았다. 러시아 유대인들은 끼지도 못했다. 같은 운명에 처하게 된 유대인들과 비유대인들 사이에 협력 따위는 애초부터 존재하지도 않았다.

퓌르슈텐그루베 압제자들에게 가장 중요한 일은 석탄을 캐서 부나로 보내는 것이었다. 그곳에서 석탄은 합성고무를 만드는 데 쓰였다. 그들은 생산량을 늘리기 위해 상급 수용소인 부나에서 수용소 전문가들을 데려왔고, 그리하여 친위대원이 늘었다. 한 경비병은 내게 자기가 어쩌다 경비병이 되었는지 이야기해주었다. 그는 원래 군대에 있었는데, 어느 날 그의 군사 서류가 어떤 무장친위대원의 것과 바뀌는 바람에 우리 수용소에 오게 됐다고 했다.

나랑 잘 알고 지내던 보리스라는 러시아 전쟁포로는 내게 탈출 계획을 세웠다고 말했다. 나는 그에게 경고했지만, 흔들림 없이 그는 확실한 방법을 찾아낼 것이라고 했다. 어느 일요일 오후, 누워서 쉬는 시간에는 경비가 허술해진다는 점을 믿고서 그는 담장을 기어 올라 반대편으로 뛰어내렸다. 잠시 후 사이렌이 울렸고, 보리스의 시체는 연병장에 본보기로 놓였다.

1943년 성탄절 밤에 나는 호루라기 소리에 잠에서 깼다. 창밖을 내다보니 수용자들이 막사에서 나와 연병장으로 달려가는 것이 보였다. 그들 한가운데에는 수용소장 몰, 상급반지도자 슈미트, 파이퍼, 슈빈트니, 모든 내무반장 및 카포가 있었다. 최근에 내린 눈이 어두운 연병장을 밝아 보이게 했다. 모든 구역 선임들은 자신들이 담당하는 수용자들 수를 확인했다. 그런 다음 그들을 신속히 구역으로 되돌아가게 했고, 이내 다시 나오게 했다.

무슨 일인지 알 수 없었다. 갑자기 몰이 수용소 안으로 짓쳐들어가더니 총을 쏘기 시작하는 것이 보였다. 세 발의 총성이 크게 울려 퍼졌다. 마치 내가 총에 맞기라도 한 것처럼 위경련이 일어났다. 밖에서는 소동이 일어났다. 다시 밖을 내다보니 수용자들이 막사로 뛰어오고 있었다. 시체들과 선혈이 낭자한 눈밭이 보였다. 부상당한 수용자들 중 한 명이 일어나려 애썼지만, 비틀거리다가 고꾸라졌다. 다른 부상자들은 도와달라고 애원하고 있었다. 그 무시무시한 광경은 마치 죽음의 춤을 보는 것 같았다.

그날 밤 목격한 광경은 이전까지 봐왔던 모든 끔찍한 장면을 압도했다. 나는 더 이상 볼 수가 없었고, 기절하기 일보 직전이었다.

그곳에 아버지나 형이 없을 거라 믿으면서 눈을 감았다. 나는 나와 같은 운명인 사람들이 처한 상황과 내가 처한 상황이 전혀 다르다는 사실에 깊은 수치심을 느꼈다. 나중에 그림에게서 들은 바에 따르면, 그날 밤 몰은 술을 마시고 있었는데 수용자들 중 한 명이 탈출했다는 이야기를 듣곤 너무 화가 난 나머지 이성을 잃었다. 그는 모든 수용자에게 연병장으로 나오라고 명령했고, 줄 서 있는 수용자들을 향해 기관총을 난사했다. 만약 슈미트가 말리지 않았더라면 훨씬 더 큰 살상이 일어났을 거라고 그림은 말했다. 몰을 분노하게 만든 탈출 수용자는 가브리엘 라트코프였다. 그의 탈출 때문에 그날 밤 열아홉 명의 수용자가 목숨을 잃었다. 몰이 그들을 어떤 식으로든 돕는 것을 금했기 때문에 그들은 쓸쓸하고 고통스럽게 죽었다. 그들 중에는 내가 아는 사람인 막스 글라제르도 있었다. 전쟁 전에 프라하 대학에서 독일어를 가르쳤던 그는 복부에 총을 맞았다. 이 사건은 오토 몰로 하여금 리하르트 그림을 좌천시키게 만들었다. 그는 제1수용소에서 새로운 카포를 데려왔다. 퓌르슈텐그루베의 새로운 통솔자가 된 사람의 이름은 오토 브라이텐이었다.

광산 생산량을 더욱 늘리기 위해 이게파르벤은 보너스 점수제를 도입했다. 이 보너스 점수로는 이게파르벤 상점에서 물건으로 바꿀 수 있었다. 하지만 유대인 노동자들은 4점 이상의 점수를 얻기 힘들었고, 그것으로는 할 수 있는 게 거의 없었다. 그렇지만 카포들은 좋아했다. 그들은 두둑한 보너스를 받아서 나치가 비르케나우에 조성한 매음굴을 이용할 수 있었기 때문이었다.

오스트리아에서 새로운 유대인들이 왔다. 그중에는 빈국립오페라단 지휘자 하리 슈퍼츠와 유명 오페라 가수 리하르트

타우버의 조카뿐만 아니라, 유명한 빈 극장의 재능 있는 배우들이
많았다. 이는 퓌르슈텐그루베에 오케스트라를 만들려는 몰의
의도임에 틀림없었다. 1944년 2월 초에 이르면 우리 수용자들은
독일 행진곡 선율에 맞춰 일터에 나갔다가 돌아오게 되었다.
슈피츠 씨의 과거는 수수께끼에 싸여 있었다. 빈에서부터 그를
알던 어떤 사람들은 그가 유명한 독일 소프라노 가수 에르나
자크와 결혼했는데, 나치의 인종차별 법안 때문에 이혼했다고 했다.
유대인과의 결혼생활이 그녀의 경력을 끝낼 수도 있었기 때문에.
그러나 슈피츠는 그에 관해서 한마디도 하지 않았다. 그들이 도착한
직후, 슈피츠는 우리 암울한 존재들에게 약간의 빛을 비춰주고자
슈트라우스, 레하르, 칼만의 오페레타*들을 공연할 준비를 했다.
독일인들은 마음에 들어했다. 무대는 친위대 식당에 마련되었으며,
앞자리에는 친위대원들과 이게파르벤 직원들이 앉았다. 그다음
자리들에는 카포들이 앉았고, 그 뒤로 수용자들 자리가 있었다.
환자들까지 참석했다. 독일인들은 타우버의 테너 음성에
매료되었고, 그는 광산 노동에서 면제되었다.

　　2월의 어느 화창한 날, 우리는 처음으로 연합군 폭격기가
퓌르슈텐그루베 위로 날아가는 모습을 봤다. 폭격기 두 대가
급강하하더니 우리 위를 스치듯 지나갔다. 우리는 그들이 우리를
알아볼 수 있으리라고 믿었다. 우리는 이 악몽이 끝나는 것을 보기
위해서라면 어떤 대가든 치를 준비가 되어 있었다. 우리는 그들이
다음에 접근했을 때에는 수용소에 폭탄을 떨어트리기를 바라면서

*　　희극적인 요소가 강한 짧은 오페라.

하늘을 올려다봤다. 유감스럽게도, 그들은 그러지 않았다. 우리는 여전히 우리 운명 속에 빠져 있었다.

오토 몰이 치과진료소에 찾아와서 장신구를 만들 수 있는지 물었다. 나는 내 기술이 장신구를 제작하기에는 역부족이지만 수용소 안에 분명 귀금속 세공인이 있을 것이라고 답했다. 다음 날, 나는 심헤 라우페르라는 수용자를 찾았다. 그가 솜씨 좋은 귀금속 세공인이라는 말을 들었다. 몰은 그를 원래 하던 일에서 빼내어 치과기공실에서 일하게 했다. 내가 보유한 세공 기구가 매우 적었음에도 심헤는 죽은 수용자들의 금니에서 추출한 22캐럿 치과용 금으로 18캐럿 귀금속용 금을 만들어냈고, 그 금을 두들기고 쪼아서 멋들어진 장식용 핀, 반지, 브로치를 비롯해 몰이 주문한 모든 것을 만들었다. 몰에게 기막히게 훌륭한 황금 커프단추 한 쌍을 만들어주기도 했다. 그 대가로 심헤가 받은 것은 수프 추가 배식이었다.

분명 나치는 자신들이 전쟁에서 질 것을 깨달았을 텐데, 퓌르슈텐그루베는 계속 커졌다. 새로운 막사들이 지어졌다. 2월 말의 어느 날, 햇볕이 들긴 했지만 아직 따뜻하지는 않은 날이었다. 세찬 바람이 지붕 위의 눈을 훑어서 구름 쪽으로 날려버렸다. 그날 밤, 바람소리가 씽씽 들려왔고 엉성하게 덧대진 벽의 합판들 사이로 눈발이 날렸다.

힌체는 여전히 거의 매일 아침마다 들러 나를 고문했다. 그는 그 일에 집착하다시피 했다. 나는 건설 현장에서 있었던 어떤 사건에 관한 이야기를 들었다. 그곳에서 어떤 경비병이 반쯤 피운 담배를 수용자가 주워갈 수 있게끔 던져졌다. 유혹에 넘어간 수용자 한 명이

별 의심 없이 그것을 주우려던 순간, 경비병으로부터 총알 세례를
받았다.

광산은 안전하지 않았으므로 수많은 수용자들이 부상을 입었다.
어느 오후, 독일 도르트문트Dortmund 출신의 에리히 빌치라는
수용자가 치과진료소를 찾았다. 일하던 도중 석탄 덩어리에
맞았다고 했다. 나는 그의 멍든 얼굴을 살펴봤다. 그가 턱을 움직이자
아래턱뼈가 골절된 것이 보였다. 루비츠에게 이야기하자 그는
에리히를 병실에 2주 동안 입원시켰다. 2주는 허용 범위 내에서 최장
기간이었다. 실제로 그의 턱이 낫기까지는 그 세 배가 필요했다.
2주 뒤 일터로 돌아간 그에게는 일하기 싫어 꾀를 부린다는 낙인이
찍혔고, 어떤 경비병이 사고로 위장해서 그를 총으로 쏴버렸다. 그는
결국 시체가 되어 수용소로 돌아왔다.

겨울은 언제나 우리 생존에 심각한 위협이 되곤 했지만, 1944년의
겨울은 특히나 혹독했다. 일터에서 돌아오는 수용자들은 뻣뻣하게
굳어 있었다. 그들의 코트는 마치 금속으로 만든 것 같았다. 우리들
대부분은 수용소에서 맞는 세 번째 겨울이었다. 생존에 필수적인
끈기는 점차 바닥나고 있는 것 같았다.

어느 날 빌리 엥겔이 내게 국제적십자사 사람들이
퓌르슈텐그루베의 상황을 조사하기 위해 일요일에 방문할
예정이라는 이야기를 해줬다. 그 일요일에 우리는 제대로 된 배식을
받았다. 찐 감자, 야채, 고기 한 조각. 그 직후 한 무리의 품위 있는
사람들이 몰과 반지도자로 승진한 슈미트에게 이끌려 들어왔다.
그들 중에는 돌격대대 지휘관이자 아우슈비츠 제1수용소장
루돌프 회스도 있었다. 그들은 먼저 빌리의 사무실에 들른 다음

치과진료소로 들어왔다. 나는 몰이 이곳은 퓌르슈텐그루베에서 우리에게 제공하는 다양한 의료 서비스의 완벽한 표본이라고 말하는 것을 들었다. 이야기를 들으면서 나는 왜 그들 중 아무도 내게 아무것도 묻지 않는지 의아했다. 하지만 정말로 무언가를 물었다면? 내가 그들에게 진실을 말할 수 있었을까? 루비츠 의사는 똑같은 일을 겪은 적이 있다고 이야기했다.

우리는 근처에서 활동 중인 폴란드 파르티잔에 관한 이야기들을 들었다. 우리가 듣기로, 그들은 폴란드인 수용자들에게는 접촉해왔지만 유대인들에게는 전혀 그러지 않았다.

1944년 5월, 새로운 수송열차가 도착했다. 그 안에 탄 사람들 중에는 노르웨이 유대인들이 더러 있었다. 1939년 노르웨이 헤비급 권투 챔피언이었던 부트라는 사람도 있었다.

힌체는 여전히 나에 대한 가학 행위를 계속하고 있었다. 그를 누그러뜨릴 수 있는 것은 없었다. 그 끝이 보이지 않았으므로 나는 루비츠 의사에게 조언을 구했다. 내가 보기에, 루비츠도 힌체에게 겁을 먹고 있기는 마찬가지였다. 그는 내게 요제프 헤르만에게 이야기해보라고 했다. 몰은 헤르만의 말을 귀담아듣곤 했다. 그러나 헤르만은 유대인 수용자에 대한 가혹 행위는 어쩔 수 없는 일이라고 했다. 힌체의 오만함과 가혹함은 계속되었다.

어느 날, 구역 카포인 모리스와 그림, 그리고 세 명의 폴란드인 수용자들이 모리스의 막사에서 담장 밖으로 연결되는 땅굴을 파다가 체포되었다. 그들은 밤중에 땅굴을 팠고, 흙은 담요를 이용해서 날랐다. 그것을 경비병들이 어떻게 알게 되었는지에 대해서는 듣지 못했다. 그들과 함께하기로 했던 수용소 이발사 골드스타인이 그들을 배신했다는 소문이 돌 뿐이었다. 요제프 헤르만에게 책임을 돌리는 사람들도 있었다. 여하튼 누가 관련되었는지, 누가 연장을 주었는지 같은 심문을 거친 후, 그들은 탈출해서 파르티잔에 가담하려 했다는 혐의로 교수형에 처해졌다. 모리스, 언제나 행복하고 선한 품성의 소유자였던 그는 교수대에 올라 게슈타포 똘마니를 내려다보며 이렇게 소리쳤다. "곧 이 대가를 치르게 될 거다!" 우리를 향해서는 "안녕, 동지들이여. 작별일세!"라고 했다. 폴란드 수용자들 중에 얀이라는 사람은 폴란드 국가 '폴란드는 아직 지지 않았다Jeszcze Polska nie zginęła'를 불렀다.

　나는 매일 아침 힌체의 고문을 견뎌야 함을 알고 있었다. 그가 올 때까지 나는 우리에 갇힌 동물처럼 서성거렸다. 그가 수용소에 들어서는 모습을 보면 숨고 싶은 날도 있었다. 그는 치과진료소로 들어와서 이렇게 말하곤 했다. "뭘 해야 하는지 알고 있겠지, 치과 선생." 그러고는 고문을 계속했다. 이 괴로움은 무려 넉 달이나 지속되었다. 헤어날 길이 없다는 생각에, 나는 오토 브라이텐에게 말하기로 결심했다.

　브라이텐은 힌체가 오면 안을 들여다보겠다고 했다. 다음 번에 힌체가 왔을 때, 그는 창문을 통해 우리를 엿봤다. 그는 힌체가 나를 학대하는 것을 봤고, 힌체가 치과 기구로 손톱을 다듬는 것도 봤다. 그는 두 번째 일을 문제 삼았다. 브라이텐의 견해에 따르면, 수용자를 학대하는 것은 친위대원의 특권이지만 독일 재산을 파괴하는 것은 범죄 행위였다. 그는 몰에게 이야기해보겠다고 했다. 그는 경고를 덧붙였다. "물론 너는 힌체가 있는 자리에서 이 모든 일을 몰에게 이야기해야 할 거야." 그것이 위험한 일이라는 건 알고 있었지만,

더는 이런 상황을 견딜 수 없었다. 브라이텐은 몰이 주방에서 그를
위해 마련한 진수성찬을 맛보며 식당에 있을 때 이야기를 꺼내는
것이 최선이리라고 말했다.

어느 날 오후 12시 반쯤 되었을 때, 브라이텐이 내게 와서
서두르라고 재촉했다. "몰이 식당에 있어. 기분이 좋은 상태야. 내가
힌체에 대해서 모든 걸 이야기했고, 그가 널 보고 싶어해."

우리 계획을 알고 있던 빌리 엥겔도 어떤 결과가 나올지 염려하며
우리를 따라왔다. "전부 다 털어놔버려." 빌리가 나를 격려해주었다.

우리가 식당에 들어섰을 때, 몰은 사우어브라튼*을 즐기고 있었다.
몰은 우리를 거의 쳐다보지도 않았다. 마치 우리가 그 자리에 없다는
듯이. 얼마 지나지 않아 힌체가 들어왔다. 그는 뭔가 평소와 다르다는
것을 눈치챘다. 그가 보고할 때 몰의 기분이 좋지 않아서였다. 몰은
힌체가 온 것을 눈치채지 못했다는 듯 식사를 계속했다. 힌체는
나와 브라이텐을 번갈아 쳐다보면서, 무슨 일이 일어나고 있는지
고민하면서 서 있었다. 마침내 본부반지도자가, 여전히 입속에
음식을 쑤셔 넣으면서, 나를 향해 한마디 한마디를 쪼개듯이 말했다.
"브라이텐의 말에 따르면, 힌체가 수시로 자네 일을 방해했다더군.
그게 사실인가?"

나는 그다음에 벌어질 일을 알았다. 수용소장에게 다른
친위대원에 관한 불만을 이야기해야 하는 것이다. 하지만 돌이킬 수
없다는 것도 알고 있었다. 그저 밀어붙이는 수밖에 없었다. 나는 배
속에 벌레라도 기어다니는 듯 목소리를 짜내어 겨우 대답했다. "예,

*   식초 등에 절인 쇠고기를 볶은 독일 요리.

"저 하급반지도자가 자네가 소독한 기구들로 자기 손톱을
다듬었다는 게 사실인가?"

"예, 본부반지도자 각하."

나는 또렷하게 대답하고 자세한 이야기를 덧붙였다.

몰은 내가 하는 말들을 집중해서 들었다. 그는 분노하고 있었다.
수용자 처벌은 그만의 특권이었던 것이다. 이어 그는 힌체를
돌아보며 근엄한 목소리로 물었다. "치과의사가 하는 말이 사실인가?
자네는 하고 싶은 말이 없나, 하급반지도자?"

힌체는 꿀 먹은 벙어리라도 된 듯 자리에 가만히 서 있었다. 상황
파악이 덜 되었거나 일어나고 있는 일을 믿지 못하는 것 같았다. 나치
장교인 그가 유대인 수용자에게 한 일로 심문을 받고 있다니? 마침내
그는 대답할 것이 없다고 중얼거리듯 말했다. 그것은 권위적인 몰을
만족시킬 수 없었다. **"자네를 전출시키는 것으로 마무리하겠네."** 이
말을 끝으로 몰은 우리를 해산시켰다.

나는 힌체의 가혹 행위가 끝을 맞았다는 사실을 여전히 믿을
수 없었다. "이제 더 이상 그를 두려워하지 않아도 돼." 브라이텐이
말했다. 몇 시간 뒤에 힌체가 나를 보러 왔을 때에는 더욱 놀랐다.
그는 마치 우리가 친구였던 것처럼 태연하게 작별 인사를 했다. 오토
브라이텐의 격려와 몰의 어마어마한 자의식이 아니었다면 나는
영원히 힌체의 학대에서 벗어나지 못했을 것이다. 그날은 내가 절대
잊을 수 없는 특별한 하루였다.

또 어느 날, 독일인 정치범들은 독일 군대에 지원할 수 있다는
공지가 나왔다. 모두에게 지원 자격이 있는 것은 아니었고,

지원한다고 전부 승인되는 것도 아니었다. 하지만 오토 브라이텐은 승인되었고, 요제프 헤르만이 퓌르슈텐그루베의 새로운 통솔자가 되었다. 그는 유대인 건축가의 아들이었다. 원래 이름은 헤르만 요제프였고, 바바리아Bavaria의 안스바흐Ansbach 출신이었다. 그의 어머니는 기독교로 개종했다. 그는 자신이 기독교도와 결혼했다고 말했다. 그의 아버지는 독일 최초의 저소득층 주택단지를 기획했다. 뉘른베르크 외곽에 건설된 그 단지는 **가르텐슈타트**Gartenstadt, 즉 전원도시라 불렸다. 그는 1942년에 유대인으로서 아우슈비츠에 끌려왔다. 그는 발진티푸스에 걸려 제1 수용소 의무실에 누워 있던 적이 있었는데, 어떤 의사 친구가 그가 비유대인인 것처럼 보이도록 그의 성과 이름을 뒤바꿔서 적었다고 한다. 병이 나은 후 그는 우리와 함께 퓌르슈텐그루베로 보내졌다. 그리하여 유대인 헤르만 요제프는 비유대인 요제프 헤르만이 된 것이다. 수용소 선임으로서 그의 지위는 불안정했다. 그는 우리와 함께 온 카포들이 그의 진짜 이름을 알아차리고 지위를 박탈할까 봐 불안해했다.

거의 매주 리비아, 모로코, 알제리 등 먼 곳에서 새로운 유대인들이 수송되었다. 그들은 비시 정부의 프랑스에서 붙들려 왔다. 그들은 원래 수용자들의 빈자리를 메웠다. 우리와 함께 왔던 도브라 출신 유대인들은 이제 몇 명 남지 않았다.

어느 날, 쿠르트 골드베르크가 치과친료소를 찾아왔다. 얼굴에는 온통 석탄 먼지를 뒤집어쓰고 해골 같은 몸에 줄무늬 재킷을 걸친 그에게서 내가 기억하고 있던 골드베르크의 모습을 찾아보기란 쉽지 않았다. 그는 동료 수용자들로부터 경멸받고 있었다. 그들은 그가 구텐브룬에서 했던 일들을 잊지 않았다. 이제 그는 (내가 생각하기에)

전에는 가져본 적 없는 여린 마음을 드러냈다. "나는 환자로 여기 온 게 아니야." 그가 말했다. 구텐브룬에서의 행동이 여전히 그를 괴롭혔지만, 그는 내게 동정을 구하지 않았다. 단지 그는 마음의 짐을 덜기 위해 찾아온 것이었다. 그는 유대인 혈통을 저버리려 했던 일을 후회했다. 떠나기 전에, 그는 거의 완벽한 이디시어로 말했다. 한때 그가 남용했던 것들을 멀리하고, 피할 수 없는 것을 전적으로 받아들였다. 내 생각에, 어떤 면에서 그는 더 이상 살고 싶어하지 않는 것 같았다. "나는 이런 일을 당해 마땅하다는 걸 알아. 여기서 그리 오래 버티지 못할 거야." 나는 그에게 음식을 좀 권했지만, 그가 받기를 거부해 음식을 가져가라고 설득하기까지 해야 했다. 그를 편하게 대한 것은 이번이 처음이었다. 그는 완전히 죽음을 받아들이고 있었다. 이틀 후, 나는 그의 교대조가 돌아오는 것을 봤다. 누군가 들것에 실려 있었다. 나는 그것이 골드베르크임을 바로 알아차렸다. 그는 거의 형체를 알아보기도 힘들었다. 결국 그는 우리가 한때 두려워했던 대로 사람 같지 않은 모습이 된 것이었다.

　헤비급 권투 챔피언 출신인 부트가 다친 다리에 감염이 생겨 의무실을 찾아왔다. 커다란 덩치에 두터운 근육질인 그는 어느 모로 봐도 권투선수였다. 노르웨이 출신들은 아주 작은 집단이었다. 뷔르슈텐그루베 전체에서 다섯 명뿐이었다. 그들은 자신들의 조국을 자랑스러워했고, 오랫동안 자신들의 추방을 막아줬던 용감한 노르웨이인들에 대해 좋게 이야기했다. 하지만 어느 날 주간 선발 명단에 부트의 이름이 올랐고, 그는 비르케나우로 이송되었다. 그의 삶은 모순 그 자체였다. 그는 링 위에서는 승자였지만, 더 커다란 이 싸움에서는 이기지 못했다. 그리고 영양실조와 중노동 때문에 목숨을 잃었다.

본부반지도자 몰이 마침내 퓌르슈텐그루베를 떠났다. 석 달
동안 사관훈련학교에 있었던 막스 슈미트가 본부반지도자로
진급해서 돌아왔다. 이제 그가 새 수용소장이었다. 몰은 동부에 있는
수용소들의 말살 작업을 거들기 위해 떠났다고 들었다. 슈미트는
치아 관리를 위해 자주 들렀다. 그는 대화하기 편하고, 몰과 달리
예측 가능한 사람이었다.

어느 날 아침, 형이 평소보다 늦게까지 일어나지 않았다.
내가 흔들어 깨우자 형은 힘겹게 눈을 뜨는가 싶더니 이내 다시
곯아떨어졌다. 다음 날이 되자 형은 눈을 뜨고 물을 마실 정도로
회복되었지만, 순식간에 다시 잠에 빠졌다. 사흘째가 되자 형은
다리를 휘청거리면서 일터로 돌아갔다. 형이 어떤 약을 먹어서
그렇게 아팠는지, 또 형이 왜 그 약을 먹었는지, 나는 도무지 알 수
없었다.

힌체가 떠난 지 2주가 지나기 전에 새로운 의무대원 카롤 바가가
퓌르슈텐그루베에 도착했다. 바가는 **폴크스도이처**였고 힌체와는
정반대의 인물이었다. 그는 힌체처럼 싸구려 어휘들을 쓰지도
않았고 적개심을 갖고 있지도 않았다. 바가는 근처에서 광부로 일한
적이 있다고 했다. 그는 의무병으로 복무하는 것보다는 곡괭이와
도끼를 들고 있는 편이 더 마음 편한 사람인 것 같았다. 그는 누가
무슨 일을 하건 별 관심을 갖지 않았다. "여기는 모든 게 양호하군."
의무실에 들렀을 때 그는 딱 이렇게 말하는 동안만 머물렀고, 곧
떠났다.

1944년 6월 초, 마침내 미국 군대가 유럽에 상륙했다는 소식이

들려왔다. BBC가 그들의 성공을 전해줬다. 이는 우리에게 히틀러와 그의 사악한 제국에 종말이 임박했다는 확신을 주었다. 7월이 되자 변화의 열기가 독일인들을 짓눌렀다. 연합군은 프랑스를 탈환하고 있었다. 소련군은 나치 군대로 하여금 폴란드를 통해 독일로 달아나게 만들고 있었다. 그들은 분명 끝이 다가왔음을 알고 있었다. 우리는 희망에 차서 몸을 떨었다. 하지만 수용소의 모든 친위대원은 독일이 여전히 난공불락이라 믿고 있었다.

7월 하순에 우리는 히틀러 암살 기도가 있었다는 소식을 들었다. 믿기 힘들게도, 히틀러는 살아남았다고 했다. 이에 우리는 (독일인들과 마찬가지로) 그가 불사조라고 믿게 되었다. "그가 내부로부터 쓰러지지 않는다면 아주 오랜 시간이 걸릴 거야." 루비츠 의사는 좌절감을 한껏 드러냈다. 그는 이렇게 덧붙였다. "자유 진영 지도자들은 1939년이 되기 전에 히틀러를 여러 차례 만났지. 그들이 한 일이라곤 그의 거짓 약속들에 속아서 땅을 한 조각 한 조각씩 헐값에 넘긴 것뿐이었어. 그들은 이미 널리 퍼져 있던 유대인 박해에 대해 알고 있었지만 우리를 위해 아무 일도 하지 못했지."

7월 말, 살로니카Salonika 출신의 그리스 유대인들이 퓌르슈텐그루베에 새로 도착했다. 그들 중 누구도 독일어를 하지 못했지만, 그들은 우리 중 누구보다도 강인한 사람이라는 사실을 입증했다.

어느 날, 하늘이 이상하리만치 빛나는 가운데 우리 쪽으로 연기 기둥이 흘러왔다. 우리는 그 악취가 뭔지 알았다. "나치가 수천 명의 헝가리 유대인들을 독가스로 죽이고 있다"는 말이 돌았다. "화장터에서는 그 많은 시체를 다 처리할 수 없어서 그들은 숲속

구덩이에서 태워지고 있다"는 말도. 곧 수용소의 모든 사람이 하늘이
황적색이 된 이유와 수용소로 밀려오는 악취의 원인을 알게 되었다.
헝가리도 곧 유대인 청정구역이 되었다. 시체안치소로 가보니
시체들이 기괴한 자세로 놓여 있었다. 나는 며칠 동안 그곳에 가지
않았는데, 시체들 중 일부는 심하게 부패해 있었다. 너무나도 역한
냄새가 나서 도저히 참을 수 없는 지경이었다. 나는 그냥 돌아가기로
했다. 만약 그에 관해 추궁당하면 깜빡 잊고 가지 않았다고 대답하려
했다. 하지만 아무도 캐묻지 않았고, 그것이 내가 마지막으로
시체안치소에 간 것이었다.

가장 최근에 이송되어 온 유대인들은 테레진슈타트Theresienstadt
강제수용소 출신들이었다. 그들 중에는 치과의사인 그로스흐
의사도 있었다. 퓌르슈텐그루베에 치과진료소가 있다는 말을
들은 그는 나를 만나러 왔다. 몇 주 전만 해도 그는 프라하에서
아내와 딸과 함께 자유의 몸으로 지냈다고 한다. "우리는 처음에는
테레진슈타트에 있었다네. 아내와 딸은 아직 거기 있지, 아니 있기를
바라야겠지." 그는 손가락 두 개를 교차시켰다.* 그로스흐 의사는
체코슬로바키아의 치과대학에서 구강외과학을 가르쳤으며, 그에
관한 전공서적도 두 권 썼다고 했다. 나는 그가 쉰 살쯤 되었으리라고
생각했다. 그는 키가 크고 말랐으며, 얼굴에 주름이 약간 있었는데,
그것은 그를 매우 지혜로워 보이게 하는 한편 슬퍼 보이게도 했다.
하지만 무엇보다 가장 돋보였던 것은 비범한 지성이었다. 그가 입은
수용자 재킷은 세 치수는 작아 보였다. 빨간 삼각형, 노란 별, 숫자,

---

*　　　흔히 행운을 빌 때 사용하는 손동작이다. 신의 가호를 바라는 손동작이기도 하다.

그리고 테레진슈타트를 뜻하는 T가 그의 쇄골 쪽에 붙어 있었다.

수용소 생활은 이제 내게는 살아가는 방식이 되어 있었지만, 그로스흐에게는 아니었다. 이런 상황에 갓 놓인 그에게 퓌르슈텐그루베는 몹시 두려운 곳으로 보였다. 나는 그에게 연민을 느꼈다. 그가 치과진료소에서 나를 도울 수 있을지 물어서 나는 헤르만에게 부탁했고, 그로스흐 의사는 나와 함께 일하도록 허락받았다. 퓌르슈텐그루베에는 이제 수용 가능한 최대 인원인 5000명이 넘는 수용자들과 100명 이상의 친위대원들이 있었다.

나는 엄청나게 풍부한 치과 임상경험을 얻었다. 한 명의 치과의사로서 손색이 없었을 것이다. 나는 "아파!"라는 말을 열 개 이상의 언어로 알게 되었다. 또한 나는 환자들에게 도움이 될 대안을 고안해내는 법을 익혔다. 그런 대안들은 생소한 것이었음에도 불구하고, 정말로 도움이 되는 경우가 왕왕 있었다. 내가 치료한 사례들 중 일부는 평상시라면 좀처럼 보기 힘든 것이었다. 나는 아래턱 골절을 맞췄고, 심각한 잇몸 질환과 치주염을 치료했다. 쓸 만한 약품이 드물었기에 갓 도착한 그로스흐는 어찌할 바를 모를 때가 종종 있었지만, 그의 전문가다운 기질은 내게 시사하는 바가 컸다. 그는 프라하에서 지낼 때의 이야기를 들려주곤 했다. 아내와 딸의 안녕이 그의 주요 관심사였다. 그는 나를 좋아했다. 언젠가 그는 눈을 빛내면서 이런 말을 했다. "이 모든 게 끝나면 자네를 사위로 삼고 싶군."

히틀러는 기적이라는 무기를 독일 국민들 앞에 딸랑거리고 있었다. 그들이 아직도 히틀러를 믿는다는 사실이 놀라웠다. "전쟁에서 패하지 않았다." 그의 추종자들은 말했다. 물론,

경비병들은 언젠가 자신들의 행위에 대가를 치르게 될까 봐
두려워하고 있었다. 우리가 아무리 좌절을 거듭했다 해도, 자유에
대한 희망은 우리의 생명줄이었다. 아마 그것은 조상 대대로
물려받은 우리의 특성이었을 것이다. 우리에 앞서 오랫동안
박해받아왔던 선조 세대들의 경험이 누적된 것이다. 우리가 아무리
오랫동안 고통받아왔다 해도, 죽기를 바라지는 않았다. 하지만
자유는 아직 우리 것이 아니었다.

　1944년 9월 어느 비 오는 날 아침, 아버지와 함께 내무반에서
일하는 모니에크라는 사람이 내게 달려와 아버지가 화장실 바닥에
의식을 잃고 쓰러졌다고 했다. 내가 도착했을 때 아버지는 시멘트
바닥에 누워 있었고, 얼굴은 차갑게 식어 흠뻑 젖어 있었다. 눈은
감겨 있었는데 호흡이 무척 약했다. 모니에크와 함께 아버지를
의무실로 옮겼다. 요세크 형과 나는 아버지를 침상에 눕혔다. 우리가
얼마나 넋이 나가 보였던지, 모니에크가 나를 따로 불렀다. 그가
말했다. "어떻게 된 건지 알려줄게. 하지만 나트한에게는 말하지
마라. 오늘 아침에 네 아버지 상태가 좋지 않았다. 그래서 수용자들이
나간 뒤에 침상에 가서 누웠지. 하지만 나트한이 네 아버지한테
일어나서 바닥을 쓸라고 시켰어. 나는 빗자루를 들었다. 네 아버지
대신 바닥 쓸기를 끝마치고 싶었거든. 그런데 나트한이 그걸 보더니
네 아버지더러 게으르다면서 일을 하라고 시켰고, 네 아버지가
쓰러질 때까지 계속 때렸어. 결국 네 아버지는 정신을 잃었고.
그러니까 나트한은 우리더러 네 아버지를 화장실로 데려가서 물을
끼얹으라고 시키더구나."

　나는 충격을 받았다. 이야기를 들으면서 위장이 꼬여왔고, 이가

갈렸다. "왜 저를 부르지 않았어요?"

"워낙 순식간에 벌어진 일이라서." 모니에크가 대답했다.

자이델이 아버지를 진찰하면서 고개를 저었다. 그도 루비츠도
뭐라 예견하지 못했다. 요세크 형과 내가 무엇이 잘못된 것인지
알려달라고 조르자, 자이델은 우선 열이 내려야 무슨 이야기를
할 수 있을 것이라고 했다. 루비츠가 흥분제 주사를 놨음에도
아버지는 정신을 차리지 못했다. 우리는 아버지의 상태가 몹시
심각하다는 것을 깨달았다. 아버지는 눈을 뜨기는 했지만 동공이
뿌옇고 움직이지 않았다. 우리가 알던 눈이 아니었다. 카포 나트한을
떠올리자 분노로 몸이 떨려왔다.

요세크 형과 나는 번갈아서 밤낮을 가리지 않고 아버지를
지켜봤다. "아버지, 저를 알아보시겠어요?" 나는 여러 번 물었다.
우리가 곁에 있는 것을 아버지가 알았는지 모르겠지만, 아무튼
아버지는 우리에게 어떤 신호도 보내지 않았다. 아버지는
불덩이처럼 열이 났다. 이마는 뜨거웠고 땀으로 축축했다. 우리는
아버지가 살아나기 힘들다는 것을 알았지만, 도저히 받아들일 수가
없었다. 우리는 기적을 바라며 앉아 있었다. 다음 날 몰이 찾아와
아버지가 몹시 아프다는 사실을 알고 있다고, 아버지 곁에 있어도
된다고 했다. 다음 날 저녁 아버지는 마치 우리를 껴안으려는 듯이 두
팔을 쭉 뻗었다. 우리는 아버지 입술이 움직이는 것 같다고 생각했다.
하지만 아무런 소리도 나지 않았다. 이윽고 아버지의 양손이 툭
떨어졌다. 루비츠가 아버지를 살펴봤지만, 희망적인 징조는 없었다.

셋째 날 밤은 로쉬하샤나 전야Erev Rosh Hashanah*였다. 갑자기
아버지 얼굴이 잿빛이 되었다. 아버지는 더 깊은 혼수상태에
빠지는가 싶더니 이내 돌아가셨다. 우리는 이미 한참 전부터
아버지가 돌아가실 수밖에 없겠다고 생각하고 있었지만, 정작
아버지가 숨을 거두는 모습과 생명이 빠져나간 아버지의 몸을
보고 있자니 너무나도 고통스러웠다. 아버지는 내 영웅이었다.
수용소에서 괴로운 나날을 보내면서 그런 생각은 좀 더 강해졌던 것
같다. 나는 벌써부터 아버지가 그리웠다. 요세크 형과 나는 아버지
앞에 헌사를 바칠 수도, 그럴싸한 장례를 치를 수도 없다는 것을
알았다.

그러나 아버지가 돌아가신 다음 날 아침, 몰이 말했다. "자네
아버지를 보는 순간 살아나기 힘들겠다는 걸 알겠더군. 아버지를
실을 구급차가 도착할 걸세. 자네들이 장례식에서 외우는 기도문이
따로 있는 걸로 아는데."

"네, 본부반지도자님. 카디쉬Kaddish 라고 하는 것입니다."

"알겠네. 운전사에게 기다리라고 하고 자네 둘이 하고 싶은 걸 할
수 있는 시간을 달라고 하게." 몰이 이 정도까지 너그럽고 이해심이
깊을 수 있다니. 나는 유명한 옛 유대 속담이 떠올랐다. "유대인을
가장 싫어하는 사람에게도 좋아하는 유대인이 한 명은 있다."

다음 날인 로쉬하샤나 첫날, 아버지의 시신은 비르케나우로
옮겨졌다. 그 전에 요세크 형과 나는 기억나는 최대한으로 카디쉬를

---

*　로쉬는 머리를, 샤나는 해年를 뜻한다. 즉 '해의 머리'를 뜻하는 로쉬하샤나는
유대인들의 새해로, 보통 9월 중순이다(매년 날짜가 바뀐다). 유대인들은
로쉬하샤나에 사과와 할라를 꿀에 찍어 먹곤 한다.

암송했다. "영원하신 하나님! 우리 아버지의 아버지시여. 그가 영원한 안식에 들 때 그를 어여삐 여기소서. 그는 당신을 믿음으로써 구원을 얻는다는 것을 알 수 있도록 우리를 키웠나이다. 그는 당신을 위해 살았고 우리를 당신의 길로 이끌었나이다. 그는 결코 당신과 당신의 가르침을 저버리지 않았나이다."

우리는 나트한의 폭행 때문에 아버지가 돌아가셨다고 확신했다. 나는 그를 만나러 갔다. 나트한은 한동안 나를 피해 다녔지만, 나는 그를 찾아내서 따졌다. "나트한, 우리 아버지한테 무슨 짓을 한 거지? 네가 아버지를 죽였어! 아버지는 몸이 아팠던 거지, 꾀부린 게 아니라는 걸 몰랐나? 몰이 우리 아버지가 내무반에서 일할 수 있다고 했을 때, 나는 아버지를 네 막사로 보냈어. 왜냐면 너를 알았으니까. 난 네가 우리 아버지가 나이 드신 걸 좀 신경 써줄 줄 알았거든. 그런데 내가 아주 잘못 생각했구나. 넌 유대인이야. 하지만 너는 친위대원 못지않게 악랄해. 분명히 너는 언젠가 이 대가를 치르게 될 거다. 너 같은 사람들은 천벌을 받으니까."

그는 벌겋게 달아오른 얼굴로 나를 노려보았다. 하지만 나는 그가 감히 나를 때리지 못하리라는 것을 알았다. "난 그가 아픈지 몰랐어, 맹세해." 그가 말했다. 나는 그의 눈을 쳐다봤다. 더 할 말도 없었다. 나는 역겨움을 느끼며 자리를 떴다. 몇 달 후, 나트한 그렌은 탈출을 시도했다. 그는 붙잡혔고, 목이 매달렸다.

1944년 10월, 형이 아우슈비츠 제1수용소에서는 의사들이 3주 동안 의무실을 비웠더라는 이야기를 해줬다. "아마 더 이상 선발은 없을 건가 봐." 이 말은 사실로 판명났다. 게다가 어떤 수용자도, 심지어 아무리 중환자라고 해도, 더 이상 비르케나우로 보내지지 않았다. 우리 의무실은 꽉 찼다. 이제 환자들은 둘이서 한 침상을 써야 하는 판국이었다. 11월의 날씨는 춥다 못해 얼어붙을 지경이 되었다. 그 달에 도브라 출신이 두 명 더 죽었다. 며칠 후에는 폴란드인 수용자 둘이 건설자재 운송 트럭에 숨어 있다가 들켰다. 그들은 체포되어 교수형에 처해졌다. 그 후 나머지 폴란드인들은 우리 수용소에서 다른 곳으로 옮겨졌다.

어느 날 나는 의무실에서 끙끙 앓는 소리를 들었다. 오케스트라 지휘자 하리 슈피츠가 내는 소리 같았다. 그가 이끌던 악단은 활동이 중단되었는데, 대부분의 연주자들이 탄광의 중노동에 희생되었기 때문이다. 슈피츠는 나를 잘 알고 있었다. 나를 본 그는 손을 뻗으며 희미한 목소리로 물을 좀 달라고 했다. 나는 그를 바라봤다. 독일 나이팅게일의 재능 있는 전남편이 잊힌 채로 누워 있었다. 나는 루비츠 의사에게 그의 상태를 물었다. "나로서는 저 사람을 도울 방법이 별로 없구나. 장티푸스에 걸렸다. 나을 수도 있고, 죽을 수도 있지."

나는 루비츠 의사가 그를 걱정하고 있으며 가능하다면 도움을 주리라는 것을 알았다. 슈피츠는 고열에 시달리고 있었다. "물을 달라는데요."

"가져다주려무나. 하지만 조금만 줘라."

"음식을 줘도 될까요?" 내가 물었다.

"아무것도 먹어선 안 돼." 루비츠는 그렇게 말하곤 바삐 자리를 떴다.

나는 슈피츠에게 물 한 컵을 떠 입가에 가져다주었다. 루비츠가 한 말에도 불구하고, 나는 30분 가까이 앉아 그가 물을 조금씩 마시게 했다. 그리고 격려의 말을 몇 마디 건넸다. "힘내요. 당신에게는 살아야 할 이유가 많잖아요. 며칠 내로 전쟁이 끝날 거고, 당신은 빈으로 돌아가게 될 거예요."

"노력해볼게, 치과 선생. 노력해볼게." 그가 중얼거렸다. 이내 눈이 감겼고, 그는 잠이 들었다. 나는 그의 가슴이 가쁘게 오르락내리락하는 것을 봤다. 그것이 그의 가장 위험한 고비였음이 틀림없다. 그다음부터 병세가 호전되기 시작했기 때문이다. 때로는 사소한 것이 수용자의 운명을 바꾸기도 했다.

나치는 자신들의 실패를 숨기려 했다. 그들은 패배를 가리기 위한 새로운 표현들을 마련했다. '군사력 결집'이나 '방어선 축소'처럼 애매모호한 말들이 사용되었다. 또한 그들은 국민들이 학수고대하던 반격이 곧 시작될 것이라고 주장했다. 독일 국민들은 여전히 그런 거짓말을 믿었다. 그러는 사이, 립스히트스는 연합군이 프랑스를 탈환하고서 벨기에와 네덜란드를 거쳐 독일로 진군하고 있다는 소식을 들었다. 수용자들이 캐낸 석탄들은 쓰이지 않고 무더기로 쌓여 있었다. 우리를 계속 그곳에 두는 것은 의미 없는 일이 되었지만, 사람들은 계속 죽어갔다. 우리의 강박적인 압제자들로 하여금 우리에 대한 살상을 멈추게 할 만한 동기가 없었던 것이다. '상위 민족'과 '하위 민족'이라는 히틀러의 터무니없는 게르만주의이겠는가? 우리를 **'인간 아닌 것들'**로 만든 그의 선전 때문이겠는가? 아니면 그저 독일인들이 히틀러의 파괴적인 선동을 맹목적으로 따른 것이겠는가? 연합군 폭격기들이 퓌르슈텐그루베의 상공에 점점 더 자주 나타났다. 우리는 하늘을 올려다보며 기도했다. 희망을 갖고.

전쟁의 막바지 : 1943~1945

1944년 12월, 사나운 겨울 폭풍이 불어닥쳤다. 폭설이 내려
수용소에 눈이 가득 쌓였다. 나는 아무도 가져가지 않은 마지막
치과용 금 뭉치를 갖고 있었다. 성탄절이 지난 후 우리 수용소의
마지막 비유대인 수용자가 내보내졌다. 카포들을 제외하면,
퓌르슈텐그루베의 수용자들은 이제 모조리 유대인이었다. 나치들은
우리를 더욱 혹독하게 압박했다.

1945년 1월 첫 주 동안 건설을 비롯한 모든 작업이 중단되었다.
우리는 곧 뭔가 중요한 일이 일어나겠다고 생각했다. 연합군이
라인Rhine 강을 건너 독일 깊숙이 진군했다는 소식이 들려왔다.
동부에서는 러시아인들이 오데르Oder 강을 건너 베를린을 향하고
있었다. 독일 군대가 와해되었음이 분명했다. 희망이 커져가던 바로
그 순간, 우리가 독일 내륙으로 옮겨지리라는 소문이 수용소를
휩쓸었다.

주말이 되자 우리는 전쟁이 가까이 다가오는 소리를 들을 수
있었다. 포탄이 우리 위로 날아다녔고, 그 빛이 밤하늘을 환하게
비췄다. 전투는 우리가 이따금 무기들을 알아볼 수 있을 정도로
가까워졌다. 우리는 곧 퓌르슈텐그루베를 떠나야 한다는 것을
알았지만, 어디로 가게 될지는 전혀 알 수 없었다. 우리가 가장
두려워한 곳은 비르케나우였다. 요제프 헤르만은 우리가 가게
될 곳이 어딘지는 몰라도 비르케나우가 아니라는 사실만큼은
확실하다고 장담했다. "걸을 자신이 없는 사람은 누구라도 남을
수 있다." 그가 말했다. 우리는 남는 것은 안전한 선택이 아니라고
생각했다. 조금이라도 움직일 수 있는 사람들은 떠나는 쪽을
선택했다. 창고 문이 열렸고, 수용자들은 아직 남아 있던 옷과 신발을

챙겼다.

나는 치과진료소에 작별을 고했다. 그곳은 거의 1년 반 동안 내게 안전한 장소이기도 했고 고문받은 장소이기도 했다. 빌리와 비키 형제는 최근 상급반지도자로 승진한 파이퍼가 눈을 부릅뜨고 지켜보는 가운데 친위대 근무기록들을 불태우고 있었다. <u>그로스흐</u> 의사는 진료소를 떠나 막사로 돌아갔다.

나는 가방에 치과 기구들을 챙겨 넣었다. 이어 녹인 금덩어리들이 보였다. 나는 그것들을 다 챙겨서 형을 만나러 의무실로 갔다. "250명이 의무실에 남을 거야." 형이 말했다. 그들은 다가올 운명을 두려워했지만, 먼 길을 떠날 수 있는 상태가 아니었다. 떠나더라도 오래 버티지 못하리라는 것을 그들은 알고 있었다. 그들은 근처에 와 있다는 러시아인들이 자신들을 구해주기를 바랐다. 나중에 일어난 일은 타데우시 이바슈코의 책《아우슈비츠의 기록들Hefte von Auschwitz》에서 유일한 생존자의 기록을 통해 알 수 있다.

친위대는 수용자들과 함께 떠났고, 작업반장 두 명만 우리를 지키고 있었다. 우리 동반자는 굶주림뿐이었다. 다음 날 우리는 담장 밖에서 죽은 말 두 마리를 발견했다. 그 말들과 우리가 찾아낸 감자가 우리 목숨을 연명시켜줬다. 우리는 러시아인들이 가까이 있는 소리를 들었다. 그들은 마치 일부러 우리를 지나쳐 가는 것 같았다. 1월 17일, 약 스무 명의 친위대원들이 도착했다. 처음에 우리는 그들도 철수 중이며 우리를 해치지 않으리라고 생각했다. 착각이었다. 그들은 우리를 보더니 우리 막사를 향해 총을 쏘기 시작했다. 그중 한 명은 우리가 있던 의무실에 수류탄을 던지기도 했다. 또 한 명은 안을 들여다보면서 움직이는 사람을 모두 쐈다. 나는 다리에 총을 맞았고, 죽은 척을 했다. 이어 친위대원들은 막사 구석구석에 폭발물을 설치하곤 불을 붙였다. 지붕이 무너져내렸고, 그 일부가 나를 덮쳤다. 그 구역에 있던 사람들은 대부분 그때 죽었다. 움직이기가 겁났다. 만약 그들이 나를 본다면 죽일 테니까. 하지만 그대로 누워 있어도 불에 타 죽을 터였다. 불길이 내 쪽으로 다가왔을 때, 결정을 내려야 했다. 나는 손과 무릎으로 기어나와 기둥 뒤에 숨었다. 친위대원들이 또 다른 막사를 향해 가는 모습이 보였다. 나는 그곳에도 수용자들이 숨어 있다는 것을 알았다. 그들은 망설임 없이 총을 쐈다. 그들은 그 막사를 태워버렸다.

인근 마을 주민들은 무슨 일이 벌어지는지 분명 알았을 것이다. 하지만 아무도 그들을 말리러 오지 않았다. 이윽고 친위대원들이 떠나자 주민 몇 명이 불을 끄러 왔다. 지나가던 독일 병사들이 그 모습을 보더니 이렇게 말했다. "그만두시오 형제, 역겨운 유대인들일 뿐이잖소." 239명의 사망자들은 훗날 하나의 거대한 공동묘지에 묻혔다.[*]

---

[*]   [원주] Tadeusz Iwaszko, *Hefte von Auschwitz 16*(Auschwitz: Verlag Staatliches Auschwitz-Museum, 1978): 71.

죽음의 행진

1945년 1월 11일 아침 8시, 우리는 각자 500그램의 빵과 마가린 두 조각, 꽤 넉넉한 마멀레이드를 받았다. 경비병들은 막사들을 샅샅이 뒤져 쓸모 있어 보이는 것이라면 모조리 부쉈다.

건조하고 추운 날이었다. 눈발이 흩날려 도로 일부를 덮었다. 하지만 우리는 무슨 이유에서인지 한 곳에 계속 서 있었다. 평소대로 다섯 줄로 맞춰서. "우리는 부나 같은 주변에 있는 다른 수용소 사람들과 만나려고 기다리고 있는 거야." 헤르만이 말했다. 자정이 다 되어서야 마침내 우리는 100명씩 무리를 지어서 퓌르슈텐그루베를 떠났다. 총을 든 친위대 경비병들이 서로 10미터 간격을 유지한 채 우리 곁에서 행진했다. 형과 나는 두 번째 줄에 있었다. 같은 줄에 빌리, 비키 형제와 전기기술자 립스히트스가 있었고, 우리 바로 앞에는 카포들과 상급 카포 빌헬름 헹켈이 있었다. 고요한 밤에 우리 발소리가 크게 울려 퍼졌다. 수많은 군용 차량들이 우리 곁을 지나쳐 갔다. 그들도 서쪽을 향하고 있었다.

갑자기 폭죽이라도 터진 듯 펑 하는 큰소리가 들려왔다. 우리는 혼란에 빠졌다. 몇 분 후, 우리는 어떤 수용자가 머리에서 피를 흘리며 도로 위에 쓰러져 있는 모습을 봤다. 우리는 그 소음의 원인을 알게 되었다. 잠시 후 요제프 헤르만이 대열에 합류해서 경고했다. "뒤처지는 사람이 생기면 경비병들이 총으로 쏠 거야." 또 몇 분이 지나 누군가가 비틀거리다 쓰러졌다. 공포에 질린 채 우리는 경비병이 그를 쏘는 것을 지켜보았다. 오래지 않아 매우 많은 사람들이 도로 위에서 목숨을 잃었고, 우리는 그 시신들을 밟지 않기 위해 조심해서 걸어야 했다. 새벽 4시쯤 우리는 다른 수용자 무리를 마주쳤다. 부나에서 온 수용자들이었다.

커다란 농장 앞에서 멈추라는 명령이 떨어졌을 때는 날이 아직 어두웠다. 헛간 문이 열렸고, 우리는 동이 틀 때까지 그곳에 머물 것이라는 얘기를 들었다. 형과 나는 짚더미 속에 몸을 묻었다. 치과 기구 상자는 내 옆에 두었다. 눈이 감겼고, 나는 금세 곯아떨어졌다. 카포들이 채찍을 휘두르며 "출발!" 하고 소리쳤을 때에는 이제 겨우 동이 트려 하고 있었다. 경비병들은 매우 급해 보였다. 우리는 원래 섰던 줄에 가서 섰고, 인원 점검도 생략한 채 떠났다. 그때 우리는 글레이비트스Gleiwitz로 가고 있다는 말을 들었다. 그곳은 70킬로미터쯤 더 가야 했다.

밤새 눈이 내렸다. 눈발이 거세지면서 걷기도 힘들어졌다. 우리 신발은 젖었고, 발은 얼어갔다. 도로에는 처형당한 수용자들이 점점 늘어났다. 날이 밝아지면서 우리는 대열에서 뒤처진 수용자들이 총에 맞아 눈 덮인 길 위에 쓰러져 있는 것을 뚜렷이 볼 수 있었다. 그저 일상일 뿐이었다. 낮이 되자 우리는 도로 옆에서 멈추라는 지시를 받았다. 햇빛이 우리를 밝게 비추고 있었지만, 반쯤 얼어붙고

굶주린 우리 방랑자들을 따뜻하게 해주지는 못했다. 나는 갖고
있던 빵 조각을 아주 조금씩 떼어 먹었다. 세 시간쯤 걷고 나니 힘이
빠지는 게 느껴졌다. 모든 것이 흐릿하게 보이고 무릎이 휘청거렸다.
"형, 못 걷겠어." 비틀거리면서 형에게 그렇게 말했던 기억이
난다. 형은 내 한 팔을 붙잡은 채, 내 옆에 있던 빌리에게 나를 좀
잡아달라고 했다. 우리 셋은 걷는 속도가 느려졌고, 맨 마지막 줄에
다다를 때까지 뒤처졌다.

다른 수용자들이 나를 알아봤다. "브로네크잖아, 치과의사 말이야.
쟤가 다음 차례가 되겠구만." 나는 간신히 발걸음을 옮겼다. 머리가
위아래로 흔들렸다. 우리 뒤에는 경비병이 셋 있었다. 나는 어떤 일이
일어날지 잘 알고 있었다. 하지만 아무리 애를 써도 나를 위협하는
것에 대한 생각을 이어나갈 수가 없었다. 그저 땅바닥에 주저앉아
쉬고 싶었다.

"베레크." 형은 계속해서 내게 말했다. "걸어." 요세크 형과 빌리는
사실상 나를 운반하다시피 했다. "베레크, 얼마 안 남았다. 이 언덕만
넘어가면 멈출 거다." 요세크 형은 공황 상태에 빠진 나를 격려했다.
하지만 우리는 그곳에서 멈추지 않았고, 나는 정말이지 좌절감을
느꼈다. 형은 퓌르슈텐그루베에서 가져온 담요를 펼쳐 내 어깨에
둘러줬다.

"그냥 날 두고 가." 나는 형과 빌리에게 간절히 말했다. 하지만
그들은 나를 놓아주지 않았고, 다음에 농장이 보이면 분명히 쉴
것이라고 했다.

별안간 슈미트가 오토바이를 탄 채 우리 쪽으로 다가왔다. 그가
물었다. "치과 선생한테 무슨 일 있나?"

"그는 더 이상 걸을 힘이 없습니다. 수용소장님." 형이 대답했다.

"버텨봐, 치과 선생. 수용소장님께 말씀드릴 테니까." 나는 그가
급히 사라지며 한 말을 들었다. 잠시 후, 그는 뒷좌석에 요제프
헤르만을 태우고 돌아왔다. 곧 무언가가 입안으로 흘러들어오는
것이 느껴졌다. 보드카였다. 입과 목구멍이 타 들어가는 것 같았지만,
억지로 삼키고 몇 모금을 더 마셨다. 갑자기 다리에 힘이 붙는 것
같았고, 그 덕분에 나는 다음 농장에서 멈출 때까지 걸을 수 있었다.
농장에 도착하자마자 나는 눈 덮인 땅바닥 위로 무너지듯 쓰러졌다.

"일어나서 우리가 인원 점검을 받는 동안 몇 분 더 서 있어."
형이 말했다. 그것이 내가 살 길이었다. 하지만 힘이 다 빠져버린 내
다리에게는 무리한 요구였다. 요세크 형은 나를 부축해서 우리 옆에
있던 마차와 그 바퀴 사이에 나를 밀어넣었다. 그 도움을 받은 덕에
나는 점호를 통과할 수 있었다. 이어 우리는 퓌르슈텐그루베를 떠난
후 처음으로 음식을 받았고, 헛간에서 밤을 보냈다.

누군가 나를 흔들어 깨웠던 기억이 난다. 눈을 떠보니 형이
있었다. "나가자. 안 그러면 저들이 널 죽일 거야." 형이 나를
잡아끌며 말했다. 처음에 나는 내가 어디 있는지도 몰랐다. 흐릿한
기억 속에서 전날이 떠올랐다. 나는 아직 내가 살아 있다는 것이
믿기지 않았고, 또다시 걸어야 한다는 사실에 망연자실했다. 그러나
밤사이에 새로운 생명력이 스며들기라도 한 듯이 확연하게 기운이
솟아났으므로, 나는 헛간을 나섰다.

수용자 몇 명이 사라졌다. 경비병들은 총검으로 짚더미들을
깊숙이 찔러댔다. "나와!" 그들은 소리치며 무섭게 을러댔다. 이내
지푸라기를 뒤집어쓴 채 나온 세 명의 수용자들이 발길에 채이며

대열에 합류했다. 위협이 이어졌고, 더 이상 짚더미에서 나오는 사람이 없자 파이퍼가 경고했다. "헛간을 불태우기 전에 마지막 기회를 주겠다." 하지만 나오는 사람은 없었다. 인원 점검을 마친 후 우리는 열두 명이 사라졌음을 알게 됐다.

그날 아침 우리는 빵, 버터, 커피를 받았고, 열두 명의 도망자 없이 출발했다. 파이퍼는 위협했던 대로 헛간을 불태워버리지 않았다. 내가 아는 한 그것은 가장 많은 인원이 도망친 사례였다. 여전히 얼어붙을 듯이 추웠다. 이동과 함께 살육이 다시 시작되었다. 끝없는 죽음의 순례길에 오른 것만 같았다. 우리는 낡은 교회 앞에 멈춰 섰다. 엄청난 눈더미가 쌓여 있었다. 경비병들은 마을로 끌려가고 있는 우리를 구경하는 예쁜 소녀들을 보며 싱긋거렸다. 그녀들에게 우리는 아마 사람처럼 보이지 않았을 것이다. 마을 밖에 있는 푯말에는 글레이비츠까지 28킬로미터 남았다고 적혀 있었다. 우리는 이 죽음의 행진이 꼭 그곳에서 끝나기를 바랐다. 오토바이 뒤에 요제프 헤르만을 태운 슈미트가 우리 주변을 계속 돌았다. 우리는 정오에 휴식을 취했다. 눈이 두껍게 쌓인 들판은 평화로워 보였다. 이 지역은 이제 무장친위대 병사들로 꽉 차 있었으므로, 우리는 전날 사라진 열두 명의 도망자들이 무사히 그들을 피할 수 있었을지 궁금했다. 얼마나 더 가야 할지 아는 우리는 계속 걸었고, 요세크 형은 꾸준히 내 상태를 살폈다.

글레이비츠 근처에 다다랐을 때는 이미 날이 저문 뒤였다. 그곳에는 공장, 방앗간, 철도 등이 온전한 상태로 남아 있었다. 두껍고 탁한 매연을 내뿜는 굴뚝들도 있었다. 우리는 수많은 군용 차량들로 이루어진 대규모 호송대를 따라 도시 중심부로 들어갔다.

마침내 우리는 대규모 수용자들과 합류했다. 그들은 평소에는
석탄 보관용으로 쓰였던 철봉들로 덮인 8미터 높이의 철조망
담장에 에워싸여 있었다. 철로 두 개가 그 안까지 이어져 있었다.
그 수용자들은 글레이비트스 외곽의 주철공장 도이체베르케에서
온 사람들이었다. 우리보다 먼저 도착한 퓌르슈텐그루베 출신
수용자들도 있었다. 석탄 찌꺼기들이 도처에 널려 있었다. 우리는
약간의 빵과 커피, 작은 소시지를 받았다. 우리는 밤새 그곳에 남아
있었다.

　이튿날 아침 일찍 우리는 평소라면 가축을 운송하는 데 쓰였을
덮개 없는 기차에 올라타라는 명령을 받았다. 이는 불가피한
모순이었다. 8월의 무더위 속에서는 밀폐된 차량에 탔던 것이다.
차량은 2.5미터 정도 높이에 앞뒤 길이는 5.5미터쯤이었다. 양끝에는
경비병들이 서 있었다. 원래는 40명 정도만 들어갈 수 있을 차량에
경비병들은 억지로 스무 명을 더 밀어넣었다. 서 있을 공간조차
변변찮아 나는 내 가방을 꽉 끌어안았다. **"너 몇 조각이나 갖고
있어?"** 크로아티아인 경비병 한 명이 우크라이나인 경비병에게
물었다. 그들은 의사소통이 잘 이루어지지 않았다. 수를 세고 또 세고
전달한 끝에 그들은 마침내 의견 일치를 봤다. 기관차가 출발했다.
기적 소리가 요란하게 울리는 가운데 열차는 우리를 서쪽으로
운반하기 시작했다. 자유는 멀어져갔고, 우리는 독일 깊숙이
들어갔다.

　덜컹거리고 흔들거리며, 열차는 처음에는 천천히 움직였다.
기관차 한 대가 끌고, 또 다른 한 대는 밀면서, 수많은 화물차들은
뱀처럼 구불구불 마을 주위를 돌았다. 다시 눈이 내렸다. 하늘은

여전히 겨울 구름으로 묵직하게 가라앉아 있었다. 잠시 후 빈 깡통 두 개가 나타났고, 수용자들은 노끈에 깡통들을 매달아 내려서 눈을 퍼 담았다. "눈을 먹으면 안 됩니다. 갈증이 더 심해질 뿐이니까." 자이델 의사가 경고했다. 하지만 사람들은 워낙 갈증에 시달리고 있던 터라 아무도 그 말에 귀 기울이지 않았다. 내려졌던 깡통들은 눈이 가득 담긴 채 다시 올려졌고, 사람들은 눈을 마구 집어삼켰다. 형은 앉아서 쉴 만한 공간을 찾아냈는데, 갑자기 펄쩍 뛰어올랐다. 누군가 형 쪽에 오줌을 누어서였다. 우리가 있던 차량에는 들통조차 하나 없었던 것이다.

밤이 되자 갈증은 더욱 심해졌다. 얼마 후 기관차가 속도를 늦추더니 쓰지 않는 철로로 진입했다. 그때쯤에 수용자 한 명이 죽었고, 또 한 사람은 죽기 직전 상태였다. 경비병이 그들을 차량 밖으로 던져버리라고 시켰다. 그러고는 차량들로 가서 죽은 사람들이 얼마나 더 있는지 물었다. "죽어가는 사람을 태울 자리는 없다." 하급반지도자가 말했다. "밖으로 던져버려." 그들은 밖으로 내동댕이쳐져 쿵 소리를 내며 땅으로 떨어졌다. 다 죽어가던 이들이 죽었다. 이동하는 동안 죽은 사람들은 차량 안에 쌓여 있다가 정거장에 들를 때마다 밖으로 던져졌다. 가끔은 이동 중에도 던져지곤 했다. 우리 열차는 종종 다른 열차들이 먼저 지나갈 수 있도록 역들 사이를 왔다 갔다 해야 했다. 그렇게 앞뒤로 끌려다닌 후에, 우리는 비로소 어디로 향하는지 알 수 없는 철로 위에 멈춰 섰다. 우리가 모두 죽은 뒤에야 이 여행이 끝나리라는 생각이 들었다.

가벼운 눈발이 날리기 시작했다. 눈발은 점점 거세지더니 밤새도록 내렸다. 눈은 우리가 갖고 있던 담요 위에서 녹았고, 눈

녹은 물이 얼면서 담요가 딱딱해졌다. 우리는 하루 종일 음식이나 물을 받지 못했으므로, 자이델 의사의 경고를 무시하고 모두들 차례로 눈을 먹었다.

셋째 날에 열차의 속도가 느려지면서, 우리와 같은 차량에 타고 있던 그로스흐 의사가 이상한 행동을 하기 시작했다. 그는 다른 사람들 머리 위로 올라서서 "나를 아내와 딸에게 보내줘. 그들에겐 내가 필요해!"라고 소리쳤다. 나는 그에게 진정하라고 말했지만 그는 멈추지 않았고, 심하게 발버둥쳤다. 정신을 놓아버린 것이다. 그가 일으킨 소동은 어떤 친위대 부사관의 시선을 끌었다. 그는 그로스흐에게 다가오더니 총으로 쏴버렸다. 의사는 푹 고꾸라지더니 숨이 멎었다. 시체는 차량 밖으로 던져졌다. 나는 그의 아내와 딸이 이 비극적인 최후를 영원히 알지 못하기를 바랐다. 요세크 형도 분명 똑같은 생각을 했을 것이다. "아버지가 그때 돌아가신 건 행운이었어. 이 여행에서 절대로 살아남지 못하셨을 테니까." 형이 말했다. 너무도 많은 수용자들이 목숨을 잃은 탓에 우리는 차량 안에서 훨씬 넓어진 공간을 차지하고 있었다.

우리 차량에는 살로니카에서 온 그리스 유대인이 둘 있었다. 다른 사람들 중에는 그리스어를 할 줄 아는 이가 없어 둘은 꼭 붙어 다녔고, 때문에 우리 가운데에서 눈에 띄었다. 우리가 탄 덮개 없는 차량은 영혼까지 얼어붙게 만드는 한기를 막아주지 못했지만, 밀폐된 차량보다 나은 점이 한 가지는 있었다. 사람들의 체취가 쉽게 사라졌고, 대변을 밖으로 던져버릴 수 있었다.

우리는 이틀째 음식을 받지 못했다. 우리 입안은 타는 듯한 갈증으로 인해 메말랐다. 마침내 밤 9시쯤 되어서야 빵 250그램과

대용 커피 한 국자가 주어졌다. 우리를 태운 열차는 다시 멈췄다. 이것은 일상이 되었다. 우리 수송열차는 24시간 동안 네 번 이상 정지했다. 자이델 의사도 이제 시체가 되어 있었다.

동이 트기 전에 우리는 부헨발트Buchenwald에 도착했다. '**각자에게 각자의 것을**Jedem das Seine.' 정문 위의 팻말에 그렇게 적혀 있었다. 이해하기 어려운 문구였지만, 그것은 별로 문제 되지 않았다. 우리는 더 이상 그런 문구들에 모욕감을 느끼지 않았다. 이미 우리의 존엄성을 잃은 지 오래였기 때문에. 설령 다른 수용소로 가는 것이라 해도, 우리는 이 파란만장한 여행이 끝나기만을 바랐다.

우리는 차량 안에서 하룻밤을 더 보냈다. 아침이 되자 정문이 열렸고, 우리는 열차에서 내려 수용소로 들어가라는 명령을 받았다. 열차 안에서 여러 날을 보낸 다음이었으므로 걷기가 힘들었다. 경비병들은 참을성이 없었고, 약한 사람들을 개머리판으로 밀어댔다. 마치 석탄을 삽으로 푸듯이.

부헨발트는 엉망진창인 것처럼 보였다. 수용자들 상태는 우리들보다 별로 나아 보이지 않았다. 그들 얼굴은 윤기 없는 잿빛이어서 입고 있는 수용복의 검은 줄무늬와 비슷해 보였다. 우리는 난방이 안 되는 거대한 홀로 끌려갔고, 으레 나오는 순무 수프(감자가 약간 들어 있었다)를 받았다. 음식을 먹고 다닥다닥 붙어 있으니 온기가 돌았다. 창밖으로 보이는 추한 건물은 비르케나우의 가스실을 연상케 했다. 하늘을 보니 이곳에는 더 많은 연합군 비행기들이 날아다니고 있었지만, 폭탄은 하나도 떨어지지 않았다.

며칠 내로 우리는 도라-미텔바우Dora-Mittelbau라는 부헨발트의 위성수용소로 이송될 것이라는 소문이 돌았다. 부헨발트 수용자들은

그곳이 매우 끔찍한 곳이라고 말했다. 우리는 부헨발트를 나서서 네
시간 동안 행진했다. 우리는 블랑켄부르크Blankenburg를 비롯한 몇
개의 독일 마을들을 지나치며 동쪽으로 향했다. 전쟁이 끝나가고
있어서인지, 우리가 지나갈 때 독일 사람들은 우리 상태에 별로 신경
쓰지 않는 것 같았다. 막스 슈미트, 요제프 헤르만, 퓌르슈텐그루베의
모든 경비병과 카포가 우리와 동행했다. 10킬로미터 이상을 더 가자
도라-미텔바우에 도착했다. 그곳은 다른 수용소들과 비슷했는데,
담장 없이 나무들 사이에 있다는 점만은 달랐다.

다섯 번째 수용소 : 도라-미텔바우

수용소장 슈미트는 솔직한 사람이었다. "막사 주위에 담장이 없다고 해서 어리석은 짓 하지 마라. 전부 감시하고 있으니까." 그가 말했다. 나치의 촉수는 어디든 뻗어 있다는 사실이 다시 한 번 분명해졌다.

우리에게는 각자의 침상이 주어졌다. 나는 치과 기구들을 내 침상 위에 두고 얼른 점호 장소로 돌아갔다. 판에 박힌 일상이 시작됐다. "**하나, 둘, 셋.**" 우리는 수를 세어나갔고, 번호는 600번대에서 끝났다. 평소대로 배식을 받았다. 독일의 모든 마멀레이드는 빨간색인 것 같았다. 아니면 우리 것만 그랬던 걸까?

막사는 갓 지어진 임시 막사였다. 세면장 물은 2.5센티미터짜리 파이프에서 나왔는데, 작은 구멍에서 물이 한 방울씩 떨어졌다. 변소는 야외에 구덩이를 파놓고 나무판자를 덧대놓은 것이었다. "여기서 무슨 일을 하세요?" 나는 어떤 수용자에게 물었다.

"나 독일어 할 줄 몰라." 그가 대답했다. 프랑스어였다.

다른 수용자가 나를 돌아보며 엉터리 독일어로 말했다. "**그는 독일어를 못 해, 오직 프랑스어만 해.**" 그도 프랑스 출신이었지만 독일어를 약간 할 줄 알았다.

바로 그때 어떤 사람이 나를 향해 말했다. "너 폴란드인이야?" 나는 우리가 폴란드어로 대화할 수 있음을 알아차렸다.

내가 그에게 가장 먼저 한 질문은 우리 모두가 가장 두려워하는 것이었다. "이곳에도 가스실이 있나요?"

"여긴 없어. 이슬람교도들은 부헨발트로 보내지지." 그가 답했다. 나는 더 자세히 물었다. 그들이 하는 일이 무엇인지 알고 싶었다.

"독일의 V-로켓에 대해 들어본 적 있나? 연합군의 폭격으로 그 로켓들이 처음 만들어졌던 피나문테Peenamunde가 파괴되는 바람에 우리가 이곳 하르츠Harz 산 동굴에서 그것들을 조립하게 되었지. 처음에는 V1, 그다음에는 V2, 그리고 이제는." 그는 거의 속삭이다시피 이야기하기 시작했다. "이제 우리는 V3을 만들기 시작했어. 지금까지 여기서 거의 3만 명의 수용자들이 죽었어. 기술자들은 베르너 폰 브라운, 헬무트와 마그누스 그로트루프 형제, 아르투어 루돌프야."

도라-미텔바우에는 수천 명의 수용자가 있었지만, 설명되지 않은 몇 가지 이유로 막스 슈미트는 우리를 분리시켜 자기 자신과 퓌르슈텐그루베 출신 직원들의 엄격한 통제하에 두었다. 우리가 다른 수용자들과 만날 수 있는 곳은 일터와 화장실뿐이었다.

다음 날 아침 점호 시간에 작업반장들이 우리들 가운데서 기술자, 제도공, 전기기술자, 기계공 등을 선발하러 왔다. 하지만 이내 익숙한 비행기 소음이 들려왔다. 비행기들이 가까워지면서 소리가 더 크게 들려왔다. 작업반장들은 슈미트와 걱정스런 눈길을 주고받은 후 선발을 중단했다. "그렇게 신나서 올려다보지 마." 카포 카를이 새로운 작업반장들에 대한 충성심을 과시하며 우리에게 쏟아붙였다.
그럼에도 불구하고 우리는 엄청나게 들떴다. 하늘에서 내려온
은빛 비둘기들 같은 스무 대의 연합군 폭격기 편대가 햇빛 속에서
반짝이는 모습을 바라보는 우리 가슴은 몹시 설렜다. 그들은 이 미친
제국의 종말을 약속했다. 비행기들이 지평선 너머로 사라지자 전문
기술자들이 선발되어 떠나갔다.

우리들 중 남아 있던 사람들은 작업반장 몇 명을 따라 어떤
철로로 갔다. 갑자기 무거운 바퀴들이 우리 쪽으로 굴러오는 소리가
들렸다. **"엎드려!"** 친위대원이 지시했다. 이어 우리 모두를 동요하게
만든 속삭임이 들려왔다. "V-로켓이다." 고개를 살짝 돌려 거대한
총알처럼 생긴 물체를 봤다. 그 불가사의한 물체는 우리가 보지
못하도록 컨버스 천으로 덮여 있었다. 우리는 산비탈에 만들어진
터널 속으로 끌려 들어갔다. 터널 속은 꽤 어둡고 엄청나게 추웠다.
작은 금속 조각들이 흙 속에 섞여 묻혀 있었다. 강한 유황 냄새가
났다. 물탱크 위에는 경고문이 붙어 있었다. **'마시지 말 것.'** 터널 끝은
보이지 않았다.

작업반장들은 우리를 더 깊은 곳으로 데려갔고, 그곳에는
이상하게 생긴 부품들이 담긴 통에 둘러싸인 수용자들이 작업대
위에 앉아 있었다. 많은 이들이 우리에게 엄지를 치켜올려 보였다.
우리는 터널 안으로 점점 더 깊이 들어갔고, 한 작업반장이 형과
내게 이미 그곳에서 일하고 있던 수용자 셋과 함께 일하라는
명령을 내렸다. 그들은 허약해 보였다. 한 사람은 아예 뼈와 거죽만
남은 듯했다. 우리는 그들에게 뭘 해야 할지 물었다. 작업반장이
지나가자마자 그들은 일을 멈추더니 우리에게 말했다. "아무것도

하지 마. 독일인들이 올 때만 열심히 하는 척해. 미군들이 멀지 않은
곳에 있어. 오래지 않아 여기로 올 거야." 그들은 프랑스식 악센트가
강하게 섞인 독일어로 이야기했다. 유황 냄새 외에 암모니아 냄새도
심하게 났다. 숨을 쉴 때마다 고통스러울 정도였다.

작업반장 한 명이 다가오자 세 프랑스인은 통 속에 손을 넣었고,
이미 깨끗한 부품들을 꺼내서 다시 닦더니 두 번째 통에 넣었다.
우리는 남은 하루 동안 그들을 따라 했다. 나는 그들이 얼마나
오랫동안 그런 속임수를 써왔는지, 또 우리가 그 속임수를 얼마나 잘
해낼 수 있을지 궁금했다. 작업반장들이 더 이상 신경 쓰지 않을 것
같기는 했다.

첫 번째 토요일 저녁, 태양이 우리 막사 뒤로 조용히 넘어갈
무렵에 근처의 러시아인 수용소에서 노랫소리가 들려왔다. 주홍색
빛줄기가 나무들 꼭대기를 미끄러지듯 물들였다. 슬프고 쓸쓸한
선율로 아픈 마음을 간절히 호소하는 노래였다. 그들은 고국에
대한 사랑을 노래했다. 이따금 굵은 바리톤 목소리가 후렴구를
되풀이했다. "조국 러시아여, 내가 그대를 얼마나 사랑하는지. 그대의
산을 사랑한다. 그대의 들판을 사랑한다. 그대의 태양을 사랑한다.
그대의 걸음을 사랑한다." 나는 못 박힌 듯 서 있었다. 억장이
무너지는 듯했다. 내게는 그리워할 고향도 없었다. 나는 뿌리 없는
나무와도 같았다.

월요일 아침에 동료 수용자 한 사람이 치통을 호소해왔다. 나는
그를 내 침상에 앉히고 입안을 살펴봤다. 사랑니 하나가 썩어
있었다. 내게는 아직 노보카인 앰플 몇 개, 주사기 한 개, 겸자 두
개가 있었기에 사랑니를 뽑을 수 있었다. 치료를 끝마쳤을 무렵에는

모든 작업조가 떠난 뒤였다. 우리는 아무도 우리를 찾으러 오지 않는다는 데 놀랐다. 일하러 가지 않은 이유를 대기 위해 나는 내 치과 기구들을 침상 위에 펼쳐두었다. 하지만 아무도 확인하러 오지 않았다. 심지어 아우슈비츠에서 우리와 함께 온 전임 의무대원 아돌프 포이크트조차 오지 않자 어떤 생각이 떠올랐다. 다음 날 아침 점호가 끝난 후 나는 막사로 돌아와 기구들을 펼쳐두었다. 나 스스로 막사의 치과의사임을 선언한 것이었다.

어느 날 나는 도브라에서 내 히브리어 선생님이었던 니센이 자기 침상 위에 죽어 있는 것을 발견했다. 그의 침상은 내 침상 근처에 있었다. 그는 임기응변이 뛰어난 사람이 아니었다. 살아남기 위해 애걸할 줄도, 도둑질할 줄도 몰랐다. 그는 그저 해야 할 일을 하는 사람이었다. 몇 년간 한마디 불평도 없이 무거운 짐을 날랐다. 나는 그가 어떻게 그토록 오랫동안 살아남을 수 있었는지 이해할 수 없었다. 그는 내게 도움을 청한 적이 없었고, 때문에 나는 수용소 생활 내내 그를 본 기억도 없었다.

연합군이 총공세를 펼치고 있음을 보여주는 증거는 충분했다. 그들은 하늘을 장악했고, 이제 독일군의 방어는 존재하지 않는 것 같았다. 우리는 자유가 가까이 다가왔음을 확신했다. 불과 몇 킬로미터 밖에 연합군 병사들이 나타나기도 했다. 그러나 그들은 수백 명에 지나지 않았다.

1945년 4월 10일 아침, 아무도 일터로 가지 않았다. 수용소장 슈미트의 지시에 따라 요제프 헤르만은 우리가 막사에 남도록 했다. 신속한 인원 점검이 이루어진 뒤 우리는 도라를 떠났다. 나는 어김없이 치과 기구들을 챙겼다. 그것들에게 아직도 마법의 힘이 남아 있기를 바라면서. 한 시간쯤 걸어서 엘베Elbe 강에 다다랐다.
눈은 녹아서 사라졌고, 봄이 만물에 생명력을 불어넣기 시작했다.
막스 슈미트와 요제프 헤르만은 강에서 우리를 기다렸다. 그곳에는
몇 척의 납작한 바지선들이 있었다. 중요한 항로인 엘베 강은
북해로 흘러들었다. 우리가 딱 알맞게 떠나왔다고 헤르만이 말했을
때 우리 가슴은 무너져내렸다. 우리가 떠나자마자 미군이 도라-
미텔바우를 해방시켰다는 것이다. 자유는 우리 곁에 아주 가까이
있었지만, 마치 그림자처럼 사라져버렸다. 우리는 몹시 낙담했다.
슈미트 가족의 사유지로 향하고 있다는 이야기를 들었지만, 그곳이
어디인지, 왜 그곳으로 가는지 우리는 알지 못했다. 약하고 기운 없는
이슬람교도인 우리가 아직도 그들에게 쓸모 있을 수 있을까?

600명쯤 되는 우리는 카포들을 따라 바지선에 올라탔다. 우리는
바지선이 흔들리지 않도록 제자리에 가만히 앉아 있으라는 명령을
받았다. 엔진에 시동이 걸리고, 검은 연기가 일었다. 우리는 이동하기
시작했다. 엔진은 요란한 소리를 냈지만 강물의 흐름보다 아주
약간 빠른 속도를 낼 뿐이었다. 눈부신 햇빛이 에메랄드빛 강물에
스며들었다. 누더기를 걸친 우리 모습이 깨끗한 강물 위에 비치다가
깊은 강 속으로 사라져버렸다. 우리는, 아마도 처음으로, 움직이는
강제수용소에 있었다.

강둑을 따라 작은 집들이 있었고, 창문 앞에는 꽃나무들이 줄지어
서 있었다. 교회 하나가 눈에 들어왔다. 이곳 사람들은 평화롭고
안전해 보였다. 음식 냄새가 풍겼다. 아직도 이런 삶이 존재한다는
사실이 우리를 놀라게 했다. 우리도 얼마 전까지는 그들과 같았다.
젊은 사람도, 늙은 사람도, 착한 사람도, 나쁜 사람도 있었다. 다른

모든 사람처럼 우리도 행복했고, 슬펐고, 어리석었고, 허영심이 있었다. 우리는 함께 태어나고, 살고, 죽었다. 이제 우리는 달라졌다. **'사람 같지 않은 것들'**이 되었으니까. 아무도 우리가 누군지 보러 오지 않았다. 강기슭에 있던 사람들조차 호기심을 보이지 않았다. 나는 그 이유가 궁금했다. 아마도 예외적인 일이 더는 낯설게 느껴지지 않는 모양이었다. 우리는 실망스러운 기분으로 고개를 들었다. 환멸감을 마음속 깊이 감춘 채.

차가운 겨울 바람이 슬슬 봄다운 날씨에 밀려나고 있었다. 강변의 잡목들에서는 새싹이 움트고 있었고, 나무들은 어린 푸른 잎으로 덮여 있었다. 슈미트는 커다란 BMW 오토바이 뒷좌석에 요제프 헤르만을 태우고서 강변을 달렸다. 그 모습이 강둑 위에 사라졌다가 다시 나타나곤 했다. 해가 떨어지면서 차가운 공기가 바지선으로 건너왔다. 배가 정박하고 나니 주민들 몇 명이 우리에게 빵을 몇 덩이 가져다줬다. 그 빵과 커피는 우리들이 남은 여정을 버틸 수 있게 해줬다. 남은 여정은 사흘하고도 반나절이었다. 밤새 강물은 아주 고요했고, 바지선이 일으킨 물결만이 일렁일 뿐이었다. 정적이 공기를 가득 채웠다.

아침이 되자 산들바람이 나무 꼭대기를 살짝 흔들었다. 연합군 비행기들이 하루 종일 우리 위를 이리저리 날아다녔다. 우리는 여전히 자유를 얻으리라는 희망을 품고 있었다. 북쪽으로 이동하면서 점점 추워졌고, 더 많은 마을들이 우리 눈에 들어왔다. 독일은 이제 거의 두 조각으로 나뉘어 있었다. 엘베 강 옆의 좁다란 회랑 지대만이 미국 군대와 러시아 군대를 나누고 있었다. 북부에서는 영국군이 브레멘Bremen과 함부르크 외곽에 와 있었다.

남쪽에서는 프랑스군이 다뉴브Danube 강 상류까지 진출했다. 주요
도로는 서쪽으로 이동하는 사람들로 인해 엄청나게 혼잡했다.
여자와 아이들, 탈영병들은 소련의 붉은 군대를 피해 달아나는
중이었다. 가끔은 우리처럼 회색 줄무늬 옷을 입은 수용자들이
무장친위대의 감시를 받으며 이동하는 모습이 보이기도 했다.

날이 춥고 비가 내렸다. 마치 겨울 같았다. 슐레스비히
홀슈타인Schleswig Holstein 지역은 아직 연합군에 점령당하지 않은 몇
안 되는 곳 중 하나였다. 이제 막스 슈미트가 우리를 도라에 남겨두지
않은 이유가 분명해졌다. 그는 자기 부모의 사유지에 우리를
붙잡아두기로 결정했다. 만약 우리를 감시하지 않는다면 망해가는
조국을 지키기 위해 싸워야 할 터였으므로. 그는 자신의 전쟁이
끝나간다는 사실을 알고 있었을 것이다. 아우슈비츠 수용소장으로서
체포되면 전범으로 기소되는 일을 면하기 힘들었을 것이다. 따라서
그가 우리를 자기 가족의 사유지로 데려온 것은 큰 수수께끼였다.

우리는 바지선에서 내려 함부르크와 킬Kiel 사이의 간선 도로 옆에
집합하라는 명령을 받았다. 그때쯤 우리 수용자들은 540명 정도였고
카포들도 있었다. 우리들 중 일부는 잘 움직이지 못했다. 형과 나는
진지하게 탈출을 생각해봤다. 하지만 이런 의문이 남아 있었다.
어디로 간단 말인가? 우리는 함부르크가 사악한 나치 소굴임을 알고
있었다.

행진이 시작되면서 살육도 되풀이되었다. 앞서와 같이 따라오지
못하는 사람들은 총에 맞고 길바닥에 버려졌다. 노이 글라스아우Neu
Glassau라는 마을에 있는 슈미트 가족의 땅에 도착했을 때쯤에는
열다섯 명 이상의 수용자들이 목숨을 잃었다. 우리는 이제 카포들도

나치와의 관계를 슬슬 끝낼 것이라고 생각했다. 그들 또한
자신들에게 책임 추궁이 따를 것이라는 사실을 알 터였다. 하지만
그들 대부분은, 특히 카포 빌헬름은, 여느 때처럼 자신의 동료 유대인
수용자들을 증오하며 냉담한 태도를 유지했다.

우리는 오후 늦게 노이 글라스아우 어귀에 도착했다. 그곳에서
우리는 더러운 도로에 접어들었고, 5킬로미터를 더 가니 야트막한
언덕 위로 커다랗고 비바람에 시달린 듯한 회색 헛간이 나왔다.
헤르만은 우리가 당분간 여기 머물 것이라고 말했다. 경비병들이
주변을 살피는 동안 탈진한 우리들은 헐벗고 아직 얼어 있는 땅
위에 털썩 주저앉았다. 잠시 후 슈미트가 올라와 헛간 문을 열었다.
땅거미가 질 무렵 여자 셋이 진짜 빵과 버터, 커피를 가지고 왔다.
그들 중 한 명은 젊고, 키가 크고, 매우 아름다웠다. 나는 곧바로
그녀를 알아봤다. 막스의 약혼녀인 게르타였다. 그녀는 막스를
만나러 퓌르슈텐그루베에 자주 왔었다. 그녀는 금발머리를 길게
땋고 있었다.

4월 13일, 우리는 카포 빌헬름의 고함소리에 놀라 잠에서
깼다. "미국 대통령이 죽었다. 너희는 아직 전쟁에서 이긴 게 아냐,
네놈들이 다 **뒈지기** 전에는." 그가 말했다.

"루스벨트 대통령이 죽었다고?"라는 말이 헛간 안에서
메아리처럼 돌았다. 루스벨트 대통령의 죽음은 우리에게 커다란
패배처럼 느껴졌다. 우리의 희망은 좌절됐다. 우리는 친구를 잃었다.
우리는 충격을 받았고, 낙담했다.

게르타는 매일 하녀 둘을 데리고 헛간에 들렀고, 그때마다 우리는
두툼한 빵과 버터, 커피를 받았다. 그것은 진짜 음식이었다. 이제

다섯 번째 수용소: 도라-미텔바우

우리는 빵과 버터가 원래 어떤 맛이었는지 기억해냈다. 밤에는 감자와 순무가 든 수프를 받았다. 하지만 우리는 여러 해 동안이나 음식과 동떨어져서 지냈으므로, 그것들은 우리 허기를 약간 달래줄 뿐이었다.

헛간 뒤에는 짚으로 덮인 흙더미가 두 개 있었다. 호기심 많은 멘델레는 그것들 주변을 맴돌다가 어느 날 조사해보기로 했다. 경비병들에게서 눈을 떼지 않은 채, 그는 고양이와 쥐 게임을 하듯이 조심스레 앞뒤로 오갔다. 아무도 눈치채지 못하게 흙더미들 곁에 앉을 수 있을 때까지, 그는 뭔가를 찾는 것처럼 굴었다. 이어서 그는 슬쩍 지푸라기 속에 손을 뻗더니 감자 몇 알을 찾아냈다. 그는 주머니 속에 그것들을 천천히 집어넣고서는 헛간으로 돌아왔다. 감자는 반쯤 얼어 있었다. 그대로 먹었다가는 엄청난 설사에 시달릴 터였다. 그는 헛간에서 가져온 지푸라기들을 이용해 불을 붙이기 시작했다. 불행히도 멘델레의 행운은 여기서 끝났다. 경비병이 와서 불을 짓밟아 꺼버렸다.

위장이 비면 빌수록 고통과 경련은 심해졌다. 나는 노이 글라스아우 마을에 치과가 없다는 이야기를 들었다. 음식을 구할 필요가 있었던 나는 막스 슈미트에게 가서 마을 주민들을 진료하고 싶다는 이야기를 꺼냈다. "본부반지도자님, 노이 글라스아우에 치과의사가 없다는 이야기를 들었습니다. 저는 퓌르슈텐그루베에서 치과 기구들을 가져왔습니다. 만약 허락해주신다면 치통을 앓는 사람들을 도울 수 있습니다. 잘 아시다시피, 수용소장님, 저는 도망치지 않습니다." 나는 간절하게 말했다.

그는 잠자코 내 제안에 대해 생각했다. "반대할 이유가 없지."

그는 알고 지내는 어떤 가족 이야기를 꺼냈다. "그 사람들한테 가서 내가 보냈다고 하면 그들은 자네가 자기네 집을 쓰게 해줄 거야." 그러고서 그는 파이퍼에게 내가 헛간을 떠나게 해주라고 지시했다.

나는 슈미트의 지인 집에 가서 문을 두드렸다. 중년 여성이 나와 나를 놀란 눈으로 쳐다봤다. 그녀에게 내가 누구인지, 왜 왔는지, 또 누가 나를 보냈는지 이야기하자 그녀는 나를 거실로 맞아들였다. 사십대 중반쯤 되어 보이는 그녀의 얼굴에는 힘들게 일해온 흔적이 있었다. 남편은 동부 전선에 나갔는데, 그녀는 1년 넘게 남편 소식을 듣지 못했고 지금은 그가 살아 있는지조차 모른다고 했다. 부부에게는 아이도 없었다.

부인은 아주 상냥했고, 내게 여러 가지를 물어왔다. 그녀는 내가 누구인지 또 우리가 왜 슈미트네 농장에 있는지 등을 알고 싶어했다. 나는 마지막 것만 빼고 그녀의 모든 질문에 대답해줬다. 마지막 질문에 답하는 건 무모한 일인 것 같았고, 슈미트와의 관계에 지장을 줄 수도 있다고 생각했다. 그녀가 말한 바에 따르면, 슈미트 가족은 명예로운 사람들로 알려져 있었다. 그녀는 내게 빵과 햄을 권했다. 이로써 나는 퓌르슈텐그루베를 떠난 1월 이후 처음으로 배를 채울 수 있었다. 비록 그녀는 자신이 히틀러를 믿은 적이 없고 나치도 아니라고 말했지만, 나는 그녀가 진실을 이야기하고 있지 않다는 확신이 들었다.

그날 이후 형과 나를 위한 충분한 음식을 얻는 일이 아주 쉽다는 것이 드러났다. 부인은 자기 이웃들에게서도 먹을 것을 받아줬고, 덕분에 나는 친구들에게 도움을 줄 수 있었다. 가장 가까이 있는 치과의사조차 13킬로미터나 떨어져 있음에도 불구하고 첫 주에는 아무도 나를 찾아오지 않았다. 나는 마을에 머무는 시간을 하루에 두 시간에서 한 시간으로 줄였다. 어느 날 부인은 내게 케이크를 권했다. 생크림이 밀가루보다 더 많았다. 그처럼 호화로운 음식은 먹어본 적도 없었다. 나는 그 케이크를 거의 다 먹어치웠다. 그리고 도브라를 강제로 떠나게 된 이래 처음으로, 과식으로 체했다.

그러는 동안 연합군은 중포병 부대를 동원해 그 지역에 맹공을 퍼붓고 있었다. 마치 자유가 우리 눈앞에 온 것 같았지만, 전과 마찬가지로 슬그머니 사라져버렸다.

재앙이
덮치다

1945년 4월 27일, 막스 슈미트가 나를 따로 불러내 헛간 앞에서
놀라운 소식을 전해줬다. "내일 스웨덴 적십자 책임자인 폴케
베르나도테 백작이 너희들 중 몇 명을 스웨덴으로 데려가기 위해
이곳으로 올 거다." 그는 계속해서 말했다. "하지만 그는 서유럽 출신
수용자들만 원하고 있어. 그는 너희들 중 누가 어디서 왔는지 모를
거야. 만약 그 사람한테 네가 서유럽 어딘가에서 왔다고 말하려
한다면, 나는 그걸 막을 생각이 없다."

"만약 제가 남는다면 어떻게 될까요?" 내가 물었다.

"모르겠어. 무슨 일이 생길지는 아무도 알 수 없지. 이 근처에 있는
노이엥가메Neuengamme 수용소장이 지금 이곳에 있는 모든 수용자를
맡고 있다. 나는 그를 아는데, 믿을 만한 사람은 아니지." 그는 덧붙여
말했다. "여기서 벗어나는 게 더 안전할 거다."

그 말에 숨이 턱 막혔다. 잔뜩 고무된 나는 대담한 질문을 던졌다.
"수용소장님, 사실상 아직 우리를 책임지고 계시지 않습니까. 제
말은, 경비병들에게 우리를 풀어주라고 하실 수도 있지 않습니까?"

재앙이 덮치다

그는 대답하지 않았다.

슈미트와 대화를 마치고 돌아오자마자 동료 수용자들이 나를 둘러쌌다. 그들에게 막스가 해준 말들을 전부 다 들려줄 수는 없었다. 내일 적십자에서 서유럽 출신 사람들을 스웨덴으로 데려가기 위해 올 것이라는 이야기만 했다. 형과 나는 슈미트의 제안에 대해 의논했고, 그의 말을 따라야 한다는 결론을 내렸다. 요세크 형이나 나나 더 이상 폴란드를 조국이라고 생각하지 않았다. 우리는 기회를 잡기로 했고 우리 연극이 통하기를 바랐다. 나는 즉시 내 짧은 프랑스어를 짜내 형에게 개인교습을 시작했다. "형, 그들이 형한테 'D'où êtes-vous(어디 사람입니까)?' 하고 물으면 형은 'Je viens de la France(프랑스 사람입니다)'라고 대답해야 해. 만약 그들이 'Quelle ville(어느 도시)?' 하고 물으면, 'De Bordeaux, monsieur(보르도 출신입니다)'라고 대답하면 돼." 나는 루비츠 의사 때문에 보르도를 골랐다. 그가 그곳 출신이었던 것이 기억나서였다. 그날 밤 우리 둘 다 잠을 이루지 못했다. 다음 날 일어날 일에 대한 기대 때문이었다. 우리는 스웨덴이 어떤 곳일지 상상하려 애썼다. 산산이 부서진 우리 삶을 그곳에서 재건할 수 있을까? 나는 미국에 가보고 싶었다. 그곳이 내가 꿈꾸는 곳이었다. 수많은 좌절 끝에 비로소 포로 생활의 마지막 날이 온 것일까?

1945년 4월 28일이었다. 우리는 이곳에 온 이래 갈아입지 않은 옷을 그대로 입고 있었다. 헛간 문이 열리자마자 우리는 짚더미에서 빠져나와 밖으로 나가 대기했다. 9시 반이 되자 슈미트가 말한 대로 그들이 도착했다. 흰색 소형 화물차 네 대가 펜더에 적십자기를 휘날리는 검은색 리무진 승용차 한 대를 따라오더니 헛간 앞에 멈춰 섰다. 적십자 복장을 깔끔하게 차려입은 남자 셋이 나타났고, 우리는 즉시 집합하라는 명령을 받았다.

그들 중 한 사람은 겨드랑이에 멋진 지휘봉을 끼고 있었다. 나는 그가 백작임에 틀림없다고 생각했다. 슈미트의 지시대로 우리는 언제나처럼 다섯 줄로 서서 대기하고 있었다. 우리는 오매불망 기다리던 자유가 코앞에 와 있다고 생각했다. 마침내 '백작'이 독일어로 말했다. **"모든 서유럽 출신 사람들은 앞으로 나오시오.***"

약 50명의 수용자들이 앞으로 나섰다. 그들 대부분은 프랑스, 네덜란드, 벨기에 출신들이었다. 나는 그들을 거의 다 잘 알고 있었다. 우리들 중에 영국인이나 미국인은 없었다. 뛰르슈텐그루베에서 함께했던 노르웨이인들은 모두 죽었다. 나는 형의 재킷을 끌어당겼고, 우리는 동시에 걸어나가 서유럽 사람들 곁에 섰다. 이를 본 많은 동유럽 및 중유럽 사람들이 우리를 따라 앞으로 나와 섰다. 사람들 수는 두 배로 늘었다. 모든 일이 우리가 바란 대로 흘러갔고, 우리는 스웨덴 화물차들을 향해 행진했다.

화물차들의 천 지붕에는 거대한 적십자가 그려져 있었다. 심장이 빠르게 뛰었다. 몹시 두렵기도 했고 기쁘기도 했다. 나는 귀중한 보상을 훔치는 사기꾼이었다. 우리는 들키지 않기 위해 진짜 서유럽 사람들 사이에 섞이려고 했다. 불안감에 몸이 떨렸다. 이 모든 일이 실제로 일어나고 있음을 이해하기가 힘들 정도였다. 이윽고 네 명의

---

* [원주] 베르나도테 백작은 자기 저서에 노이 글라스아우에서 있었던 일을 언급하지 않는다. 따라서 나는 그가 그 세 명의 스웨덴인 중 한 명이었는지 확신할 수 없다. Count Folke Bernadotte, *The Curtain Falls*, trans. Eric Lewenhaupt(New York: Alfred A. Knopf, 1945) 참조.

스웨덴 운전기사들이 화물차의 천 지붕을 걷어 올리고 뒷문을 연 뒤
우리를 불렀다. "올라타요." 그들이 말했다.

우리의 사기극이 통했다. 그때의 기분은 설명할 수도 없다.
우리는 채찍질과 구타에서 해방되었다. 요세크 형과 나는 서로를
마주 보며 이것이 믿기 힘든 꿈이 아니라는 것을 확인했다. 누군가
다시 돌아가라고 명령할까 봐 두려웠던 우리는 가장 먼저 화물차에
올라타고 싶었다. 멘델레는 벌써 쓸 만한 친구를 구해놨다.
주근깨투성이에 빨강머리를 가진 네덜란드 소년 코펠만이었다.

트럭들은 거친 자갈길 위를 덜컹거리며 바다로 향하는 완만한
내리막길을 천천히 달렸다. 불과 1킬로미터쯤 떨어져 있는 앞바다에
스웨덴 화물선 한 척이 정박해 있었다. 배의 깃발들이 미풍에
나부끼는 것이 보였다. 화물선에 딸린 소형 보트들이 해변으로
다가왔다. "우리는 당신들이 전부 다 서유럽 출신이 아니라는 것을
알고 있습니다. 서유럽 출신이 아닌 분들은 태울 수 없습니다."
백작이 말했다. 그는 주위를 둘러보며 기다렸다. 형이 내 팔에
기대어왔다. 심장이 두근거리는 소리가 들렸고, 다리에 힘이 풀리는
것이 느껴졌다. 이제 어떻게 하나? 슈미트가 했던 말이 떠오르면서
두려움이 더욱 커졌다. 침묵의 시간이 흘렀다. 끝날 것 같지가
않았다. 아무도 대답이 없자 그는 가까이 다가와서 우리 얼굴을
하나씩 살폈다. 내 거짓말은 가면처럼 내 얼굴을 덮었다. 위경련이
일어났고, 목구멍이 꽉 메었다. 백작은 계속 걸으면서 우리 얼굴을
뚫어져라 쳐다봤다. 그의 얼굴에 생각이 드러났다. 너희들 중에
뻔뻔한 자는 누구인가? 하지만 누구인지는 확신할 수 없었다.
수용소로 돌아가고픈 사람은 없었던 것이다. 인내심이 점점 바닥난

그가 우리를 향한 분노를 드러내며 말했다. "아무도 솔직히 나서려 들지 않는다면, 우리는 당신들을 모두 돌려보낼 겁니다." 하지만 여전히, 아무도 우리를 넘겨주지 않았고, 우리 모두 아무 말도 하지 않았다. 그는 그 이유를 알 수 없었을까? 이 고통에서 해방되기 위해서라면 무슨 짓이든 할 수 있다는 것을 그는 알지 못했을까? 치욕의 세월, 인간성이 말살된 세월, 죽음을 곁에 두고 살아야 했던 세월을 보낸 우리는 자유를 갈망했다.

스웨덴인 셋은 잠시 의논을 했고, 백작이 다시 말했다. "마지막으로 경고합니다. 정말로 서유럽 국가 출신인 분들만 앞으로 나오세요. 나머지 분들은 제발 그대로 계시고요." 그 말은 그들이 원하던 결과를 낳았다. 진짜 서유럽 사람들은 앞으로 나섰다. 나머지 사람들은 더 이상 그러지 못했다.

그곳에는 이제 우리 수용자들과 적십자에서 나온 스웨덴 사람들만 있었다. 독일인은 한 명도 없었다. 서유럽 사람들을 구출하는 것이 원래 목적이었다고 해도, 그것을 조금 변경할 수도 있잖은가? 나는 백작에게 다가가서 간절히 빌었다. "우리를 데려갈 수 없나요? 우리는 구제받을 길이 없어요. 이들 중에 몇 사람 상태를 좀 보세요. 만약 당신이 우리를 돌려보낸다면, 그들은 내일 죽을 겁니다."

"이 배에는 공간이 충분치 않습니다." 그가 말했다. 그 거대한 배를 보고 있자니 몇 사람 더 태운다고 해서 가라앉을지도 모른다는 말이 도무지 믿기지가 않았다.

"아주 짧은 거리잖아요. 우린 갑판에 서 있겠습니다. 제발 데려가주세요." 나는 애원했다. 다른 스웨덴 사람들에게도 도와달라고 부탁했다. 하지만 그들의 엄격함은 별로 누그러지지 않았다. 혹시 동의했다 하더라도, 그들은 아무 말도 하지 않았다. 그들은 꿈쩍도 하지 않았다. 가장 절망적인 사람들, 팔다리가 부어오르고 몸의 감각을 잃은 사람들도 그들에게 간절히 매달렸다. 하지만 그들은 냉담한 태도를 유지하며 운전기사들에게 우리를 돌려보내라고 지시했다. 해방과 자유는 사라져갔다. 그 모든 것이 꿈처럼, 한 편의 아름다운 꿈처럼 느껴졌다. 우리는 자유를 아주 살짝 맛보기만 했다. 스웨덴 사람들은 무척 정중했지만 자비심은 부족했다. 우리는 버림받은 기분이 들었고, 지독한 비통함을 느꼈다. 나는 누가 우리 정체를 밀고했는지 결코 알지 못했다. 베르나도테 백작은 나치의 하인히리 히플러 장관과 독일인을 제외한 모든 수용자를 데려가도 된다는 합의를 맺은 바 있었다. 따라서 나는 그가 왜 우리를 데려가지 않았는지 아직까지도 알 수 없다.

우리는 무거운 마음을 안고 우리를 돌려보낼 화물차에 올라야 했다. 우리가 노이 글라스아우로 돌아왔을 때는 1시쯤이었다. 슈미트와 헤르만은 없었다. 파이퍼와 경비병들이 우리를 맡았다. 나는 마을로 가봐야 한다고 말하려 했지만 파이퍼는 나를 보내주려 하지 않았고, 게르타도 음식을 가져오지 않았다. 우리는 무기력하게, 실존적인 공허 속에 희망도 없이 처량한 몰골로 누워 있었다. 굶주리다 못한 우리는 짚으로 덮인 둔덕을 털어서 반쯤 언 감자 몇 알을 꺼냈다. 덕분에 우리는 며칠 더 버틸 수 있었다.

5월 1일, 히틀러가 자살했다는 소식이 날아들었다. 하지만 카포 빌헬름은 여전히 우겨댔다. "그래도 전쟁에서 승리할 거야!" 우리는 그가 나치의 승리를 말한다는 것을 알았다. 5월 2일 새벽,

우리는 동이 트기도 전에 잠에서 깨어났다. 사방에서 총성이 울렸지만 우리는 다시 한 번 떠나야 했다. 나는 내 목숨을 구해준 치과 기구들을 바라봤다. 나는 그것들을 짚더미 속에 숨겨왔다. '너희도 더는 나를 돕지 못하겠구나.' 나는 치과용 금만 챙겼다. '오직 이것만이 쓸모가 있어.' 우리의 수를 확인한 후, 파이퍼가 여섯 명이 보이지 않는다고 주장했다. 그러나 워낙 급박한 상황이라 수를 다시 셀 여유가 없었다. 우리가 떠날 때 헛간으로 총알이 몇 발 날아들었다.

이것이 제3제국의 마지막 나날이었다. 히틀러는 분명히 죽었다. 하지만 나치는 여전히 유대인들에 대한 전쟁을 수행하고 있었다. 우리는 마지막 힘을 짜내 걸었다. 우리는 한 시간쯤 행진해서 노이슈타트Neustadt에 도착했고, 발트해가 있는 왼쪽으로 방향을 틀라는 명령을 받았다. 그곳에는 소형 고무보트들이 있었고, 열두 명의 친위대원이 서 있었다. 태양이 수평선 위로 막 떠오르기 시작했음에도 불구하고 두터운 안개가 우리 시야를 가렸다. 9미터 앞도 잘 보이지 않았다. 보트 한 대에 30명씩 탔다. 우리는 혼란스러웠다. 우리가 어디로 끌려가는 것인지, 또 그들이 우리에 관해 어떤 계획을 세워뒀는지 알 수 없었다. 모두들 최악의 경우를 두려워했다. 약 15분 후, 안개 속에서 무언가가 나타났다. 거리가 좁혀지자 어떤 배의 뒷면이 보였다. 페인트로 적힌 배 이름도. 카프 아르코나Cap Arcona였다.

곧이어 누군가가 위에서 확성기로 아래를 향해 큰소리로 말하는 것이 들려왔다. "수용자들을 더 데려온 겁니까?"

"네." 친위대원들이 대답했다.

재앙이 덮치다

"태울 수 없습니다. 이미 이 배에 4000명 넘게 태웠어요. 더는 태울
자리가 없습니다."

"우린 과적 상태요." 또 다른 누군가가 거들었다. "왜 티엘베크
호나 도이칠란트 호에 가지 않았습니까?"

"여기로 데려오라는 명령을 받았습니다." 친위대원들이 큰소리로
대답했다.

"내가 이 배의 선장입니다. 나는 그들을 태우지 않을 겁니다.
마지막으로 하는 말입니다." 그가 아래를 향해 소리쳤다.
친위대원들은 계급에서도 밀리고 뾰족한 수도 없었으므로, 포기하고
우리를 다시 해변으로 데려왔다. 해변에 가니 근사한 검은색
제복을 입은 친위대 지휘관이 우리 보트로 다가와 다시 그 배로
돌아가라고 명령했다. 나머지 보트 세 척이 따라왔다. 상황이 아직
안정되지 않았다는 것을 감지했는지, 선장은 아직 갑판에 나와
있었다. 친위대 지휘관이 위압적인 목소리로 그에게 당장 우리를
태우라고 명령했다. 선장은 자리가 없다는 말을 되풀이했다. 언쟁이
격렬해졌다.

마침내 선장이 태도를 누그러뜨리며 물었다. "몇 명이나
데려왔습니까?"

"전부 500명쯤 됩니다." 친위대 장교가 큰소리로 답했다. "딱
60명만 태우죠. 대신 나머지는 티엘베크 호로 보내겠습니다." 이
절충안은 통했다.

그때쯤에는 안개가 걷혔다. 줄사다리가 내려오는 것이 보였고,
그것을 타고 올라가라는 명령이 떨어졌다. 이는 위험한 일이었다.
균형 잡기가 힘들었던 것이다. 우리는 체력이 많이 부족한 상태였고,

떨어져서 바다에 빠질까 봐 겁이 났다. 하지만 어떻게 거부할 수 있겠는가? 우리는 이리저리 흔들리는 줄사다리에 매달려 앞사람의 발뒤꿈치를 바라보며 어떻게든 기어 올라가 갑판 아래에 있던 금발머리에 사나운 인상을 지닌 선원을 따라갔다. 계단에는 화려한 페르시아 양탄자가 깔려 있었고, 반짝이는 놋쇠 장식이 달린 두꺼운 마호가니 난간이 있었다. 고상한 금빛 양단 태피스트리가 벽에 걸려 있었다. 한 층 더 내려가니, 넓고 우아한 빅토리아풍 응접실이 나왔다. 카프 아르코나 호의 화려함과 사치스러움은 모순적이었다. 우리 같은 **'사람 아닌 것들'**, 이 세상의 천한 존재들이 이런 호화 여객선에 타다니?

선원을 따라 더 아래로 내려가니 길고 좁은 복도가 나왔다. 마침내 그는 멈추더니 무거운 금속 문을 열고서는 우리에게 안으로 들어가라고 했다. 우리 등 뒤에서 문이 쾅 하고 닫혔다. 우리는 새로운 강제수용소에 온 것이었다. 약 21미터 길이에 9미터 너비의 그 방은 평소에는 장거리용 식량을 비축해두는 곳이었다. 빛은 거의 없고, 노이엥가메 출신 수용자들로 꽉 차 있었다. 우리는 해수면보다 낮은 곳에 있었다. 그곳에는 작은 창문조차 없이, 소극적인 침묵만이 존재했다. 노이엥가메 출신 수용자들은 그곳에 일주일 넘게 있었다고 했다. 그들은 또 다른 배인 아텐 호에서 옮겨 탄 것이었다. 최근 사흘 동안 그들은 수프와 물만 마셨다. 그들은 시간 감각을 상실했다. 그들은 너무 철저하게 고립된 나머지 우리가 도착한 때가 낮인지 밤인지조차 몰랐다.

카프 아르코나 호는 함부르크-남아메리카 기선회사에서 만든 호화 여객선이었다. 약 2만 8000톤에 달하는 카프 아르코나 호는 함부르크-남아메리카 사의 배들 중에서 가장 크고 호화로웠으며, 남대서양의 여왕이라는 별명을 갖고 있었다. 공교롭게도 그 회사의 전신인 함부르크-아메리카 라인은 독일계 유대인들에 의해 창립되었다. 이제 그 배는 새 역사를 쓰려 하고 있었다.

나는 너무 굶주린 나머지 통증에 시달리고 있었지만, 코트 주머니에 넣어둔 마지막 빵 조각을 먹지 않고 버텼다. 형과 어떤 낯선 이 사이에 비집고 눕자마자 잠이 들었다. 그런데 갑자기 누가 잡아끄는 느낌이 들어서 잠에서 깼다. 어떤 사람이 내 옆에서 내 마지막 빵 조각을 억지로 꺼내려 하고 있었다. 내가 그의 팔을 붙잡자 그가 홱 뿌리쳤다. "나를 놔줘." 내 손을 밀어내며 그가 러시아어로 말했다. "넌 여기에 이제 막 왔지만, 나는 벌써 나흘째야." 그러나 그는 내 동정심을 사지 못했다. 당시 내가 그가 어떤 일들을 겪었을지 이해하고 있었는지 잘 모르겠다.

우리는 칠흑 같은 어둠 속에 있었다. 내가 기억하는 그 어느 때보다도 우리의 사기는 바닥에 떨어졌다. 이렇게 탄식하는 사람들도 있었다. "이제 우린 끝장이야. 우리는 이 배에서 살아 나가지 못할 거야." 하지만 우리는 여태까지 살아남은 강인하고 단단한 사람들이었다. 이것이 우리의 마지막 고비이리라고 생각했다. 일어날 일은 일어나고야 만다. 나는 다시 잠이 들었다.

갑자기 쾅 하는 커다란 소리가 들렸고, 배가 격렬하게 요동쳤다. 쿵쿵거리는 소리가 잇달아 들려왔다. 문 쪽에서 수많은 사람들이 내달리며 외치는 소리가 들려왔다. "어뢰 공격이다! 우리가 예상한 그대로야." 우리는 뭔가 무시무시한 일이 일어났음을 알아차렸다. 그러나 문은 잠겨 있었다. 아무리 문을 두드리고, 소리치고, 누구든

문 좀 열어달라고 애원해봐도 아무 소용이 없었다. 또다시 쾅 소리가 났고, 우리 발밑에서 바닥이 기울어지기 시작했다. 이내 연기가 방을 메웠다. 신선한 공기가 부족해지면서 사람들은 쉴 새 없이 기침을 했다. 여기저기서 고함소리가 터져 나왔다. "숨을 못 쉬겠어! 우리 모두 숨이 막혀 죽고 말 거야!"

우리는 질식사하기 일보 직전이었다. 하지만 아무리 소리치고 애원해도 헛일이었다. 아무도 우리 소리를 듣지 못하는 것 같았다. 심지어 우리가 선반에서 2미터짜리 판자를 떼어내 문을 두들겨도 아무런 응답이 없었다. 그러는 와중에 사이렌이 울렸고, 쾅쾅대는 소리가 연달아 들렸다. 우리는 한 덩어리가 되어 앞뒤로 흔들렸다. 연기가 더욱 자욱해졌고, 기침소리도 더욱 거세졌다. 갑자기 전구가 나갔다. 어둠은 우리를 더 겁먹게 만들었다.

마침내, 정말 우연히, 누군가 문을 열었고, 사람들이 우르르 쏟아져 나가기 시작했다. 다들 연기투성이 방을 빠져나가고 싶어했다. 이 혼란 속에서 나는 형을 잃어버리고 말았다. 그러나 복도를 정신없이 달려가던 도중에 우리는 다시 만났다. "그쪽으로 가지 말아요." 어떤 사람이 우리 쪽으로 달려오며 외쳤다. "그쪽으로는 나갈 수 없어요. 계단에 불이 났어요." 우리가 마주친 사람들이 자신들과 함께 가자고 했다. "이쪽 끝으로 가면 다른 계단이 또 있어!" 그들이 큰소리로 말했다. 우리는 열심히 뛰었지만 별 성과가 없었다. 복도는 순식간에 연기로 가득 찼고, 사람들은 끊임없이 기침을 했다. "여기서 살아 나가고 싶어." 제정신이 아닌 채로 사람들이 소리쳤다. 우리는 누구 뒤를 따라가야 할지 알 수 없었다.

재앙이 덮치다

  3층을 올라야 상부 갑판이 있었다. 우리는 몹시 흥분한 채로
밀려오는 인파를 살펴가며 좁고 기울어진 복도를 내달렸다. 우리는
식당을 통과했고, 우리가 끌려왔던 계단의 위치를 기억해냈다.
하지만 그곳에는 이미 화염이 가득했다. 연기가 계단을 따라
내려오고 있었다. 그럼에도 불구하고 형과 나는 계단을 뛰어
올라가려 했다. 우리는 몇 걸음 내디뎠지만 연기와 불길이 너무나도
지독해서 더 다가갈 수 없었고, 결국 뒤로 밀려났다. 나는 다시
시도해봤고, 다른 사람들도 마찬가지였지만, 우리는 머리카락만
그슬린 채 뒤로 물러났다. 물러섰다 나아가기를 반복했지만 매번
되돌아올 수밖에 없었다. 나는 최후의 절망적인 시도를 했다. 두
눈을 질끈 감고 양팔로 얼굴을 감싼 채 최대한 빠르게 계단을 뛰어
올라갔다. 하지만 역시 실패했다. 우리는 목숨을 잃을까 봐 겁이
났다. 식당으로 돌아갔지만 그곳도 시커먼 연기로 가득했다. 우리는
서로를 붙잡은 채 달려갔고, 다른 쪽으로 이어지는 복도를 발견했다.
그 복도를 따라가니 남자 화장실 한 곳을 통해서 햇빛이 비치는
것이 보였다. 그 공간은 6미터 길이에 3미터 너비였다. 8미터의
수직 통로가 이곳에 연결되어 있었고, 사람들이 밧줄을 내려보내고
있었다. 몇 사람이 올라가고 있었는데, 밧줄 위쪽에서 올라가는 다른
사람들이 그들을 아래로 밀어내고 있었다. 아무도 죽기를 바라지
않았으므로, 대혼란이 일어났다. 곧이어 더욱 공포에 질린 사람들이
그곳에 들이닥쳤다. 어떤 사람이 다른 사람의 어깨를 밟고 올라섰고,
또 다른 사람이 그의 어깨 위에 올라섰다. 결국 그들은 모두 떨어지고
말았다.

  마침내 내가 밧줄에 매달렸다. 나는 형의 어깨 위에 타고서

밧줄을 오르려 했지만, 나 역시 누군가 뒤에서 잡아당기는 바람에
떨어졌다. 두 번이나 실패한 뒤 형이 자신의 운을 시험했다. 그러나
형도 마찬가지로 떨어지고 말았다. 나는 위에 있는 사람이 내 손을
잡고 끌어올려줄 수 있는 곳으로 밧줄을 타고 올라가기까지 우리가
도대체 몇 번이나 떨어져야 했는지 기억조차 잘 나지 않는다. 그 사람
손을 잡은 채, 나는 몸을 아래로 뻗어서 형이 올라오는 것을 도왔다.
채 1분도 지나지 않아 화장실이 불길에 휩싸였으므로, 다른 사람들은
성공하지 못했다. 시커먼 연기구름이 통로를 통해 솟구쳐 올라오는
바람에 다른 사람들을 구하는 것은 불가능했다. 아래에서 절망적인
비명이 들려왔다.

　　나는 하늘을 올려다보며 우리가 살아남은 이유가 무엇일지
곰곰이 생각했다. 태양은 먹구름 뒤에 숨어 있었다. '혹시 우리가
사랑한 사람들의 기도가 당신으로 하여금 우리에게 은총을 베풀도록
설득한 겁니까? 하나님, 가끔 당신은 우리에게 일어나는 미친 일들을
받아들이라고 하시는군요.' 나는 기도를 올리고 싶었지만 너무도
고통스러운 생각들에 빠져 있었고, 감정적인 혼란에 휩싸여 있었다.
이 끔찍한 혼란 속에서 나는 그저 살아 있다는 사실만으로 위안을
느꼈다.

침
몰

우리는 가장 가까운 해변으로부터 3.5킬로미터 떨어진 곳에 있었다.
갑판은 수백 명의 수용자들로 꽉 차 있었다. 선미에는 약 50명의 독일
민간인들이 있었고, 그중에는 여성도 몇 명 있었다. 그리고 적어도
그쯤 되어 보이는 독일 선원들이 우리가 처한 것과 같은 딜레마에
봉착해 있었다. 근처에는 두 척의 약간 작은 배가 있었다. 티엘베크
호와 도이칠란트 호였다. 도이칠란트 호는 한쪽으로 기울고 불이
붙은 상태였다. 그 배의 높은 굴뚝 중 하나에 그려져 있는 거대한
적십자가 보였다. 수백 명의 수용자들이 바다로 뛰어들어 해변을
향해 헤엄치려 애쓰고 있었다.

　우리는 아래의 지옥에서 빠져나오는 행운을 거머쥐었지만,
여전히 안전과는 거리가 멀었다. 카프 아르코나 호는 계속
기울어지고 있었고, 해변에서 우리를 구해주러 오는 이는 없었다.
더군다나 배 안에는 구명보트 한 척, 구명조끼 한 벌 없었다.

　죽음이 코앞에 있었다. 대혼란 속에 만灣은 헤엄치는 사람들로
가득 찼다. 더 많은 사람들이 차디찬 바닷물로 몸을 던졌다. 배가

가라앉으면서 거대한 소용돌이를 일으켜 헤엄치는 사람들이
살아남을 가능성은 희박했다. 탈진한 몸으로 소용돌이에 맞설 수가
없었으므로 그들의 노력은 헛수고였고, 하나둘씩 파도 아래로
가라앉고 말았다.

　갑자기 텅 비어 있던 하늘에 비행기들이 나타났다. 우리는 그
비행기들의 표식을 뚜렷이 알아볼 수 있었다. "영국군이다!" 우리는
소리쳤다. 우리는 손을 흔들며 그들을 향해 소리쳤다. "여기요,
우리는 강제수용소 수용자들이에요!" 우리는 그들을 향해 줄무늬
모자를 흔들고 줄무늬 수용복을 가리켜 보였다. 하지만 자비란
없었다. 그들은 폭탄을 투하했고, 카프 아르코나 호는 흔들리며
불타올랐다. 다음 차례에 그들은 갑판에서 15미터 거리까지
접근했다. 우리는 한 조종사의 얼굴까지 볼 수 있었고, 더 이상
두려울 것도 없다고 생각했다. 하지만 바로 그 순간, 비행기 아랫면
덮개가 다시 열리더니 폭탄 몇 개가 더 떨어졌다. 우리는 폭탄 하나가
떨어지면서 갑판 일부를 공중으로 날려버리는 광경을 볼 수 있었다.
다른 폭탄들은 우리를 비껴가서 바다에 떨어졌고, 거대한 물기둥이
솟구쳐 우리를 흠뻑 적셨다. 기관총탄이 우리들과 살고자 바다에
뛰어든 사람들을 향해 퍼부어졌고, 바닷물이 핏빛으로 물들었다.
사람들은 파도 아래로 사라져갔다.

　배가 계속 기울어서 우리는 겁에 질렸다. 갑판 표면은 미끄럽고
축축하게 젖어 있어 더 이상 똑바로 서 있기도 힘들었다. 우리는
가장자리에 앉아 난간을 꼭 붙들었다. 우리 주위의 바다는
살아남기 위해 발버둥치는 사람들과 죽어가는 사람들로 가득
찼다. 소용돌이의 급류에서 벗어나기는 요원해 보였다. 간신히

소용돌이를 벗어난 사람들도 탈진한 나머지 곧 또 다른 물결 아래로
사라져버렸다. 오후 3시였다. 시야는 양호해서 해변이 선명하게
보였다. 우리는 해변에 있는 누군가가 카프 아르코나 호의 선원들을
구하러 오기를, 우리도 구조될 수 있기를 바랐다. 분명 그들은 자기네
국민을 외면하지 않을 터였다.

카프 아르코나 호는 물속으로 35도 정도 기울었다. 구조되기를
바라는 우리 희망은 빠르게 사라져갔다. 우리 곁에서 무슨 일이
일어났는지 다 지켜봤음에도 불구하고, 사람들은 여전히 기적을
바라면서 바다로 뛰어들었다. 배 안의 폭발물들에도 불이 붙었다.
형과 나는 갑판에서 미끄러져 떨어지지 않기 위해 난간 기둥을 두
다리 사이에 꼭 끼고 있었다. 우리 머리 위로 불기둥이 치솟았다.
쾅 소리가 날 때마다 갑판 조각들이 떨어져 나갔다. 화염은
압도적이었다. 우리는 더 이상 매달려 있을 수 없었다.

요세크 형과 나는 서로 마주 보다가 해변을 바라봤다. 나는 형이
나를 도울 수 없고, 나도 형을 도울 수 없다는 것을 알았다. 형은
수영을 할 줄 몰랐으므로 해변까지 헤엄쳐서 갈 수 없었다. 우리는
각자의 결정을 내려야 했다. 나는 깨끗하고, 차갑고, 사나운 바다를
바라봤다. 온몸이 덜덜 떨렸다. 우리는 빠른 속도로 가라앉고
있었다. 갑판에는 사람들이 거의 남아 있지 않았다. 선원들과 몇몇
친위대원만이 아직 남아 있었다. 그들은 이 악몽에서 벗어날 길을
찾아내지 못한 걸까? 만약 찾아냈다면, 그들은 우리와 함께하려
들지 않을 터였다. 나는 하늘을 올려다보며 왜 이런 일이 일어났는지
물었다.

4시쯤 되었을 때였다. 나는 다비트 코트가 밧줄을 배의 난간에

묶어 그것을 타고 바다로 내려가는 모습을 봤다. 내가 그를 내려다보자 그가 소리쳤다. "내려와! 이 밧줄은 튼튼해. 여기로 내려오면 구조될 가능성이 더 커질 거야."

확신이 들었다. 하지만 결단을 내리기 전에 형이 생각났다. 우리는 여태껏 함께 살아남았다. 나는 요세크 형과 함께 가려고 했다. 형에게 폭격기와 배의 폭발물들이 분명 우리를 죽일 것이라고 말했다. 하지만 요세크 형은 겁을 냈다. 형의 어깨가 떨렸다. 형이 걱정하는 것은 충분히 이해할 수 있는 일이었다. "베레크, 넌 가거라." 형이 말했다. "아마 넌 저쪽에 가서 우리를 도와달라고 할 수 있을 거야. 나는 여기 남아서 기다릴게." 그때쯤에는 몇 사람이 밧줄에 매달려 있었고, 더 많은 사람들이 그 모습을 지켜보고 있었다. 그것이 기적적인 탈출로가 되기를 바라면서. 형을 설득할 방법은 딱히 없었다. 나는 마지막으로 형을 쳐다보고 나서 얼른 고개를 돌린 후, 비키 엥겔을 따라 밧줄을 타고 내려갔다.

나는 끝까지 내려갔다. 일곱 명이 밧줄에 매달린 채 물속에서 흔들리고 있었다. 흠뻑 젖어서 무거워진 재킷과 신발을 벗어버렸다. 비키는 형 빌리가 조금 전에 배를 떠나서 해변까지 헤엄쳐 갔다고 했다. 그는 빌리가 수영을 잘하므로, 누군가 해낼 수 있다면 그것은 아마 빌리일 거라고 생각했다. 필사적으로 살아남을 길을 찾는 사람들이 계속해서 밧줄을 타고 내려왔다. 밧줄이 튼튼하기는 했지만 한계가 있었다. 이제 우리는 아홉 명이었고, 사람들은 계속 내려왔다. 열 번째 사람이 매달리자 밧줄이 팽팽히 당겨지면서 찌직 소리가 났다. "이제 그만!" 우리가 위를 향해 소리쳤다. "밧줄이 끊어지겠어." 하지만 갑판 위에 몰린 사람들이 계속해서 내려왔다.

밧줄은 그리 오래 버티지 못할 터였다. 나는 바지도 벗어버렸다. 그와 함께 1킬로그램의 치과용 금도 사라졌다. 이제 나는 속옷 위로 셔츠와 스웨터만 입은 상태였다.

열다섯 명쯤 매달리자 밧줄이 풀리기 시작하더니 탁 소리가 나며 끊어졌다. 우리 모두 어둡고 차가운 바닷속으로 깊이 빠져 들어갔다. 우리는 마치 거대한 세탁기 속에 빠진 듯 물속으로 마구 휘말려 들어갔다. 숨을 쉴 수 없었다. 허파가 터질 것 같았다. 마침내 나는 수면 위로 올라와 떠 있을 수 있었다. 다비트 코트는 바닷물과 사투를 벌이고 있었다. 그는 제대로 떠 있지 못했다. 가라앉았다가 허우적거리며 올라오기를 반복하더니 결국에는 영원히 사라졌다. 나와 함께 밧줄에 매달려 있던 다른 네 사람은 몇 분 동안 간신히 떠 있다가 바닷속으로 가라앉고 말았다. 나는 내가 해변까지 헤엄쳐 가려 해봤자 얼마 가지 못하리라는 것을 알았다. 두 팔을 쭉 펴고 열심히 발장구를 쳐서 배로 되돌아갔다. 그곳에서 급류가 아래로 끌어당기는 것을 피할 수 있었다. 나는 선체를 꼭 잡고서 뱃고물에 닿을 때까지 이동했다. 그곳에서 나는 가만히 지켜봤다.

무정하고 차가운 바닷물 속에서 수백 명의 사람들이 죽음과 맞서 싸우고 있었다. 그런데 갑자기 배에서 30미터쯤 떨어진 곳에 무언가가 둥둥 떠 있는 것이 보였다. 그것을 본 나는 새로운 결단을 내렸다. 나는 스웨터, 셔츠, 속옷까지 모두 벗었다. 벌거벗은 채로, 남은 체력과 의지를 그러모아, 나는 나뭇조각을 향해 헤엄치기 시작했다. 동작 한 번에 엄청난 힘을 쏟아야 했다. 일단 소용돌이의 세력권에서 벗어나자 헤엄치기가 한결 수월해졌다. 나뭇조각에 가까이 가보니 폭발 때 떨어져나간 배의 파편이었다. 나는 그것을

움켜쥐고 가슴팍에 꼭 껴안았다. "우리는 함께 해변까지 무사히 가야
해. 아니면 함께 가라앉는 거야." 나는 속삭였다.

나는 발장구를 치며 양팔을 앞으로 뻗었다. 내가 애를 쓰면 쓸수록
1미터 높이의 파도는 나를 들어올렸다 내려놨다 하면서 같은 자리에
머물게 하려는 것 같았다. 해변까지 갈 체력이 부족했다. 그런데
작은 보트 한 척이 바다를 천천히 미끄러져 가는 모습이 보였다.
방향을 바꿔 그 보트의 경로로 가서 붙잡아야겠다는 생각이 들었다.
나는 좀 더 힘을 짜냈다. 그러나 팔을 내뻗고 발장구를 쳐도 좀처럼
나아갈 수가 없었다. 그 4미터짜리 보트에는 벌거벗은 사람들로
가득했다. 나는 내가 도착하기 전에 보트가 지나가리라는 것을
알았다. 바다에는 나 말고도 사투를 벌이는 사람들이 얼마든지
있었고, 보트·경로에 더 가까이 있는 사람들도 있었다. 이제 끝장일까
봐 겁이 났다. 사람들이 태워달라고 애원하는 소리가 들려왔다. 어떤
사람이 끌어올려졌을 때, 나는 그들의 주의를 끌기 위해 손을 흔들며
소리쳤다. "아무도 태울 수 없어. 이제 남은 자리가 없어! 꽉 찼다고!"
그들이 내게 외쳤다. 하지만 나는 단념하지 않았다. 그들에게
조금이라도 더 가까이 가고자 나는 두 팔을 쭉 뻗으며 마지막 남은
힘을 쥐어짜냈다. 거리가 좁혀들자 그 배가 얼마나 아슬아슬하게
떠 있는지 보였다. 정말 간신히 떠 있는 상태였다. 나는 더 이상
소리칠 수 없을 때까지 애걸복걸했다. "브로네크잖아, 치과 선생
말야. 한번 태워봅시다." 누군가가 큰소리로 말했다. 모터 소리가
낮아지더니 보트가 방향을 바꿔 내가 있는 쪽으로 다가왔다. 잠시 후,
몇 사람이 손을 내밀어 나를 끌어올려주었다. 나는 보트 위로 거의
실신하다시피 엎어졌다. 벌거벗은 동료들과 햇볕에 그을린 어부가

나를 구원한 천사들이었다. 작은 보트가 물살을 헤치고 해변을 향해
나아가는 동안 수많은 사람들이 태워달라고 애원해왔다. "한 명만 더
태워도 가라앉고 말 거요." 어부가 경고했다.

엄청난 짐을 태운 보트가 작은 엔진에 의존해서 파도에
넘실거리며 앞으로 나아갔다. 어부는 능숙한 솜씨로 배가 뒤집히지
않게 몰고 갔다. 나는 쭈그려 앉아 고개를 무릎 사이에 파묻은 채
형을 생각했다. 나는 다시 한 번 죽음을 모면했지만, 형은 그러지
못했다. 카프 아르코나 호가 떠 있기를 바랐던 내 소망은 물거품이
되어갔다.

어부는 바닷물이 얕은 곳까지 천천히 보트를 몰고 갔다. "됐어."
그는 보트를 세웠다. "이제부터는 걸어갈 수 있을 거요." 우리는
앞다퉈서 내렸다. 태양도 바닷물 속으로 가라앉고 있었다. 카프
아르코나 호는 거의 보이지도 않았다. 우리는 벌거벗었고, 춥고,
배고팠다. 그리고 붙잡힐까 봐 겁이 났다. 또 다른 수용소가 있을까?
아니면, 더 나쁘게, 또 다른 카프 아르코나 호가 우리를 기다리고
있을까?

우리는 나중에야 그 참혹한 비극의 결과를 알게 되었다. 물에
빠져 죽은 사람들이 정확히 몇 명인지는 결코 알려질 리 없겠지만,
1차 조사에서 그날 발트해에서 1만 3000여 명의 사람들이 숨을
거뒀음이 밝혀졌다. 퓌르슈텐그루베, 노이엥가메, 그로스-로젠Gross-
Rosen, 슈투트호프Stutthof 출신 수용자들 중 10퍼센트에 불과한
1450여 명만이 살아남았다. 얼마나 많은 미국인들이 그 배에
붙잡혀 있었는지, 혹은 왜 그들이 그 배에 있었는지 말할 수 있는
사람은 아무도 없지만, 아무튼 그들은 모두 죽었다. 목격자들의

증언에 따르면, 카프 아르코나 호의 선장이 배에서 첫 번째로 탈출한
사람이었다고 한다. 1975년에 영국 공군이 공개한 기록들은 그
배들이 영국 공군에 의해 침몰한 것이 사실임을 입증했다. 그 이유는
아직도 밝혀지지 않았다.

　1947년 1월 31일, 카프 아르코나 호 선장은 다음 보고서를
제출했다.

　　하인리히 베르트람 선장이 홀츠브뤼케Holzbrücke의 함부르크-
　　남아메리카 기선회사에 보내는 보고서.
　　1945년 2월 27일, 나는 해군부의 동의하에 함부르크-남아메리카
　　사의 지시에 따라 카프 아르코나 호의 지휘권을 인계받았다.
　　나는 아텐 호 선장으로부터 뤼벡 만에서 수용자 약 1만 2000명의
　　수송이 시작되었다고 들었다. 그들 대부분은 카프 아르코나 호에
　　태워질 예정이었다.
　　내 입장에서는 그 수용자들의 승선을 거부하는 것이 당연한 일이었다.
　　무릇 책임이 따르는 위치에 있는 뱃사람이라면 누구라도, 반드시
　　불가피한 경우가 아니라면 바다에서 사람들을 떠맡는 위험을
　　감수하는 것이 얼마나 위태로운 일인지 알고 있기 때문이다. 이처럼
　　대규모 인원일 경우에는 특히 그렇다.
　　4월 26일 목요일, 친위대 장교이자 수송 책임자인 돌격대 지휘관
　　게리히가 그의 고문역인 상선 선장 한 명과 행정관 한 명을 대동한 채,
　　기관총으로 중무장한 병사들을 이끌고 나타났다. 게리히가 가져온
　　명령서는 내가 수용자들의 승선을 계속 거부한다면 즉시 총살할 수
　　있다는 내용이었다.

이 시점에서 설령 내가 죽더라도 수용자들의 승선을 막을 수 없음이 분명해졌으므로, 나는 친위대 장교에게 내 배에 대한 책임을 전적으로 포기하겠노라고 공지했다.

이어 게리히는 수용자들을 아텐 호에서 카프 아르코나 호로 옮겨 태우라고 명령했다. 1945년 4월 28일까지 뤼베크lübeck에서 추가적인 수송 대상을 보내왔고, 상선 선장이 이 배에서 수용할 수 있는 한계는 2500명이라고 주장했음에도 불구하고, 나는 총 6500명가량의 수용자들을 승선시켜야 했다.

4월 29일 일요일, 나는 적군이 접근할 경우 배를 침몰시키라는 명령을 취소해달라고 요청하기 위해 함부르크로 차를 몰고 갔다. 함부르크에서 나는 베르나도테 백작이 독일인을 제외한 모든 수용자를 책임지겠다고 공표했다는 이야기를 들었다. 스웨덴 배들은 이미 항로에 올랐고, 나는 재빨리 노이슈타트로 돌아와야 했다.

4월 30일 월요일의 일은 특별히 언급할 필요가 있다. 스웨덴으로 갈 수 없는 2000명의 독일 수용자들을 아텐 호가 데려갔다. 따라서 카프 아르코나 호가 침몰할 당시에는 배 안에 4500명의 수용자들만 있었다.

서명: 하인리히 베르트람, 카프 아르코나 호의 전임 선장.[*]

영국의 저명한 역사학자 마틴 길버트는 저서 《홀로코스트The Holocaust》에서 그 배들로부터 되돌려보내진 사람들에게 어떤 일이

---

[*] [원주] Joachim Völfer, *Cap Arcona: Biographie eines Schiffes* (Herford, Germany: Koehlers Verlagsgesellschaft, 1977), 120-21.

일어났는지 서술했다.

　　5월 2일, 뤼베크 만에서, 슈투트호프에서 이송된 수백 명의
유대인들이 작은 보트들에서 내려 만에 있던 두 척의 거대한 배에
올랐다. 카프 아르코나 호와 티엘베크 호였다. 하지만 두 배의
선장들은 그들을 태우는 것을 거부했다. 그들은 이미 7500명의
유대인들을 태우고 있었던 것이다. 작은 보트들은 해변으로
돌아가라는 명령을 받았다. 그러나 그들이 육지에 가까이 갔던 5월
3일 이른 새벽, 그 굶주린 유대인들이 뭍으로 기어 올라가려 하는
찰나 히틀러유겐트와 독일 해병대의 기관총이 그들을 향해 불을
뿜었다. 500명 이상이 죽었고, 고작 351명만 살아남았다.
같은 날인 5월 3일, 카프 아르코나 호는 뤼베크 만에서 영국 공군의
공격을 받았다. 소수의 수용자들만이 바다에 뛰어들어 목숨을
구했다.*

---

　*　　[원주] Martin Gilbert, *The Holocaust: A History of the Jews of Europe during the Second World War*(New York: Holt, Reinhart and Winston, 1986), 806.

카프 아르코나 호. 1945년 5월 3일, 카프 아르코나 호와 티엘베크 호는 뤼베크 만에서
영국 공군의 폭격을 받아 침몰했다. 이날 세 척의 배에 나눠 태워진 1만 5000명 중 1600여
명만이 살아남았다. Joachim Völfer, *Cap Arcona: Biographie eines Shiffes*, Herfort: Koehlers
Verlagsgesellschaft, 1977.

1945년 5월 3일, 뤼베크 만에서 침몰 중인 카프 아르코나 호.

우리는 어디로 가는가

우리는 어부에게 숨어 있을 만한 곳이 어디에 있는지 물었다. 그는
머리를 긁으며 잠시 생각에 잠겨 "흠" 하고 중얼거렸다. 이윽고 그는
어느 빵집을 가리켰다. "해변을 따라 가다보면 바다 바로 옆에 있는
언덕 위에 집 한 채가 있을 거요. 빵집이지. 아마 아무도 없겠지만,
오븐은 아직 따뜻하고 빵도 조금 있을 거외다." 우리는 그에게
고마움을 표하고, 아직 바다에 남아 있는 사람들을 구해달라고
부탁했다. 사실 부탁할 필요도 없었다. 그는 이미 출발할 준비를
마친 뒤였으므로. 어둠의 장막이 카프 아르코나 호의 잔해를 가리고
있었다. 파도 소리 외에는 아무것도 들리지 않는 유령 같은 고요함이
지난 24시간 동안의 비극이 일어났던 장소를 맴돌고 있었다.
해안선 위로는 물결만이 출렁일 뿐이었다. 마치 아무 일도 일어나지
않았다는 듯이.

　　보트에서 내린 나는 하늘을 올려다보며 간절히 기도했다. "하나님.
제 어머니, 아버지, 누이가 이미 모두 죽었습니다. 제발, 하나님! 저로
하여금 형마저 잃지 않게 해주소서." 우리는 무서울 정도로 조용한

해변을 따라 남들 눈에 띄지 않기 위해 그림자처럼 움직였다. 우리 근처로 퓌르슈텐그루베 동료 두 명의 시체가 떠밀려 왔다. 계속 가고 있는데, 어떤 노인 한 명이 우리를 향해 다가왔다. 그가 우리의 존재를 폭로하면 어떡하나?

그 노인도 겁에 질려 있기는 마찬가지였다. 우리가 그를 향해 한 걸음씩 다가갈수록 그의 눈이 커졌다. 벌거벗은 열 사람이 해변을 걷는 광경이 그를 놀라게 만든 것이다. "무슨 일들 있었소?" 그가 물었다. 우리는 우리가 겪은 시련을 이야기해줬다. 그는 처음 듣는 얘기라고 했다. 우리는 그에게 배를 가진 사람들을 모아 물속에서 죽어가는 사람들을 구해달라고 호소했다. 하지만 그는 그곳에서 치열한 전투가 있던 탓에 사람들이 거의 다 떠나버렸다고 했다. "해변을 따라 계속 가요. 그럼 그 빵집이 나올 테니까." 그는 독일 북부 사투리로 말했다. 그러고는 연신 고개를 저으면서 떠나갔다. 우리는 발이 푹푹 빠지는 모래사장을 힘겹게 걸어갔다. 추워서 반쯤 얼어붙었고, 이가 딱딱 부딪혔다. 생존자 다섯 명을 더 만났다. 마침내 희미한 불빛이 보였다. 빵집이었다.

안에는 스무 명이 넘는 생존자들이 거친 삼베 조각과 폐신문지로 몸을 감싼 채 촛불 두 개 주위에 처량하게 앉아 있었다. 그들은 누가 빠져 죽고 누가 살아남았는지 이야기하고 있었다. 마치 잃어버린 물건들에 대해 이야기하듯, 그들의 대화는 무덤덤했다. 나는 죽은 사람들의 이름 가운데 형이 끼어 있을까 봐 두려워하며 귀를 기울였다. 아주 희미하게나마, 나는 아직 희망을 품고 있었다.

오븐은 얼음처럼 차가웠다. 우리가 가장 염려한 일은 그곳이 발각되어 또 다른 수용소로 끌려가는 것이었다. 우리는 물을 갖고 있었기에 최소한 갈증은 달랠 수 있었다. 하지만 먹을 것은 전혀 없었다. 생존자들이 몇 명 더 도착했다. 그들은 자신들이 살아남은 것이 기적이라고 말했다. "네 친구 빌리는 분명 바닷가에 도착했어. 하지만 곧 죽었지. 그가 해변에 쓰러져 있는 걸 봤어." 누군가 말했다. 지독한 굶주림에도 불구하고, 또 다른 수용소로 끌려갈지 모른다는 두려움 때문에 우리는 편히 쉬지 못했다. 몇 명의 생존자들이 야음을 틈타 합류했다. 아마도 살아남은 사람 대부분이 빵집으로 오는 것 같았다. 늦게 도착한 사람들 중에는 멘델레도 있었다. 그는 자신이 바다에 뛰어들 때까지 요세크 형이 아직 갑판에 있는 것을 봤다고 말했다. 다른 사람들과 마찬가지로, 그 또한 어부에게 구조되었다.

햇빛이 비치기 시작할 때쯤, 어떤 민간인 한 사람이 와서는 트럭 두 대에 올라타라고 했다. 처음에 그는 자신이 누구인지, 왜 왔는지 우리에게 알려주지 않았다. 우리는 최악의 상황을 떠올렸다. 그에게 우리를 어디로 데려가려는지 묻자 그는 놀랄 만한 말을 했다. "병원에 데려가는 겁니다. 영국군이 와 있어요." 바깥에는 덮개 없는 트럭 두 대와 또 한 명의 독일 시민이 있었다. 해변에 조금 남아 있는 잔해를 제외하면, 어제의 재앙을 떠올리게 하는 것은 전혀 없었다. 우리는 여전히 알몸인 채로 트럭에 올랐다. 제대로 걷지 못하는 사람들을 부축하면서. 우리가 자유의 몸이라는 것을 아직 믿지 못하는 사람들도 있었다. 그들은 독일군의 또 다른 속임수가 아닌지 의심했다. 하지만 과거의 일을 연상케 할 만한 것은 전혀 없었다.

우리가 빵집을 떠났을 때는 아침 6시였다. 카프 아르코나 호는 45도로 기운 채 누워 있었고, 수면 위로 선체 일부가 드러나 있었다. 트럭들이 해변 도로를 따라 달리는 동안 바닷가에 쓰러져 있는 시체들이 우리 눈에 들어왔다. 이윽고 트럭들은 넓은 포장도로에 접어들었다. 몇 분 후, 하얀 별이 그려진 탱크들이 우리 곁을 지나쳐 갔다. 우리는 그것이 소련을 상징하는 별이며, 러시아인 병사들이 타고 있을 거라고 추측했다. 하지만 병사들의 군복과 베레모를 보니 영국군이 확실하다는 생각이 들었다. 우리는 환호성을 지르며 손을 흔들었다. 그들은 저 벌거숭이들이 미친 것이 틀림없다고 생각했을 것이다.

더 많은 영국군 탱크가 지나갔다. 친근하게 손을 흔들어 보이는 이들도 있었다. 우리는 병사들의 따뜻한 마음씨에 완전히 매료되었다. 우리 중 영어를 한두 마디 이상 할 수 있는 사람은 아무도 없었지만, 우리는 금세 승리의 사인을 익혔다. 우리를 알아본 병사들은 손가락으로 V자를 만들어 보였다. 어떤 말보다도 큰 의미가 담긴 사인이었다. 2층 집과 3층 집이 늘어서 있는 노이슈타트 중심부에 들어섰을 때, 우리는 사타구니를 가리느라 진땀을 뺐다.

마침내 트럭이 붉은 벽돌 건물 앞에 멈춰 섰다. 독일 해군병원이었다. 우리는 어떤 넓은 방으로 들어갔고, 그곳에는 하얀 침구류와 진짜 리넨 시트가 갖춰진 깨끗한 2층 침대들이 있었다. 우리는 해군 기장이 달려 있는 파란색 잠옷 셔츠를 받았다. 모순이었다. 어제까지 우리는 쓸모없는 기생충들이었다. 그런데 이제는 이런 고급 병원에 있다니. 실로 기념비적인 변화였다.

방은 어두침침했다. 나는 천장을 바라보며 누웠다. 지난 48시간 동안 떠올리기도 힘들 정도로 많은 일이 일어났다. 형이 살아남았더라면 좋았을 텐데. 머리가 무겁게 느껴졌다. 부드럽고 푹신한 베개를 벤 채, 나는 잠이 들었다.

사람들 목소리가 들려온 것은 정오였다. 눈을 뜨니 독일 여성 한 명이 보였다. 그녀는 그 지역의 독특한 독일 방언으로 이야기하고 있었다. 침대 아래 칸에서 친숙한 멘델레의 목소리도 들려왔다. 그녀는 우리를 보살피겠다며 자원한 이였다. "의사 선생님이 당신들에게 특별식을 제공하라고 지시했어요." 그녀가 말했다. "음식이 금방 준비될 거예요." 이어 간호사 한 명이 오더니 창문 차양을 올리고 사람들 체온을 쟀다. 나는 알 수 없었지만, 그녀는 내게 열이 있다고 했다. 그녀도 독일어로 말했다. 그녀는 모든 사람의 체온을 재라는 지시를 받았다고 했다. 창문을 통해 환한 햇빛이 들기 시작하더니 이내 방 안을 밝게 채웠다.

12시 반에 두 여성이 진짜 수프를 한 솥 가득 가져왔다. 빵과 버터도 있었다. "의사 선생님이 곧 오실 거예요. 그때까지 다들 침대에 계세요." 그녀들이 친절한 목소리로 말했다. 내가 진정으로 원한 것은 자유였다. 아프지도 않았으므로, 병원의 평화로움과 조용함은 필요 없었다. 세상이 궁금해서 못 견딜 지경이었고, 떠나고 싶은 마음뿐이었다. 하지만 옷도 없이 어떻게? 나는 멘델레를 쳐다봤다. 그는 아직 어린 소년이었으므로, 알몸인 것이 나보다는 훨씬 덜 어색했다. 나는 그에게 조를 필요도 없었다. 그는 옷을 찾아주겠다고 나섰다. "뭐라도 좀 얻어다줄게요." 그리고 그는 떠났다.

나는 그를 다시 보리라는 희망을 거의 버릴 뻔했다. 하지만 그는 자기 몸보다 네 치수는 커 보이는 검은색 연미복을 한 벌 걸치고 돌아왔다. 평범한 옷으로는 만족하지 못했던 것이다. 그는 내게 훈장투성이의 독일 해군 장교복 한 벌과 긴 해군 군화 한 켤레,

장교용 모자, 벨트, 타이를 건넸다. "이게 다 어디서 났어?" 나는
놀라서 물었다.

"아무것도 묻지 말고 그냥 입어요. 잠자코 내가 가져온 걸 좀
봐요." 그는 눈을 깜빡이며 말했다. 그러고는 밖으로 나갔다가
웬 번쩍거리는 자전거를 한 대 끌고 들어왔다. "어떤 나치한테서
뺏어왔어요." 나는 별로 놀라지 않았다. 나 또한 나치들에게
무자비한 감정을 갖고 있었으니까. 우치 게토와 여러 수용소에서의
생존 법칙은 그에게 새로운 원칙, 지금 그가 따르고 있는 원칙을
가르쳐줬다. 그것은 정글의 원칙, 즉 적자생존의 원칙이었다.

해방된 수용자들 대부분은 떠나고 싶어했고, 걸을 수 있는
사람들은 우리와 함께 나섰다. 나는 내 삶의 새로운 국면에 다가서고
있다는 생각이 들었다. 멘델레는 평생 갖고 싶었지만 갖지 못했을
반짝이는 자전거를 뿌듯해하며 고개를 빳빳이 들고 걸었다. 그의
얼굴에 행복이라고 적혀 있었다. 그런데, 뒤늦게 생각났다는 듯이,
그가 느닷없이 큰소리로 말했다. "아 참 그렇지, 당신 형을 봤어요.
요세크 형이요."

나는 얼굴을 세게 얻어맞은 듯한 기분이었다. 요세크 형이 살아
있어? 어떻게 그럴 수 있지? 나는 그의 비단 연미복 자락을 붙잡고
흔들었다. "형을 봤다고?" 나는 그의 눈을 바라보며 천천히 물었다.
그는 진지한 표정으로 나를 돌아봤다. 나는 멘델레가 내 형을 가지고
내게 거짓말할 리가 없다는 것을 알고 있었다.

"하나님께 맹세코, 봤어요." 그가 말했다.

"그게 언젠데?"

"조금 전에요. 말해준다는 걸 깜빡했어요."

원래 우체국으로 쓰였던 벽돌 건물이 나왔다. 중위가 알려준 바에 따르면, 독일군들은 바다 쪽으로 물러날 때 연합군에 붙잡히는 것을 피하기 위해 군용 차량을 버리고 민간 차량으로 갈아탔다고 했다.

우리는 어떤 소령에게 안내되었다. 우리는 여전히 권위에 대한 두려움을 갖고 있었고, 군인에 대해서는 특히 그러했다. 그 두려움은 전쟁이 끝나고도 오랫동안 남아 있었다. 소령은 쉰 살쯤 되어 보였고, 짧은 머리에 깔끔하게 다듬은 콧수염을 기르고 있었다. 그는 담배 상자를 열더니 우리에게 한 대씩 권했다. 그러고는 의자에 기대 윗몸을 뒤로 젖히고 우리들 중 누가 영어를 할 수 있는지 물었다. 나는 고개를 끄덕이며 영어를 조금 할 줄 안다고 말했다. 그는 받아 적을 준비를 했다. 그는 내 이름이 무엇인지, 어디 출신인지 물었다.

우리는 폴란드로 강제 송환되지 않을까 걱정하고 있었다. 당시에 그런 일이 일어나리라는 소문이 돌고 있었던 것이다. 막스 슈미트가 해줬던 충고가 떠올랐고, 나는 이렇게 대답했다. "우리는 프랑스 출신입니다."

그는 우리가 어떻게 카프 아르코나 호에 타게 되었는지, 그 배가 어떻게 침몰한 것인지 물었다. 내가 짧은 영어로 영국 폭격기들이 배를 공격하는 것을 봤다고 말하자 그는 고개를 숙이며 의심에 찬 눈빛을 보였다. 그가 몇 가지 질문을 더 던졌지만, 내 짧은 영어로는 도저히 그 사건을 제대로 묘사해낼 수 없음이 분명해졌다. 소령이 통역사를 불렀다. 스무 살쯤 되어 보이는 예쁜 독일 처녀가 들어오더니 그의 질문을 내게는 독일어로, 내 답변을 그에게는 영어로 통역해줬다. 그녀는 우리가 겪었던 일들에 대해 들으면서 눈에 띄게 동요하는 모습을 보였다.

소령과 중위는 점잖은 태도로 이야기를 들었다. 문답이 끝나갈 때 소령이 이 지역은 전투가 한창이니 떠나는 것이 좋겠다는 말을 했다. 물론 우리에게는 이동수단이 없었다. 이곳 도로에 방치되어 있는 차량들을 보면서 우리는 그가 그중 한 대를 골라 타는 것을 허락해주기를 바랐다. 그는 신중하게 생각했다. "나는 허락할 수 없습니다." 그는 상냥하지만 단호하게 말했다. "그렇지만, 밖에는 차들이 엄청나게 많죠. 그냥 아무거나 한 대 골라 타세요. 아무도 막지 않을 겁니다." 우리의 신원에 관해 그는 이렇게 말했다. "당신들 문신이 당신들의 신원 확인에 충분히 도움이 될 겁니다."

우리는 흥분했다. 우리 열 사람은 탈 만한 것을 찾으러 밖으로 나갔다. 우리는 주변에 있는 모든 차를 살펴봤다. 하지만 차 한 대에 모두 탈 수가 없어 트럭을 구하기로 했다. 우리는 거의 마을 외곽까지 찾아다녔다. 이윽고 우리는 전투용 보호색으로 칠한 버스를 한 대 발견했다. 푸조 버스였고, 상태가 양호했다. 아버지도 푸조 트럭을 한 대 보유한 적이 있었다. 나는 차 내부를 들여다봤다. 그런데 열쇠가 어디로 갔는지 찾을 수가 없었다. 버스는 우리가 타기에 안성맞춤이었지만, 우리는 뭘 어떻게 해야 할지 몰랐다. 우리는 농가에 들어가서 농부에게 차 열쇠를 갖고 있는지 묻기로 했다. 그는 그 버스가 자기 것이 아니라고 우겼지만, 우리는 아무래도 그가 열쇠를 갖고 있다는 생각이 들었다. 우리가 고집을 부리며 그를 협박하자, 그는 침실로 갔다가 벌벌 떨면서 열쇠를 쥐고 돌아왔다. 그는 자기 아내가 열쇠를 그곳에 두었던 것을 깜빡했다고 말했다.

나는 버스에 시동을 걸고 좁은 도로로 진입하기 시작했다. 하지만 나는 이런 큰 차를 몰아본 경험이 거의 없었고, 순식간에 진퇴양난의

상황에 빠지고 말았다. 시동까지 꺼져버렸다. 다시 시동을 걸려고
했지만 잘 되지 않았고, 마침내 포기하고 말았다. 실망한 우리들은
버스를 그냥 세워두고 다른 차량을 찾아 나섰다.

우리는 50대 정도를 살펴봤지만, 방금 두고 온 것 같은 버스는
구하지 못했다. 늦은 오후였다. 우리는 형이 들고 있던 바퀴만 한
스위스 치즈로 허기를 달랬다. 우리는 계속 찾아다니다 마침내
이탈리아제 피아트 두 대를 발견했다. 방금 공장에서 나온 듯한 새
차들이었다. 열쇠도 안에 있었으므로, 우리는 그것들을 타기로 했다.

형이 한 대를 몰고, 내가 다른 한 대를 몰았다. 우리는 소령이
알려준 대로 서쪽으로 차를 몰아서 점령지 깊숙이 들어갔다. 우리는
도중에 마주친 모든 연합군 차량의 병사들에게 손을 흔들어 환영
인사를 건넸다. 그들은 줄무늬 수용복과 낡은 독일 해군 제복을 걸친
저 피골이 상접한 사람들이 누구일지 궁금해하며 우리에게 의혹
어린 시선을 보냈다. 이제 우리 시야는 나치의 갈고리 십자卍로부터
자유로워졌다. 그것들이 있는 곳에는 전쟁의 흔적이 남아 있었다.
불타버린 자동차, 트럭, 탱크들. 길을 걸어가는 사람들 중에 키 크고
약간 구부정한 남자 한 명이 괴나리봇짐을 메고 가는 것이 보였다.
좌우로 흔들거리다가 앞으로 휘청거리곤 하는 것이 오랫동안
길을 걸은 것 같았다. 그를 지나쳐 가는데 누군가 소리쳤다. "저거
올슐레거잖아, 퓌르슈텐그루베의 친위대 경비병 말이야." 우리는
멈춰 섰다. 그는 태연하게 우리 쪽으로 걸어오고 있었다. 그가
가까이 왔을 때, 우리는 그에게 우리가 누군지 아냐고 물었다. 그는
얼버무리면서 대답하지 않았다.

"당신 혹시 퓌르슈텐그루베 경비병 올슐레거 아니오?"

이로써 그는 도저히 부인할 수 없음을 받아들였다. "그렇소." 그는
더듬거리며 말했다. "그런데 나는 그 수용소랑은 상관이 없어요."
우리는 곧 이 같은 부인을 듣는 데 익숙해지기 시작할 터였다. "난
그냥 내 임무를 한 겁니다. 난 그저 경비병이었을 뿐이죠." 이는
우리가 반복해서 듣게 될 또 하나의 변명이었다. 올슐레거는 이제 더
이상 뻔뻔스러운 친위대 병사가 아니었다. 그는 우리를 두려워했다.
한때 우리가 그를 두려워했던 것처럼.

그는 우리에게 악惡 자체인 사람이었다. 우리의 고통과
분노는 참기 힘든 것이었다. 누군가 그를 죽여버리자고 말했다.
우리 모두 그가 죽기를 바랐지만, 처형 집행자가 되려는 사람은
없었다. 그는 계속 변명했다. "나는 그저 맡은 임무를 하는 평범한
사람이었습니다." 그는 그 말을 하고 또 했다. 우리의 처지는 갑자기
역전되었다. 그는 고립무원이었다. 우리는 그를 어떻게 해야 할지
알 수 없었다. 우리는 새로 얻은 자유에 도취되었고, 용서하는 것이
편하다는 것을 깨달았다. 그러나 그가 무사히 벗어난 것은 아니었다.
우리는 그가 받아 마땅한 발길질과 구타를 조금 했고, 그를 둔 채
떠났다. 우리는 그들 총통의 나치 이론이 패배한 것이 그의 진짜
처벌이라고 믿었다. 그건 분명 그에게 수치심을 안겨줬을 것이다.
나중에 우리는 그를 왜 더 가혹하게 다루지 않았는지 후회했다.

계속 가다 보니 노이 글라스아우가 나왔다. 해가 저물고 있었다.
우리는 마땅히 갈 곳이 없었으므로 슈미트 가족의 헛간 쪽으로
가서 지름길을 타고 그들의 집으로 가기로 했다. 아직 그곳에 남아
있던 우리의 옛 동료 몇 사람이 우리를 보고 크게 놀랐다. 그들은
여전히 한때 우리 신체의 일부 같았던 줄무늬 수용복을 입고 있었다.

그들은 헛간 안이나 그 주변에 숨어 있다가 살아남았다고 했다.
불행히도 다른 사람들은 그렇게 운이 좋지 못했다. 발각당해서 총에
맞은 것이다. 요제프 헤르만도 그곳에 있었다. 그는 이제 헤르만
요제프라고 불리는 것을 더 좋아했다. 우리의 수용소장이었던
슈미트는 그곳에 없었다.

전에는 본 적이 없었던 슈미트의 부모가 집에서 나와 우리를
반겼다. 슈미트의 아버지는 부농이었는데, 말쑥하고 햇볕에 그을린
쉰 살 정도의 남자였다. 어머니는 통통하고 예의 바른 부인이었다.
부부는 슈미트가 유일한 자식이라고 했다. 그들은 돼지 한 마리를
잡아 저녁을 대접했고, 머물러 있으라고 정중하게 권했다. 불과
며칠 전까지만 해도 우리는 '**인간 같지 않은 것들**'로서 가축처럼
취급당했고 헛간에서 잠을 잤는데, 이제는 갑자기 귀빈이 되어
수용소장의 부모 집에서 저녁을 대접받고 있었다. 우리 삶에 이처럼
급격한 변화가 또 있었던가? 전에는 우리를 이렇게 대해주는
독일인이 한 명도 없었다. 저녁식사 전, 그들은 포도주와 네덜란드
진을 내왔다. 우리들 대부분은 몇 년 만에 처음으로 술을 마셔보는
것이었다. 돼지 요리가 식탁에 차려졌을 때, 우리들 중 몇 명은 이미
반쯤 취했거나 적어도 살짝 어지러운 상태였다. 식탁은 기쁜 축제를
위해 마련된 것처럼 풍성했고, 질 좋은 도자기 그릇이며 크리스털
그릇까지 있었다.

이처럼 유쾌하고 즐거운 분위기 속에서, 갑자기 우리를 깜짝
놀라게 하는 일이 일어났다. 민머리가 된 막스 슈미트가 환하고
다정한 미소를 머금은 채 걸어 들어온 것이다. 그는 식탁에 둘러앉아
있는 우리들 한 사람 한 사람과 악수를 나눴다. 그는 내게도 마치

원래 친한 친구였던 것처럼 손을 내밀었다. "치과 선생, 자네가
살아남아서 얼마나 기쁜지 모르겠네. 베르나도테가 자네를
스웨덴으로 데려가지 않았던 건 정말 안 된 일이었어."

　내가 기억나는 한 스웨덴에 관한 충고가 그가 한 최고의
선행이었다. 나는 그에게 내가 스웨덴에 가지 못한 것을 어떻게
알고 있는지 물었다. "우리가 돌려보내졌을 때, 당신은 그 근처에
없었잖아요." 내가 말했다. 그는 대답하지 않았고, 나도 더 이상
캐묻지 않았다.

　우리는 슈미트 가족이 우리를 위해 차린 음식을 마음껏 먹으며
귀빈 같은 대우를 받았다. 전前 수용소장은 우리와 같은 식탁에 앉아
있었고, 우리 모두 즐겁게 먹고 마셨다. "우리 지난 일은 이야기하지
맙시다. 무슨 일이 있었는지 잊어버려요. 우리 모두에게 끔찍한
시간이었으니까." 슈미트가 말했다. 그러더니 그는 셔츠 왼쪽 소매를
걷어 올려서 팔에 적힌 숫자를 보여줬다. 우리들 왼팔에 새겨진 것과
마찬가지의 숫자였다. 그것이 문신인지 그저 칠한 것인지는 알 수
없었다. 그것 때문에 우리 기분이 나빠지지는 않았다. 우리는 한바탕
웃음으로 모든 것을 흘려보냈다. 용서해주자는 분위기였다.

　자정 무렵 우리는 모두 잠들었다. 아침에 눈을 떠보니, 내가
자고 있던 사료 저장실의 작은 창문들 사이로 반짝이는 햇빛이
흘러들어오고 있었다. 내 곁에는 형과 스룰레크 립스히트스가
있었다. 머리가 무거웠다. 무언가 잘못되었다는 생각이 들었다.
지난밤에 있었던 일을 곰곰이 곱씹어보니 혼란스러웠다. 나는
막스에 대해 생각했다. 지난 다섯 달 동안 우리에 대한 전권을 쥐고
있던 그는 우리를 자유롭게 풀어줄 수도 있었다. 수용자 번호를

내보임으로써 스스로를 우리와 같은 처지인 양 굴었던 것은 특히
역겹게 느껴졌다. 빡빡 깎여 있던 머리카락과 그 숫자는 나로 하여금
그가 자신의 정체를 숨기고 수용소 생존자인 척 하려고 엄청나게
애쓰고 있다는 확신을 갖게 만들었다. '우리가 이걸 용납할 순 없지.'
나는 생각했다. 나는 그곳에 1분도 더 머물 수 없었다.

　우리 열 사람은 즉시 떠나기로 했다. 헤르만 요제프는 우리와
함께 가고 싶어했다. "우리는 막스를 연합군에 넘길 거야. 그리고
그가 수용소에서 맡았던 역할에 대해 이야기할 거야." 내가 말했다.
헤르만은 그가 전적으로 결백하지는 않다는 데 동의했다. 하지만
어디서도 막스를 찾을 수 없었다. 그의 부모는 그대로 있었다.
뜻밖에 게르타도 와 있었다. 지난밤 이후 슈미트 가족에게 어떤
변화가 일어났음이 분명했다. 그들은 우리가 떠나려 하는 것을 알고
있었다. 우리에게는 휘발유가 별로 남아 있지 않았으므로, 도중에
멈춰서 병사들에게 '페트롤(휘발유)'을 달라고 해야겠다고 생각했다.
영국군은 휘발유를 그렇게 불렀다. 그곳을 떠나면서 우리는 우리가
슈미트 가족에게 얼마나 농락당했으며, 막스의 무신경한 행동이
얼마나 끔찍한 것이었는지 이야기했다.

　서쪽으로 5킬로미터 정도 가니 영국군 보급창고가 하나 보였다.
우리는 그곳으로 가서 장애물 앞에 차를 세웠다. 우리는 영어로
더듬거리며 왜 차를 세웠는지 설명했지만, 그들은 우리를 아무와도
만나게 해주려 하지 않았다. 그들은 그런 상황에서 권한을 갖고
있지 않다고 했고, 영국육군정보국에 가보라고 권했다. 그럼에도
불구하고, 우리는 차 한 대당 20리터 정도의 휘발유를 넣을 수
있었고, 식량도 한 상자 받았다. 우리는 창고 두 군데에 더 들러서

같은 이야기를 했다. 어느 영국 병사도 우리를 진지하게 대하지
않았다. 별로 신경 쓰지 않는 것 같았다. 우리는 당황했고, 그들에게
실망했다. 우리는 베스트팔렌Westfalen에서 멀지 않은 곳에
있었으므로, 헤르만 요제프가 뤼덴샤이트Lüdenscheid에서 멈추자고
했다. 그는 그곳에 아직 친구 한 명이 살고 있을 것이라고 했다.
우리는 방향을 바꿨다.

　이따금씩 우리는 길가에 멈춰 서서 영국군이 준 음식을 먹었다.
그것은 미군 전투식량으로서, 쇠고기 통조림, 초콜릿, 분말 우유
등이 들어 있었다. 그날 저녁 8시쯤 우리는 카셀Kassel에서 그리 멀지
않은 뮌덴Münden이라는 마을 근교에서 처음으로 미군과 마주쳤다.
도로는 지프차와 병사들로 가득했다. 어떤 병사들은 'MP(헌병)'라고
적힌 검은 완장을 차고 있었다. 그들은 우리를 멈춰 세우고 갓길로
이동하라고 했다. "통행증 있어요?" 그들 중 한 사람이 물었다.
그들에게 우리 문신을 보여주고 나서야 비로소 우리는 강제수용소에
있던 사람들이어서 어떤 증서도 갖고 있지 않다는 사실을 이해시킬
수 있었다. "어디로 가는 거죠?" 그들이 물었다.

　"고향으로 돌아가는 길입니다." 헤르만이 말했다. 그 말은 적어도
그에게만큼은 사실이었다.

　"아이젠하워 사령관의 명령에 따라 모든 민간인의 야간 통행은
금지되어 있습니다." 그들이 우리에게 말했다. "여러분은 저녁
8시부터 아침 7시까지는 운전을 할 수 없어요." 헤르만은 우리가
길을 돌려서 뤼덴샤이트로 가야 한다고 생각했다. 그는 그곳은
영국군이 점령하고 있을 것이라고 했다. 그래서 우리는 방향을
돌리기 시작했다. "잠깐!" 어떤 헌병이 말했다. "여러분이 하룻밤

묵을 만한 곳이 있습니다." 우리는 그 '장교'에게 고맙다고 했다.
우리는 처음엔 모든 병사를 장교라고 불렀다. 장벽 뒤에 세워진 몇
채의 집 가운데 현대식으로 지어진 2층 집이 하나 있었다. 헌병은
우리에게 그곳에 묵어도 된다고, 안에는 음식도 좀 남아 있을
거라고 했다. 영국군과 달리 그들은 친절해 보였다. 우리는 오래잖아
필수적인 식료품들을 찾아냈다. 넉넉한 빵, 달걀, 설탕, 그리고
진짜 네스카페 커피. 이로써 무려 5년 만에 처음으로 우리는 우리
스스로를 위해 요리를 해 먹을 수 있었다.

　　잠자리에 들기 직전, 어떤 부사관이 우리를 찾아왔다. 처음에 그는
우리가 겪었던 일들에 대해 열심히 질문했다. 그러더니 우리가 가진
차들 중 한 대를 두 시간 정도 빌려줄 수 있는지 물어왔다. 우리는
당장 차 탈 일이 없었으므로 흔쾌히 응낙했다. "그런데 휘발유가
별로 없어요." 우리가 말했다. 당시에는 휘발유가 귀했다.

　　"걱정 마세요." 그가 말했다. "여러분이 필요한 만큼 채워서
돌려드릴 테니까." 기막힌 우연이라고, 아침에는 휘발유 걱정을 할
필요가 없겠다고 우리는 생각했다. 그곳에는 우리 모두에게 충분한
소파와 침대가 있었고, 우리는 받아들이기 힘들 정도의 여유로운
기분을 만끽했다. 진짜 침대에 누워 부드럽고 폭신폭신한 이불을
덮는 것은 감히 바라지도 못했던 사치였다.

　　다음 날 아침, 우리는 골판지 두 장에 '강제수용소
수용자들'이라고 적었다. 차에 하나씩 붙이기 위함이었다. 하지만
차를 빌려 갔던 부사관이 나타나지 않자 우리는 슬슬 걱정이
되기 시작했다. 분대원 한 명이 차분한 태도로 그가 곧 돌아올
것이라며 우리를 안심시켰다. "그는 아마 애인한테 가 있을 겁니다."

그 병사가 말했다. 마침내 부사관이 돌아왔고, 그는 트렁크에
휘발유를 넣어뒀다는 뜻의 손짓을 보냈다. 그는 그 자리에서
휘발유를 넣지 말라고 했다. 그에게 문제가 생길 수도 있다는
이유에서였다. 트렁크를 열어보니 과연 휘발유가 가득 든 통들이
있었다. 뤼덴샤이트로 가는 도중에 우리는 그중 하나를 열어 우리가
휘발유라고 생각한 것을 넣기 시작했다. 그런데 그것은 냄새로 보나
흘러나오는 모양새로 보나 단 한 방울도 휘발유가 아니었다. 그냥
물이었다. 우리는 그 상냥한 미군이 우리에게 이런 식으로 사기를
쳤다는 사실이 도무지 믿기지 않았다.

　우리는 전시의 혼잡한 도로 위에 있었고, 연료통에는 물이 들어
있었다. 우리는 이동할 수 없었다. 한 시간 동안 지나가는 차를
잡으려 노력한 끝에 마침내 육군 장교들이 타고 있던 지프차 한
대가 섰다. 그들은 우리에게 진짜 휘발유를 한 통 줬다. 그와 함께,
독일이 방금 항복했다는 소식을 전해줬다. 그날은 5월 8일이었다.
유럽에서의 전쟁은 끝이 났다.

　엔진이 잠시 털털거리는 소리를 내던 끝에 천천히 돌아가기
시작했다. 뤼덴샤이트로 가는 도중에 우리는 다시 한 번 영국군
점령지에 들어섰다. 자정 즈음 우리는 하페 가족의 집에 도착했다.
헤르만을 본 하페 씨는 놀라 자빠질 뻔했고, 그와 함께 온 우리 열
명을 보고는 더욱 그러했다. 늦은 시간임에도 불구하고 프라우
하페는 우리에게 음식을 한 상 가득 차려줬다. 우리는 마음을 놓지
않았으며 모든 독일 사람을 경계하고 있었다. 하지만 하페 가족의
환대는 순수한 것이었다. 그 가족 같은 사람들은 분명히 존재하고
있었을 것이다. 그들은 어디에 있었던 걸까? 왜 그들은 방관자로

　뤼덴샤이트는 끔찍한 전쟁의 참화를 입지 않은 그림 같은
작은 마을이었다. 자우어란트Sauerland라는 지역에 자리하고
있는 그 마을은 무성한 푸른 목초지와 기름진 토양을 자랑했다.
폴메Volme라는 작은 강이 주도州都 하겐Hagen시로 향하는 주요
도로를 따라 구불대며 흐르고 있었다. 전쟁의 상흔이 엿보이는
집은 한 채도 없었다. 화려한 팡파르가 울려 퍼지는 가운데, 하페
씨는 우리를 그 도시의 장로들과 시장, 경찰서장에게 소개했다.
뤼덴샤이트에서는 전쟁 전에 소수의 유대인들이 살고 있었다.
그리고 그중 단 한 명만 살아남았다. 나치 출신인 시장은 자신이 원래
유대인들을 좋아했다는 것을 보여주고자 갖은 애를 쓰고 있었다.
그는 자신들이 한때 그곳에 살았던 유대인들을 그리워하고 있다고
말하며 우리에게 남아 있으라고 강권했다. 그는 우리에게 집과
일자리를 구해주겠다는 약속까지 했다. 그들 모두 하페 씨의 새로운
친구들에게 엄청난 존경심을 보였다.
　최초의 강제수용소 생존자라는 사실은 우리를 그 도시의
유명인사로 만들어줬다. 우리 형과 스룰레크는 여전히 줄무늬
수용복을 입고 있었다. 나는 노이슈타트에 있는 창고에서 구한
해군 제복을 입고 있었다. 시장은 우리에게 옷, 가구, 아파트를
제공하겠다고 했고, 우리는 그것을 받아들였다. 도시의 극장들은
우리에게 평생 자유이용권을 발급해줬다. 갑자기 모든 사람이 우리
친구가 되었다. 우리가 받은 박해에 책임이 있는 사람은 아무도 없어
보였고, 그들 모두 나치 정권과의 연관성을 부인했다. 나는 단 며칠
만에 그들이 다시 예전처럼 우리를 사람으로 대하는 현실을 믿을

수가 없었다.

우리 동료들 중 일곱 명은 폴란드로 돌아갔다. 형과 스룰레크는
뤼덴샤이트에 머물기를 원했다. 나는 아직 그곳에 정착할
마음의 준비가 안 되었다. 헤르만은 처자식이 있는 바바리아의
알베르크Ahlberg로 돌아가고 싶어했다. 그가 내게 함께 가겠냐고
물었을 때, 나는 그의 권유를 받아들였다.

전쟁 후의 독일

헤르만과 떠나는 것은 지난 5년간의 고통을 달래고 새로운 현실을
받아들이는 데 도움이 되었다. 우리가 뤼덴샤이트를 떠날 때까지도
대부분의 도로가 폐쇄되어 있었다. 대도시로 통하는 길들은
특히 그러했다. 헤르만은 기센Giessen에 들러 한때 그가 몸담았던
독일사회민주당의 옛 동료들을 찾았다. 몇몇 도시들에서는 미군들이
우리가 독일 공무원들에게 우리 경험에 대해 이야기해주기를
원했다. 마치 침묵의 모의라도 해두었던 것처럼, 그들 중 단 한 명도
강제수용소나 죽음의 수용소에 대해 들은 바가 없다고 주장했던
것이다. 헤르만과 나는 그에 대해서 많은 이야기를 나눴다. 나는
독일이라는 나라의 이상한 성격과 다양성을 잘 알게 되었다.
헤르만은 독일에 대해 잘 알고 있었고, 언제 독일인들을 믿어서는 안
되는지도 알고 있었다.

　우리가 알베르크에서 그의 가족을 만났을 때, 나는 진정한 기쁨의
목격자가 되었다. 그의 아내는 그를 보자 행복의 눈물을 흘렸다.
아이들은 하루 종일 그에게서 떨어질 줄 몰랐다. 곧이어 그의 독일

사민당 친구들이 찾아왔다. 그들은 그의 생환을 기꺼워했다. 그들은 제3제국에서 금지시켰던 노동조합을 재조직하려 하고 있었다. 나는 헤르만을 따라 그들 모임에 몇 차례 참석했다. 나는 곧 내가 떠나야 할 때가 왔음을 깨달았다. 하지만 어디로 가야 하나? 미국은 내가 늘 동경했던 나라였다. 여전히 나는 프랑스로 가고 싶었다. 그곳에 가야 미국으로 떠날 수 있는 보다 좋은 기회가 생길 것이라고 생각했기 때문이다.

헤르만과 나에게는 차가 한 대밖에 없었다. 하지만 우리는 미국 육군 대위였던 뉘렌베르크 시장에게 호소함으로써 그 문제를 해결할 수 있었다. 그는 몰수한 차량들을 보관 중이던 차고지에 전화해서 우리가 아무 차나 골라 타도록 해주라고 지시했다. 나는 1936년에 생산된 개폐식 덮개가 달린 아들러를 한 대 발견했다. 헤르만은 자신이 피아트를 갖고 내가 아들러를 타는 데 동의했다. 아직 자동차등록증을 구할 수 없었으므로, 나는 아들러 앞쪽의 라디에이터 그릴에 수용자 출신이라는 내 신분을 적은 팻말을 달았다. 다음 날 나는 프랑스를 향해 출발했다. 6월 중순이었고, 날이 아주 따스했다. 헤르만의 아내가 도시락을 싸줬고, 나는 약간의 독일 마르크화를 챙겼다. 하지만 당시 독일에서는 나일론 스타킹, 초콜릿, 미국 담배 등이 실제 화폐처럼 쓰이고 있었다. 남쪽으로 가는 길은 바바리아의 얕은 언덕들 사이로 구불구불하게 이어져 있었다. 덮개를 열고 달리니 싱그러운 시골 공기가 물씬 풍겨왔다. 길을 달리면서 보니 도로 양쪽으로 베란다가 딸린 널찍한 가정집들이 늘어서 있었다. 전쟁의 흔적이 보이는 집은 없었다.

그때 길가에서 소년 둘이 손을 흔드는 모습이 보였다. 그들은 알록달록한 옷을 입고 있어서 서커스 광대들처럼 보였다. 가까이 가서 보니 그들의 셔츠에는 다윗의 별이 달려 있었다. 나는 차를 멈춰 세우고는 그들에게 누구인지 물었다. 처음에 그들은 나에게 겁을 먹었다. 내가 친구인지 적인지 알 수 없었을 테니까. 하지만 그들에게 나도 유대인이라고 밝히자 그들은 긴장을 푼 눈치였다. 아키바는 부다페스트 출신이었고, 그의 친구 야아코브는 루마니아 출신이었다. 야아코브는 한쪽 뺨이 약간 부어 있었다. 둘 다 열여섯 살이었고 최근에 다하우에서 해방되었다. 나는 그들에게 혹시 친척이 있는지 물었다. 그들은 담담하게 하늘을 향해 집게손가락을 빙빙 돌려 보였다. 수용소에서 살해당해 소각되었다는 뜻이었다. 그들은 원래 살던 나라로 돌려보내질까 봐 두려워했고, 어디로 갈지 모르는 상태였다. 그들은 한 달 동안 방황하며 미군이 준 음식을 먹고 숲에 들어가 자면서 지냈다고 했다. 그들에게 나와 함께 프랑스로 가겠는지 묻자 그들은 얼른 그러겠다고 했다.

그 후 며칠 동안 우리는 방랑자처럼 지냈다. 두리번거리고, 어슬렁거리고, 어디서 또 끼니를 때우게 될지 알지 못했다. 우리는 무성하게 우거진 수련 잎이 가려주는 연못이나 개울을 찾아 몸을 씻었다. 무더운 날에는 깨끗한 물에서 수영도 했다. 우리는 미군 보급창에 들러 병사들이 작고 하얀 공을 던지거나 이상하게 생긴 커다란 갈색 장갑으로 받는 모습을 정신없이 구경했다. 가끔은 저녁때 그들 곁에 앉아 휴대용 라디오에서 들려오는 빅밴드Big Band*의 음악을 듣곤 했다. 우리에게는 이 모든 것이 새로웠다.

---

* 오케스트라와 비슷하게 편성된 큰 규모의 재즈 밴드.

선선한 밤이 되면 우리는 교회나 사제관, 수도원 등을 찾아갔다. 그런 곳들에서는 우리를 재워줬던 것이다. 며칠이 더 지난 어느 날 우리는 콘스탄스 호수Lake Constance*의 북쪽 끄트머리에 도착했다. 그 지역 사람들은 그곳을 보덴호라고 불렀다. 그 남쪽으로는 푸르고 완만한 언덕들과 숨 막힐 듯 아름다운 눈 덮인 산맥 사이로 형형색색의 작은 오두막들이 있었다. 그 즈음에 아키바와 야아코브는 나를 자기네 형처럼 대했고, 나 또한 그들을 동생들로 여겼다.

야아코브의 볼은 계속 부어 있는 상태였다. 그에게는 치료가 필요했다. 나는 고작 몇 마르크만 갖고 있었는데, 치과 진료를 받게 해주기에는 충분치 않았다. 어쨌든 우리는 블랙포레스트Black Forest** 옆의 투틀링엔Tuttlingen이라는 마을에 도착했다. 우리는 가장 먼저 눈에 띈 치과로 들어갔다. 치과의사는 우리가 누구인지 듣더니 무료로 치료해줬다. 그는 야아코브의 썩은 어금니를 뽑아줬다. 그는 시몬스라는 상표의 장비를 사용했다. 그것은 나로 하여금 퓌르슈텐그루베에서 썼던 장비를 생각나게 했다.

다음 날 우리는 프랑스의 알자스-로렌Alsace-Lorraine 지역으로 통하는 알프스 산맥 길에 올랐다. 그 길은 롤러코스터처럼 산맥 주위를 구불구불 돌았다. 문득 프랑스 군복을 입고 등에 보따리를 둘러멘 사람 둘이 보였다. 내가 그들에게 어디로 가는 길인지 묻자, 그들은 독일에 전쟁포로로 잡혀 있다가 이제 집으로 돌아가는 길이라고 했다. 우리와 함께 가겠냐고 묻자 그들은 흔쾌히 응낙했다.

---

*   독일, 오스트리아, 스위스에 걸쳐 있는 커다란 호수.
**   독일 남부의 울창한 침엽수림 지대.

그들은 힘겹게 길을 오르지 않게 되어 기뻐했고, 우리는 그들과 함께인 것이 국경에서 도움이 되기를 바랐다. 그 후 이틀 동안 우리는 음식을 나눠 먹었고, 시간이 지나며 우리는 좋은 친구가 되었다. 또한 나는 프랑스어가 조금 늘었다.

국경선에서 프랑스 병사들이 우리를 멈춰 세웠다. 그들은 우리를 숙영지에 있는 웅장한 저택으로 데려갔다. 우리는 그들을 따라 진입로로 들어섰고, 우리 다섯 명은 어떤 사무실 안으로 이끌려 갔다. 우리는 밝은색의 대리석 모자이크 타일로 꾸며진 복도를 지났다. 바닥에는 동양풍 양탄자들이 깔려 있었다. 나선형 계단을 따라 올라가니 거대한 마호가니 문이 나왔다. 그곳에는 육군 장교 몇 명이 있었는데, 그중에는 여성도 있었다. 그들은 우리를 에워싸고 우리가 누구인지 궁금해했다. 우리의 두 프랑스인 동료는 마치 집에 온 것처럼 보였다.

우리는 환영을 받았으며, 저녁식사에 초대받았고, 당연히 하룻밤을 묵었다. 저녁때 우리는 루이15세 풍의 거대한 식당으로 안내되었다. 그곳에는 눈처럼 흰 다마스크직 식탁보로 덮인 커다란 마호가니 식탁이 있었고, 곁에 스무 개의 의자가 놓여 있었다. 식탁 위의 9미터 높이 천장에는 커다란 크리스털 샹들리에가 걸려 있었다. 훌륭한 도자기와 수정이 우리 눈을 황홀하게 했다. 식탁 한가운데에는 붉은 포도주가 담긴 유리병들이 놓여 있었다. 잠시 후 식당은 멋진 차림새의 프랑스 장교들로 가득 찼다. 이어 조각상처럼 생긴 신사가 한 명 들어왔다. 그는 알자스-로렌에 주둔 중인 사단의 사단장으로서, 계급은 무려 중장이었다. 그가 들어오자 다들 뻣뻣하게 굳었다.

전쟁 후의 독일

그는 식탁 상석에 앉았고, 다른 사람들도 자리를 잡고 앉았다. 우리의 새 친구 둘은 그가 하는 질문과 말을 우리에게 독일어로 통역해줬다. 때때로 누군가가 건배를 제의했고, 우리는 그 이유를 모르면서도 다른 이들과 함께 잔을 들고 포도주를 마셨다. 나는 아주 늦은 시간이 될 때까지도 낯설다는 생각이 들지 않았다. 첫 번째 요리가 나오기도 전에 이미 야아코브와 아키바는 식탁 위에 고개를 박고 있었다. 나는 눈을 감지 않고 버티려 노력했지만, 마치 회전목마에 앉아 있기라도 한 양 주변의 모든 것이 빙빙 돌기 시작했다. 결국 의식을 잃은 나는 아침이 되어서야 눈을 떴다. 커다란 건물 안에서 군용 담요를 덮은 채 짚더미 위에 누워 있었다. 곁에는 동생들이 누워 있었다. 우리가 있던 막사 안에는 프랑스 병사들도 몇 명 잠들어 있었다.

나는 건물 밖으로 나가서 지나가던 병사 한 명을 불러 세워 우리의 통역사 노릇을 해주던 두 프랑스인 친구가 어디에 있는지 물었다. 그는 알지 못하는 것 같았다. 여기저기 둘러봤지만 그들을 찾을 수 없었다. 마치 증발이라도 한 것 같았다. 그래서 나는 우리 차가 어디에 있는지 물었지만, 그 또한 아무도 모르는 것 같았다. 결국 나는 사무실로 갔다. 통화를 하고 있던 병사 한 명이 내게 믿을 수 없는 이야기를 했다. "두 사람은 포로로 잡혀 있던 동안 독일군에 협력했었습니다. 그들은 체포되었습니다." 우리에게는 작별 인사를 나누는 것조차 허락되지 않았다.

우리 차를 찾기까지 한 시간 가까이 걸렸다. 휘발유가 거의 다 떨어진 상태였다. "여러분은 미군 점령지로 돌아가서 그곳에서 비자를 신청해야 합니다. 그래야 프랑스로 갈 수

있습니다." 어떤 병사가 말했다. 나는 그에게 항의했고, 최소한
스트라스부르크Strasbourg에 가서 비자 신청을 할 수 있게 해달라고
애원했다. "독일에는 프랑스 영사관이 하나도 없단 말입니다." 나는
말했다. 이 또한 안 된다고 그가 말했다. 그는 우리가 돌아가야
한다고 딱 부러지게 말했으므로, 우리는 그렇게 했다.

계획을 변경해야 했다. 왔던 길을 되짚어 돌아갔다. 우리는 다시
한 번 장엄한 알프스에 있었다. 나는 소년들의 앞날이 걱정되기
시작했다. 그들에게는 가정과 교육이 필요했는데, 둘 다 내가 해줄
수 없는 것이었다. 내가 이에 관해 이야기를 꺼내자 그들은 별로
듣고 싶어 하지 않았다. 그들은 집시 같은 삶을 좋아하고 있었던
것이다. 나와 여행하는 것이 그들이 바라는 전부였다. 뮌헨에서
나는 히브리이민자지원협회라는 유대계 미국인 기구가 있다는
이야기를 들었다. 프랑크푸르트 암마인Frankfurt-am-Main에 사무실이
있다고 했다. 프랑크푸르트로 가던 도중에 나는 차를 세우고 그들을
설득했다. 그들은 나를 내버려두고 숲속으로 걸어 들어갔다. 내가
그들을 찾아냈을 때, 야아코브는 멋쩍어하며 내가 마음을 바꾸기를
빌고 있었다고 고백했다.

프랑크푸르트에서 생존자들은 새로운 이름으로 불리고 있었다.
DP(displaced person), 난민이라는 뜻이었다. 기차역 근처에 있는
올림피아 호텔이 숙소로 제공되었다. 올림피아 호텔은 연합군의
폭격으로 큰 피해를 입어 1층과 2층만 사용이 가능했다. 계단은
허물어져 있었다. 우리는 2층 구석에 있는 방을 하나 찾아서
머물기로 했다. 다음 날 미국 육군의 군종사제인 뉴욕 출신 랍비
이시도어 코헨이 호텔을 방문했다.

랍비 코헨은 회색 머리의 통통한 남자였다. 그는 따뜻하고 동정심 많은 사람이었다. 그는 소년들을 보더니 내게 그들을 공항으로 데려오라고 했다. 다음 날 우리가 그의 사무실로 찾아가자 또 다른 군종사제인 대위 한 명이 함께 있었다. 그들은 내가 이해할 수 없는 영어 단어들을 섞어서, 이상하게 들리는 미국식 이디시어로 이야기했다. 중년 여성 한 명도 그 자리에 함께 있었다. 그녀의 녹색 군복 소매에는 'UNRRA'(United Nations Relief and Rehabilitation Administration, 국제연합 구제 부흥 사업국)라고 적힌 패치가 붙어 있었다. 세 사람은 소년들의 운명에 대해 의논했다. 이윽고 그 여성이 내게 단호하게 말했다. "아이들을 두고 가세요. 그들은 비자가 나오는 대로 미국으로 가게 될 겁니다."

나는 그것이 아이들에게 최선임을 알았지만, 그들과 헤어질 생각을 하는 것은 힘든 일이었다. 나는 그들에게 너무 익숙해진 나머지 함께 자란 형제처럼 여겼던 것이다. 아키바와 야아코브는 내가 자기들을 버렸다고 원망하는 듯한 눈초리로 나를 쳐다봤다. 랍비는 아이들의 기분이 내게 어떻게 전달되고 있는지 읽어냈다. "걱정할 필요 없어요. 아이들은 여기서 잘 보살필 겁니다." 그가 말했다. 나는 랍비에게 나도 갈 수 있는지 물었다. 그는 안 된다고 했다. 내 나이에는 후원을 받아야 했고 UNRRA에 등록하라는 권고를 받았다. 내가 차를 갖고 있다는 사실, 또 그것이 올림피아 호텔의 유일한 차라는 사실을 안 랍비는 내게 매일 육군 취사장으로 와서 호텔의 DP들에게 줄 음식을 가져가라고 제안했다. 곧 나의 아들러는 매일 호텔로 음식통을 날랐고, 나는 내 동생들과 만날 수 있었다. 그러던 어느 날, 나는 그들이 미국으로 보내졌다는 이야기를 들었다. 그것이 내가 아키바와 야아코브를 마지막으로 본 것이었다.

호텔에는 더 많은 DP들이 도착했고, 그곳에는 '난민 호텔'이라는 별명이 붙었다. 올림피아 호텔은 사실상 프랑크푸르트에 도착한 난민들이 모여드는 주요 집결지였다. 벽에는 사람들이 친구나 친척을 찾기 위해 적어놓은 이름들이 무수히 많았다. 찾던 사람을 만나는 데 성공한 사람들도 있었다. 파르티잔 집단에 속해 있던 사람들이 서서히 은신처에서 나오기 시작했다. 처녀들은 훨씬 말끔한 옷을 입기 시작했고, 총각들은 그녀들에게 구애하기 시작했다. 심지어 웃는 법, 노는 법, 쾌활해지는 법을 익힌 경우도 있었고, 곧 결혼까지 했다. 위원회들이 만들어졌고, 지도자들도 나왔다. 동부에서 더 많은 생존자들이 오기 시작하면서 올림피아는 사람들로 득실거렸다. 복도나 계단에서 잠을 자는 사람들이 생겼다. 그래도 여전히 DP들은 꾸준히 모여들었다.

어느 날, 랍비 코헨이 어떤 미군 고위 장교와 함께 와서 우리가 올림피아를 비워야 한다고 공지했다. 호텔은 미군 병사들을 위해 개조될 것이며, 우리는 프랑크푸르트에서 40킬로미터 떨어진 잘츠하임Salzheim으로 옮겨 가야 했다. 우리는 잘츠하임이라는 곳을 들어본 적도 없었다. 우리들 몇 명이 그곳을 보러 가보니, 특유의 작은 오두막들이 질서정연하게 줄지어 있는 수용시설이 보였다. 그것은 나로 하여금 수용소의 막사들을 떠올리게 했다. 올림피아로 돌아온 나는 내 작은 짐을 챙겨서 떠났다.

화창한 여름날의 오후였다. 나는 뭘 해야 할지 결정하지 못한 채로 마인츠 국도를 따라 운전하고 있었다. 그때 두 소녀가 차를 멈춰 세우더니 호텔로 데려다줄 수 있는지 물었다. 나는 그러겠다고 했다. 그녀들은 러시아인이었고, 내 또래였으며, 몹시 예뻤다.
그녀들은 독일 가정집에서 일한 적이 있어 독일어를 잘했다. 내가
묵을 곳이 없다는 얘기를 하자 그녀들은 자기네 호텔 방의 소파를
내주겠다고 했다. 나는 하룻밤 묵어가라는 초청을 받아들였다.
하지만 나는 애초 계획보다 더 오래 그들 곁에 머물게 되었다. 나는
내 외로움을 로맨스에 묻었다. 어느 날 소련 비밀경찰 둘이 그녀들을
러시아로 돌려보내기 위해 호텔로 찾아왔다. 그때부터 독일에 있던
러시아인들의 대규모 본국 송환이 시작되었던 것이다. 그녀들은
떠나야 했다. 나는 뤼덴샤이트로 돌아가기로 했다.

스룰레크 립스히트스는 어떤 전기제품회사의 도움을 받아서
전기제품점을 열었다. 우리 형도 화장품, 향수 등을 파는 가게를
차렸다. 베스트팔렌치과협회와 독일의료협회는 내가 독일에서
치과 진료를 볼 수 있도록 임시허가증을 발급해줬다. 그리하여 나는
베스트팔렌의 멘덴Menden 시에 있는 폴란드인 DP 수용시설에서
치과 진료를 시작했다. 그 수용시설이 문을 닫았을 때, 나는
베스트팔렌 치과용품상사를 차렸다. 그곳은 내가 독일을 떠난
뒤에도 번창했다.

나는 조시아를 찾아야겠다는 생각을 계속 갖고 있었다.
포즈난으로 돌아가는 것을 제외하고, 나는 조시아를 찾고자 내가
아는 모든 방법을 동원했지만 결국 헛수고가 되고 말았다. 내가 아는
그녀의 마지막 행방은 그녀가 독일 어딘가에서 강제노역을 하고
있었다는 것이다. 그녀는 포즈난으로 돌아오지 못했다.

어느 날 나는 전쟁 후 함부르크에 처음 생긴 독일 라디오방송

NWDR(Nordwestdeutscher Rundfunk)에서 하리 슈피츠의 이름을
들었다. 그에게 연락하자 그는 함부르크로 나를 초대했다. 방송국은
중심가에 있었는데, 거리에 비해 상태가 양호했다. 건물 앞에는
유대교 전통 촛대가 있었다. 안으로 들어가니 계단에 다윗의 별이
걸려 있었다. 독일 라디오방송국치고 특이하다는 생각이 들었다.
　나는 접수원에게 내 이름을 말하고 누구를 찾아왔는지
이야기했다. "음악감독님과 약속을 잡으셨나요?" 그녀가 물었다.
그렇지는 않지만 슈피츠 씨에게 내 이름을 전해달라고 요청했다.
"슈피츠 씨, 브로네크 야쿠보비치라는 분이 와 계신데요."
　하리는 계단을 달려 내려오더니 곧장 나를 껴안았다. 그는 수없이
같은 말을 반복했다. "이 젊은 친구가 아우슈비츠에서 내 목숨을
구해줬지." 그는 나를 건물 안으로 데리고 들어갔다. 18세기 초에
지어져 원래는 시너고그로 쓰였던 건물이었다. 내부에는 넓은
스튜디오가 몇 개 있었고, 그중 하나는 규모가 원형극장만 했다. 그
건물은 연합군의 맹렬한 폭격 속에서도 살아남았다. 우리는 추억을
이야기하며 꼬박 하루를 함께했다.
　독일은 복잡한 퍼즐 같은 나라였다. 어떤 면에서 보면 독일인들은
다른 유럽 사람들보다 반유대주의가 오히려 약한 편이었다.
유대인들에게 그런 광기 어린 악행을 저지른 범죄자들을 히틀러는
대체 어디서 찾아냈던 걸까?
　독일인들의 삶은 서서히 평소 모습을 되찾고 있었다. 하지만
그들과 섞여 평화롭게 살아가기에 우리는 너무 많은 트라우마를
겪었다. 독일에서 우리는 독일인들과 같은 길을 걷고, 같은 음식을
먹고, 같은 공기를 마셔야 했다. 죄인들은 갑자기 성인이 되었고,

그저 방관자가 되었다. 여러 이유에서 이해하기 어려운 일은
아니었다. 가장 잘 알려진 나치들조차 홀로코스트와의 연관성을
부인하는 형편이었다. 우리는 말 한마디를, 우리가 믿는 사람까지도
조심해야 했다. 이는 설명되지 않는 질문을 남겼다. 우리는 공손한
태도를 유지해야 했고, 때때로 우리의 진짜 생각을 말하지 않으려고
입술을 깨물어야 했다. 그 4년 동안 나는 여전히 나를 괴롭히고 있던
위경련의 고통을 덜고자 독일 병원들을 들락거렸다.

　폴란드에서는 더욱 음울한 소식이 전해졌다. 그곳에서는
반유대주의가 여전히 만연했던 것이다. 히틀러의 가르침은 생생히
살아 있었다. 그가 폴란드를 우리의 무덤으로 정했던 것은 우연이
아니었다. 폴란드 유대인들은 나치의 주요 목표물이었다. 감히 자기
재산을 되찾겠다며 돌아갔던 유대인들 상당수는 독일군이 철수한
이후 그들 재산을 차지하고 있던 사람들 손에 살해당했다. 형과 나도
폴란드에 물려받을 재산이 있었지만, 우리는 그것을 찾으려 하지
않았다.

　뤼덴샤이트에 살고 있는 유대인은 요세크 형, 스룰레크,
나뿐이었다. 어둠 속에서 유대교 전통과 단절된 채 여러 해 동안
황폐한 삶 속에서 표류한 탓에 나의 영성靈性은 흐릿해졌지만, 신을
저버리는 것이 아직 양심을 거스르는 일로 남아 있었다. 지난 세월
동안 우리가 살면서 느꼈던 영적 공백은 확실히 내 안에 공백을
만들어놓았다. 신앙을 확고히 다질 필요가 있었다. 근처 하겐시에
있는 어떤 유대인의 집에서 로쉬하샤나 예배가 열릴 것이라는
소식을 접했을 때, 독일의 시너고그들은 거의 모두 파괴된 뒤였다.
내 옛 종교와 화해해야겠다는 강렬한 충동이 나를 사로잡았다. 나는

하나님을 만나 사과드려야 할 때가 왔음을 알았다. 우리가 그 집에 도착했을 때, 30명쯤 되는 사람들이 기도를 올리고 있었다. "당신 앞에 죄를 지었습니다, 당신 말씀을 어겼습니다"라는 기도문을 암송할 때, 모두들 박자에 맞춰 자기 가슴을 두드리며 성가를 부르기 시작했다. 나도 기도했다. 전능하신 창조주께 용서를 구했다. 그리고 그 자리에서 마침내 나는 하나님과 화해했다.

예배가 끝났을 때, 우리를 기도하는 사람들 사이로 이끌었던 잘생기고 존경 받는 중년 사업가 모리스 타이히만이 다가와 모든 사람과 악수하며 새해 인사L'shanah를 건넸다. 그는 자기 집 키뒤시에 우리를 초대했고, 우리는 그의 가족을 만났다. 운 좋게도, 그 가족은 모두 전쟁에서 살아남았다. 하지만 그들의 경험은 나보다 덜 나쁠 것이 없었다.

타이히만 씨는 1923년 폴란드에서 독일로 이민 와서 베스트팔렌에 정착했다. 그곳에서 그는 헤르타 스타인포르트라는 기독교도 여성과 결혼했다. 그녀는 유대교로 개종했다. 1938년 그는 체포되어 폴란드 유대인의 대규모 강제이송 때 폴란드로 보내졌다. 헤르타에게는 선택의 기회가 있었다. 열세 살의 엘제, 열 살의 클라라, 여덟 살의 게르하르트라는 세 자녀와 함께 독일에 남을 것인가, 아니면 그와 함께 갈 것인가. 그녀와 자식들은 그를 따라갔다. 독일군이 폴란드를 점령했을 때, 타이히만 씨는 강제노동수용소에 수용되었다. 헤르타는 그와 이혼하지 않으면 체포되어 수용소로 보내질 위기에 처했다. 그녀는 버텨봤지만 마침내 압박에 굴복하고 말았다. 그것이 자식들을 구할 수 있는 유일한 방법이었으므로. 아이들의 신분증에는 이렇게 적혔다.

엘제는 신분증에 적힌 '유대인 아버지'라는 말을 지워버렸다.
유대인이라는 사실을 들키지 않기 위해, 그녀는 이 일 저 일 해가면서
방랑자처럼 살았다. 그녀는 계속 위장한 채로 지냈고, 전쟁이 끝났을
때에는 프라하에 있었다. 그 도시를 점령한 소련군은 그녀의 진짜
신분을 믿지 않았고, 그녀를 감옥에 가두었다. 가족들은 그녀를 찾는
것을 거의 포기했다. 하지만 그러던 어느 날, 그녀는 독일로 돌아올
수 있었다. 타이히만 부부는 내 두 번째 부모가 되었다. 엘제와 내가
약혼함으로써.

이제 우리 삶의 목표는 미국으로 건너가는 일이 되었다.
하지만 제약적인 매캐런 법안McCarran Act*이 우리를 막았다.
그런데 1948년에는 보다 적절한 난민법안이 그 법안을 대체했다.
엘제와 나는 결혼하기를 원했지만, 우리는 각자 지원서가 보류
중이었으므로, 우리 순서가 무산되고 재신청해야 했다. 1949년,
형과 나는 초청을 받고 보스턴으로 갔다. 그곳에서 우리는 우리의
후원자인 종조부 모르데하이 베일리를 만났다. 미국에서의 첫날
우리는 성을 야쿠보비치에서 제이콥스Jacobs로 바꿨다. 형의 이름은
조셉 제이콥스Joseph Jacobs가 됐고, 내 이름은 벤저민 제이콥스Benjamin
Jacobs가 되었다. 몇 주 후, 스룰레크는 그의 후원자가 있는
오리건Oregon으로 떠났다.

---

*   매캐런 법안은 1950년대 초 미국의 반공주의적 법안으로, 공산주의자들을
       공직·국방·운수사업으로부터 추방하고, 전체주의 단체에 속해 있던 자의 입국을
       금하는 일을 규정했다. 한데 이 법안은 1950년부터 효력이 발생했다. 저자가
       법안을 착각한 듯하다.

1949년 8월 22일이 생각난다. 두터운 안개 장막 사이로 예인선들이 우리가 탄 군용 수송선 플레처 호를 천천히 뉴욕 항으로 밀고 가자, 갑자기 자유의 여신상의 손과 횃불이 나타났다. 그런 고된 세월을 보낸 후 미국 땅을 밟은 소감은 충분히 설명하기 힘들다. 마치 우리가 또 다른 시대 속으로 뛰어들어가는 듯한 기분이었다. 우리는 우리에게 마음을 열어준 미국 국민들에게 감사함을 느꼈다.

6개월 후 나는 유럽으로 돌아가 엘제와 결혼했다. 도시의 장로들은 일요일에 우리 결혼식을 마련해주는 영예를 베풀었다. 그 후, 우리 둘은 보스턴으로 돌아가 새로운 나라와 새로운 삶을 함께 마주했다.

후
기

나치의 포로로 살아남는다는 것은 힘겹고도 괴로운 투쟁이었다. 미국의 관대한 자유를 느끼고 보니, 우리가 받은 박해를 말로 옮기기가 더욱 힘들었다. 나는 고통을, 엄청난 고통을 느꼈지만 억눌러야 했다. 이 끔찍한 시련을 겪지 않을 수 있었던 이 세상 모든 사람이 부러웠다. 1949년 미국에서 이미 히틀러와 그의 악행을 들은 바 있던 사람들은 더 이상 듣고 싶어하지 않았다. 오직 다음 세대들만이 유럽의 유대인들에게 무슨 일이 있었는지 알고 싶어했다. 그즈음에 유럽 유대인들에게 나치가 행한 집단학살과 고문을 의미하는 새로운 용어가 자리 잡았다. 그렇다, 홀로코스트Holocaust*가 그것이다.

물론 내게는 치과 기술이라는 유리한 점이 있었다. 나는 영어를 공부해서 터프츠치과대학에 지원했다. 조셉 볼커 학장은 내 치과

---

* 　[원주] 나는 이 책에서 가장 덜 중요한 인물이다. 우리에게 닥쳤던 사건들은 반드시 기억되어야 한다.

임상경험을 듣더니, 제대한 병사들에게 우선권을 주는 이른바 제대군인 원호법이라는 국회에서 정한 법안을 내게 알리게 되어 유감이라고 했고, 또한 내 지원이 받아들여지려면 몇 년이 지나야 할 것이라고 했다. 마냥 기다리는 것은 현실적으로 무리였다. 곧 내 아내가 될 엘제가 조만간 미국으로 올 예정이었다.

어느 날, 보스턴 병원의 대기실에서 여전히 나를 괴롭히던 복통에 시달리며 앉아 있는데, 어떤 전자회사의 회계담당자로부터 판매직 근무를 제안받았다. 나는 2년 동안 그 일을 했다. 그 후에는 형과 장인어른, 아내의 도움을 받아 내 회사를 차렸다. 한국전쟁 기간이던 1953년, 터프츠치과대학에서 내게 입학원서를 내라고 권했다. 하지만 회사는 번창하고 있었다. 나는 1987년까지 사업가로 살았다. 불행히도 요세크 형은 1965년에 51세의 나이로 세상을 버렸다.

1972년 나는 엘제와 함께 함부르크로 갔다. 그녀가 나치 재판에서 증언을 해달라는 요청을 받았기 때문이다. 당시까지 독일은 범죄를 처리하는 과정에서 다양한 국면을 거쳐왔다. 엄청난 부정이 있은 후에 서서히 인정이 나타났다. 가장 희망적인 징조는 1960년대에 있었다. 서독이 자신들의 의무를 자각하고 유대인 생존자들과 신생국 이스라엘을 돕기 시작한 것이다. 태도는 달라졌지만, 모두가 좋은 쪽으로 바뀐 것은 아니었다. 일부 독일인들은 아직도 나치의 비민주적인 원칙들을 신뢰하고 있었고, '더 이상은 안 된다enough is enough'는 생각을 옹호했다. 여전히 가장 불안한 세력인 네오나치들은 말할 나위도 없는 일이었다. 물론, 과거를 기억하고 진정한 민주주의를 지지하는 많은 사람들을 언급하지 않는 것은 부당한 일일 것이다.

엘제의 증언이 끝난 후, 우리는 차를 빌려 함부르크에서
노이슈타트로 갔다. 나는 카프 아르코나 호의 참사가 있었던 정확한
장소를 알고 싶었다. 그곳은 많이 변해 있었다. 어떤 사람이 우리에게
팀멘도르프Timmendorf 근처의 작은 언덕 쪽을 가리켰다. 우리는
해변을 따라 걷다가 곧 언덕을 오르는 계단 앞에 있는 안내판을
발견했다. 그곳에, 눈에 잘 안 띄는 곳에, 묘지가 있었다. 잡초가
무성하고 관리가 소홀한 그 묘지에는 바다로 쓸려간 희생자들의
커다란 무덤 하나가 있었다. 안내판에는 그들의 국적만 적혀 있었다.
우리는 또 다른 묘지를 발견했고, 그곳 푯말들에는 세계 각지
출신의 이름들이 적혀 있었다. 침몰한 배들의 비극적인 이야기가
적힌 현수막도 있었다. 또 다른 현수막에는 모든 희생자의 국적이
적혀 있었다. 그 일대는 전부 잡초가 무성했다. 그것들이 드러내는
범죄에 비하면 상당히 관심을 받지 못하고 있었던 것이다. 오래전의
비극이 바로 눈앞에 있었다. 나는 지독한 혼란에 빠진 채 서 있었다.
그곳에서 비명에 간 사람들은 단순한 수용자들이 아니었다. 그들은
강인하고 끈기 있는 불굴의 전사들이었다. 나치가 가한 모든
악행에도 살아남을 만큼 완강한 정신을 가진 이들이었다. 그러나
그들은 자유의 문 바로 앞에서 숨을 거뒀다.

그 후 우리는 우체국으로 보이는 작은 집에 들렀다. 안으로
들어가니 노인 한 명이 앉아 있는 작은 창구가 보였다. 주변에는
아무도 없었다. 나는 그가 기억할 것이라고 생각했다. 나는 그에게
여기서 얼마나 오래 살았는지 물었다. "평생 살았소." 그가 답했다.

나는 내가 누구인지 말하지 않기로 했다. 나는 여느 관광객처럼
가벼운 호기심을 느낀 듯이 굴었다. "언덕 위에 묘지가 하나

있더군요. 여기서 사람들이 많이 죽었던 것 같은데요?"

그는 창구에서 나와 내게 다가왔다. 그는 나를 문가로 데려가서 만灣을 가리키며 말했다. "여기서 배 세 척이 가라앉았지. 수천 명이 빠져 죽었어. 그 일이 있었을 때 난 여기 없었지만, 수년 동안 사람 뼈가 바닷가로 밀려왔다오. 나도 바닷가에서 몇 번이나 그것들을 봤지." 나는 그가 기꺼이 털어놓는 모든 비밀을 밝혀내기 위해 이곳에 성지 순례를 온 것이다. 하지만 그때 어떤 나이 든 여성이 들어왔고, 그는 그녀를 맞았다. 나는 대화가 끝났다는 것을, 그에게서 들을 수 있는 것은 다 들었다는 것을 알았다. 고통스러운 기억들이 모두 떠올라 무거운 마음으로 떠났다. 악몽을 다시 찾은 것이다.

1985년 7월, 나는 미국에서 동유럽으로 파견한, 유대인 남녀로 구성된 진상조사단에 합류했다. 우리는 폴란드로 갔다. 여러 장소는 내게 쓰디쓴 기억들을 불러일으켰다. 이곳이 모든 것이 시작된 곳이었다. 한때 문명이 중단되었던 아우슈비츠에 가보니 수용소 건물과 감시탑들은 세월과 풍파에 침식되어 있었다. 수천 명의 유대인 꼬마들의 마지막 발걸음이 내디뎌졌던 곳이라는 사실을 알지 못한 채, 아이들이 뛰어놀고 있었다. 예전에는 황량한 풍경이었던 곳에 잔디밭과 집들이 자리 잡았다. 비르케나우에서는 유해한 화장터가 난장판이 되어 있었다. 정문 위에는 지긋지긋하고 역겨운 팻말('노동이 너희를 자유롭게 하리라')이 여전히 걸려 있었다. 수많은 관광객이 그곳에서 수백만 명이 살해당했다고 적힌 안내문을 읽고 있었다. 그것은 진짜 이야기를 하고 있지 않았다.

내가 공개적인 비인간적 행위를 목격했던 죽음의 구역 스미어시는 가장 가슴 아픈 곳이었다. 크고, 작고, 심지어 아기

신발까지 포함된 다양한 사이즈의 옷과 신발 무더기, 사람 머리카락, 안경, 지팡이, 이빨 등 개인 물품들이 쌓인 무더기가 있었다. 전에는 이런 것을 본 적이 없었다. 그것들은 한없는 슬픔을 안겼다.

재가루가 되어버린 수백만 명의 영혼은 어디에 있을까? 이제 죄인들은 잘 살고 있고, 가족을 꾸리고, 좋은 아버지나 할아버지가 되었다는 생각이 들었다.

나는 박물관의 문서보관실로 갔다. 내 이름을 대자 문서 담당자인 타데우스츠 이바스츠코가 말했다. "우리는 당신을 압니다. 아우슈비츠 제3수용소 퓌르슈텐그루베의 치과의사였죠." 그러고는 책꽂이에서 책을 한 권 꺼내 내게 내밀었다. 《아우슈비츠의 기록들》이라는 책이었다. "살펴보세요." 그가 말했다. "당신 이름과 번호가 적혀 있을 겁니다. 당신 아버지와 형도요." 뿌연 눈으로 나는 내 이름 브로네크 야쿠보비치와 번호 141129, 아버지와 형의 번호를 읽어나갔다. 다른 기록에는 내가 퓌르슈텐그루베에서 치과의사로 일했다는 내용이 적혀 있었다.

나는 내 안의 은밀한 욕망을 충족시키기 위해 옛 고향, 도브라의 작은 마을도 찾았다. 나는 그곳에서 태어나 거의 22년을 살았다. 체포되었던 1941년, 나는 무수한 추억을 안고 그곳을 떠났다. 전쟁이 끝난 후, 500년 동안 유대인들이 살아왔던 도브라에는 단 한 명의 유대인도 돌아오지 못했다. 유대인 공동묘지에서 뽑아낸 묘비들이 인도를 덮고 있었다. 나는 괴로움에 사로잡힌 채 한동안 조용히 앉아 있었다. 그러다가 울기 시작했다.

내가 고개를 들었을 때, 세월에 찌든 어떤 늙은 여인이 나를 쳐다보고 있었다. "나는 너희들이 살던 집에서 두 집 건너에 살아.

나는 네 어머니와 누이 폴라가 추방되기 전에 아주 잘 알고 지냈지.
에스터가 내게 말했단다. '밀카! 만약 우리가 다시 만나게 된다면,
그건 아마 다른 세상에서의 일일 거야.'" 갑자기 어떤 모순이
떠올랐다. 도브라는 폴란드어로 좋다는 뜻이었다.

나는 언젠가 누나와 엄마가 지나갔을 헬름노로 통하는 길을 차를
몰고 갔다. 문득 샤츠 의사의 고백이 마음속에 펼쳐졌다. 그곳에서
어머니와 누나는 숨이 막혔다. 그리고 그곳에서 죽었다.

날이 화창했음에도 헬름노는 황량하고 음산해 보였다. 그곳은
고통스러울 정도로 우울하고 적막한 곳이었다. 40만 명의 유대인이
그곳에서 죽었고, 1942년 중순에 있었던 친위대 상급집단 지휘관
라인하르트 하이드리히의 암살에 대한 보복으로, 체코슬로바키아
리디체Lidice 출신의 기독교도 아이들 200명도 살해당했다. 기념비에
희생자들의 일그러진 얼굴이 묘사되어 있었다. 속이 뒤틀리는
분노를 느끼며 나는 적혀 있는 것을 읽었다. 매일 소각장으로 보내질
시체들을 처리하는 일을 맡았던 소수의 유대인들에 의해 작성된
글이었다. "우리는 세상에 우리의 마지막 나날이 어땠는지 알리기
위해 우리 피로 이 글을 적고 있다. 이곳에서 우리는 총과 독가스로
살해당하고 있다. 우리의 시체는 소각된다. 우리의 재가루는 이
숲에 퍼지고 있다!" 그 위에는 단어 하나가 커다랗게 적혀 있었다.
기억하라Pamiętamy. 나는 그날 본 것들을 영원히 기억하리라.

또한 내가 읽은 바에 따르면, 헬름노의 소각장은 매일 5000구의
시체를 태워 재로 만들 수 있을 만한 규모로, 아우슈비츠의
소각장보다 더 컸다. 아우슈비츠는 4600구 정도였다. 이곳에 내
어머니와 누나의 영혼이 있었다.

헬름노를 둘러보는 것은 아우슈비츠에 있는 것보다 더 괴로운 일이었다. 독일 학생 몇 명이 기념비 앞에 서 있었고, 눈에 띄게 동요하고 있었다. 나는 그들의 아버지와 할아버지들이 그들에게 어떻게 이야기했을지 궁금했다.

나는 수년 동안 내 가족과 조상들이 살았던 나라를 떠났다. 이곳은 내가 살고 싶은 곳이 아니었다. 나는 옛 조국과의 연결고리를 끊고 새로워진 기분으로, 고향으로 돌아가는 마음으로 보스턴으로 돌아왔다.

나는 내가 겪었던 이 모든 일을 지금까지도 믿을 수가 없다. 남은 일생에도 그럴 것이다. 나는 답하지 못한 질문들을 탐구하는 데 많은 시간을 쓰지 않았다. 이 일로 비난받을 것은 누구인가? 이 일을 막을 수는 없었는가? 그럴 수 있었다면, 왜 그러지 않았는가? 이런 질문들, 또 다른 많은 질문들은 미래의 몫이다. 우리 인류 역사의 이 폭풍우 같았던 시대를 규명하기 위해서는 더 많은 빛이 필요할 것이다.

홀로코스트. 나치 독일에 의한 유대 민족 학살. 이보다 더 뚜렷한
인종주의의 예는 없을 것이다. 이 참극을 거치며 유럽 유대인 900만
명 중 3분의 2가량인 600만 명이 목숨을 잃었다. 그야말로 끔찍한
일이다. 하지만 얼핏 생각하기에 우리와는 별 상관없는 일로 보인다.
한반도에 살고 있는 우리들 입장에서는, 독일인이든 유대인이든
너무 먼 이웃들이기 때문이다. 그럼에도 불구하고, 우리는 이
홀로코스트라는 역사적 사건을 외면할 수 없다. 그 안에 숨어 있는
매우 근본적인 질문 때문이다. 인간은 과연 얼마나 악해질 수
있는가?

그렇다. 인류 역사상 홀로코스트만큼 거대하고 집요하게 사악한
행위를 또 찾아보기는 힘들 것이다. 공부를 할 때나 강의를 할 때나
홀로코스트에 관한 대목에 이르면 언제나 똑같은 의문을 품지 않을
수 없었다. "바흐와 베토벤 같은 음악가들을 배출하고, 괴테와 릴케
같은 작가들을 배출하고, 칸트와 니체 같은 철학자들을 배출한 나라
사람들이 어떻게 그토록 반인륜적인 일들을 저지를 수 있었을까?"

이 책을 번역하며 그런 의문에 대한 해답을 얻을 수 있었던 것 같아 기쁘다. 이 책은 홀로코스트에 관한 다른 책들과는 상당히 결이 다르다. 번역을 시작할 무렵, 나는 이 책이 당연히 홀로코스트가 얼마나 끔찍했는지를 세세히 다루었으리라 생각했다. 하지만 내 예상은 보기 좋게 빗나갔다. 이 책에서 저자는 홀로코스트의 참상을 일일이 지적하기보다는, 자신의 수용소 생활과 그 안에서의 인간관계를 묘사하는 데 더 많은 장을 할애하고 있다. 그래서 우리는 어떤 사람들이 수용소에 갇혀서 어떤 사람들의 지배 혹은 통제를 받으며 지냈는지 그림을 보듯 이해할 수 있다.

저자의 가장 탁월한 점은, 나치 독일 사람들과 그들에게 부역한 폴란드 사람들에 대해 편견 없이 서술했다는 것이다. 개인적으로 이 책에서 가장 놀라웠던 부분은 극악무도한 나치 전범 오토 몰의 인간적인 면모가 드러난 대목이었다. 몰의 따스한 모습은 몹시 충격적이었고, 나는 그 대목을 번역하며 평범한 인간의 사악함에 대해, 또 사악한 인간의 평범함에 대해 많은 생각을 하지 않을 수 없었다. 그 외에도 히틀러에 반감을 품은 나치 장교, 겉으로는 나치에 부역하지만 은밀히 수용자들을 돕던 폴란드인들, 반대로 유대인 학대에 맛을 들였거나 자기 손에 쥐어진 쥐꼬리만 한 권력에 도취되어 있던 시시한 악당들의 모습을 통해 인간의 본질에 대해 입체적으로 접근할 수 있었다.

이 책에서 또 한 가지 돋보인 점은 저자의 비상한 기억력에서 비롯되었을 생생한 묘사다. 그는 전쟁 전의 고향 마을부터 시작해, 그가 전전한 여러 수용소, 그리고 전쟁이 끝난 후에 지낸 곳들에서 만난 수많은 사람들을 담담하고도 적나라하게 그려냈다. 덕분에

옮긴이의 글

나는 만약 내가 수용소에 갇힌 유대인이었으면 어떻게 했을까, 나치
장교였다면 어떻게 했을까, 폴란드인이었다면 또 어떻게 했을까
풍부히 상상하며 책을 옮길 수 있었다.

  오늘날 세상에는 홀로코스트에 관해 헤아릴 수 없이 많은 책이
나와 있다. 따라서 홀로코스트의 참상 자체가 궁금한 독자들에게
추천하고픈 책들 또한 많다. 그러나 그 사건의 피해자인 유대인들,
가해자인 독일인들, 부역자인 폴란드인들은 정말로 어떤
사람들이었는지 궁금한 분들에게는, 그리고 그들의 모습을 통해
우리의 본질에 대해 조금 더 생생히 들여다보고 싶은 분들에게는 이
책보다 더 권하고픈 책이 없다.

외할아버지 헤르스흐 얀코프 야쿠보비치, 1937년.

아버지 비그도르 야쿠보비치, 1929년.

왼쪽부터 요세크, 폴라, 베레크, 스흘로모 삼촌, 1934년.

르슈텐그루베의 최연소 수용자였던
켈레(가운데)와 카프 아르코나 호 침몰에서
남은 두 사람. 신원이 밝혀지지 않은
(오른쪽)와 수용소 통솔자였던 오토
이텐(왼쪽).

뤼덴샤이트에서의 베레크. 1945년 5월 뤼베크
만에서 살아남은 직후에 찍은 사진으로, 멘델레가
구해 온 독일 해군 제복을 입고 있다.